Philippe Bouvard présente

L'ALMANACH 2012 DES GROSSES TÊTES

Michel LAFON

7-13, boulevard Paul-Émile-Victor – Île de la Jatte
92521 Neuilly-sur-Seine Cedex
www.michel-lafon.com

C'est le meilleur !

Cet Almanach est aux *Grosses Têtes* ce que sont les anthologies à la poésie française et les morceaux du boucher aux bovins d'élevage : le meilleur. Ou, si vous préférez, la quintessence d'une année durant laquelle sept cents heures de culture et de rigolade ont été diffusées. Pour ne rien vous cacher, il a été très difficile de sélectionner ces instants privilégiés où le talent déborde, où la verve s'épanouit, où le délire s'installe. Car il y en avait trop. Pour plusieurs raisons : d'abord parce que notre brillante équipe de chroniqueurs satisfait de plus en plus aux critères permettant de passer victorieusement de l'oral à l'écrit. Ensuite, parce que nos Invités d'Honneur, choisis pour leur aptitude à ne pas se prendre au sérieux en dépit de leur réussite exceptionnelle, ne se sont jamais montrés plus sincères qu'il s'agisse de leur passé, de leur vie privée et même de leurs hontes. Enfin, parce qu'après quelques années de timidité ou de prudence, aucun d'entre nous n'a plus la langue dans sa poche.
Vous retrouverez dans ce volume non seulement tout ce qui vous a intéressé ou diverti mais encore les morceaux de bravoure que vous avez ratés et que nous avions réussis. Avec, en prime, les présentations, les citations, les questions, les bons mots, les pensées et les histoires drôles qui émaillent la tranche de bonne humeur que nous nous payons ensemble.
Cet antidépresseur que finira bien par rembourser la Sécu peut être consommé sans modération. Mais la dose idéale est une page par jour.

Philippe Bouvard

Avec la collaboration d'Éric Laverdin, metteur en ondes des *Grosses Têtes*.

Illustrations de Babouse, de Frédéric Deligne et de Jean-Baptiste Hostache.

Citation 

Question du jour 

Bouvardise 

Présentation des panélistes 

 UNE HISTOIRE DRÔLE

Les rubriques

Les hontes

Les grosses colères

Les statistiques
de Jean-Jacques Peroni

Les premiers baisers

Dimanche 1er Janvier

JOUR DE L'AN

UNE HISTOIRE DRÔLE

Un type invite une fille chez lui et s'aperçoit qu'il n'a plus, dans le frigo, que du champagne et de la bière.

– Ah ! Le champagne, fait la fille, j'en bois une coupe et je m'envole. C'est comme si je me trouvais sur un nuage bercée par les vents, nue sur une plage ensoleillée, caressée par les vagues douces d'une mer bleu turquoise, mon corps repose sur un lit doré de sable fin, et je te vois venir vers moi, tu es nu, tu te penches vers moi, tu susurres des mots d'amour et des poèmes, tu souris et tu me désires, je frémis, une goutte d'eau de mer perle à ton front et se dépose sur mes lèvres, dans la commissure la plus intime de moi, coule dans mon cou vers mes seins qui se dressent, tourne autour des pointes et me fait vibrer, puis se dirige vers le creux de mes reins... tandis que la bière, ca me fait péter !

Citation

À propos de la presse à scandales, qui a dit : « Je ne trouve ces feuilles-là qu'aux chiottes et mon cul ne sait pas lire. » ?

Arletty.

Question du jour

Quelle effigie figurait sur le premier timbre français, mis en vente le 1er janvier 1849 ?

Cérès, la déesse des moissons.

Bouvardise

Dans les universités, la dernière année de cours devrait être consacrée à apprendre à désapprendre. Car si la référence soutient le talent, c'est l'oubli qui fournit son terreau au génie.

Citation

Qui a dit : « Après trente ans passés à étudier la psychologie féminine, je n'ai toujours pas trouvé de réponse à la grande question : que veulent-elles, au juste ? » ?

Sigmund Freud.

Question du jour

À qui coupe-t-on la queue pour qu'ils ne se la mangent pas plus tard ?

Aux porcelets.

Bouvardise

Ah ! La double outrecuidance qui consiste d'abord à noter les fadaises qui vous viennent à l'esprit, et ensuite à les faire lire à autrui.

Le permis de conduire des Grosses Têtes

– **Philippe Bouvard** : C'est une brave femme qui a obtenu son permis de conduire, après avoir tenté l'examen 960 fois. Ça ne se passe pas chez nous. Ça lui a coûté 5 000 dollars, mais on avait fini par lui faire des prix dans les auto-écoles.
– **Éric Laugérias** : On la connaissait, bien sûr ! Elle avait quel âge quand elle a commencé ?
– **Philippe Bouvard** : La première fois, elle avait 22 ans. Là, elle en a 85…
– **Bernard Mabille** : Il faut lui donner un permis de conduire les fauteuils roulants. Elle ne devrait plus être dans la même bagnole… Elle avait commencé en fiacre ?
– **Philippe Bouvard** : On a récompensé son obstination. Est-ce que vous avez le permis, monsieur Peroni ?
— **Jean-Jacques Peroni** : Non, non, je bois. J'ai choisi.
– **Éric Laugérias** : Moi, je l'ai passé à Cognac, chez moi. Le moniteur et moi étions bourrés comme de coutume – parce qu'à Cognac, tout le monde est bourré –, et ça s'est passé très bien !
– **Jacques Mailhot** : Moi, je l'ai eu du premier coup parce que j'ai renversé un curé, et comme l'inspecteur était anticlérical, il m'a dit : « Bravo » !
– **Philippe Bouvard** : Et vous, Pierre Bellemare ?
– **Pierre Bellemare** : Je ne l'ai pas passé. Enfin si. Mais au service militaire.
– **Bernard Mabille** : C'était sur un char Leclerc ? Sur un GMC ?
– **Pierre Bellemare** : J'ai passé aussi le permis char, le permis poids lourd… j'ai tout passé !
– **Philippe Bouvard** : J'ai même eu le permis de transport en commun. Je l'avais passé là-bas avec Émile Louis.
– **Pierre Bellemare** : Ce qui est amusant, c'est le permis char. À l'époque, il y avait deux leviers : l'un qui actionnait la chenille droite, l'autre la chenille gauche. Et en fonction du freinage d'une chenille par rapport à l'autre, le char tournait. Sur l'automitrailleuse, il y avait un pilote dans un sens, et, à l'arrière, un pilote dans l'autre sens.

– **Philippe Bouvard** : Et les instructeurs disaient : « Arrête ton char, Bellemare ! »
– **Pierre Bellemare** : C'est vrai que c'est extravagant et que ça fait de drôles de sensations.
– **Bernard Mabille** : C'est la méthode : un coup je te vois, un coup je ne te vois pas.
– **Philippe Bouvard** : Vous deviez être beau, dans un char d'assaut !
– **Pierre Bellemare** : Les petits casques français étaient très jolis.

Mardi

3 Janvier

SAINTE-GENEVIÈVE

UNE HISTOIRE DRÔLE

C'est un monsieur qui va voir son médecin.

– Docteur, l'autre jour j'ai trouvé un homme dans un lit avec ma femme. J'ai voulu le tuer, mais ma femme est si belle que j'ai abandonné ce projet, et nous avons pris le café tous les trois.

– Oui, et alors ? s'impatiente le docteur.

– Alors, le lendemain, j'ai trouvé ma femme avec deux hommes dans son lit. J'ai voulu les tuer, mais ma femme est si belle que j'ai abandonné ce projet, et nous avons pris le café tous les quatre.

– Dépêchez-vous, demande le docteur, mon cabinet est plein de monde.

– Le lendemain, j'ai trouvé ma femme avec trois hommes dans son lit. J'ai voulu les tuer, mais ma femme est si belle que j'ai abandonné ce projet, et nous avons pris le café tous les cinq.

– Mais où voulez-vous en venir ? demande le docteur.

– Eh bien, vous ne pensez pas, docteur, que tous ces cafés risquent de me faire du mal ?

Citation

Qui a dit : « Dans un couple, l'un au moins doit être fidèle, de préférence l'autre. » ?

Question du jour

Où se trouve le gouvernail de l'homme ?

Bouvardise

Comme la vie serait variée si je ne l'observais depuis le début avec les deux mêmes yeux !

C'est le cordon de liaison entre les testicules et le scrotum.

Marcel Achard.

Mercredi

4 Janvier

SAINT-ODILON

Citation

Qui a dit : « Il y a deux genres d'avocats, ceux qui connaissent bien la loi, et ceux qui connaissent bien le juge. » ?

Coluche.

Question du jour

Autrefois, qu'était un turlupin ?

Un naturiste.

Bouvardise

Un pays où l'on ne renouvelle pas les centres d'intérêts et où, sous prétexte de patrimoine, les horreurs s'accumulent, est comparable à ces hôtels mal tenus où l'on oublie de changer les draps.

Ah, la barbe !

– **Philippe Bouvard** : C'est vieux comme le monde, et ça revient à la mode : c'est la « vogue » de la barbe.

– **Chantal Ladesou** : Chez les femmes ?

– **Philippe Bouvard** : Personne ici ne la porte…

– **Pierre Bellemare** : Elle est naissante, là, chez moi. Vous l'avez bien remarquée ?

– **Jacques Mailhot** : Comme tu as une barbe blanche… on ne la voit pas.

– **Bernard Mabille** : Est-ce que Mme Bellemare se plaint ?

– **Pierre Bellemare** : C'est agréable à caresser, la barbe !

– **Bernard Mabille** : Ça fait Velcro, au bout d'un moment.

– **Jean-Jacques Peroni** : Vous voyez quel jour on est. Il est en train de se laisser pousser la barbe, et il nous fait croire qu'il va jouer un spectacle d'après Victor Hugo. En fait, il va faire le Père Noël devant les Galeries Lafayette…

– **Philippe Chevallier** : Qu'est-ce que tu veux ? Il faut bien faire des petits boulots.

– **Jean-Jacques Peroni** : Il faut se la laisser pousser, maintenant, c'est tout !

– **Philippe Bouvard** : C'est une barbe de trois ou quatre jours, ce n'est pas une vraie barbe ! Une barbe à la Gainsbourg, mais qu'on voit même chez les mannequins, en photo…

– **Chantal Ladesou** : Et ça se travaille, en même temps ! Ça se taille.

– **Pierre Bellemare** : J'ai une barbe de dix jours, et il ne la voit pas ! C'est tragique.

– **Chantal Ladesou** : Dix jours ! Ce n'est pas terrible, pour dix jours !

– **Pierre Bellemare** : Mais je ne me suis jamais laissé pousser la barbe. C'est la première fois !

– **Philippe Bouvard** : Les plus grands séducteurs la portent, aujourd'hui.

– **Jean-Jacques Peroni** : Qui, par exemple ? Ben Laden, le mollah Omar ?…

– **Philippe Bouvard** : Brad Pitt porte la barbe.

– **Bernard Mabille** : Oui, parce qu'il a joué un rôle où il a besoin de la barbe.

– **Philippe Bouvard** : DiCaprio porte une petite barbiche !

– **Jean-Jacques Peroni** : Maintenant, les gars qui ont une barbe sont footballeurs. Et je n'ai pas envie de ressembler à un footballeur !

– **Philippe Bouvard** : Chabal doit quand même une partie de son aura à sa barbe !

– **Pierre Bellemare** : Mais c'est un rugbyman…

– **Jean-Jacques Peroni** : … qui doit plus à sa barbe qu'à son talent de joueur !

– **Chantal Ladesou** : Mais moi, ça pousse de temps en temps, et mes enfants m'appellent Pablo. Mais je la coupe, forcément. Je suis un peu comme toi, Pierre.

– **Jean-Jacques Peroni** : Tu t'épiles la lèvre supérieure ?

– **Chantal Ladesou** : Un petit peu oui. Mais comme sans lunettes je ne les vois pas, ils arrivent à pousser très longs.

– **Philippe Bouvard** : C'est joli, un poil sur une joue de femme.

– **Chantal Ladesou** : Ça vous plaît ? Je les garderai la prochaine fois, pour vous…

– **Bernard Mabille** : Et tu pourras te recycler à la foire du Trône ! Ça n'existe plus, ça, la foire du Trône. Des femmes à barbe, il n'y en a plus !

– **Chantal Ladesou** : C'est interdit, il paraît. Il y a eu des plaintes pour concurrence déloyale.

Jeudi **5** **Janvier**

SAINT-ÉDOUARD

Un cadeau en nature

– **Bernard Mabille** : Ils ont réédité les romans-photos de *Hara-Kiri*.

– **Vincent Perrot** : Ça, c'était bien !

– **Philippe Chevallier** : Il y avait des grosses bonnes femmes, des grosses majorettes…

– **Vincent Perrot** : Et plein de vedettes qui participaient à ça ! Serge Gainsbourg, Thierry Le Luron…

– **Jean-Jacques Peroni** : J'ai fait un roman-photo avec Jackie Berroyer, et on tournait chez lui, boulevard Sébastopol, et le concierge voyait des filles qui passaient. Le Pr Choron disait : « Il n'y a pas assez de putes ! On n'est pas loin, je vais en chercher deux autres ! » Il remontait avec deux putes, et Berroyer lui dit en rigolant : « Tu sais, mon concierge, ça fait un mois qu'il a perdu sa femme. » « Eh bien ! On va lui descendre les deux hétaïres, comme ça elles vont le consoler ! » On a frappé à la porte du concierge : « Tenez, c'est pour vous, c'est payé ! » Le concierge en avait les larmes aux yeux. Il a refermé la porte et il s'est régalé !

UNE HISTOIRE DRÔLE

Un Américain, un Italien, un Turc et un Français s'entretiennent au sujet de la fierté en général.

– L'Américain : Je suis fier de notre CIA ! Elle connaît la plupart des choses dans le monde, parfois même avant que cela n'arrive.

– L'Italien : Je suis fier de nos femmes. Elles sont les plus belles et les plus fières.

– Le Turc : Je suis fier de nos tapis, des chefs-d'œuvre ! Personne ne peut fabriquer des tapis d'aussi bonne qualité.

Tous regardent le Français et attendent sa déclaration.

L'Américain demande :

– N'y a-t-il rien dont tu puisses être fier ?

Réponse du Français :

– Je suis fier de moi !

Tous lui demandent, étonnés :

– Pourquoi ?

Il répond :

– J'ai baisé la semaine dernière une Italienne sur un tapis turc, et la CIA, jusqu'à présent, ne le sait pas !

Citation

Qui a dit : « Conduire dans Paris, c'est une question de vocabulaire. » ?

Question du jour

Dans quel cas peut-on injecter de l'arsenic dans un corps humain ?

Bouvardise

Si j'avais su que le troisième âge pouvait constituer un état aussi jubilatoire, j'aurais déployé moins d'efforts pour tenter de rester jeune.

Michel Audiard.

Pour l'embaumer.

UNE HISTOIRE DRÔLE

Au cimetière Côte-des-Neiges, un Chinois dépose un bol de riz devant la tombe de son père.

Le gardien, qui se promène au même moment, s'approche de lui et demande :

– Quand pensez-vous que votre père viendra manger son bol de riz ?

Le Chinois lui répond :

– La même journée que votre père à vous viendra sentir les fleurs que vous avez placées au pied de sa tombe.

Overdose de neige

par Bernard Mabille

La neige, la neige, la neige ! Plus fort que Louis Bodin et Évelyne Dhéliat, De Gaulle, général météorologue, l'avais annoncé dès 1968 : « Après moi, le déluge ! »

La neige, la neige, la neige ! Interdiction aux poids lourds de circuler : Martine Aubry est restée bloquée à Lille.

La neige ! Les chaînes infos nous montrent en boucle des automobilistes pestant contre cette neige qui retarde leurs vacances… à la neige. Après les flocons, les vrais cons.

Jean-Louis Borloo jubile : « Je suis un précurseur, moi je n'ai pas attendu qu'il fasse moins 15 °C pour être complètement givré ! »

La neige ! La SPA se recycle et lance une nouvelle campagne : pour Noël, adoptez un pingouin !

La neige qui perturbe les spectacles. Moins de 4 000 personnes à Bercy pour applaudir Dorothée, les Musclés et Hélène, la fameuse Hélène de « Hélène et les glaçons » ! Annulation par contre pour la diva Lady Gaga devenue Lady Aglagla.

La neige ! Après la neige, ça s'arrange, voici le verglas. Nicolas Sarkozy nommerait au ministère des Transports Philippe Candeloro.

La neige, et pas un flic pour mettre le nez dehors ! Tu peux griller les feux rouges en patinant, faire des glissades sur les lignes blanches, garer ta bagnole sur les clous, pas un PV ! Les flics, où sont-ils ? Ils sont bien au chaud au commissariat. Comme me l'a dit un ami policier : « Peu m'importe le flocon, puisqu'on a déjà l'ivresse ! »

La neige ! Un conseil pratique : pas de bûche de Noël cette année. Contre le verglas, servez des sablés.

La neige ! Amusez-vous ! Faites des bonshommes de neige. Pas d'inquiétude, nos politiques vous mettront la carotte.

Enfin la neige ! Un regret : ça fait quatre jours que je vis déguisé en esquimau et toujours personne pour me sucer.

Citation

Qui a dit : « Combien de gens travaillent à Radio France ? Environ un tiers. » ?

Question du jour

Dans quelle œuvre célèbre trouve-t-on un violon désaccordé ?

Bouvardise

Les avions furtifs font désormais la guerre sans pilote à bord. Encore un coup dur pour l'emploi.

José Artur.

La Danse macabre.

Improvisation théâtrale

– **Jérôme Savary** : C'est l'histoire d'un comédien de la Comédie-Française qui, après une cuite terrible le samedi soir, arrive complètement bourré pour une représentation le dimanche. Son habilleuse lui met le costume, il rentre sur scène, et il a un trou. Le souffleur lui indique la première tirade, et le comédien dit au souffleur : « Pas le texte ! Le titre. »

– **Philippe Bouvard** : Vous est-il arrivé, les uns ou les autres, de « faire du texte » ?

– **Macha Méril** : Oui, bien sûr !

– **Jérôme Savary** : Dans mon hommage à Boris Vian, je n'ai jamais réussi à apprendre le texte des chansons. Donc, j'improvise.

– **Philippe Bouvard** : Oui, mais c'est votre spectacle… Il y a des auteurs qui voient ça d'un très mauvais œil. Est-ce que Robert Lamoureux acceptait que vous « fassiez du texte » ?

– **Jean Balutin** : Non. Ça ne se passait pas comme ça avec Robert. Quand il était très en forme, comme il a débuté au cabaret, il prenait une dame du premier rang et il commençait son numéro avec son mari : « C'est à vous ? » « Oui ! » « Ben vous ne risquez pas de la perdre, avec une robe pareille ! On vous la ramènera tout le temps ! » La salle rigolait, et quand il avait fini, il se retournait vers moi et il ne savait plus du tout où il en était de la pièce. Il me regardait, et je levais les épaules pour dire « Je ne sais pas. », et il disait : « Alors ? » « Ben, c'est à vous de parler. »

– **Macha Méril** : Le pire, c'est quand on joue en alexandrins, qu'on a des trous et qu'il faut faire des soudures. Là, il faut trouver les mots qui remplissent les pieds…

– **Jérôme Savary** : Là, Galabru est formidable ! Il grommelle. J'ai travaillé avec lui dans *Le Bourgeois gentilhomme*, et sa spécialité était de lancer des bonbons à la souffleuse.

UNE HISTOIRE DRÔLE

Un paysan interpelle un chasseur maladroit :

– Il y a trois ans, hurle-t-il, vous m'avez tué une chèvre.

– C'est vrai, reconnaît l'autre.

– Il y a deux ans, c'était un cheval.

– Je vous prie de m'excuser.

– L'année dernière, vous m'avez bousillé une vache avec votre damné fusil.

– Je suis vraiment confus…

– J'aimerais beaucoup, conclut le paysan, vous présenter ma belle-mère !

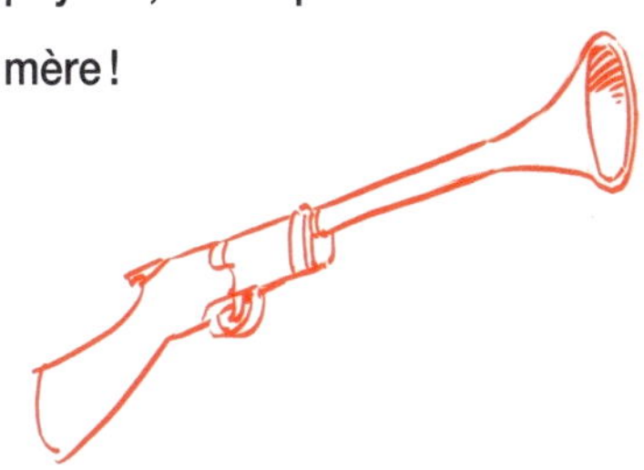

Citation

Qui a dit : « Les femmes préfèrent être belles plutôt qu'intelligentes, parce que chez les hommes, il y a plus d'idiots que d'aveugles. » ?

Question du jour

Dans un haras, que mesure-t-on avec un orchimètre ?

Bouvardise

L'écriture est comparable à l'amour physique. L'instigateur de l'exercice n'est jamais assuré du plaisir des partenaires qu'il ambitionne de rendre aussi heureux que lui.

La grosseur des testicules des étalons.

Yvonne Printemps.

Lundi

9 Janvier

SAINT-ALIX

Citation

Qui a dit : « Les héritiers des milliardaires versent peu de larmes. Ceux qui sanglotent au fond des nefs, près du bénitier, ne sont pas de la famille… c'est pour cela qu'ils pleurent. » ?

José Artur.

Question du jour

De quel film est extraite la réplique : « Mais qu'est-ce que je vais devenir ? Je suis ministre, je ne sais rien faire ! »

La Folie des grandeurs, de Gérard Oury.

Présentation des panélistes

On n'accède à sa chambre à coucher qu'après être passé par la cuisine.

Macha Méril

Les amours de Macha

– **Philippe Bouvard** : Le sac de Macha ?
– **Macha Méril** : C'est un joli pillow sac, très ventru, dans lequel il y a ma vie entière. Là, il y a des photos, il y a ma mère, mon nouvel amoureux…
– **Bernard Mabille** : Oh ! C'est qui ?
– **Macha Méril** : Ça, vous aurez quelques séances pour le découvrir ! Il y a des cartes de visite…
– **Philippe Bouvard** : Attendez ! Ça, c'est quand même important, le nouvel amoureux ! Vous l'avez rencontré voilà combien de temps ?
– **Macha Méril** : C'est assez frais ! Ça date de cet été…
– **Bernard Mabille** : C'est lui qui est frais ?
– **Macha Méril** : Il est assez frais ; il a la moitié de ton âge !
– **Philippe Bouvard** : Et où la rencontre a-t-elle eu lieu ?
– **Bernard Mabille** : À la sortie de l'école maternelle !
– **Macha Méril** : Dans le Gers, lors d'une grande fête.
– **Philippe Bouvard** : Qu'est-ce qu'il fait dans la vie ?
– **Macha Méril** : Ça, je ne peux pas dire. C'est trop d'indices…

– **Philippe Bouvard** : Il est marié ?
– **Macha Méril** : Il est comme tout le monde : marié, démarié… Ça n'a aucune importance…
– **Bernard Mabille** : Il a des enfants ?
– **Macha Méril** : Je n'en sais rien ! Et je ne veux pas savoir. Vous savez, il faut se protéger.
– **Bernard Mabille** : Et il ne t'a pas présenté son fils de 52 ans ?
– **Macha Méril** : Moi, je suis pour les relations pas à pas. Et puis, surtout ces gens qui vont immédiatement sur Internet pour savoir tout de l'autre… C'est la moitié du plaisir qui s'en va !
– **Bernard Mabille** : Il n'a pas encore Internet ? Il est sur Minitel ?
– **Jacques Mailhot** : Il a un piercing ? Pas de tatouage, rien ?
– **Macha Méril** : Non. Mais je n'ai rien contre les agriculteurs…
– **Philippe Bouvard** : Et vous avez dansé avec lui le premier soir ?
– **Macha Méril** : J'ai fait beaucoup mieux que ça, mais je ne peux pas vous le dire !
– **Bernard Mabille** : Qu'est-ce qu'il y a au-dessus de danser ? Qu'est-ce qu'il faut faire ?
– **Macha Méril** : Vous ne pouvez pas deviner. C'est tellement original.
– **Philippe Bouvard** : Vous voulez dire qu'il n'est pas encore passé à l'acte ?
– **Éric Laugérias** : Ils sont allés se coucher chacun de leur côté ! À 21 h 30 ! Ça ne lui était jamais arrivé ! Il ne lui a même pas fait la bise. Il a dit : « Salut, Macha ! » Et il est allé se coucher chez lui… avec sa femme !
– **Macha Méril** : Non !
– **Jacques Mailhot** : Tu lui as piqué sa moumoute et tu as imité Régine.
– **Macha Méril** : Ça vous intéresse ? Tenez, j'ai un billet de train pour le rejoindre bientôt…
– **Philippe Bouvard** : Si vous le rejoignez, c'est qu'il vit en province ! Et quoi d'autre, dans votre sac ?
– **Macha Méril** : Un petit iPhone, de la même couleur que l'agenda – remarquez le bon goût –, des lunettes (hélas !) de vue, des lunettes de soleil… Un Kleenex, un porte-monnaie dans lequel il y a… Ah ! quand même : je suis riche !
– **Jacques Mailhot** : Il pourrait te filer 100 euros d'un coup, quand même !
– **Bernard Mabille** : Il paye bien ! Elle a au moins trente Kleenex !
– **Macha Méril** : Et puis dans les poches latérales, des clés avec un bip pour entrer dans le parking… Voilà, c'est tout !
– **Philippe Bouvard** : Toute une vie de femme dans un sac ! C'est formidable ! Merci, Macha ! Et on vous souhaite beaucoup de bonheur…

Critique de la critique
par Philippe Chevallier

Chers amis, dans notre société de libre-échange des idées, des opinions et de saupoudrage de grains de sel à tout-va, la critique, – qu'elle soit littéraire, théâtrale ou gastronomique –, a un droit de cité de plus en plus étendu. Et c'est bien normal, car nous sommes en démocratie, et chacun a le droit d'écrire n'importe quoi, du moment qu'il est mal payé pour ça. La version systématique du plumitif, pour ce qui plaît au plus grand nombre, est une des marques de fabrique de la corporation. Mais récemment, dans un quotidien national, j'ai vu à la page « Spectacles » une rubrique qui fait froid dans le dos : « Les pièces de théâtre qu'il faut éviter ». Comme ça. Sans savoir pourquoi ni comment, sans argumentaire, une liste est dressée de pièces de théâtre qu'on ne doit pas voir, sous peine de passer pour un peigne-cul. C'est une liste noire ignominieuse, un peu comme celles que d'aucuns faisaient parvenir à la Kommandantur à une certaine époque. Alors, à ce train-là, on pourrait imaginer dans les journaux des listes de commerçants chez qui il ne faudrait pas aller. Les journaux eux-mêmes pourraient titrer en première page un appel à la censure d'un autre journal. *Le Figaro* titrerait : « *France Soir*, va te faire voir ! »

Et puis de fil en aiguille, au nom du droit à l'expression, on pourrait aussi faire passer des petites annonces sympathiques dans les journaux. Des petites annonces anonymes, comme l'est la rubrique « Pièces à éviter » : « Je signale aux habitants du quartier de la Madeleine à Marvejols que le père Francis, quincaillier de son état, est un vieux pervers qui a voulu donner un Carambar à la petite Sabrina qui venait faire réparer la queue de la poêle à frire de sa maman. Signé : un papa anonyme. » Ou bien : « Je signale à l'heureux propriétaire de la grande rousse qui tient le magasin de lingerie de l'avenue Pablo-Neruda que la boutique de Mme est souvent visitée par le boucher d'à côté qui n'a pas une tête à porter des petites culottes. Signé : un paroissien responsable. »
Mais rassurez-vous, cher critique, je ne vous dirai pas dans quel journal j'ai lu votre rubrique des « pièces de théâtre à éviter ».

UNE HISTOIRE DRÔLE

Au restaurant, un client fort mécontent appelle le garçon :

– Dites donc, mon vieux, votre pigeon est absolument immangeable. Je n'arrive même pas à le découper !

– Oh ! Monsieur, dit le garçon, vous m'étonnez beaucoup ! C'est un pigeon qui vient de notre chasse de Sologne. Je peux vous certifier qu'il était encore vivant avant-hier...

Alors, le client reprend son couteau et il s'attaque à nouveau au pigeon. Tout d'un coup, sa fourchette glisse sur quelque chose de brillant et il retire de son assiette un petit tube de métal. Il l'ouvre, il en sort un papier qu'il déroule, et il lit :

« Message à Gallieni : nous attaquons demain au lever du jour. Signé : Joffre. »

Citation

Qui a dit : « Dans un théâtre, les seuls que je n'ai pas réussi à faire rire, ce sont les fauteuils. » ?

Question du jour

Au XVIIIe siècle, qu'appelait-on « la béquille du père Barnabé » ?

Bouvardise

À partir de 70 ans, l'examen de conscience remplace avantageusement le jogging. On s'essouffle moins à courir après sa vérité que derrière sa jeunesse.

Jacqueline Maillan.

Le sexe masculin.

Citation

Qui a dit : « Mon psychiatre, pour 15 000 francs, il m'a débarrassé de ce que j'avais : 15 000 francs. » ?

Coluche.

Question du jour

En 1954, qui donna 2 millions de francs à l'abbé Pierre et à Emmaüs en déclarant : « Je ne les donne pas, je les rends. Ils appartiennent au vagabond que j'ai été. » ?

Charlie Chaplin.

Bouvardise

Au-delà d'une certaine réussite politique, artistique ou financière, non seulement la société ne fait plus de cadeaux, mais encore elle essaie de récupérer ce qu'elle a donné.

Trois fois de suite ! (1)

– **Philippe Bouvard** : J'ai sous les yeux une enquête intitulée « Comment honorer votre femme trois fois de suite ».
– **Philippe Chevallier** : Trois fois de suite ? Dans l'année ? Parce que trois fois dans l'année, c'est faisable !
– **Vincent Perrot** : Si c'est comment l'honorer trois fois de suite, il faut venir avec deux copains.
– **Philippe Chevallier** : Trois fois de suite ! Mais je n'ai jamais fait ça de ma vie !
– **Jean-Jacques Peroni** : Moi non plus.
– **Philippe Bouvard** : On donne des conseils précis. D'abord, rester très cool. Ne pas penser à une performance ; il faut que ce soit naturel.
– **Bernard Mabille** : Il faut que ça coule !
– **Philippe Chevallier** : Il ne faut pas que ça coule trop vite, parce qu'après, dis donc !
– **Jean-Jacques Peroni** : Et si le méat ne coule pas, il faut consulter !
– **Philippe Bouvard** : Ensuite, après la première fois, dormez quelques minutes.
– **Bernard Mabille** : Alors, ce n'est pas trois fois de suite !
– **Vincent Perrot** : Si, mais il faut déjà un petit temps de repos obligatoire !
– **Philippe Bouvard** : C'est le sexologue qui parle, pas moi ! Il y a un temps de récupération.
– **Jean-Jacques Peroni** : C'est comme le portable ! Il faut pouvoir recharger !
– **Bernard Mabille** : Vous n'êtes pas obligé de dormir ! Vous pouvez vous balader ! Faites le tour du lit ! Attends, chérie, je recharge ! Moi, si je dors après, je suis foutu. Je ne peux pas remettre ça !
– **Philippe Chevallier** : Donc on se repose, mettons… une demi-heure.
– **Jean-Jacques Peroni** : Non, 3 minutes !
– **Bernard Mabille** : Après l'amour, tu fais des pompes et ça repart !
– **Jean-Jacques Peroni** : Ou alors tu vas à la cuisine et tu reprends des moules marinières.
– **Philippe Chevallier** : Si on a un baldaquin, on peut monter aux rideaux, aussi !
– **Bernard Mabille** : Je remets ça cinq fois, et je me trouvais ridicule !
– **Philippe Bouvard** : Ensuite : « Détendez votre pénis ! »
– **Philippe Chevallier** : Alors, il faut le détendre ou il faut le tendre ?
– **Jean-Jacques Peroni** : On baigne dans l'inconcevable !
– **Philippe Chevallier** : À mon âge, je n'ai pas besoin de le détendre !

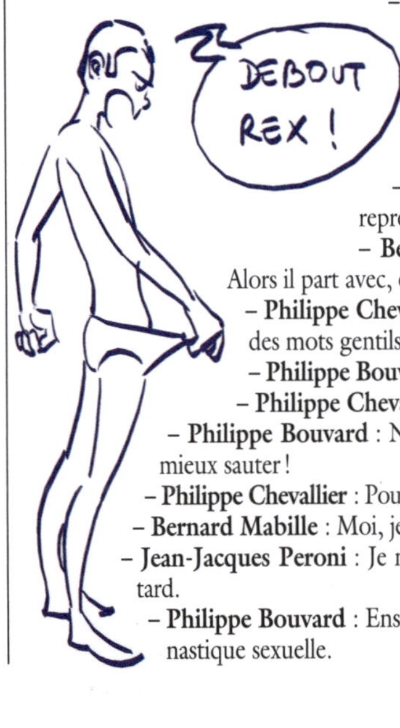

– **Bernard Mabille** : Tu tires un peu dessus.
– **Philippe Chevallier** : Pour le détendre, qu'est-ce qu'on fait ? On le trempe dans une tasse avec de la camomille… ?
– **Philippe Bouvard** : Le conseil est : « Attendez qu'il reprenne de la vigueur, et ne le forcez pas. »
– **Bernard Mabille** : Moi, je le donne à manger au chien. Alors il part avec, et hop ! Ça repart !
– **Philippe Chevallier** : Il faut lui parler dans le creux de l'oreille, lui dire des mots gentils.
– **Philippe Bouvard** : Ensuite, décollez-vous un peu de votre partenaire…
– **Philippe Chevallier** : Ah, oui ! Allez en voir une autre.
– **Philippe Bouvard** : Non ! Simplement prenez un peu de recul ! Reculez pour mieux sauter !
– **Philippe Chevallier** : Pour prendre du recul, il faut l'avoir quand même assez longue !
– **Bernard Mabille** : Moi, je m'en vais sur le balcon.
– **Jean-Jacques Peroni** : Je me la roule en boule derrière l'oreille pour la fumer plus tard.
– **Philippe Bouvard** : Ensuite : « Contractez vos muscles péniens. » Il y a une gymnastique sexuelle.

À suivre

Jeudi **12** **Janvier**

SAINTE-TATIANA

Trois fois de suite ! (2)

– **Bernard Mabille** : Un, deux ! Un, deux !
– **Jean-Jacques Peroni** : Mais ce n'est pas un muscle ! C'est un corps caverneux !
– **Philippe Chevallier** : Il n'y a pas de muscle pénien !
– **Bernard Mabille** : Chez vous, peut-être !
– **Philippe Bouvard** : Il y a un muscle, évidemment !
– **Philippe Chevallier** : S'il y avait un muscle, ça pourrait se muscler !
– **Philippe Bouvard** : Je vois votre raisonnement. Vous dites : « Ce n'est pas un os ; c'est du cartilage. Mais pour faire bouger le cartilage ?… »
– **Jean-Jacques Peroni** : Il y a un cric, comme dans les voitures !
– **Bernard Mabille** : J'ai un truc qui est bien. Je lui dis : « Fais le beau » et je montre un su-sucre en haut : « Allez, Kiki, fais le beau ! »
– **Jean-Jacques Peroni** : Ah ! Lui aussi, il l'appelle Kiki !
– **Vincent Perrot** : Il paraît qu'il est très désobéissant !
– **Bernard Mabille** : Je l'appelle Phiphi, parce qu'il est tout petit et très excité !
– **Philippe Bouvard** : Quelle est votre méthode à vous ?
– **Chantal Ladesou** : Rien que le fait d'être à côté de mon mari dans le lit, ça l'excite. Tout simplement. Tirer sur le truc, ce n'est pas bien, c'est zéro.
– **Jean-Jacques Peroni** : Tu ne tires pas sur le truc, toi ?
– **Chantal Ladesou** : Ben non ! Ça se fait naturellement ! Vous avez des problèmes, les gars ! Rien que de sentir la douceur de ma peau…
– **Philippe Chevallier** : Parce que ton mari, il le fait trois fois de suite aussi ?
– **Chantal Ladesou** : C'est un minimum !
– **Bernard Mabille** : Il pense à qui, quand il te fait ça ?
– **Chantal Ladesou** : C'est pour ça qu'on fait chambre à part, parce qu'il me fatigue !
– **Philippe Bouvard** : Et vous lui parlez pendant l'amour ?
– **Chantal Ladesou** : Non. Je ne vais pas lui faire la conversation, il crie comme une bête ! Il ne m'entendrait pas.
– **Philippe Bouvard** : On envisage le deuxième round. La période de récupération est plus ou moins longue, et il faut la meubler.
– **Jean-Jacques Peroni** : Chez Ikea ! On change l'armoire de place.
– **Bernard Mabille** : Tu montes l'armoire et après, tu montes ta femme ! En dix minutes !
– **Philippe Bouvard** : Comme il faut meubler un peu l'entracte, on conseille de choisir entre parler…
– **Jean-Jacques Peroni** : Quoi dire ? Si c'est pour dire : « Alors, heureuse ? »…
– **Chantal Ladesou** : Pauvre Mme Peroni !
– **Philippe Bouvard** : Il y a aussi l'autre conseil, qui est celui de mettre un peu de musique.
– **Vincent Perrot** : Ça, c'est bien !
– **Jean-Jacques Peroni** : Le régiment de Sambre-et-Meuse ! Et après, à la hussarde.
– **Vincent Perrot** : La musique, il faut même la mettre dès le début.
– **Philippe Bouvard** : Si on met la musique dès le début, les voisins n'entendent rien. Ils sont frustrés.
– **Philippe Chevallier** : Faut la mettre en cours de rut.
– **Jean-Jacques Peroni** : Moi, je mets toujours Patricia Carli : *Arrête, arrête, ne me touche pas…* Comme ça, j'ai la paix.
– **Philippe Bouvard** : Conseil d'ordre général : « Faites l'amour souvent. » Si ce n'est qu'une fois de temps en temps, vous ne serez pas performant.
– **Jean-Jacques Peroni** : Ils sont marrants ! Il faut les trouver, les gonzesses !
– **Philippe Chevallier** : Avec ta femme !
– **Jean-Jacques Peroni** : Ce n'est pas faire l'amour, ça !
– **Bernard Mabille** : Ça, Jean-Jacques, tu n'as pas le droit ! Tu as le droit de tout dire, mais pas ça !

À suivre

Citation

Qui a dit : « Souriez, afin que vos rides, plus tard, soient bien placées. » ?

Menie Grégoire.

Question du jour

À la suite de quel accident automobile tragique, survenu en 1955, la ceinture de sécurité fut-elle inventée par un ingénieur de la firme Volvo ?

La mort de James Dean.

Bouvardise

L'échec des plus intelligents doit toujours inquiéter ceux auxquels la nature et les grandes écoles n'ont pas offert le même poids de matière grise.

Vendredi
13 Janvier
SAINTE-YVETTE

Citation

Qui a dit : « On n'hérite pas la terre de ses parents, on l'emprunte à ses enfants. » ?

Antoine de Saint-Exupéry.

Question du jour

À quel homme politique De Gaulle aurait-il dit : « Votre nom ne fait pas sérieux. Si vous voulez arriver à quelque chose, il faudra changer de nom. » ?

Georges Pompidou.

Présentation des panélistes

Quand il arrêtra de dire ce qu'il ne faut pas aux gens comme il faut, on le licenciera pour faute professionnelle.

Jean-Jacques Peroni

Trois fois de suite ! (3)

– **Jean-Jacques Peroni** : Les hommes mariés sauront de quoi je cause !
– **Philippe Bouvard** : Ensuite : « Entraînez-vous mentalement. »
– **Chantal Ladesou** : Tout est dans le mental !
– **Jean-Jacques Peroni** : Si vous me passiez des radios du crâne, vous verriez que j'ai un lupanar dans la tronche !
– **Philippe Bouvard** : Il faut se mettre dans de bonnes dispositions. Si vous pensez à autre chose… Et vous, Chantal, à quoi pensez-vous en faisant l'amour ?
– **Chantal Ladesou** : À rien du tout. Je me donne complètement.
– **Philippe Bouvard** : Ah oui ? Vous ne vous demandez pas si vous avez quelque chose sur le feu ou si le gaz est bien fermé, comme Philippe Chevallier ?
– **Philippe Chevallier** : Moi, je dis souvent : « Pour le trou, tout est dans l'emmental ! »
– **Bernard Mabille** : Et après, tu bloques tes meules !
– **Philippe Bouvard** : Donc, il y a du physique, mais beaucoup de mental.
– **Bernard Mabille** : On fait sa petite affaire deux fois, et après on arrive à la troisième… C'est là que ça se gâte.
– **Jean-Jacques Peroni** : On fait appel au chien, le berger allemand est en pleine forme !
– **Philippe Bouvard** : Le conseil principal – et excusez-moi si c'est un peu plus concret – c'est d'« économiser sa semence ».
– **Bernard Mabille** : Mme de Villmorin me le disait souvent. Elle me disait « Nanar, économise la semence ! »
– **Jean-Jacques Peroni** : Chez les tapissiers aussi, ils économisent la semence !
– **Philippe Bouvard** : Il faut savoir que votre réserve est limitée, et que si vous voulez revenir plusieurs fois sur le sujet…
– **Vincent Perrot** : Vous arrivez à doser, vous ?
– **Philippe Chevallier** : Quand c'est parti, c'est parti ! Moi, je ne me retiens plus !
– **Jean-Jacques Peroni** : Vous ne vous regardez pas le kiki en disant : « Pas maintenant ! Rentre à la maison, Gaston ! »
– **Philippe Chevallier** : Là, on fait qu'un demi-litre ! L'autre sera pour tout à l'heure !
– **Chantal Ladesou** : Vous n'envoyez pas tout d'un coup ?
– **Bernard Mabille** : Oh, Chantal !
– **Jean-Jacques Peroni** : Mais comment on fait pour « économiser la semence » ? On met un petit tamis. Il y en a un qui passe au travers et on se le rembobine à l'intérieur après ?
– **Philippe Chevallier** : Tu fais ça avec ton petit ami, toi ? Eh ben ! On en apprend de belles !
– **Bernard Mabille** : C'est lui qui, au troisième, se tape ta femme !
– **Philippe Bouvard** : Sachant que la réserve est limitée, il faut économiser.
– **Philippe Chevallier** : Il faut faire du tantrisme.
– **Vincent Perrot** : Oui, il faut se retenir. Mais un coup qui n'est pas abouti est à considérer comme un premier round…
– **Philippe Chevallier** : C'est un coup à ce que ça ressorte par la bouche, aussi !
– **Philippe Bouvard** : Attendez ! Moi, je crois que c'est l'orgasme de la partenaire qui compte, pas le vôtre !
– **Chantal Ladesou** : Ah ! Il faut se retenir pour sa partenaire !
– **Bernard Mabille** : Et après le deuxième coup, on fait le tour du lit de nouveau, et tout ? Ce n'est pas expliqué ?
– **Jean-Jacques Peroni** : Tu refais le tour du lit ; tu regardes si la tringle est bien mise au baldaquin, tout ça…
– **Philippe Chevallier** : Il faut retenir le manche avant de la cogner !
– **Philippe Bouvard** : Je crois qu'on a tout dit, et même un peu plus !

Le premier baiser de Philippe Chevallier

– **Jacques Mailhot** : À âge égal, les filles sont plus entreprenantes que les garçons, il paraît.
– **Philippe Bouvard** : Nombre de mâles que nous avons interrogés à ce propos disent qu'ils ont été embrassés de force par des filles plus grandes… !
– **Jacques Mailhot** : Bien sûr ! Nous, on ne voulait pas, vous nous connaissez !
– **Bernard Mabille** : Vous souvenez-vous vraiment de votre premier baiser ?
– **Philippe Chevallier** : Je m'en souviens, mais j'étais déjà grand et taillé en force. Je faisais de la gym… et j'avais un short.
– **Bernard Mabille** : Ce n'est pas pratique quand tu es en de bonnes dispositions…
– **Philippe Chevallier** : Ça dépend ! S'il est large !
– **Philippe Bouvard** : C'est quand même un repère dans une carrière sentimentale.
– **Chantal Ladesou** : C'est la première fille, je crois…
– **Tous** : Non, la première, c'est celle sur laquelle on monte.
– **Philippe Bouvard** : Mais quelquefois, ça coïncide !
– **Philippe Chevallier** : Curieusement, je ne m'en souviens pas. J'ai commencé par être dépucelé, avant d'avoir embrassé. Je ne me suis mis au baiser que très, très tard !
– **Jean Balutin** : Moi aussi. Je n'en voyais pas l'intérêt.
– **Philippe Chevallier** : C'est accessoire ! Mais on dit que c'est la porte ouverte à… Et il y a une expression un peu triviale, chez les cavaliers, qui dit : « Quand on a la bouche, on a le cul ! » C'est-à-dire que quand on a les rênes bien en main et qu'on fait baisser la tête du cheval, les postérieurs s'engagent. Et pour les femmes, si on a fait le baiser, on a le reste, mais je ne suis pas convaincu.
– **Chantal Ladesou** : Tu es gentil, je trouve !
– **Philippe Chevallier** : Mais c'est la plus belle conquête de l'homme, le cheval !
– **Philippe Bouvard** : Donc, quand vous faisiez l'amour et que la femme disait : « Dis-moi que tu m'aimes », vous étiez capable de répondre : « Tu vois bien que je suis occupé ! »
– **Philippe Chevallier** : Vous savez, il vaut mieux la fermer quand on a mauvaise haleine !

UNE HISTOIRE DRÔLE

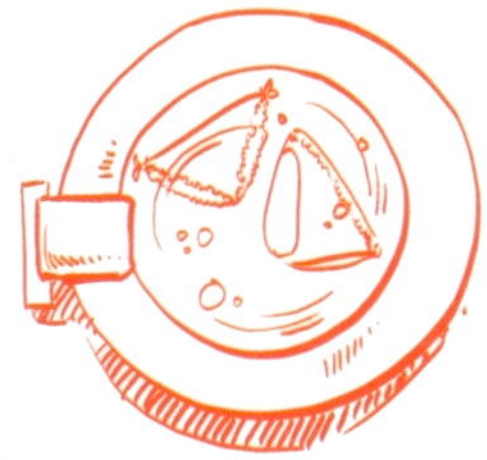

Dans la vitrine d'une boutique de lingerie fine, deux petites culottes, la petite Sloggi et la petite Lejaby, sympathisent et deviennent amies. Mais elles sont vendues et la vie les sépare.
Quelques mois plus tard, dans une machine de laverie automatique, la petite Sloggi regarde une culotte, qui tourne en même temps qu'elle.
– Vous ne seriez pas la petite Lejaby qui était en vitrine aux Galeries Lafayette ?
– Mais si ! Et vous, vous êtes la petite Sloggy…
Elles s'embrassent et commencent à papoter.
– Moi, dit la petite Lejaby, j'ai une vie formidable. J'ai été achetée par une femme qui sort énormément. Cinéma, théâtre, ballets, concerts, opéra, ça n'arrête pas. Et comme elle s'habille très court, je vois tous les spectacles. Et vous ?
– Moi aussi, j'ai été achetée par une femme qui sort pratiq uement tous les soirs. Mais moi, je n'ai pas votre chance : elle ne m'emmène jamais…

Citation

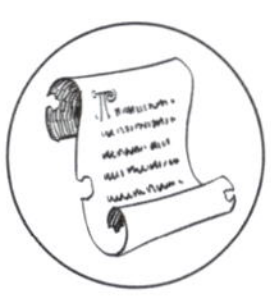

Qui a dit : « Les bons amants, ce sont les femmes qui les construisent. Les hommes, il faut tout leur apprendre et surtout leur laisser croire le contraire. » ?

Question du jour

Dans quel sport collectif les joueurs se déplacent-ils le plus vite sur le terrain ?

Présentation des panélistes

Plus connu dans le monde de la photo sous le surnom de « Nadar des fessiers ».

Philippe Chevallier

Le hockey sur glace : les joueurs peuvent atteindre 50 km/h.

Victoria Abril.

UNE HISTOIRE DRÔLE

La veille de Noël, une jeune femme en plein désespoir se prépare à sauter en bas d'un pont, quand soudain, le Père Noël lui demande ce qu'elle fait :
– J'ai perdu mon emploi, on m'a volé ma voiture et mon mari m'a quittée. J'aime mieux en finir avec la vie.
– Moi, je suis le vrai Père Noël, et une fois par an je descends sur terre pour exaucer un vœu. Et cette année, ce sera le tien, alors rentre chez toi, ton mari t'attendra fou d'amour, ta voiture sera stationnée dans la cour, et ton patron t'appellera pour te dire que tu es réembauchée.
– Oh merci, Père Noël ! Comment pourrais-je vous remercier ?
– Ben tu sais, mon enfant, nous, au paradis, on est un peu privés de sexe, alors si tu pouvais me faire une gâterie, ça me ferait bien plaisir.
La jeune fille hésite un peu, mais finit par accepter, en se disant qu'il a été si bon pour elle. Quand elle a fini, le Père Noël lui demande quel âge elle a.
– J'ai 22 ans, Père Noël.
– Ha… 22 ans ! Et tu crois encore au Père Noël ?…

Les statistiques de Peroni

– 20 % des bouchers obsédés sexuels emballent la queue de bœuf dans un préservatif.
– 30 % des blondes ne peuvent « faire » que coiffeuses ou toiletteuses ; les 70 % qui restent veulent être chanteuses.
– 40 % des Français pensent que le vrai nom de Lady Gaga, c'est Liliane Bettencourt.
– En automne, 70 % des Français vont aux champignons, et ceux qui vont aux putes en récoltent aussi.
– 90 % des viticulteurs souhaitent que Jean-Louis Borloo soit notre prochain Premier ministre.
– 20 % des personnes qui souffrent d'eczéma évitent de manger du pâté en croûte.
– Pendant la saison des amours, 20 % des hérissons qui pratiquent la levrette ont des piqûres au ventre.
– 20 % des élus qui veulent la retraite à 62 ans ont plus de 65 ans.
– 40 % des derviches tourneurs ne sont pas fraiseurs.
– 28 % des éleveurs de moules ne pratiquent pas le cunnilingus.
– Enfin, pendant les vendanges, 30 % de femmes de viticulteurs ne leur lâchent pas la grappe !

Citation

Qui a dit : « À 30 ans, une femme doit choisir entre son derrière et son visage. » ?

Question du jour

Au cinéma, dans quelle matière sont faites les vitres qui explosent ou à travers lesquelles passent les personnages ?

Coco Chanel.

En sucre, pour éviter que les acteurs ne se blessent.

Mailhot déshabille le commerce du bétail

par Jacques Mailhot

Depuis que *les Grosses Têtes* nous ont fait découvrir, il y a quelques jours, le premier salon de coiffure topless à Draguignan où, je vous le rappelle, la coiffeuse enlève le haut pour vous demander si elle vous fait la raie au milieu, j'ai succombé à la tentation et j'ai fait le voyage. La première question que la dame vous pose – et c'est classique – est « Voulez-vous un shampoing aux oeufs ? », ce à quoi vous répondez aussi classiquement « Occupez-vous déjà de mes cheveux, et pour le reste, on verra après ». Rien de très exceptionnel, hormis les turbulences provoquées sur l'aiguille de ma boussole à plaisir qui refusait obstinément de réintégrer sa position « villégiature », comme c'est le cas à l'heure où je vous parle. Car ce ne sont pas les shampouineuses du premier rang, ni même du deuxième, qui risquent de me faire chavirer le pôle magnétique.

Fort de la réflexion un peu désabusée d'un homme important – je veux parler du président du Syndicat des coiffeurs –, qui avait déclaré, outré : « Mais pourquoi pas des charcutiers à poil ? », j'ai poussé mes investigations plus avant, et voici les premiers résultats.

J'ai découvert à Implant-sur-Couronne, une commune de la périphérie, une dentiste qui, lorsqu'elle vous fait un détartrage, passe la ficelle de son string entre vos molaires pour vérifier le résultat de son travail. C'est un moment très goûteux.

J'ai ensuite testé un boucher qui vous sert en slip kangourou, avec son fusil et son couteau dans la poche de devant, et qui vous propose d'emblée le morceau du boucher bien placé dans la culotte, ou son rognon en gelée maison premier choix. À recommander aux cochonnes amatrices de viande rouge.

J'ai également rencontré la pédicure en porte-jarretelles, à bas résilles, qui vous propose de prendre votre pied en vous grattant l'oignon sur un air de Grand Corps malade.

Et enfin, la manucure en nuisette transparente qui vous autorise à limer tout ce que vous souhaitez, une invitation au bonheur par une femme majeure qui vous caresse le petit doigt sans vous mettre à l'index, et que vous pouvez payer en liquide.

UNE HISTOIRE DRÔLE

C'est un Marseillais qui raconte à ses potes ses exploits de chasse :

« Un jour, dans la forêt, je suis tombé nez à nez avec un sanglier. Sans mentir, il faisait au moins 600 kg, con, le sanglier. Quand il a commencé à charger, té, j'ai pas hésité, j'ai pris mon fusil, j'ai mis une seule cartouche et j'ai tiré pile entre les deux yeux ! Je vous jure, il s'est écroulé immédiatement, con. Ensuite, j'ai sorti mon couteau de survie (la lame fait au moins 30 centimètres !), et j'ai découpé une cuisse. Bonne mère, j'ai mis cette cuisse énorme sur mon épaule, et j'ai laissé le reste de la carcasse. Sur le chemin du retour, je tombe nez à nez avec un superbe cerf !

Sans mentir, il faisait au moins 500 kg, ce cerf. Je n'ai pas hésité un instant, bonne mère, j'ai posé la cuisse de sanglier, j'ai pris mon fusil, j'ai mis une seule cartouche, et j'ai tiré pile entre les deux yeux ! Je vous jure, il s'est écroulé immédiatement, con. Ensuite, j'ai sorti mon couteau de survie (la lame fait au moins 40 centimètres !), et j'ai découpé un cuisseau. J'ai mis les deux cuisses sur mes épaules, et j'ai laissé le reste de la carcasse, bonne mère. »

À ce moment, le téléphone sonne. Il va décrocher, discute un peu puis, après avoir raccroché, retourne voir ses potes :

– J'en étais où de mon histoire, les gars ?

Les autres :

– Ben con, tu avais les deux cuisses sur les épaules...

– Ah oui ! Eh ben là, j'ai penché ma tête, et je lui ai fait sa fête, à cette cochonne !

Citation

Qui a dit : « Aujourd'hui, rédiger le contrat d'un acteur prend plus de temps que de faire un film. » ?

Question du jour

Au Québec, qu'est-ce qu'une agace-pissette ?

Bouvardise

Vivre est moins exaltant que de survivre.

C'est une aguicheuse, une femme qui provoque les hommes.

Michel Galabru.

Mercredi **18** # Janvier
SAINTE-PRISCA

UNE HISTOIRE DRÔLE

Une maman dromadaire et un bébé dromadaire discutent des choses de la vie :
– Maman, pourquoi est-ce que j'ai ces énormes pieds avec trois orteils ?
La maman dromadaire répond :
– Eh bien, c'est pour ne pas s'enfoncer, lorsqu'on traverse les immensités désertiques.
– Ah… D'accord !, répond le fils.
Quelques minutes plus tard, le fils demande à nouveau :
– Maman, pourquoi est-ce que j'ai de si longs sourcils ?
– Ces sourcils sont là pour empêcher le sable de passer sous les paupières, lors des tempêtes de sable.
– Ah, d'accord maman ! répond le fils.
Un peu plus tard, le petit dromadaire revient à la charge :
– Dis, maman, pourquoi est-ce que l'on a cette grosse bosse sur le dos ?
La maman dromadaire, lassée de toutes ces questions, répond :
– La bosse nous sert à stocker l'eau pour nos longues courses dans le désert. C'est grâce à elle qu'on peut se priver de boire pendant plusieurs dizaines de jours !
– D'accord, maman : si je comprends bien, on a des pieds très larges pour ne pas s'enfoncer dans le sable, de longs sourcils pour ne pas avoir les yeux irrités par le sable, et une bosse sur le dos pour pouvoir stocker de l'eau lors des longues courses dans le désert… Mais alors, maman, dis-moi une chose…
– Oui, mon fils ?
– Qu'est-ce qu'on fout ici, dans ce zoo ?

Jacques Weber joue la comédie

– **Philippe Bouvard** : Plongeons un peu dans le passé. Ça commence tôt, les petits boulots, pour vous ?

– **Jacques Weber** : Si ma femme entend ça, elle va dire « Quel mytho ! ». En fait, j'ai fait un petit boulot parce que j'ai eu du pot. À l'âge de 15 ans, j'ai commencé à jouer la comédie et je ne me suis plus arrêté depuis. Lorsque j'ai eu cette chance inouïe de rencontrer Pierre Brasseur – ce qui a tout transformé pour moi – et de jouer auprès de lui les jeunes premiers, j'avais 16 ans. Le seul petit boulot que j'ai fait, c'était dans le « ventre de Paris » – puisque les halles étaient encore là, à cette époque, ça ne nous rajeunit pas ! J'ai trimballé des cageots toute la nuit dans la rue du Pont-Neuf, par là, et j'ai eu une vision extraordinaire de ce qu'on appelait le « fort des halles ». Des hommes qui avaient le ventre fort, des épaules massives, des pectoraux, et qui portaient des bœufs entiers sur eux, avec le petit tablier blanc.

– **Philippe Bouvard** : Quel contact avez-vous avec le public des premiers rangs ? Vous le voyez ou pas ?

– **Jacques Weber** : Parfois, on aime le voir parce qu'il y a une personne pour qui vous avez envie de jouer… sinon, on ne le voit pas. Ce que je n'aime pas, c'est de savoir qu'il y a quelqu'un dans la salle ; c'est quelque chose qui m'effraie. Vous savez ce qu'il m'est arrivé… Pour *Cyrano de Bergerac*, j'avais vraiment les jetons, je jouais Cyrano, quand même. Tout le monde vous attend, dans *Cyrano*. Je suis à Mogador, et j'avais réussi à ce qu'on ne me dise pas quand était la générale, car je savais que ce serait une générale très brillante, avec le « Tout-Paris ». J'arrive un soir, pas de petit télégramme, pas de fleurs, pas de cadeaux, rien… une soirée normale. « Jacques Weber, dans cinq minutes en scène ! » On frappe à ma porte : « Chouchou ! C'est Jérôme ! » C'était Jérôme Savary ; j'ouvre la porte, et il me dit : « Coco, ils sont tous là ! » Il ne savait pas. Ce qui est extraordinaire, c'est que c'était un coup de dés : ou ça allait totalement m'effondrer… ou ça faisait l'effet complètement inverse. Moi qui ne suis pas un foudre de guerre, là, ça m'a vraiment fouetté. J'ai fait « Merde ! », j'y suis allé, et ça a été vraiment formidable. Ils étaient tous là.

Citation

Qui a dit : « Aznavour ? C'est le seul homme que je connaisse capable d'entrer debout dans une Rolls. » ?

Jacques Brel.

Question du jour

Dans l'armée française, quel officier est dispensé de porter l'uniforme, alors qu'il est en service et en bonne santé ?

Les officiers femmes qui sont enceintes.

LA REPRISE EST À NOS PORTES !

Citation

Qui a dit : « Ce qui m'intéressait avant, chez les bourgeois, c'est qu'ils se fabriquaient des problèmes de cul, car ils n'avaient pas de problèmes de fric. Aujourd'hui, ils ne pensent plus qu'au fric. » ?

Claude Chabrol.

Bouvardise

Je crois être un esprit libre. Libre de penser ce que lui suggèrent ses origines, ses fidélités, ses trahisons, ses intérêts, ses dégoûts, ses fantasmes, sa logique et ses inconséquences.

UNE HISTOIRE DRÔLE

C'est un représentant qui, loin de son foyer, est pris d'une violente et soudaine pulsion sexuelle. Il cherche, il cherche, puis se décide à demander à une personne au hasard dans la rue.

– Oh, bah ça tombe bien, je connais justement une maison où la femme est très chaude et accepte de coucher avec n'importe qui.

– Ah bon, et où peut-on trouver cette maison ?

– C'est simple, tu continues sur cette rue et tu prends la première à gauche, et c'est la première porte que tu verras. Tu ne peux pas te tromper. Mais attention, tourne bien à gauche !

– OK, pas de problème.

Alors, le type part, remonte la rue, et arrivé au croisement, il ne se souvient plus s'il fallait tourner à gauche ou à droite. Finalement, il choisit de tourner à droite, et frappe à la première porte.

– Bonjour madame, je suis… euh… je suis le plombier !

– C'est bizarre, je n'ai pas de fuite chez moi… Mais entrez donc vous reposer un moment.

Et là, commence la culbute dans le salon. Soudain, la femme s'écrie :

– Mon Dieu, mon mari arrive ! Vite, cache-toi dans l'armoire !

– Mais elle est trop petite !

– Alors, on va lui dire que tu es mon cousin que je n'ai pas revu depuis l'âge de 5 ans, et que c'est pour ça que je ne lui ai jamais parlé de toi…

Le mari entre dans la maison :

– Qui est-ce ? demande-t-il à sa femme.

– C'est mon cousin, ça faisait longtemps qu'on ne s'était pas vus… Bon, je vous laisse, je vais préparer des cafés pendant que vous faites connaissance.

La femme s'en va alors à la cuisine, laissant les deux hommes seuls, assis sur le canapé du salon. Un lourd silence s'installe, puis le mari fait à l'autre :

– À gauche… Je t'avais dit de tourner à gauche !

UNE HISTOIRE DRÔLE

Alphonse, 85 ans, va voir son médecin pour une analyse de sperme. Son médecin lui donne un petit flacon et lui dit de revenir le lendemain pour l'analyse. Le lendemain, l'homme lui remet le flacon vide et propre. Le médecin lui demande pourquoi.

– Eh bien, voilà, docteur. J'ai essayé avec la main droite, sans succès. Avec la main gauche, rien non plus. Alors, j'ai demandé à ma femme de m'aider. Elle a essayé avec la main droite, puis la gauche. Toujours rien. Ensuite, elle a essayé avec la bouche, avec ses dents, sans ses dents. Toujours sans succès. Alors, on a demandé à la jeune voisine qui a essayé avec la main droite, la gauche, avec sa bouche, avec ses dents, sans ses dents…

Le médecin, choqué, l'interrompt :

– Vous avez même demandé l'aide de la voisine ?

– Eh oui, docteur ! Vous voyez, on a tout essayé, et on n'a toujours pas pu ouvrir ce putain de flacon !

Les Debré chez le Général

– **Philippe Bouvard** : Quels rapports aviez-vous, quand vous étiez enfant, avec le Général ?

– **Jean-Louis Debré** : À 12 ans, ce n'était pas ma tasse de thé ! On allait une fois par an déjeuner chez le général de Gaulle, et c'était pour moi toujours une épreuve, car il se renseignait un peu avant sur mes résultats scolaires, qui n'étaient pas très brillants, je l'avoue. J'avais donc droit, chaque fois, à une leçon, à « Il faudra faire mieux la prochaine fois ! ». Puis il nous interrogeait, et chaque fois qu'il nous interrogeait, je regardais mes parents qui étaient atterrés du niveau de leurs enfants. Je me souviens d'un jour : « Ça vous dit quoi, Bir Hakeim ? » Je vois mon père se dire : « Ça y est, ils vont la faire ! » Ça tombe sur moi, et je dis : « Une station de métro. » Ce qui est vrai, mais ce n'était pas essentiel ! J'ai vu mes parents se dire définitivement : « On n'en fera rien ! »

– **Philippe Bouvard** : Bernard n'était pas meilleur ?

– **Jean-Louis Debré** : Il a répondu moins vite que moi, mais il se préparait à dire la même chose.

Citation

Qui a dit : « Certains maris ne sont bons qu'à être cocus, et encore faut-il que leurs femmes les aident. » ?

Question du jour

Dans le code du savoir-vivre, quelle est la seule visite qu'on ne doit pas rendre par obligation ?

Bouvardise

La moyenne d'âge est plus importante dans un couple que l'âge de chacun des deux partenaires.

Georges Feydeau.

Une visite de condoléances.

Vacances à la neige… sans neige

par Jacques Mailhot

Aujourd'hui, vous le savez, rien n'est simple, tout est compliqué, même les vacances ! Nous sommes dans une société responsable qui se penche même sur les difficultés d'être en vacances. C'est comme ça ! Que tous ceux qui n'ont pas les moyens d'y aller le sachent, ne se fassent pas d'illusions, être en vacances, ce n'est pas forcément une partie de plaisir. Depuis 1936, les vacances ont évolué et n'échappent pas à la modernité. Ainsi, il y a quelques jours, LCI, une chaîne des plus respectables, consacrait un émouvant reportage à ces Français qui partaient en vacances de neige alors qu'il n'y en avait pas ! Des naufragés de la neige mais à l'envers ! Vaste sujet, angoissant problème, c'était bouleversant.

Comme ce malheureux en semi-désespérance à la terrasse d'un restaurant d'une station sans neige à qui on demandait, avec des trémolos dans la question : « Alors, la neige n'est pas au rendez-vous ? Qu'allez-vous faire ? » et l'infortuné de répondre : « On va attendre, en espérant qu'elle tombe, parce que sans neige, on ne peut pas faire de ski ! » Ça, c'est de l'information ! Donc je me suis dit que j'allais regarder jusqu'au bout. Juste après, un autre sinistré de la poudreuse disait : « Nous, on va faire des marches. C'est l'avantage d'être à la montagne, on peut aussi faire des marches ! »

Encore une info ! Puis un autre érudit des cimes disait : « On est déçus, surtout pour les enfants, parce que nous on ne skie pas. Mais pour ceux qui skient c'est plus embêtant ! »

J'ai dit : « Je continue à regarder, je suis dans le scoop ! »

Mieux encore : « Nous on a l'habitude ! Déjà l'année dernière, on n'a pas eu de neige, et l'année d'avant, elle est tombée le jour où on partait ! Ce qui fait qu'on n'a pas pu partir à cause de la neige mais on n'a pas pu skier non plus parce qu'on devait partir ! »

Quand ils reviennent, c'est du Kafka dans le texte !

Plus fort encore : « Nous, on préfère quand il n'y a pas de neige. C'est moins joli, mais ça glisse moins ! »

Avouez que de tels soucis méritent bien une enquête, car la neige est une sacrée farceuse ! Les sinistrés de la neige se comptent aujourd'hui par milliers. Entre ceux qui râlent parce qu'il y en a trop sur les autoroutes et ceux qui râlent parce qu'il n'y en a pas assez dans les stations de ski, on n'en sort plus !

Bref, tous ces problèmes de poudreuse, ça m'a donné de la sympathie et de la compassion pour Jean-Luc Delaluge … Delarue !

Citation

Qui a dit : « Dans la haute couture, il n'y aura plus rien après Coco Chanel et moi. » ?

Yves Saint Laurent.

Question du jour

Dans le roman *Cinq Semaines en ballon*, de Jules Verne, quel est le but du voyage en ballon ?

Découvrir les sources du Nil.

Présentation des panélistes

On ne le trouve pas si mauvais cheval quand on est habitué à ses ruades.

Bernard Mabille

UNE HISTOIRE DRÔLE

Sarkozy visite une maternité pour faire sa propagande. Dans la première chambre, une jeune maman est aux anges :
– C'est le plus beau bébé du monde !
Pareil dans la seconde chambre... Mais dans la troisième, une jeune maman pleure à chaudes larmes. Sarkozy lui demande ce qui lui arrive.
– C'est mon bébé, répond-elle.
– Qu'est-ce qu'il a votre bébé, il est malade ?
– Mais non ! Il est en pleine forme, il a déjà les dents qui poussent !
– Mais alors, pourquoi pleurez-vous donc ?
– Il vous ressemble !
Alors, Sarkozy s'approche du landau, regarde le bébé et dit :
– Mais c'est vrai qu'il me ressemble... Peut-être sommes-nous de la même famille ? Comment vous appelez-vous ?
– Marie Dupont.
– Ah ben non... Il n'y a pas de Dupont dans la famille Sarkozy... Mais il y a bien une ressemblance... C'est curieux... Je me demande d'où ça vient...
– Mais je sais, moi, d'où ça vient ! dit la jeune maman en redoublant ses sanglots. C'est mon mari ! Il est délégué syndical.
– Et alors ?
– Et alors, tous les soirs, en rentrant à la maison, il dit : « Sarkozy, moi, j'en ai plein les burnes ! »

Paris-Marseille en Vélosolex

– **Jacques Weber** : J'étais tombé fou amoureux d'une jeune femme qui était à Marseille. J'avais à l'époque un Vélosolex, et donc j'ai fait Paris-Marseille en Vélosolex ! J'avais mes petits bidons de Solexine. Genre record ! Je me souviens, je n'ai pas arrêté. J'ai mis entre trois jours et trois jours et demi. Je dormais dans les fossés, je pissais tout en roulant. Ce qui est arrivé, ce qui est drôle, c'est que quand je suis arrivé, je ne pouvais plus bouger, tétanisé. Elle m'a reçu en disant : « Oh ! Il est brave ! » Je ne pouvais plus rien faire ; elle a été gentille. « Brave », c'est joli à Marseille, mais enfin, j'étais complètement incapable de quoi que ce soit.
– **Éric Laugérias** : Et de l'honorer, même ?
– **Jacques Weber** : Ben oui ! Elle a essayé de me soigner. Je suis revenu en train, le Vélosolex dans le fourgon. Je ne recommande à personne de faire Paris-Marseille par amour en mobylette ; ça n'épate même pas la fille à l'arrivée !

Question du jour

Au théâtre, qu'appelle-t-on parfois la « colonelle » ?

Citation

Qui a dit : « L'arbitre de football aimait tellement sa profession que chaque fois que sa femme le trompait, il lui montrait un carton jaune. » ?

La couturière.

Roger Pierre.

Mardi

24 Janvier

SAINT-FRANÇOIS-DE-SALES

Folies de Jean d'Ormesson

– **Philippe Bouvard** : Est-ce que vous êtes fâché quand des jeunes gens évoquent les sentiments de leurs grands-parents à votre égard ?

– **Jean d'Ormesson** : Ce que j'ai entendu le plus souvent, ce sont des jeunes filles ravissantes qui arrivent et disent : « Ma grand-mère vous admire tellement ! » Puis ça a changé, et ça a été : « Mon arrière-grand-mère… vous admire tellement ! » Et je racontais cette histoire chez Gallimard, avec Antoine Gallimard, un jour où je signais mes livres. La porte s'ouvre, et arrive une ravissante stagiaire de 18 ans qui, rougissant jusqu'aux cheveux, me dit : « Monsieur, je crois que vous êtes un ami de mon arrière-grand-mère. » Et c'était vrai ! Mon cher Philippe, je voudrais vous assurer que depuis quelques années, peut-être à cause de Julien Doré, peut-être à cause de Laurent Gerra, je vois arriver des vieilles dames qui me disent : « Ma petite-fille vous admire tellement ! »

– **Philippe Bouvard** : Ça, c'est le couronnement d'une carrière !

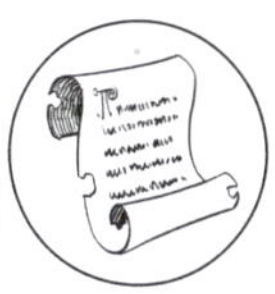

Citation

Qui a dit : « Mesdames, un conseil. Si vous cherchez un homme beau, riche et intelligent… prenez-en trois ! » ?

Question du jour

De quelle manière Napoléon Ier se maria-t-il avec l'archiduchesse Marie-Louise d'Autriche ?

UNE HISTOIRE DRÔLE

C'est un jeune couple qui doit passer sa lune de miel dans un hôtel de la Costa Brava. Le premier soir de leur mariage, alors que le mari est dans la salle de bains, la jeune épouse se déshabille, se glisse sous les draps et attend patiemment. Le mari arrive, portant juste un caleçon. Il tire les couvertures, entre dans le lit et… éteint la lumière, se tourne sur le côté et s'endort.

La nuit suivante, ayant soigneusement évité de parler de ce qui ne s'était pas passé le soir précédent, la jeune femme décide d'attendre son mari, nue sur les couvertures. Mais lorsque le mari sort de la salle de bains, il porte un pyjama de laine ! Et en plus, comme la veille, il entre dans le lit, se tourne de côté et s'endort.

Troisième nuit. La femme est nue sur les couvertures, les chevilles derrière les oreilles ! Le mari sort de la salle de bains avec un pyjama en laine et un bonnet de nuit de la même matière. Il entre dans le lit, se tourne sur le côté et s'endort.

Quatrième nuit. La jeune femme est désespérée. Sa posture sur le lit est la même que le soir précédent. En plus, elle a mis de la musique suggestive et a aussi allumé des bougies. Le mari sort de la salle de bains avec un pyjama en laine, un bonnet de nuit de la même matière, des gants et un cache-nez. Il entre dans le lit, se tourne sur le côté, et sa femme décide d'intervenir :

– Hé ! Tu ne vois donc pas l'ouverture entre mes deux jambes ?

Le mari se retourne alors de son côté, et grogne :

– Ah… C'est donc de là que vient le courant d'air !

Ils se marièrent par procuration. Coluche.

Mercredi

25 Janvier

CONVERSION DE SAINT PAUL

Citation

Qui a dit : « Écologie : ne respirez jamais avant d'avoir fait bouillir votre air ! » ?

Pierre Doris.

Question du jour

Au Zaïre, qu'est-ce que la « bottine à papa » ?

Un préservatif.

Présentation des panélistes

Je le soupçonne de se frotter les mains quand notre cher et vieux pays va mal.

Bernard Mabille

Ces Ricains nous font la nique

– **Philippe Bouvard** : C'est une étude américaine – sérieuse, sinon je ne vous en parlerais pas – sur les habitudes sexuelles des Américains, et le fait que, dans ce qu'on pourrait appeler la « dramaturgie amoureuse », ils se montrent beaucoup plus imaginatifs que les Français. Et je parle sous le contrôle de Marianne…

– **Marianne James** : Je connais quelques Américains, mais qu'est-ce qu'ils auraient inventé depuis ? Je n'étais pas au courant.

– **Philippe Chevallier** : Le tabouret javanais.

– **Marianne James** : Mais ce n'est pas américain, ça ?

– **Bernard Mabille** : Tu t'es tapé des Américains, déjà ?

– **Marianne James** : Mais oui !

– **Jacques Mailhot** : Comment t'appellent-ils ? Big Burger ?

– **Bernard Mabille** : En hommage à Obama, ils l'appellent Big Barack…

– **Marianne James** : Non, ils me disent : « Est-ce que tu veux voir ma petite tour Eiffel ? »

– **Jacques Mailhot** : Et il clignote tous les quarts d'heure, comme la tour Eiffel ?

– **Marianne James** : Non, c'est une fois par heure.

– **Philippe Bouvard** : Attendez ! Je vous donne quand même des chiffres, car je vous vois dubitatifs… Il y a au catalogue du mâle américain quarante pratiques sexuelles différentes.

– **Marianne James** : Le Français, non ? Il n'en aurait pas quarante ?

– **Bernard Mabille** : Il y a un autre truc, à part « le missionnaire » ?

– **Philippe Bouvard** : Vous avez « Napoléon sur les remparts », la « diligence d'Orléans »…

– **Philippe Chevallier** : C'est sûr ! Le « tambourin soudanais », le « petit prince »…

– **Philippe Bouvard** : Le « un coup je te vois, un coup je ne te vois pas »…

– **Jacques Mailhot** : Bien sûr ! Le « chemin des dames, entièrement à la baïonnette »…

– **Marianne James** : La « petite cuillère coréenne ».

– **Bernard Mabille** : Surtout le « Pas ce soir, j'ai la migraine ! »

– **Jacques Mailhot** : Moi, ma spécialité, c'est la « percée de Sedan » !

– **Marianne James** : Je pense que l'Américain est un gros vantard. Ça m'étonnerait qu'il puisse aligner quarante bricoles…

– **Bernard Mabille** : Il te fait la « baie des cochons », non ?

– **Philippe Bouvard** : Vous avez raison, chère Marianne. Comme c'est une enquête déclarative, les gens disent un peu n'importe quoi et ont tendance à se vanter. Il y a une pratique qui revient souvent chez les Américains, et peut-être moins chez les Français qui se trouvent dans la même situation, c'est la masturbation mutuelle.

– **Bernard Mabille** : Il y a des magasins Audika partout, là-bas !

– **Philippe Chevallier** : La « masturbation mutuelle », c'est-à-dire que chacun tripote l'autre…

À suivre

Ces Ricains nous font la nique (SUITE ET FIN)

– **Philippe Bouvard** : Voilà ! Et vous croyez que ça a besoin d'explications ? Ce n'est pas un dîner de cons, ici !
– **Philippe Chevallier** : Mais Philippe, dans la « masturbation mutuelle », il peut y avoir deux versions…
– **Philippe Bouvard** : J'ai dit « mutuelle », je n'ai pas dit « Matmut »…
– **Philippe Chevallier** : Voilà où je voulais en arriver !
– **Marianne James** : Ce qui veut dire que chacun bricole son fri-fri tranquillement, ou qu'il bricole celui de l'autre ?
– **Philippe Bouvard** : Celui de l'autre ! Sinon, à quoi ça sert d'être deux ?
– **Marianne James** : Mais on connaît ça en France, on ne le catalogue même pas ! Parce qu'on s'en fout ! Ça fait partie des pratiques normales, non ?
– **Jacques Mailhot** : Mais moi je n'ai pas Free-Free, j'ai Orange !
– **Philippe Bouvard** : Autre chiffre, parce que je vous sens avides d'informations : à partir de 70 ans, l'homme américain retrouve ses habitudes de plaisirs solitaires.
– **Jacques Mailhot** : On est tellement bien avec soi-même !
– **Marianne James** : Donc, il se re-tripote à 70 ans !
– **Jacques Mailhot** : L'autre jour, je parlais à ma main, et elle m'a dit : « J'ai la migraine » !
– **Philippe Bouvard** : Est-ce que vous avez déjà trompé votre main droite avec votre main gauche ?
– **Jacques Mailhot** : J'ose pas ! J'ai peur d'un retour de manivelle.
– **Philippe Bouvard** : Et comme dirait Rachida Dati, je vous ai gardé « pour la bonne bouche » des chiffres qui sont quand même contradictoires : selon l'enquête, 85 % des hommes affirment que leur partenaire a eu un orgasme, et il n'y a que 64 % des femmes qui le reconnaissent. Qui ment ?
– **Marianne James** : Au tout départ, c'est la femme qui ment, qui prétend avoir un orgasme pour complaire… Soit pour arrêter monsieur, parce que ça fait long, et on fait semblant d'y arriver en disant : « Ouf ! Ça s'est fait, il va peut-être se calmer, maintenant ! » Soit pour ne pas le vexer, parce qu'il y a beaucoup d'amour, et la femme simule un orgasme pour montrer au mari qu'elle est arrivée tout là-haut… Mais ce n'est pas à tous les coups qu'on gagne !
– **Philippe Bouvard** : Non. D'autant qu'une enquête parallèle dont nous avons rendu compte récemment prouve que les hommes, eux aussi, commencent à user de la simulation.
– **Bernard Mabille** : Quand on voit les tas qu'on se tape !

Citation

Qui a dit : « Et puis quoi, qu'importe la culture ? Quand il a écrit Hamlet, *Molière avait-il lu Rostand ? Non. » ?*

Pierre Desproges.

Question du jour

Autrefois, qu'appelait-on « sortir sur le ventre » ?

C'était une expression de l'argot du théâtre, qui, aujourd'hui, correspond à « faire un bide ».

Bouvardise

Les femmes sont très tôt complètes. Les hommes ne sont jamais finis.

UNE HISTOIRE DRÔLE

Un jeune Italien est invité à manger et à dormir chez les parents de sa nouvelle petite amie. Ne voulant pas être pris au dépourvu, il passe à la pharmacie acheter des préservatifs. Avec vantardise, il s'adresse au pharmacien :
– Yé voudrais une boîte dé préservatifs, car cé soir yé vais chez ma belle-famille et yé vais faire l'amour comme un dieu à ma fiancée, touté la nouit.
Le pharmacien lui tend une boîte.
– Scusi, cé possible d'avoir deux boîtes, car yé vais aussi me taper la sœur… Après ma fiancée, je vais aller faire mes amitiés à la pétite sœur… Elle est tellement bellissima ! Yé vais lui donner du plaisir à elle aussi…
Le pharmacien lui tend donc deux boîtes.
– No, scusi, donnez-m'en trois ! La belle-mamma est aussi très charmante… Yé vais baiser les deux sœurs, et ensuite, yé me tape la mamma. Ce soir, je donne du plaisir à toute la famille !
Le pharmacien lui tend donc les trois boîtes et l'Italien part se faire beau pour la grande soirée.
Durant tout le dîner, la jeune fiancée s'étonne de voir son amoureux silencieux, la main au-dessus de son visage et la tête dans son assiette. Elle lui demande :
– Roberto, pourquoi restes-tu dans cette position étrange ?
– Porca madonna, tou né m'avais pas dit qué ton papa, il était pharmacien !

La honte de Didier Bénureau

– **Didier Bénureau** : On m'a proposé de faire une croisière, en donnant mon spectacle sur l'un de ces énormes bateaux. Il n'y avait que des gens âgés, mais vraiment très âgés. Je n'ai rien contre les gens âgés, mais ceux-là, visiblement, étaient assez coincés. Je crois que c'est la première fois que ça m'est arrivé : du début à la fin ils n'ont pas ri. Non seulement ils ne riaient pas, mais ils gueulaient. Quand j'interprétais Morales : « Salaud ! Il insulte l'armée ! » Je faisais le curé : « Salaud ! Il se moque de la religion ! » Rien ne passait.
– **Jean Balutin** : Il faut tenir jusqu'au bout ?
– **Didier Bénureau** : J'ai arrêté un peu avant. Ils n'avaient pas compris le principe du *one man show*, c'est-à-dire qu'après chaque sketch il y a un noir, ce qui n'est pas très original, et quand ils me revoyaient, ils criaient : « Encore lui ! Salaud ! » C'était terrible. Le lendemain, je me baladais sur le bateau avec de grosses lunettes noires j'avais peur des représailles.
– **Jean Balutin** : Tu n'avais qu'un soir à passer ?
– **Didier Bénureau** : Non, deux ! Le deuxième, je me suis dit que ça allait être des vieux différents. C'étaient les mêmes, pareil.

Citation

Qui a dit : « Je rêve de mourir en scène, au milieu d'une réplique – de préférence la dernière, pour qu'on n'ait pas à rembourser. » ?

Louis Jouvet.

Question du jour

En haltérophilie, comment départage-t-on les concurrents demeurés ex-æquo à la fin d'une épreuve ?

C'est le moins lourd qui est déclaré vainqueur.

Tout sur les bizutages

– **Philippe Bouvard** : Ségolène Royal milite en faveur d'une loi antibizutage. Est-ce que vous, vous avez été bizuté ?
– **Chantal Ladesou** : J'aurais bien aimé me faire bizuter !
– **Bernard Mabille** : Aucune chance, on ne peut pas te faire la bite au cirage !
– **Philippe Bouvard** : Moi qui vous parle, c'est le traitement qu'on m'a réservé, et on m'a dit : « Tu brilleras, si tu n'arrives pas à reluire ! »
– **Bernard Mabille** : Ça existe encore, la bite au cirage ? C'est l'armée, ça ?
– **Philippe Bouvard** : Ça existait… C'était au temps où les chaussures étaient propres.
– **Jacques Mailhot** : On était surtout bizuté à l'armée. À l'école, pas vraiment. Ou alors dans les grandes écoles.
– **Bernard Mabille** : Et comme on n'a jamais fréquenté que les petites…
– **Philippe Bouvard** : Moi, j'ai été bizuté deux fois à l'armée : une fois, on m'a demandé de récurer les tinettes avec ma brosse à dents…
– **Jacques Mailhot** : Vous êtes pour l'entrée de la Turquie dans le Marché commun !
– **Philippe Bouvard** : La seconde fois, on m'a mis sur une grosse Harley-Davidson de 750 cm³ dans la cour de la caserne, et on m'a montré comment démarrer, passer la première vitesse, mais on ne m'a pas dit où était le frein !
– **Bernard Mabille** : Vous n'aviez besoin de personne sur la Harley-Davidson ?
– **Philippe Bouvard** : Vous savez à quoi on me comparait, sur cette moto ? Mes copains disaient : « C'est un crapaud sur une boîte d'allumettes. »

UNE HISTOIRE DRÔLE

Une dame va chez son médecin. En la reconduisant, le médecin interroge :
– Comment vont vos enfants ?
– Ah ! Mon premier a la grippe, mon deuxième une angine et mon dernier la diarrhée ! Qu'est-ce que vous en dites ?
– Oh, vous savez, moi, les charades…

Citation

Qui a dit : « Le névrosé construit des châteaux en Espagne, le psychopathe y habite et le psychiatre touche les loyers. » ?

Michel Audiard.

Question du jour

Aux États-Unis, quelle est la particularité des numéros de téléphone 555-0100 à 555-0199 ?

Ils sont réservés aux productions de cinéma de Hollywood (si on mentionne un vrai numéro dans un film, des plaisantins risquent d'appeler ce numéro).

Bouvardise

Tout corps humain plongé dans un bain de travail finit par surnager.

Lundi

30 Janvier

SAINTE-MARTINE

Citation

Qui a dit : « On est volé à la Bourse comme on est tué à la guerre, par des gens qu'on ne voit pas. » ?

Alfred Capus.

Question du jour

Quel est la particularité du téléfilm *L'Exécution*, réalisé par Maurice Cazeneuve et diffusé le 29 janvier 1961 ?

À la télévision française, on vit pour la première fois (de dos) une femme nue.

Présentation des panélistes

Président in partibus et revenu en Ferrari de la République de Montmartre.

Jacques Mailhot

Les vedettes qui étalent leur vie privée

par Jacques Mailhot

Vous le savez, transparence médiatique oblige, Laurence Ferrari nous a annoncé à la fin de son *Journal télévisé* de jeudi soir, avec des trémolos dans la voix, qu'elle nous quittait pour plusieurs semaines afin de faire, je cite, une « pause bébé ».

C'est sans doute un tournant, à mon avis, dans la façon qu'ont les animateurs de télévision de communiquer avec le téléspectateur, et on ne saurait s'en plaindre, nous, aux *Grosses Têtes,* qui aimons bien savoir ce qui se passe dans l'intimité des people. Cette nouvelle bouffée d'intimité devrait donc nous valoir de joyeux moments de télévision. Ainsi, peut-être que dans quelques semaines, nous allons voir David Pujadas nous annoncer : « Chers amis, je ne vous dis pas à demain, car je pars en Norvège faire une cure d'hormones de croissance, car mon rêve depuis toujours est de jouer au basket-ball contre Tony Parker. » Ou bien, plus tard, notre ami Jean-Claude Narcy nous disant : « Concomitamment à un problème de prostate, je n'assurerai pas le commentaire du défilé du 14 juillet ; en revanche, je serai là pour le 11 novembre avec un poilu refait à neuf, mais aussi pour commenter en direct le prochain appareillage du *Charles de Gaulle* après sa réparation, le 17 février 2016. » Ou bien encore Benjamin Castaldi, l'encyclopédiste du PAF nous disant en direct depuis *Secret Story* : « À la demande de TF1, je m'absente pour me faire faire une greffe du cerveau ; en cas de rejet définitif, vous me retrouverez sur NT1, dans l'émission la plus débile de la TNT : *Ça va se savoir.* »

Mais également la pétulante Valérie Damidot, qui nous dira : « Afin de refaire entièrement ma déco perso, je pars me faire liposucer les jambonneaux ; ça devrait me prendre au moins trois semaines et plus en cas de salaison. »

Mieux encore, une présentatrice de Vivolta, la chaîne des couches sociales absorbantes, nous annonçant avec emphase : « Suite à une descente d'organes, je serai absente durant quelques jours, le temps de remonter la pente. »

À partir du moment où tout le monde décide de tout dire, on pourra même aller jusqu'à entendre à la fin de l'émission *Le Jour du Seigneur* : « Je ne serai pas là dimanche prochain, car je dois impérativement me faire faire une coloscopie, compte tenu du fait que j'ai été enfant de chœur en Irlande pendant cinq ans. Je vous remercie, chers fidèles, de nous rester fidèles. »

Et puis, naturellement, ce que l'on risque d'entendre tôt ou tard sur France 2, à la fin de l'émission de notre ami Julien Courbet *En toutes lettres,* ce sera notre ami Pierre Bellemare nous disant : « Je ne serai pas là la semaine prochaine, ni celle d'après, car samedi prochain j'épouse en troisièmes noces ma biquette préférée, Melissa, ma chère Melissa, ma tendre Melissa, après quoi nous partons pour une semaine en voyage de noces dans les Deux-Chèvres. »

Avouez que tout ça va nous mettre de la poésie dans le PAF. La seule chose que l'on redoute dans ce déballage, c'est que notre ami Jean-Jacques Peroni risque un jour de nous dire à la fin d'une *Grosses Têtes* : « Vous ne m'entendrez pas demain, parce que j'ai bombé la guérite à Mémère, et elle va dépoter le gluant demain matin, si tout va bien. »

Mardi

31 Janvier

SAINTE-MARCELLE

Steeple chaise en Inde

– **Emmanuel Pierrat** : Je me suis retrouvé coopérant à Calcutta, quand le service national était obligatoire. J'ai donc « fait ma coopé », comme on disait. J'avais mon permis de conduire français et européen, auto et moto, mais il n'était pas valide en Inde. À l'époque, il n'y avait pas de réciprocité, et les Indiens n'admettant pas mon permis, il a fallu que je le repasse. Donc je suis convoqué pour passer l'examen, m'attendant à conduire une bagnole, et sans savoir dans quel ordre ça se passe avec le code. L'examinateur me fait venir dans une pièce, asseoir sur une petite chaise en bois et, en anglais, me dit : « Démarre le moteur ! » Je le regarde, ahuri. Et sur la chaise, je me mets à tressauter et à faire : « Vroum, vroum… » « Accélérez ! » Donc, j'accélère en tentant de passer les vitesses – en plus on conduit à gauche ! – et en m'emmêlant les pinceaux, donc je le faisais avec n'importe quelle main. Ensuite, il me dit : « *Turn right !* » Pour tourner, en Inde, comme il n'y a pas de clignotant, il faut mettre la main par la fenêtre et tourner la main. Pareil pour freiner, et ainsi de suite. Là, je pense que je passe la conduite. Mais en même temps, je passe le code ! Il me tend un panneau avec une vache. La vache, ça va, parce que partout dans le monde – et surtout en Inde –, on sait qu'il y a danger. Il faut ralentir et y aller mollo. Ensuite « Sens interdit ! », puis « Garez-vous ! » Là, je me dis : « Je fais un créneau, ou quoi ? » Et il continuait à faire vroum, vroum, vroum… ! Je commençais à être claqué : ça faisait un quart d'heure que je conduisais sur une chaise. À un moment donné, il me dit : « Stop ! Vous êtes un excellent conducteur. » Et il continue : « Vous êtes tellement bon, qu'est-ce que vous voulez comme permis ? » « Mais, je veux juste voiture et moto ! », et il ajoute : « Je vous donne autobus, et puis poids lourd aussi, en même temps. » Et j'ai compris en prenant la route pourquoi les Indiens conduisaient aussi mal.

– **Bernard Mabille** : Vous avez bien pensé à fermer la portière ?

– **Vincent Perrot** : Philippe, quand je vous vois sauter sur votre fauteuil comme ça, je me dis que votre bagnole a des problèmes d'embrayage !

– **Philippe Bouvard** : Elle broute !

Citation

Qui a dit : « Janvier, mars, mai, juillet, août, octobre, décembre… Des mois élégants : ils se mettent sur leur trente et un. » ?

Question du jour

Pour la première fois, en 1946, pour quel procès des places se vendirent-elles au marché noir ?

UNE HISTOIRE DRÔLE

Un type prend un agriculteur en auto-stop, mais ce dernier est accompagné d'une vache.

– Je veux bien vous prendre, mais la vache, il faut que vous la laissiez là.

– Ne vous inquiétez pas pour la Noiraude, elle a l'habitude, on l'attache au crochet d'attelage et elle suit sans difficulté.

Ils attachent donc la vache, et les voilà partis. Comme le conducteur n'ose pas avancer trop vite, l'agriculteur lui dit de passer en troisième et d'accélérer, puis de passer la quatrième, ils atteignent les 100 km/h.

Au bout d'un moment, le conducteur regarde dans son rétroviseur :

– Je crois que votre vache se sent mal, elle tire la langue.

– Ah bon, et de quel côté ?

– Ben, à gauche.

– Ce n'est rien, mais accélérez, elle veut doubler !

Tristan Bernard.

Le procès du Dr Petiot.

Citation

Qui a dit : « Les journalistes ne croient pas les mensonges des hommes politiques, mais ils les répètent ! C'est pire ! » ?

Coluche.

Question du jour

Pourquoi Napoléon Bonaparte n'a-t-il pas pu participer à l'expédition de La Pérouse dans le Pacifique en 1785 ?

Il a été recalé aux tests de recrutement à cause d'une mauvaise note en astronomie.

Présentation des panélistes

Il a surtout pratiqué l'équitation pour justifier son patornyme.

Philippe Chevallier

La sociologie conjugale

par Philippe Chevallier

Chers amis, je voudrais vous parler du problème le plus important depuis que l'humanité existe, de ce qui fait le bonheur des uns et le malheur des autres, le cocuage ! Ou, si vous préférez, la tromperie, l'adultère, tout ce qui fait que Simone va coucher avec Robert, alors qu'elle sait pertinemment, la salope, que le Robert est marié avec Fernande.

Ce qui fait rire chez le cocu ou la cocue, c'est qu'en général la personne trompée est la dernière à le savoir, comme si elle ne sentait pas sur son front le rouge de la honte, les cornes qui poussent. La victime devient tout à coup ridicule, puisqu'on sait qu'elle ne souffre pas. Le cocu est content, comme le gars qui a mauvaise haleine sans le savoir, et vient vous parler sous le nez, en avançant vers vous au fur et à mesure que vous vous éloignez de sa bouche putride. Mais le cocu cesse d'être heureux quand vient s'insinuer en lui la redoutable spirale du doute. Eh oui ! Il ne rit plus, il a peur de comprendre ! Le doute l'habite. Cette période de doute, est un moment difficile à vivre pour la personne trompée. Chaque instant de la vie conjugale devient un point d'interrogation.

« Elle a encore passé son après-midi à une réunion de parents d'élèves, avant d'aller à son aérobic ? Hier, c'était réunion Tupperware® ; il y a trois jours, elle était soi-disant chez le coiffeur. J'ai appelé au salon, je suis tombé sur Nadia, la shampouineuse, qui avait l'air hébété quand je lui ai demandé ma femme ; et quand j'ai questionné ma femme le soir, après lui avoir fait remarquer qu'elle n'avait pas changé de coiffure, elle m'a dit qu'elle avait reporté le rendez-vous du coiffeur pour le remplacer par la pédicure. J'ai voulu vérifier sur pièces ; elle m'a dit qu'elle me montrerait ses ongles demain ! Je lui ai répondu que c'étaient ceux des pieds qui m'intéressaient ! Elle m'a foutu une baffe ! Je suis bonne pâte, mais il ne faudrait pas me prendre pour un con ! »

Car le doute entraîne la suspicion et son chapelet de questions lourdingues qui peuvent énerver le meilleur des hommes ou la meilleure des femmes, encore qu'il ne soit jamais inutile de soupçonner la femme, par principe. Car si un mari est volage et que sa femme est fidèle, n'oublions pas que c'est avec une autre femme qu'il la trompe !

Si votre épouse vous soupçonne, niez, ne lâchez rien ! De toute façon, un jour, c'est vous qui serez cocu ! Si elle vous dit : « Qu'est-ce que c'est, cette trace de rouge à lèvres sur ton col de chemise ? », répondez calmement : « Tu vas rire ! Au bureau, on a mangé des fraises, et je m'en suis écrasé une sur le nez pour dérider le patron ; forcément, ça a giclé et j'en ai sur le col ! »

Si à votre tour vous croyez que votre épouse a une aventure, attendez une preuve irréfutable de votre cocuage avant de vous fâcher. J'ai un ami qui a failli commettre l'irréparable par manque de discernement. Soupçonnant sa femme, dont il était très amoureux, d'entretenir une liaison avec son professeur de gymnastique, il la suivit discrètement un après-midi. La surprise du mari fut grande quand il vit sa femme entrer dans un hôtel plutôt que dans un gymnase. Dans le hall, il reconnut le pédagogue, et réussit à entendre auprès du portier le numéro de la chambre où l'athlète soulevait sa belle. À peine la porte de la chambre était-elle refermée qu'il colla son œil au trou de la serrure, vit les deux oiseaux se déshabiller, puis plus rien ! Ils avaient éteint la lumière ; il ne put rien voir et rentra chez lui assailli par le doute. L'affreux doute !

Petit cours de géométrie génitale

– **Philippe Bouvard** : À quoi sert la géométrie génitale ?
– **M. Fischietti** : Si l'on mesure la distance entre l'anus et la base du scrotum – des bourses, chez les hommes…
– **Jean-Jacques Peroni** : Sortez vos règles, mesdames !
– **Évelyne Leclercq** : Je vais sortir mon mètre de couturière : « Viens, chéri, je vais te mesurer ! »
– **Bernard Mabille** : C'est un beau métier, ça ! Métreur de cul ! Géomètre !
– **M. Fischietti** : Cette distance s'appelle crâno-génitale, et si on la mesure, elle est supérieure chez les hommes à la distance entre l'anus et la base de la vulve chez les femmes. C'est comme ça, normalement. Et on s'aperçoit que cette distance chez les hommes tend à diminuer au fil des ans. Elle est plus petite, maintenant, qu'il y a dix ans.
– **Philippe Chevallier** : Ça veut dire qu'on se féminise ?
– **M. Fischietti** : Exactement.
– **Bernard Mabille** : Moi, maintenant, j'ai l'anus devant !
– **Jean-Jacques Peroni** : C'est pour ça que tu as mauvaise haleine !
– **M. Fischietti** : Pourquoi l'homme se féminise ? C'est à cause de la pollution chimique qui appauvrit les spermatozoïdes, entre autres. Ces produits chimiques sont perçus par le corps humain comme des hormones féminines qui ont la même composition chimique. Ces hommes se disent : « Tiens, voilà des hormones féminines ! », alors que ce sont des produits chimiques. Et ça entraîne plein de conséquences…
– **Bernard Mabille** : Et qui a mesuré ça ?
– **Jacques Mailhot** : La grande Lulu ! Elle m'a dit : « Ils ont moins de goût qu'avant »
– **Évelyne Leclercq** : Mais, déjà au départ, il faut avoir l'idée d'aller mesurer !
– **Philippe Bouvard** : Pendant le week-end, on n'a pas grand-chose à faire…
– **Philippe Chevallier** : Si on ne regarde pas la télé, qu'est-ce qu'on fait ?
– **Jean-Jacques Peroni** : Tiens, il n'y a rien à la télé, alors je vais mesurer un scrotum ! C'est quand même mieux que *Plus belle la vie* !
– **Philippe Chevallier** : Pendant que ta femme regarde le cours de la Bourse…
– **Philippe Bouvard** : Sa femme lit *Point de vulve.*
– **Philippe Chevallier** : Elle peut aussi lire *Mode et Travelos !*
– **Jean-Jacques Peroni** : Et *Nous Deux,* qui est une contrepèterie : doux nœud.

Citation

Qui a dit : « L'autre fois, je me suis vu mourir à la télévision et je me suis trouvé très bien. J'avais les larmes aux yeux ; non pas de mourir, mais d'avoir été si bon. » ?

Michel Galabru.

Question du jour

Le mot samba est d'origine africaine. Que signifie-t-il ?

« Nombril ».

Présentation des panélistes

Il possède une bonne plume qu'il fait tailler régulièrement.

Jacques Mailhot

Citation

Qui a dit : « Le ministère des Finances devrait s'appeler ministère de la Misère, puisque le ministère de la Guerre ne s'appelle pas ministère de la Paix. » ?

Jacques Prévert.

Question du jour

Lorsque les Romains participaient à un banquet, combien de toasts portaient-ils ?

Ils buvaient autant de coupes que le nom de la personne célèbre comptait de lettres.

Bouvardise

Si la politesse consiste à baiser la main de dondons ineptes et à serrer les doigts de contemporains malhonnêtes, qu'on ne compte plus sur moi pour ce qu'il faut bien appeler le consensus social minimum.

Comportement inapproprié

– **Philippe Bouvard** : Est-ce que vous avez été renvoyé d'un établissement scolaire ?

– **Jacques Balutin** : Ah, oui ! Du collège ! Parce que je découpais dans les pages de pin-up de *Détective*, et je les collais sur un carton, pour les vendre aux copains. J'étais chez les frères, à l'époque, et je me suis fait piquer. Ils ont appelé mon père, qui est arrivé un peu terrorisé, en disant : « Est-ce qu'ils l'ont trouvé dans les toilettes avec un autre camarade ? ». Le directeur a sorti le dossier et mon père, soulagé, m'a ramené, content comme tout. Renvoyé trois jours !

– **Jacques Mailhot** : Moi, j'ai été renvoyé de chez les maristes. J'étais déjà en troisième et pour Pâques on nous a emmenés faire une retraite dans l'abbaye de Saint-Julien-Chapteuil. L'évêque de Clermont, Mgr de la Chadonie parlait un peu comme Giscard et nous faisait rigoler, et pour la confirmation, avec les copains on s'était dit : « Dès qu'il va arriver et qu'il va nous tendre l'anneau, au lieu de l'embrasser, on va lui serrer la pogne. » C'est ce qu'on a fait. Et aussitôt, le Père supérieur a dit : « Vous êtes virés immédiatement du collège. » On nous a fait monter dans un autobus comme celui d'Émile Louis, et hop, rembarrés !

– **Philippe Bouvard** : Je vais vous faire écouter Isabelle Mergaux, à qui, dans un collège également religieux, il était arrivé une mésaventure à peu près semblable : « Il fallait toujours dire “Bonjour, ma mère”. Et un jour, je rentre dans la salle des professeurs pour prendre un bouquin. Je rentre et, croyant qu'elles étaient plusieurs, je dis : “Bonjour, mes mères !”, et il n'y en avait qu'une seule, la Mère supérieure. Alors j'ai été virée pour “insulte”. C'est injuste, parce que je n'avais jamais été aussi polie que ce jour-là ! »

– **Bernard Mabille** : Moi, j'ai fait de très bonnes études ! Je suis entré en sixième à 9 ans, avec dispense du président de la République.

– **Philippe Chevallier** : C'était qui, Paul Doumer ?

– **Philippe Bouvard** : Moi, j'ai été renvoyé sept fois.

– **En chœur** : Comme Sacha Guitry !

– **Philippe Bouvard** : Pas vraiment renvoyé. Comme j'avais une maman charmante qui savait parler aux différents chefs d'établissements, quand on ne pouvait plus me supporter, c'est-à-dire au bout de trois-quatre mois, le directeur appelait ma mère et disait : « Bon, il vaudrait mieux que vous le mettiez ailleurs ! » Donc j'ai été renvoyé la première fois de l'école communale parce que je rachetais les biscuits à la caséine que le Maréchal nous faisait distribuer. Je les achetais pour pas cher à mes petits copains, et j'allais les revendre dans une petite confiserie qui était en face du lycée. Les biscuits étaient proposés ensuite à des gens plus âgés, et pour beaucoup plus. Ça aurait pu très bien se passer, si un jour ma mère n'avait pas fouillé mon pantalon et trouvé un portefeuille, avec beaucoup d'argent pour un gosse de 9 ans. Alors, elle est allée en parler au directeur .

– **Philippe Chevallier** : Et après, vous avez été renvoyé pour quels autres motifs ?

– **Philippe Bouvard** : C'était vers 12 ans, et là on entre dans le cas du harcèlement sexuel. Il y avait un petit gars qui arrivait de la campagne, un peu timide. Et avec deux ou trois copains, on lui avait dit : « Toi, tu es mignon, on va te violer ! », mais on le lui avait dit gentiment. Et puis il est allé se plaindre, et on a été virés. Je ne sais pas si c'est parce qu'on lui avait dit ça ou parce qu'on ne l'avait pas fait, mais en tout cas on est partis, et ça la foutait mal : « A voulu violer un camarade ».

Citation

Qui a dit : « Le train est l'automobile du pauvre. Il ne lui manque que de pouvoir aller partout. » ?

Jules Renard.

Bouvardise

La perte progressive des valeurs morales fait de chacun d'entre nous un moraliste sans espoir de changer quoi que ce soit.

UNE HISTOIRE DRÔLE

Un jeune marié part en voyage de noces avec sa femme. Il décide de revenir plus tôt que prévu, et de laisser sa femme seule pour aller faire une bonne partie de pêche. Sur le bord de l'étang, il croise un de ses amis.
– Que fais-tu là ? Tu n'es pas avec ta femme ?
– Eh bien non, tu sais combien je suis passionné par la pêche…
– Quand même, c'est pas correct !
– Elle a une infection vaginale… Et tu sais combien je suis passionné par la pêche…
– Oui, je peux comprendre, mais dans ce cas-là, tu pouvais quand même l'embrasser ?
– Bah, en fait, elle avait des boutons d'herpès sur les lèvres… Et tu sais combien je suis passionné par la pêche…
– Oui, d'accord, mais pourquoi tu ne l'as pas emmenée faire une bonne randonnée et profiter du paysage ?
– J'y ai pensé, mais elle a un pied bot. Et tu sais combien je suis passionné par la pêche…
– Je suis désolé, mais puisqu'on est amis, je peux tout te dire : pourquoi l'as-tu épousée ?
– Bah, c'est qu'en plus elle a des vers… Et tu sais combien je suis passionné par la pêche…

UNE HISTOIRE DRÔLE

On enterre un ancien coureur cycliste. C'était un de ces obscurs du peloton, équipiers dévoués qui ne gagnent jamais rien et que l'on surnomme « les porteurs d'eau ».
Le corbillard arrive en haut d'une longue côte qui mène au cimetière. Alors, dans le cortège, un coureur dit à son voisin :
– Il doit être content. C'est la première fois qu'il passe en tête au sommet...
– Surtout après crevaison !

Pour Sharon Stone, Mabille est l'homme idéal

– **Philippe Bouvard** : En matière de femmes trompées, abandonnées, délaissées, il y en a une qui vient de consentir tardivement à des confidences, c'est Sharon Stone. On l'avait photographiée avec un journaliste de talent, Phil Bronstein…
– **Évelyne Leclercq** : C'était son mari, d'ailleurs.
– **Bernard Mabille** : C'était un mec qui me ressemblait !
– **Philippe Bouvard** : Cela marchait très bien. Elle dit : « Il est parti avec une autre femme, qui était sans doute sa maîtresse pendant notre mariage. » Elle non plus ne s'en était pas aperçue. Elle a dit : « Ce fut très douloureux, j'ai pleuré comme un bébé. C'était un chic type. Tous les hommes sont des chics types, jusqu'au moment où ils cessent de l'être. »
– **Bernard Mabille** : Je sais où il est parti, le mari de Sharon Stone : avec Charden ! Comment peut-on quitter Sharon Stone ? Quitter Évelyne Leclercq, ça se comprend…
– **Évelyne Leclercq** : Je te remercie !
– **Philippe Chevallier** : Il est goujat depuis le début de l'émission.
– **Éric Laugérias** : Le problème de Sharon Stone, c'est que c'est une fille qui ne sent pas bon et qui est toujours défoncée : Charogne Stone !
– **Philippe Bouvard** : Elle a dit : « Je pourrais me passer d'un homme aujourd'hui ; ils ne servent plus à grand-chose, on n'a même pas besoin d'eux pour avoir des enfants ni pour les élever. Mais bon, avec le temps… Je cherche un nouvel ami, un compagnon, peut-être même un amant, bien que je ne sois plus certaine d'avoir autant besoin de sexe. »
– **Bernard Mabille** : Est-ce qu'elle le décrit ?
– **Philippe Chevallier** : Où peut-on envoyer des photos ?
– **Philippe Bouvard** : Il y a une description qui correspond peut-être à celui qui m'a posé la question…
– **Bernard Mabille** : Gros, con et chauve !
– **Philippe Chevallier** : Et goujat !
– **Philippe Bouvard** : C'est tout à fait ce qu'il lui faut, puisqu'elle dit ceci : « Je cherche un homme que les femmes ne me voleraient pas ! »

Citation

Qui a dit : « Si on pouvait voir les femmes vingt ans après, on ne les épouserait pas vingt ans avant. » ?

Question du jour

Pour quelle raison les Français ont-ils signé le traité de paix de 1918 avec les Allemands dans la galerie des Glaces ?

Présentation des panélistes

Une mémoire d'éléphant dans un corps de mammouth.

Bernard Mabille

Pour se venger de la création de l'Empire allemand, en 1870, dans la même galerie des Glaces.

Georges Feydeau.

Leçon de séduction

– **Philippe Bouvard** : Un livre d'Alexandre Roth, qui s'intitule *Kit de l'homme séduisant*, permet d'apprendre à gagner confiance en soi.
– **Alexandre Roth** : C'est l'étape numéro 1. Il n'y a pas de séduction si on ne se trouve pas séduisant soi-même.
– **Philippe Bouvard** : Si on part battu, on ne gagne pas. Mais comment aborder celle qui vous plaît ? Comment conquérir la femme, ce qui est la finalité de l'opération. On peut être séduisant et ne pas être séducteur. Mais à l'inverse, on peut être séducteur et pas séduisant. C'est là que le problème commence.
– **Alexandre Roth** : Vaste programme !
– **Philippe Bouvard** : Ce qui rend votre livre non seulement plaisant, mais également indispensable, c'est que tout ça est assorti de conseils, et j'imagine que cela vient d'une expérience personnelle. Est-ce que vous êtes un séducteur vous-même ?
– **Alexandre Roth** : Je ne me considère pas comme un séducteur, ce qui peut certes paraître un peu bizarre, mais comme un homme séduisant. La démarche n'est pas la même. Le séducteur est celui qui vit dans cette démarche constamment et qui se retrouve dans le regard des autres. On ne se sent accompli qu'une fois qu'on a « validé » cet intérêt, et c'est un peu réducteur.

– **Jean-Jacques Peroni** : Valider l'intérêt, ça veut dire « tirer un coup », c'est ça ?
– **Alexandre Roth** : Oui, c'est ça !
– **Bernard Mabille** : On n'utilise pas de périphrase, ici. Allez-y franchement !
– **Évelyne Leclercq** : Vous êtes dans quelle catégorie, vous, les garçons ?
– **Philippe Chevallier** : Je me suis fait moi-même ! J'ai tout obtenu à la force du poignet, madame !
– **Jean-Jacques Peroni** : Tu aurais mieux fait de te finir !
– **Jacques Mailhot** : Il s'est fait entièrement à la main, et maintenant il est au sonotone !
– **Philippe Chevallier** : En fait, Alexandre Roth, vous vous définissez un peu comme ce qu'on pourrait appeler un « tombeur » ! Vous ne voulez pas séduire, vous êtes séduisant, donc vous êtes un tombeur ; vous n'avez pas à faire la démarche de la séduction, ce que j'ai essayé de faire toute ma vie.
– **Bernard Mabille** : Nous, on est obligés !
– **Jean-Jacques Peroni** : Des fois, ça dure des mois !
– **Philippe Chevallier** : Mais on ne les regrette pas, après !
– **Jacques Mailhot** : On est sur un coup depuis 2002, vous voyez ?
– **Philippe Bouvard** : On a tous notre petite recette. Même quand on prend de l'âge, on a encore des atouts ! Moi, je ferais très beau chez une dame meublée en ancien…

Citation

Qui a dit : « Les hommes n'ont que ce qu'ils méritent. Les autres sont célibataires ! » ?

Sacha Guitry.

Question du jour

Pourquoi, en Chine, les immeubles ont-ils rarement un quatrième étage, et passent ainsi du troisième au cinquième ?

Car en chinois, le chiffre quatre et le mot « mort » se prononcent de la même façon.

Bouvardise

Si l'on admet que les considérations météorologiques constituent un liant verbal indispensable au lien social, on comprend mieux la signification de l'effet de serre (la main) qui intervient souvent en fin d'entretien.

Citation

Qui a dit : « Être riche, c'est ne pas penser à l'argent. » ?

Claude Rich.

Question du jour

Pourquoi la colombe, symbole de l'amour et de la paix, figure-t-elle sur les faire-part de mariage ?

Parce que cet oiseau est l'un des rares à rester monogame toute sa vie, un exemple de fidélité.

Présentation des panélistes

Il a réduit notre réserve de whisky et élargi notre vocabulaire.

Jean-Jacques Peroni

Les statistiques de Peroni

– Pour 90 % des lycéens qui ont pris l'option latin, la Toussaint n'a rien changé, c'est toujours la « crise en thème ».
– 80 % des pochetrons rigolent : la Route du Rhum, ils ne la font pas que tous les quatre ans, eux !
– 40 % des cochons d'Inde sont des exhibitionnistes qui viennent de New Delhi.
– 30 % des nains, dans l'intimité, appellent leur femme Blanche-Neige.
– 30 % des électeurs qui avaient voté Pompidou sont aujourd'hui comme lui : morts !
– 90 % des amateurs de sports d'hiver sont comme Jean-Luc Delarue, ils attendent la neige !
– D'après la revue *Bidoche et Gastro,* 10 % des steaks hachés seraient des steaks à chier.
– 100 % des pingouins manchots ont renoncé à la masturbation.
– Enfin, 30 % des femmes qui s'ennuient à la maison se donnent du plaisir avec le manche du balai et quand leur mari rentre à la maison, elles lui disent en rigolant : « Regarde, je suis une sorcière ! »

UNE HISTOIRE DRÔLE

Sur le port de La Rochelle, une jeune fille, les larmes aux yeux, regarde les navires à quai.
– Vous aimez les bateaux à ce point-là ? lui demande un marin.
– Non, je n'y connais rien. Je rêve seulement de m'embarquer pour l'Amérique, mais je n'ai pas d'argent…
– Écoutez, fait le marin, ça pourrait s'arranger. Mon bateau appareille ce soir pour New York. Si vous voulez, je vous cache dans une chaloupe et je vous apporte à manger toutes les nuits. Seulement, il faudra être gentille et me faire des gros câlins…
La pauvre fille a tellement envie de connaître l'Amérique qu'elle accepte. Le marin la cache au fond d'une chaloupe, lui apporte chaque nuit de la nourriture, et chaque nuit, elle le paye en nature.
Le cinquième jour, le commandant, en se promenant sur le pont, entend un bruit qui provient d'une chaloupe. Il soulève la bâche et découvre la passagère clandestine.
– Je vous en supplie, dit-elle, ne me dénoncez pas aux autorités américaines, laissez-moi débarquer à New York…
– Qu'est-ce que c'est que cette histoire de New York ? fait le commandant. Vous êtes sur le bac de l'île de Ré !

La culture des jeux de mots

– **Philippe Bouvard** : Qu'avez-vous fait à vos débuts ?
– **Jean-Jacques Aillagon** : Toutes sortes de choses. D'abord, j'ai travaillé un été dans une brasserie. J'étais à la chaîne… la fermeture des canettes n'était pas encore automatisée, et mon travail consistait à poser les capsules sur les bouteilles… C'était un boulot assez éprouvant, parce que ces bouteilles défilaient à une vitesse effrayante. Je m'en suis tiré assez rapidement pour aller travailler à la préfecture de la Haute-Garonne ; j'habitais Toulouse à ce moment-là. J'ai travaillé plusieurs années de suite au service des cartes d'identité.
– **Philippe Bouvard** : Cela vous a-t-il laissé un bon souvenir ?
– **Jean-Jacques Aillagon** : Un souvenir très chaleureux, parce que j'ai travaillé avec des gens très sympathiques, et que j'ai trouvé dans cette préfecture une administration du XIXe siècle où ils blaguent entre eux du matin au soir. Des commentaires… Par exemple, le chef de service Ricol ? Ricol est un nom assez répandu dans le Sud-Ouest. Je répondais bêtement : « Celui qui s'est arraché les poils du cul pour se faire un faux-col ! » Ou : « Passe-moi la carte de Vidal ! » « Lequel ? » « Celui qui vide la merde à l'hôpital ! » Des plaisanteries de garçons de bureaux, ce qui m'a donné envie de m'engager à mon tour dans le service public !

UNE HISTOIRE DRÔLE

Ça se passe en Corse, au bord de la mer. Un gars se promène sur un petit quai en bois, dans une petite crique. Au bout de ce quai, un pêcheur est visiblement en train de somnoler sans s'occuper de sa canne à pêche. À ce moment précis, la ligne est agitée de soubresauts caractéristiques du poisson qui vient de se faire prendre.
Le gars qui se promène voit ça et crie :
– Hé ! Ça mord !
Le pêcheur répond :
– Eh… vous pourriez pas tirer la ligne pour moi ?
Le gars est surpris, mais il s'exécute. Il tire la ligne et décroche le poisson.
Le pêcheur reprend :
– Très bien… Maintenant, empalez un nouveau ver sur l'hameçon, et relancez la ligne.
Le gars fait ce que le Corse lui demande. Puis, plein de hardiesse, il dit au pêcheur :
– Dites-donc ! Ca m'étonne que quelqu'un d'aussi fainéant que vous n'amène pas son fils avec lui pour faire ce travail.
Le pêcheur corse lui répond :
– Eh… J'y ai pensé aussi. T'as pas une idée où je pourrais trouver une femme déjà enceinte ?

Citation

Qui a dit : « Les hommes sont faits pour avoir de l'argent, les femmes pour leur en demander. » ?

Nadine de Rothschild.

Question du jour

Pourquoi les chefs d'orchestre utilisent-ils une baguette pour diriger ?

La baguette a remplacé la canne après l'incident dont fut victime Jean-Baptiste Lully en 1687, qui se blessa au pied en se donnant un coup avec sa canne. La blessure dégénéra en gangrène mortelle.

Bouvardise

Illogique et étrange, cette habitude de dire au revoir aux défunts dans les cimetières plutôt que, trois jours plus tôt, dans leur chambre de malade.

Citation

Qui a dit : « Une femme épanouie sexuellement est beaucoup plus ouverte. » ?

Menie Grégoire.

Question du jour

Sur quel support Charles Trenet a-t-il écrit la partition originale de sa chanson « Je chante » ?

Sur les murs du cachot de la base de Saint-Cyr-l'École, où il se trouvait pour être rentré en retard de permission.

Bouvardise

On interroge une charmante présentatrice de journal télévisé sur son cursus. Elle évoque l'école communale, le lycée et Sciences-Po. À voir ses mimiques lorsqu'elle délivre l'actualité du jour, elle a dû passer aussi par l'école des Mines…

Qu'importe les flocons, pourvu qu'on ait l'ivresse

par Jacques Mailhot

Seraient-ce les premières conséquences du sevrage de notre ami Jean-Luc Delarue ? Toujours est-il que la neige s'est abattue sur Paris, telle la petite vérole sur le bas clergé, avec une intensité comme nous n'en avions pas connu, paraît-il, depuis janvier 1987. Avec à la clef, bien sûr, un chaos routier et aérien comme nous seuls, Français, savons l'organiser. « Mais comment font les Canadiens ? » se sont aussitôt insurgés les grands esprits. Les Canadiens font comme un pays qui connaît chaque année, durant quatre mois, ce que nous connaissons, nous, une journée ou deux tous les vingt-cinq ans. Doit-on acheter pour autant des chasse-neige qui serviront quatre ou cinq fois par siècle ? On voit déjà les mêmes – qui râlent dans le même temps qu'ils payent trop d'impôts – hurler à la gabegie. Heureusement, pour nous faire oublier ces querelles verglaçantes mieux que n'importe quel chasse-neige, nous avons le bonheur d'avoir nos ministres, qui jouent désormais les comiques troupiers avec un talent forçant l'admiration.

Voici quelques années, c'était Pierre Lellouche, souvenez-vous, qui nous avait fait rigoler en expliquant que si les autoroutes avaient été saturées, c'est parce que la neige s'était mise à tomber juste au moment où les automobilistes étaient les plus nombreux à vouloir les emprunter ; ça ne s'invente pas. Tant qu'on ne fera pas des tarifs bleus pour la neige, elle tombera aux heures de pointe. Cette année, c'est notre impayable ministre de l'Intérieur, le désopilant Brice Ôtemoilefeu, qui a pris le relais avec un talent plus affiné. Raymond Devos est distancé : « Ce qui pose problème, avec le verglas en Ile-de-France, ce sont les routes inclinées. »

Lorsque j'ai entendu ça, j'avoue que j'ai violemment projeté la gorgée de café que j'avais dans la bouche sur ma voisine d'en face, car notre Brice national venait enfin d'identifier les causes du patinage des véhicules à moteur, que l'on tente de corriger depuis l'invention de la roue. Ce sont les routes en pente ! Quand elles descendent, ça va, mais quand elles montent, elles posent problème à notre ministre de l'Intérieur, qui rêve sans doute le soir, dans son bureau de la place Beauvau, de routes à bascule. Ce serait formidable ! En haut, en bas ! Que va décider notre grand homme ? Va-t-il renvoyer les routes en pente dans leurs pays d'origine, ou bien expulser les collines et guillotiner les talwegs, on n'en sait rien.

Je ne vois qu'une seule solution pour que Brice retrouve goût au verglas, c'est que la France mette à profit le schisme belge pour racheter la Wallonie. Le soir, dans son bureau, on entendra Brice fredonner : « Avec un ciel si bas que la neige ne tombe pas, et des chemins de pluie où l'on ne patine pas, le plat pays où ça roule vraiment bien… »

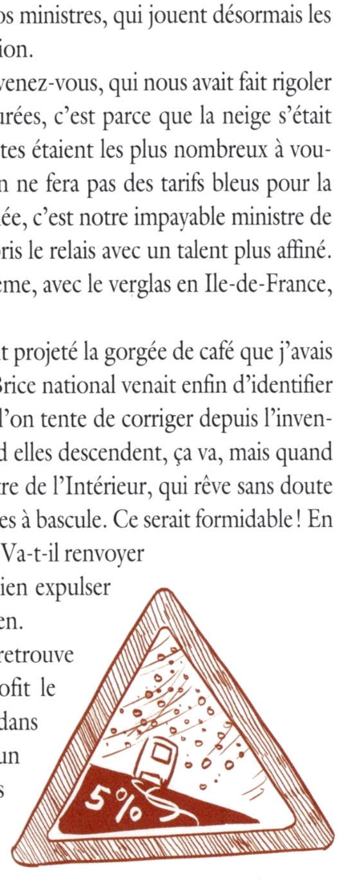

On s'amusait à la récré !

– **Philippe Bouvard** : Que faisiez-vous pendant les récréations ?
– **Jean-Jacques Peroni** : Ça dépend des âges !
– **Jacques Balutin** : On jouait aux billes ! Il y en avait des grosses, les calots, et les petites billes.
– **Philippe Bouvard** : C'était joli d'ailleurs, du verre translucide…
– **Jacques Balutin** : Des agates avec des trucs dedans.
– **Philippe Chevallier** : Ils ne jouent plus aux billes maintenant, les enfants.
– **Jean-Jacques Peroni** : Pendant la récréation, quand on est un peu plus grand, on ait enfermer les petits dans les cabinets.
– **Bernard Mabille** : Donne-moi l'adresse de ton école, j'y mettrai pas mes gosses.
– **Philippe Bouvard** : Avec le temps que vous avez passé dans les tinettes, Peroni, vous avez dû apprendre l'art de mettre des virgules un peu partout ?
– **Jean-Jacques Peroni** : Combien de fois on s'est cachés dans les toilettes pour ne pas aller en cours ! J'avais la chance d'être au lycée Voltaire, où à l'époque il y avait l'école du cinéma, l'IDHEC. Un jour, au lieu d'aller au cours de latin, on apprend par ouï-dire que dans la salle de cinéma qui était à l'intérieur du lycée, il y avait Claude Chabrol qui venait présenter son film *Les Bonnes Femmes.* Vous avez 11 ans, et vous savez que Claude Chabrol va venir avec Bernadette Laffont, il n'y avait pas grand monde au cours de latin !
– **Philippe Bouvard** : Ça dépendait aussi de l'établissement dans lequel on se trouvait, parce que ça pouvait varier fabuleusement. J'étais dans un lycée qui s'appelle aujourd'hui Jacques-Decours, qui était très libre. On avait l'habitude, à la récréation, de sortir et d'aller boire une bière au café d'en face. Alors quand j'ai été mis à la porte, je suis passé à Chaptal ; le premier jour, à la récréation de 10 h 30, je suis sorti comme j'avais l'habitude de le faire, parce qu'il y avait un bistrot en face et que j'avais soif. Puis je suis revenu, et on m'a demandé : « D'où venez-vous ? » « Je viens du café ! » « Vous venez du café ? Mais vous êtes à Chaptal ! » « Mais oui ! » « Mais vous n'avez pas le droit de sortir ! » « Pas le droit de sortir à la récréation ? Mais je ne le savais pas ! » Et j'ai été renvoyé au bout d'une demi-journée.
– **Bernard Mabille** : La bière, ça donne des renvois !
– **Jean-Jacques Peroni** : Nous, on était au lycée Voltaire, donc avenue de la République, et il y avait la poste qui faisait le coin, et le bistrot voisin s'appellait Café de la Poste. Un jour, c'est arrivé à un copain, qui était très drôle : « D'où venez-vous ? » « Du café ! » « Mais vous devriez être en cours ! » « Je peux vous le prouver, le Café de la Poste faisant foi ! » Il a été viré trois jours.

Citation

Qui a dit : « Les journalistes ne doivent pas oublier qu'une phrase se compose d'un sujet, d'un verbe et d'un complément. Ceux qui voudront user d'un adjectif passeront me voir dans mon bureau. Ceux qui emploieront un adverbe seront foutus à la porte. » ?

Georges Clemenceau, alors rédacteur en chef de L'Aurore.

Question du jour

Quelle pièce de théâtre se termine par la phrase « En France, tout finit par des chansons. » ?

Le Mariage de Figaro, de Beaumarchais.

Bouvardise

La vie dégage aussi parfois des odeurs de décomposition.

UNE HISTOIRE DRÔLE

Un monsieur se présente dans une pharmacie et demande du Viagra. Le pharmacien lui en donne une boîte… Le client ressort sans payer, en disant :

– Le temps d'aller faire une course chez le boucher, de faire de la monnaie et je viens vous régler.

– D'accord.

Le pharmacien regarde par la vitrine, histoire de surveiller son gars ! Celui-ci rentre chez le boucher :

– Deux entrecôtes, s'il vous plaît. Je vais chez le boulanger faire de la monnaie, et je repasse vous payer.

Il emporte sa viande et s'en va chez le boulanger :

– Bonjour, je voudrais deux baguettes. Je fais un saut chez l'épicier et je reviens vous payer. D'accord ?

Même manège chez l'épicier, puis il sort, saute dans sa voiture et s'en va. Entre alors chez le pharmacien un client qui demande :

– Je désire acheter du Viagra mais, à votre avis, est-ce que ça marche vraiment ?

– Écoutez, c'est même garanti ! Un client vient d'en prendre… et en moins de cinq minutes, il a réussi à baiser l'épicier, le boulanger, le boucher et moi-même !

Mailhot fait visiter sa tour Eiffel

– **Philippe Bouvard :** On approche de l'été, il va y avoir une invasion de jolies touristes étrangères. Comment allez-vous les aborder ?

– **Jacques Mailhot :** Il faut déjà leur enlever la burka.

– **Bernard Mabille :** En les regardant. En les faisant rire.

– **Philippe Bouvard :** Avez-vous des phrases clés ? Des invites ? Sachant que la communication sera difficile…

– **Bernard Mabille :** Oh ! Une bonne main aux fesses, ça se comprend dans toutes les langues !

– **Philippe Bouvard :** Il ne faut pas qu'elles se méprennent sur vos intentions.

– **Jacques Mailhot :** J'attaque. Je leur dis : « Vous voulez visiter la tour Eiffel ? J'en ai une plus petite chez moi ! »

– **Éric Laugérias :** Il y a trop la queue pour la grande, mais passez donc à la maison.

– **Bernard Mabille :** Mais il n'y a pas de phare au-dessus.

– **Jacques Mailhot :** Tu l'attaques dans sa langue !

– **Philippe Chevallier :** Tu l'encourages dans sa langue.

– **Bernard Mabille :** Je leur apprends la langue. Je leur dis : « Connaissez-vous le mot français qui est à la fois féminin, masculin et pluriel ? C'est "cuillère" : "J'ai lavé ma cuillère, j'ai lavé mon cul hier, j'ai lavé mes couilles hier." » Et là, j'emballe !

– **Philippe Chevallier :** Elle doit être subjuguée, car tu n'y vas pas avec le dos de la cuillère !

Citation

Qui a dit : « J'adore vieillir. Pour rien au monde je ne voudrais revenir en arrière. C'est tellement mieux, on est moins con… » ?

Question du jour

Qu'a créé à Paris, en 1937, Jean Perrin, prix Nobel de physique 1926 ?

Bouvardise

Les moralistes se retrouveront bientôt au chômage si les gouvernants continuent à ramener aussi fermement les citoyens sur le chemin de la vertu.

Muriel Robin.

Le Palais de la découverte.

Mardi **14** Février

SAINT-VALENTIN

Cher Monsieur Damart

par Philippe Chevallier

Réjouissez-vous, c'est aujourd'hui la Saint-Valentin, la fête des amoureux et de l'harmonie conjugale, du bonheur à deux et du face-à-face, les yeux dans les yeux en buvant une coupette.

Il y a quelques jours, j'ai trouvé dans ma boîte aux lettres, en vue de cet événement incontournable, un cadeau extraordinaire envoyé par une marque de sous-vêtements à chaleur thermoactive. Ce cadeau est une « offre découverte » dont je pourrai profiter grâce à mon « code avantage ». Je le dis tout net, on critique notre époque, on la fustige, on y décèle en permanence des traces d'un égoïsme généralisé alors qu'en réalité l'altruisme et l'empathie sont à notre porte tous les jours. Ce M. Damart, par exemple, je ne le connais pas moi, j'en ai vaguement entendu parler par ma grand-mère, avec laquelle, je crois, il a eu une relation suivie après la guerre. Mais moi, il ne m'a jamais vu ! Il s'est débrouillé pour avoir mon adresse et me faire un cadeau pour la Saint-Valentin. Sa lettre est prévenante, pleine d'attentions charmantes, il m'appelle même par mon prénom : « Cher Philippe Chevallier ». Il sait – je ne sais pas qui le lui a dit – que je suis frileux, que je crains les courants d'air et il se propose de m'envoyer en cadeau une couette « réversible ». Vous avez entendu : « réversible » la couette. C'est-à-dire qu'on n'est pas obligé de la laver à chaque fois : on peut la retourner. Comment il sait M. Damart que je fais pipi au lit ? En plus il va m'envoyer un catalogue, et pas n'importe lequel, « mon » catalogue ! Il me l'envoie gratis, sans frais de port et cochon qui s'en dédit. Je ne sais pas ce qu'il y a dessus, mais à mon avis, c'est quelque chose de qualité. Mais surtout, il m'offre pour un prix dérisoire, un tee-shirt « indispensable en cette saison », me dit-il, qui m'enveloppera d'une douce chaleur. Ce tee-shirt, je vais le recevoir pour la Saint-Valentin, si j'envoie mon coupon à temps, accompagné d'un chèque de 12,90 euros. J'ai été sélectionné pour faire partie d'une élite, sans doute parce que je le vaux bien.

Avec ce sous-vêtement sous ma chemise, ça m'étonnerait que je n'emballe pas le 14 février après le dîner aux chandelles. Écoutez plutôt : ce tricot – car il s'agit en réalité d'un tricot – est fait d'une maille fantaisie ajourée, souple et extensible, qui épouse parfaitement le corps sans le serrer. Pour le confort, pas de couture sur le côté mais une encolure dégagée et pour le chic, un petit nœud fantaisie. Si avec un petit nœud fantaisie (en plus du mien) je n'arrive à rien, il n'y a plus qu'à désespérer ! Pour les coloris, un vaste choix est proposé : du bleu chiné au rose chiné en passant par le blanc chiné. C'est un article, à mon avis, qui doit être fabriqué en Chine. À regarder le tricot de plus près, surtout quand on regarde la quarantenaire qui sert de mannequin, on se dit bien que ce genre d'article fait un peu féminin, surtout le petit nœud à l'échancrure ! À mon avis, ils doivent avoir le même pour homme. Ils ne m'appelleraient pas « Cher M. Philippe » pour me vendre une toilette pour dame, quand même !

Allez, c'est décidé, je ne vais pas décevoir M. Damart qui m'honore de sa confiance, je vais commander le tricot de peau et comme grâce à mon « code avantage » je serai servi sous huitaine, je pourrai abriter des froidures mon torse, échappé, mais trop tard, de la statuaire antique !

Citation

Qui a dit : « J'ai su que j'étais devenu une star le jour où j'ai vu des gens bizarres récupérer mes vieilles chaussettes. » ?

George Clooney.

Question du jour

Dans quelles conditions Marcel Laporte a-t-il laissé son nom à l'Histoire le 14 février 1933 ?

Ce fut la première voix utilisée pour l'horloge parlante. Il était animateur radio.

Présentation des panélistes

La seule fois où on l'a vu désarçonné, c'est quand il est monté sur une fille qui avait une queue de cheval.

Philippe Chevallier

Mercredi 15 Février

SAINT-CLAUDE

UNE HISTOIRE DRÔLE

En quittant son hôtel, un voyageur s'aperçoit qu'il a oublié son parapluie dans sa chambre. Il revient sur ses pas et il va raconter son affaire au concierge :

– C'est bien ennuyeux, lui dit le concierge, parce qu'aussitôt après que vous avez libéré la chambre, on l'a louée à un jeune couple en voyage de noces. Moi, je n'ose pas les déranger pour un parapluie. Mais si vous voulez aller le leur réclamer vous-même…

Alors, le gars monte à l'étage. Il s'arrête devant la porte de la chambre, il va pour frapper, mais entend un étrange dialogue à travers la porte :

– À qui c'est, ça ?

– C'est à toi !

– Et ça, à qui c'est ?

– C'est à moi.

– Et ça ?

– Ça c'est à moi, mais je vais te le prêter…

Du coup, le gars s'énerve et se met à crier :

– Dites donc ! Quand vous en serez arrivés au parapluie, il est à moi !

Ça glisse dans la vallée

– **Emmanuel Pierrat** : Dans ma jeunesse j'ai fait un petit boulot qui m'a beaucoup plu, et en même temps m'a laissé perplexe. J'ai été petit libraire dans une librairie scolaire au moment de la rentrée, en remplacement, parce qu'il fallait plus de monde pour les commandes apportées par les mamans : des listes de livres que les collégiens recopiaient en classe et donnaient à leurs mères, qui venaient à la librairie les acheter. Et j'avais des trucs totalement délirants, parce que quand je lisais la liste, il y avait marqué : « Ça glisse dans la vallée » de Balzac ; « La Veste » d'Albert Camus… J'ai interrogé un des vieux libraires qui était là, et qui m'a dit : « Tu sais, une fois, on m'a demandé *Le Rouge et le Noir*, en me disant qu'« on prendrait *Le Rouge* cette semaine, et *Le Noir* la prochaine ».

Citation

Qui a dit : « J'aime Deauville, parce que c'est loin de la mer et près de Paris. » ?

Question du jour

Le 16 février 1899, pourquoi l'huissier de l'Élysée apporta-t-il au président Félix Faure un verre de quinquina cantharidé, juste avant que celui-ci ne reçoive sa maîtresse, Mme Steinheil ?

Bouvardise

J'essaie de me dénicher un nouvel ennemi, bon an mal an, afin de montrer à mes amis que je n'aime pas tout le monde.

Tristan Bernard.

Le quinquina est un stimulant à base de coca, et la cantharide un aphrodisiaque.

François Mitterrand était un chauffard

– **Philippe Bouvard** : Qu'est-ce qui vous fait dire que Danièle Mitterrand « rudoyait » – c'est le mot que vous utilisez – son mari ?

– **Jack Lang** : J'ai dit « rudoyait » mais en même temps, dans un passage, j'indiquais comme elle était très affectueuse, très proche…

– **Philippe Bouvard** : Quand même…

– **Jack Lang** : Parce que Danièle est une personne qui n'a pas sa langue dans sa poche. Elle lui disait les choses telles qu'elle les pensait.

– **Philippe Bouvard** : On suit un Mitterrand qui conduit le char de l'État et – pendant quatorze ans – pas trop mal et puis on découvre, grâce à vous, un Mitterrand qui pilote sa voiture personnelle beaucoup moins bien. Un conducteur dangereux !

– **Jack Lang** : Et dangereux pour tout le monde ! C'était aux premiers moments où nous faisions connaissance avec François Mitterrand à Latché. Un soir, nous sommes revenus d'un dîner auquel il nous avait invités dans le Béarn. Il emprunte une sorte de Méhari, roule à une vitesse d'enfer sans regarder ni à gauche ni à droite…

– **Philippe Bouvard** : Jamais à droite ? On le savait déjà.

– **Jack Lang** : Christine Gouze-Raynal me disait : « Tais-toi. Surtout ne dis rien ! Plus tu protesteras, plus il foncera ! » Il ne connaissait ni limitation de vitesse, ni ligne blanche, ni ceinture de sécurité.

– **Chantal Ladesou** : Une Méhari, ça ne va pas très vite !

– **Jacques Mailhot** : Heureusement qu'il ne conduisait pas Lady Diana !

UNE HISTOIRE DRÔLE

C'est un papy qui vient de s'acheter une voiture neuve. Il l'essaye sur l'autoroute puis il décide de la pousser à 160 km/h, pour voir. Au bout d'un moment dans le rétroviseur, il s'aperçoit qu'un véhicule de gendarmerie le suit, il accélère ! Les gendarmes ont une voiture plus puissante et le doublent, ils le font garer sur le côté. Le chef descend du véhicule de police et lui dit :

– 160 km/h ! Ça ne va pas pépé ? Il me reste trente minutes pour finir mon service, je veux bien me montrer indulgent et passer l'éponge à condition que vous me donniez un motif pour cet excès de vitesse et surtout un motif que je n'ai pas l'habitude d'entendre… Sinon PV et points en moins ! Le papy le regarde, réfléchit et dit :

– Il y a longtemps, ma femme s'est tirée avec un gendarme, et là, quand je vous ai aperçu, je me suis dit : « Bon Dieu ! Ça y est ! Ils me la ramènent ! » Et le papy est reparti sans PV !

Citation

Qui a dit : « L'humeur des juges n'entre pas dans le Code pénal. » ?

Question du jour

Pour quelle raison Victor Hugo choisit-il la date du 16 février 1833 pour le mariage de Cosette et de Marius, dans *Les Misérables* ?

Bouvardise

Les titres qui collent à la peau jusqu'à la fin d'une existence : président de la République, Premier ministre, médaillé olympique. Les assassins, eux, ont droit à l'oubli.

François Mitterrand.

C'était la date de sa première nuit avec sa maîtresse, Juliette Drouet.

UNE BONNE BLAGUE
de Jacques Mailhot

C'est l'histoire de ce type qui picole pour le 14 juillet, et qui picole tellement qu'il s'endort sur un banc. Mais juste avant de s'endormir, il urine ; il a la braguette ouverte avec la zigounette qui pend.
Un brave Montmartrois qui passe dit :
– C'est le 14 juillet, ça manque un peu de couleur !
Aussi, il y va : bleu, blanc, rouge, bleu, blanc, rouge ! Sous la caresse du pinceau, le machin augmente, puis le peintre s'en va.
Un flic passe alors et dit :
– Quand même, on peut pavoiser pour le 14 juillet, mais il y a des limites !
Il secoue le type, et lui dit :
– Alors, vous avez vu votre tenue ?
– Quelle tenue ?
– Et ça ! Ce n'est pas à vous ?
– Ce n'est pas à moi, ça ! Chuis belge !

Souvenirs d'un tournage avec Line Renaud

– **Daniel Russo** : Il y avait une scène où deux amoureux étaient censés faire l'amour, et je devais emmener Line en lui montrant ce couple. Ça m'excitait et je violais Line sur la dune. Le metteur en scène me dit : « Essaye d'y aller franchement, que l'on ne fasse pas vingt prises ! » Line avait trouvé le type bien bâti. Ils commencent, on dit « Moteur ! », et je dis à Line : « Regarde ! » et je lui saute dessus pour la violer. Mais alors qu'on est en haut de la dune, je sens que l'on commence à glisser. Line était allongée dans le sable, elle part à l'envers et je vois sa tête qui s'enfonce ! J'étais sur elle, et j'ai juste eu le temps de la relever. On a coupé, bien entendu, et Line a eu un joli mot en disant : « Les enfants, il y a tout à refaire ! »

– **Line Renaud** : Il la raconte bien ! Mais j'ai trouvé que, pour une fois, la scène était trop courte. Ce qui était encore plus drôle, c'est qu'il y avait ce couple de figurants qui forniquait, très loin sur la plage. Ils devaient s'arrêter quand le metteur en scène disait : « Coupez ! » Le metteur en scène avait beau crier « Coupez ! Coupez ! », ils continuaient ; ou ils n'entendaient pas – ce qui est fort possible –, ou ils ont passé un bon moment.

Citation

Qui a dit : « L'homme est fait pour la femme. La femme est faite pour l'homme… surtout en province, où il n'y a pas de distraction. » ?

Question du jour

Lors des courses automobiles qui se déroulaient dans les années 1930, quelle différence y avait-il entre les véhicules de la catégorie sport et ceux de la catégorie course ?

Bouvardise

Imprudente démocratie, qui a donné aux citoyens le pouvoir de voter contre elle, sans prévoir que le suffrage universel serait capable de la menacer davantage qu'une hypothétique dictature.

Georges Feydeau.

Les voitures de sport conservaient le pare-brise et les voitures de course n'en avaient pas.

Citation

Qui a dit : « Où peut-on être mieux qu'au sein d'une famille ? Partout ailleurs ! » ?

Hervé Bazin.

Question du jour

Qu'est-il interdit de faire au Conseil des ministres ?

De prendre des notes. Seuls le secrétaire général du gouvernement et le porte-parole du gouvernement peuvent en prendre.

UNE HISTOIRE DRÔLE

Un docteur à son patient :

– Vous êtes atteint d'une maladie très rare et très contagieuse. Je vais vous mettre en isolation, avec un régime de pizzas et de crêpes.

– Et cela va me guérir de ma maladie ?

– Non, mais ce sont les seuls aliments que l'on puisse glisser sous la porte !

Bouvardise

Certains contemporains n'existent socialement, psychologiquement, intellectuellement ou affectivement que grâce aux maladies qu'ils ont eues, qu'il ont ou qu'ils croient avoir.

UNE HISTOIRE DRÔLE

Faculté de médecine, des étudiants sont conviés à leur premier cours d'anatomie humaine sur un vrai corps. Le professeur réunit les élèves autour d'une table sur laquelle est posé un cadavre sous un linge blanc. Le professeur leur dit :
– Pour réussir en médecine, il faut avoir deux grandes qualités, d'abord il ne faut pas être dégoûté.
Sur ce, le prof lève la toile, enfonce son doigt dans le rectum du cadavre, le retire, et lèche son doigt.
– C'est à votre tour !
Les élèves sont dégoûtés, certains sont au bord du malaise, d'autres sortent vomir, mais tous s'exécutent les uns après les autres. Dès que tous sont passés, le professeur prend alors la parole :
– La seconde qualité pour réussir en médecine, c'est le sens de l'observation. J'ai enfoncé mon index et j'ai léché mon annulaire !

Pradel piraté

– Jacques Pradel : C'est l'histoire d'un piratage qui m'est arrivé à l'époque ou je travaillais pour le service public. C'est le soir de Noël et on me dit que plutôt que de passer la soirée en famille, je vais aller présenter un spectacle en public sur le parvis de Notre-Dame, où il y a la crèche vivante de Radio-France. C'était énorme, il y avait 5 000 personnes sur l'Île de la Cité, et il était convenu que je fasse un décompte dans la dernière minute avant la naissance du Christ. Nous ne sommes pas loin de l'Hôtel-Dieu, où les carabins ont installé un système de haut-parleurs géants sur le toit pour nous pirater.
Les minutes passent et trente secondes avant le moment fatidique, mon micro se coupe et le relais est pris par un enregistrement des futurs toubibs dans lequel on entend les respirations fortes d'une femme en travail et, en fond, un médecin qui crie : « Poussez, madame ! Poussez ! ». Enfin, quand on arrive au douzième coup de minuit, on peut entendre un grand cri du médecin disant : « Bravo, madame, c'est un garçon ! ».

Citation

Qui a dit : « Parler est le plus moche moyen de communication. L'homme ne s'exprime pleinement que par ses silences. » ?

Question du jour

Que signifie l'expression « rendre hommage à Neptune » ?

Présentation des panélistes

Avec son charme, sa prestance, sa voix de bronze, il a vendu longtemps n'importe quoi à n'importe qui.

Pierre Bellemare

Frédéric Dard.

C'est vomir suite au mal de mer.

Mardi **21** **Février**

SAINT-DAMIEN

Le diable et ses trains

– **Philippe Bouvard** : On peut dire que la grève ferroviaire fait partie du train-train. Alors, que faites-vous si vous devez annuler un voyage ? C'est très simple, vous achetez un des fauteuils que les gens du Thalys sont en train de vendre aux enchères, des vieux fauteuils. Parce que, à force de s'asseoir dessus, ils sont usés, un peu effondrés, mais très confortables. Vous achetez ce vieux fauteuil, vous le mettez chez vous, vous vous arrangez pour acheter une vidéo… Il y a des vidéos qui sont faites avec des films qu'on a réalisés dans la cabine de pilotage d'un TGV. Vous voyez la voie qui arrive…

– **Philippe Chevallier** : Ça fait voir du pays en même temps, c'est bien.

– **Éric Laugérias** : Vous mettez votre femme debout, derrière, qui fait « tchh, tchh » !

– **Évelyne Leclercq** : Ce n'est pas un train à vapeur.

– **Pierre Bellemare** : Il faut lui expliquer qu'aujourd'hui, ça ne fait plus ça, les trains…

– **Pierre Bellemare** : Ils vendaient, on l'a vu récemment encore, des vieux sièges des vieux wagons du métro, où il y avait encore écrit « deuxième classe » à l'arrière…

– **Bernard Mabille** : Des sièges en bois, alors.

– **Pierre Bellemare** : Avec au-dessus, encore, le petit panier pour mettre ses bagages. C'est très joli, ça. Je me suis fait un métro entier, c'est très intéressant.

– **Philippe Bouvard** : Vous, vous êtes un « métro sexuel » ! Je vous dis ça parce que ça ne va pas chercher très très loin. Pour 400 euros, vous aurez un beau fauteuil, vous aurez même l'appui-tête. Faudra changer le tissu en dentelle.

– **Philippe Chevallier** : Dans le TGV, tout le monde pose sa tête… on voit des poils, des cheveux, des poux, des bêtes… Avant, il y avait un petit rabat, comme au Maroc… Maintenant, ça a disparu.

– **Évelyne Leclercq** : Tu amènes ton propre rabat.

– **Philippe Chevallier** : Non, ce que je fais – on me prend pour un maniaque –, je nettoie avec mon billet. Ou alors, j'achète un journal et je le mets sous ma tête – j'ai l'air idiot, mais j'ai l'habitude…

– **Éric Laugérias** : Pourquoi tu ne mets pas une capuche ?

– **Philippe Chevallier** : Oui, il faudrait que j'achète une capuche.

– **Philippe Bouvard** : Vous avez dû en laisser des cheveux, avant de mettre le journal !

– **Philippe Chevallier** : Je ne trouve pas ça très propre.

– **Philippe Bouvard** : Est-ce que les sièges des commodités sont plus propres ?

– **Bernard Mabille** : Moi, je fais debout ! À côté, mais debout !

– **Philippe Chevallier** : Je me retiens tout le voyage, et j'attends d'être chez moi.

– **Pierre Bellemare** : C'est extrêmement désagréable. Le sol est jonché de liquide.

– **Philippe Chevallier** : C'est du désinfectant qui a été mis.

– **Philippe Bouvard** : Excusez-moi, j'ai ouvert par mégarde la porte des tinettes, il faut qu'on en sorte.

– **Pierre Bellemare** : On peut y rester toute une journée, ce n'est pas compliqué.

– **Philippe Bouvard** : L'autre jour, j'étais dans un lieu… il y avait en face de moi un truc impersonnel qui n'avait rien de remarquable, sauf que sur la porte en face du siège sur lequel j'étais assis, il y avait marqué : « Poussez ».

Citation

Qui a dit : « Quand Moïse annonça qu'il allait faire traverser la mer Rouge à pied sec au peuple hébreu, son attaché de presse lui dit : "Si tu réussis ce coup-là, je te garantis deux pleines pages dans l'Ancien Testament." » ?

Orson Welles.

Question du jour

Qui détient le record de longévité ministérielle sans interruption ?

Robert Galley, au gouvernement pendant treize ans, de 1968 à 1981.

Bouvardise

L'invention de la gastronomie, composante de l'humanisme, a donné bonne conscience aux goinfres.

Citation

Qui a dit : « C'est avec plaisir que l'Académie française accueille des communistes, surtout quand ils ne le sont plus. » ?

Jean d'Ormesson.

Question du jour

Qui épousa, en 1943, Jeanne Barthélémy, la nièce de Guy de Maupassant ?

Louis de Funès.

Bouvardise

La bonne chère est une drogue, puisqu'elle crée une dépendance, modifie les comportements, et crée une complicité avec d'autres intoxiqués au navarin d'agneau et au Cheval blanc.

Sur la carte européenne du Tendre

– **Philippe Bouvard** : Vous, en matière de femmes et en Europe, à qui accordez-vous la palme, monsieur Bellemare ?

– **Pierre Bellemare** : Je n'ai pas connu d'étrangères, donc je ne connais pas d'autres femmes que des Françaises, que je trouve excellentes, entre nous ! Je n'ai pas été chercher ailleurs, parce que je n'en ai pas eu besoin.

– **Philippe Bouvard** : Le bonheur est affaire de comparaisons. Si vous ne comparez pas, vous n'avez pas été heureux !

– **Pierre Bellemare** : J'ai comparé les Françaises. Elles ne venaient pas toutes du même endroit.

– **Macha Méril** : La Bretonne est-elle aussi chaude que la Basque ?

– **Pierre Bellemare** : Je n'ai pas connu de Bretonne, ni de Basque, d'ailleurs !

– **Philippe Bouvard** : On n'a pas beaucoup de temps, dites-nous qui vous avez connu !

– **Pierre Bellemare** : Essentiellement des Parisiennes, parce que c'est là que je vis.

– **Macha Méril** : Mais il n'y a pas de Parisiennes, elles viennent toutes de la province.

– **Philippe Bouvard** : Et vous, Monsieur Mailhot ?

– **Jacques Mailhot** : J'ai surtout donné dans la Française… belge !

– **Philippe Bouvard** : L'accent, c'est un peu dissuasif !

– **Jacques Mailhot** *(avec l'accent belge)* : Vas-y, va plutôt sur la gauche… Je crois que tu vas dans une impasse… le Manneken-pis, je ne le voyais pas comme ça !

– **Éric Laugérias** *(avec l'accent belge)* : Bouge la frite, tu vas trouver la moule !

– **Bernard Mabille** *(avec l'accent belge)* : Tu vas me le refaire une fois, hein !

– **Éric Laugérias** : Et vous, Philippe, les petites Allemandes, quand vous étiez sur votre moto ? Dans la Sarre et la Rhénanie !

– **Bernard Mabille** : Il l'a vue, la ligne Maginot.

– **Philippe Bouvard** : C'est un bon moment, je sais. J'ai fait l'Occupation ! C'était formidable. C'était plus que l'entente cordiale, c'était l'entente amoureuse. Le soir, elles venaient à la porte des casernes pour nous attendre, et on sortait avec notre couverture, parce qu'on faisait ça dans les champs. Avant de faire l'amour, il y avait la sonnerie aux champs.

– **Bernard Mabille** : Les Allemandes avec des nattes… tu les prends en levrette, ça fait moto !

– **Philippe Bouvard** : Ce qui fait qu'aujourd'hui je connais quelques mots d'allemand, mais aucun n'est convenable.

Les statistiques de Peroni

– En Grèce, 10 % des vélos n'ont pas de selle.
– 40 % des membres du Club des petites bites réclament qu'on arrête de leur dire à la poste : « Faites la queue comme tout le monde ! »
– En Bretagne, 30 % des catholiques marquent leur page de missel avec un beurre spécial qu'on appelle « le beurre demi-sel ».
– À la fin des fêtes de Pâques, quand les cloches sont revenues, 30 % des hommes mariés ont tiré la gueule en voyant le retour de leur femme !
– Dans l'Essonne, la ville d'Étampes compte 20 % de chauves en plus que la moyenne nationale. Ne dit-on pas : « Le front se dégarnit près d'Étampes » ?
– Pour l'apéritif, 30 % des femmes à grosse poitrine prennent Dubonnet et du gros !
– 40 % des moines sont contre la tonsure parce qu'on y voit les traces de rouge à lèvres.
– 20 % des propriétaires de pitbulls n'ont plus de doigts.
– 20 % des fausses blondes ont le même QI que les vraies !
– 60 % des vendeurs de porte-bonheur ont fait faillite.
– Enfin, d'après un sondage SNCF, en vingt ans, il n'y aurait eu que 2 % de femmes prénommées Micheline qui seraient passées sous un train.

UNE HISTOIRE DRÔLE

Une mère amène son gamin à l'hôpital des enfants malades :
– Docteur, je ne sais pas ce qu'il a. Depuis ce matin, il ne tient plus debout ! Il tombe tout le temps ! Hier, il trottait comme un lapin et aujourd'hui il est à plat ventre.
Le médecin examine le gosse. Il essaie de le faire tenir debout, et lui non plus, il n'y arrive pas. Il l'ausculte de tous les côtés et en désespoir de cause, il dit à la mère :
– Je crois qu'il est paralysé à vie !
La mère fond en larmes. Le médecin essaie de la consoler. Il dit :
– Nous allons l'envoyer dans un établissement pour enfants handicapés. Vous le verrez une fois par semaine. Ne pleurez pas !
À ce moment, une infirmière entre dans la salle de consultation, elle contemple la scène, elle regarde le môme et elle demande :
– Pourquoi vous lui avez mis les deux pieds dans la même jambe de pantalon ?!

Citation

Qui a dit : « Quand on est ministre, y'a un truc dont on est sûr, c'est qu'on ne retournera pas à l'école. Tandis qu'en prison… faut voir ! » ?

Question du jour

Qui finit 27e à un concours de sosie de sa propre personne ?

Présentation des panélistes

À sa naissance, son père a refusé de le faire circoncire en disant : « Quand il sera grand, on coupera au montage. »

Jean-Jacques Peroni

Charlie Chaplin finit 27e à un concours de sosie de lui-même, dans le quartier de son hôtel, à Londres.

Coluche.

Vendredi

24 Février

SAINT-MODESTE

UNE HISTOIRE DRÔLE

Deux amis discutent au restaurant :
– Tu es mon meilleur ami, il faut que je te dise une chose : je vais divorcer.
– Mince ! Ah bon, mais pourquoi ?
– Tu supporterais, toi, de vivre avec quelqu'un qui pète au lit ou à table, qui boit, qui fume, qui rote, qui pue le rat crevé, qui ne fout rien de ses journées, même pas le ménage, et qui rentre à n'importe quelle heure ?
– Non !
– Eh bien, ma femme non plus.

Bouvard prend la défense des femmes

Les femmes, je les aime, et plus ma vue baisse, plus je les admire. J'admire qu'elles soient plus intelligentes, plus subtiles, plus courageuses que nous qui, ayant choisi entre l'accouchement et le service militaire, ne satisfaisons même plus à la seconde obligation.

Et puis, les femmes sont infiniment plus désirables que nous ! Pour deux raisons : parce qu'elles ont moins de poils aux pattes et parce que leurs bas noirs sont plus sexy que nos chaussettes blanches.

Oui, je vous admire, mesdames, de savoir faire avec trois fois rien une minijupe, un repas ou une scène de ménage. Je vous admire d'apporter de la lumière dans ces cavernes obscures où les Néanderthaliens d'aujourd'hui n'ont pas plus dépassé l'âge de pierre que celui de Charles-Édouard. Un poète a dit un jour que « les derniers spasmes étaient les plus beaux ». Oui, j'admire votre dévouement et votre abnégation pour vous consacrer, encore toute jeunette, au bonheur heureusement de courte durée d'un homme déjà âgé. Oui, j'admire que vous succombiez à nos charmes, alors qu'après un strip-tease plus long que notre appendice caudal, nous nous retrouvons devant vous, en bannière comme des enfants punis !

Oui, j'admire que vous supportiez nos mauvaises humeurs le jour et nos mauvaises odeurs la nuit !

Oui, j'admire qu'une fois sur deux vous donniez naissance à des petits machos qui, deux fois sur trois, battront leur épouse… Bien sûr, je n'ignore pas que les moins dévoreuses d'entre vous sont en train de nous grignoter – et de surcroît publiquement, en prenant la tête des partis politiques ou en donnant les prévisions météo à la télé ! Non seulement je l'accepte, mais encore je le souhaite, et je vous dis : « Mangez-nous, mesdames ! Et je vous souhaite bon appétit ! »

Non sans vous faire solennellement cette promesse : je militerai désormais en votre faveur. Et « vive l'éternel féminin », comme disait le pauvre type qui n'en pouvait plus d'attendre que sa belle-mère dévisse de son billard en laissant enfin à sa fille le droit de lui ressembler !

Citation

Qui a dit : « Comme j'ai fait beaucoup de cinéma, on croit que je suis analphabète. » ?

Question du jour

Dans quel endroit insolite Fernand Sardou est-il né ?

Bouvardise

J'aurais plus d'indulgence pour la sexualité des autres si elle ne constituait pas une réplique de la mienne.

Marcel Pagnol.

En gare d'Avignon.

Samedi **25** SAINT-ROMÉO

Dimanche **26** **Février** SAINT-NESTOR

Citation

Qui a dit : « Si on tournait une nouvelle version de Don Camillo, il est probable que Dieu s'adresserait au prêtre par l'intermédiaire d'un portable fourré dans une poche de sa soutane. » ?

Bernard Pivot.

Présentation des panélistes

Quand nous l'avons accueilli, il croyait encore que Molière était devenu célèbre pour avoir construit des pavillons en banlieue.

Jacques Balutin

UNE HISTOIRE DRÔLE

C'est un grand-père qui emmène son petit-fils à la pêche. Mais toutes les cinq minutes :

– Papy, papy, j'ai tout emmêlé la ligne.

Au bout d'un moment, le papy en a marre et ne pense qu'à se débarrasser du gamin. Il prend un bâton, fait un trou étroit dans le sol, et dit à son petit-fils :

– Tiens, je vais te montrer un jeu. Prends un ver de terre et essaie de le glisser dans le trou. Si tu y arrives, je te donne 2 euros.

Évidemment, le ver se tortille sans arrêt, et ce n'est pas demain la veille que le petit réussira à le rentrer dans le trou... Pendant ce temps, le grand-père, enfin tranquille, se remet à la pêche. Au bout d'un moment, le petit-fils revient vers lui :

– Ça y est, j'ai fini.

Le grand-père :

– Hein ?

– Ben oui, comme le ver il bougeait tout le temps, je l'ai aspergé de laque et j'ai pu l'enfiler dans le trou.

– Ha ben oui, c'est bien, mon petit...

Et le lendemain matin, le grand-père de tenir sa promesse :

– Tiens, voilà tes 2 euros. Et voilà encore 2 euros. De la part de ta grand-mère !

UNE HISTOIRE DRÔLE

Un gars vient de se faire opérer de la prostate. Il est toujours à la clinique, et le toubib lui prescrit du Viagra, suite habituelle de l'opération.

Les effets se font sentir, il se besogne tranquillement un beau matin, quand l'infirmière entre.

– Excusez-moi, madame, c'est le Viagra !

– Ne vous excusez pas, c'est normal après votre intervention. Ne vous en faites pas, j'ai l'habitude, d'ailleurs je vais vous aider.

Et joignant le geste à la parole, elle le gratifie d'une énergique et somptueuse gâterie.

– Merci, mais pourquoi m'avez-vous fait ça ?

– Nous sommes débordées de boulot. J'ai plus vite fait de me rincer la bouche que de changer les draps !

N'oubliez pas le service !

– **Pierre Bellemare** : J'ai été serveur, ça a été mon premier petit boulot.

– **Philippe Bouvard** : Sur Internet ?

– **Pierre Bellemare** : Serveur dans un restaurant français à New York, un petit bistrot qui s'appelait Le Charlot. Il existe toujours, sur la 69e rue. J'y ai travaillé deux ans en tant que serveur.

– **Évelyne Leclercq** : J'adore cette rue.

– **Philippe Bouvard** : Pourquoi ?

– **Évelyne Leclercq** : Parce que c'est la 69e ! Vous avez mis le temps, vous êtes lent aujourd'hui !

– **Philippe Bouvard** : Alors, cela vous a-t-il appris quelque chose sur les relations humaines, sur la restauration ? Aujourd'hui, quand vous êtes à une table de restaurant, vous imaginez ce qui se passe dans la tête des serveurs ?

– **Pierre Bellemare** : Oui, je suis beaucoup moins exigeant. Quand on a été à leur place, on est beaucoup plus indulgent, parce qu'on sait ce que c'est. Personnellement, j'ai fait une caméra caché avec un monsieur à la femme duquel j'ai demandé de le servir au restaurant. Nous étions à table, normalement, et sa femme venait le servir en tenue de serveuse. Il ne l'a jamais reconnue pendant tout le repas. C'était incroyable ! À la fin, pour qu'enfin il la reconnaisse, elle est venue et lui a fait quasiment du rentre-dedans. La première fois, ça n'a pas pris non plus, il a dit : « Elle est extraordinaire, cette fille qui vient de servir ; vous avez vu ce qu'elle ose me dire ?! » On se rend compte à quel point on ne regarde pas les gens qui vous servent.

– **Philippe Bouvard** : Peut-être qu'il ne l'a pas reconnue parce qu'à la maison elle refusait de le servir ?

Citation

Qui a dit : « La psychanalyse est une maladie qui se prend pour son remède. »

Question du jour

Qu'est-ce qui ne peut excéder sept minutes et trente et une secondes ?

Bouvardise

L'écriture ne constitue pas un acte anodin : les mots vous rongent bien avant qu'on ne les trace et les phrases vous poursuivent longtemps après qu'on les a composées.

Jules Romains.

Une éclipse totale de Soleil.

Les sports d'hiver commencent à la gare

par Bernard Mabille

Je voudrais piquer un coup de sang contre la SNCF. Mais aujourd'hui, surprise ! Il ne s'agit pas de grève sans préavis, de retard dû à une panne de motrice, de feuilles mortes sur les rails, d'une erreur d'affichage du panneau central, d'une indisposition de la contrôleuse, ni même du fameux sandwich pain-jambon-beurre, enfin pain, pain et pain, celui que tu mastiques au bord de l'étouffement entre Orléans et Lyon avant de le vomir comme neuf arrivé gare Saint-Charles à Marseille… Non, je voudrais vous raconter comment gare de Lyon à Paris, ce week-end, j'ai raté mon train pour Grenoble, obligé par les agents de la SNCF à courir un semi-marathon handicap : le handicap étant, entre autres, la foule des vacanciers déguisés dès Paris en champions équipés pour les Jeux olympiques d'hiver. Pas facile alors de se frayer un passage entre bâtons et paires de skis toutes tailles, luges, doudounes de survie, sacs à dos surchargés et meutes de chiens Saint-Bernard en attendant le jour maudit où ces cons-là amèneront leur motoneige.

Pour la SNCF, pour aller d'un point A – le point A étant le buffet où l'eau chaude au goût de café est facturée 2,60 euros – à un point B – votre TGV – le chemin le plus rapide n'est pas la ligne droite mais une ligne, tout en méandres qui ajoute à votre trajet trois bons kilomètres à pédibus avec ma grosse valoche (dont les roulettes en profitent pour se barrer en sucette), transformant l'usager gracile que je suis en cheval de trait.

Le parcours le plus rapide, qui serait si facile, vous est en effet interdit par une barrière et deux vigiles en gilets rouges – la barrière étant plus souriante que les vigiles – qui vous ordonnent, alors que la voie est libre, de faire le détour. Et quel détour ! Emprunter la galerie marchande, puis sortir de la gare comme si vous retourniez chez vous ; descendre par l'escalier mécanique en panne, puis remonter par un autre escalier mécanique en dérangement, après avoir vainement appelé un ascenseur, sourdingue sans doute puisqu'il ne vous entend pas. Trois cent cinquante mètres encore de courses d'obstacles avant d'arriver en vue du train pour Grenoble, train qui vient de partir !

Depuis cinq ans, il y a un seul train qui, gare de Lyon, part à l'heure : c'est le vôtre ! Pas grave, le prochain est prévu dans cent quatre-vingts minutes, ce qui vous laisse le temps de cogiter au slogan TGV : « Prenez le temps d'aller vite ». C'est là, enfin, dans un wagon de première classe, restylé par M. Lacroix qui, vu le confort, a dû se faire aider par M. Labannière, que vous tombez sur un exemplaire du *Nouvel économiste* titrant : « Le président de la SNCF, élu manager de l'année pour son engagement, son action et les services rendus aux usagers ». On meurt de rire ! En attendant Bernard Montiel animateur de l'année, Jean-Luc Mélenchon libéral de l'année, Alliot-Marie vacancière de l'année, pourquoi pas ma bonne femme, bimbo de l'année ?!

On connait les slogans : SNCF, à nous de vous faire détester le train ! Conseil aux usagers : pour être sûr de prendre votre train pour le Sud, arrivez la veille ! Voyager avec la SNCF, ça, c'est duraille !

Citation

Qui a dit : « La seule invention de notre super civilisation, c'est le streap-tease. On regarde une fille de rêve se déshabiller lentement, et après on rentre chez soi se faire éponger par Bobonne. » ?

Jean Gabin.

Question du jour

Quel était le nom de la troupe créée par Molière en 1643 ?

L'Illustre Théâtre.

Bouvardise

Règle d'or du roman à clés : le trou de serrure appartient au premier qui a l'idée d'y visser son œil.

Mercredi 29 Février

SAINT-AUGUSTE

Citation

Qui a dit : « L'Académie est le chef-d'œuvre de la puérilité sénile. » ?

Victor Hugo.

Question du jour

Quel fut le thème du discours de Rostropovitch en 1987, lorsqu'il fut reçu à l'Académie des beaux-arts ?

Il a joué du violoncelle en guise de discours.

Bouvardise

Pour continuer à croire en l'amour après un certain âge, l'homme doit prendre le risque de fermer les yeux en se rasant le matin.

Le premier baiser d'Évelyne Leclercq

– **Évelyne Leclercq** : Mon premier baiser… à l'époque, j'habitais à la campagne. Je suis née à la campagne, dans un tout petit village de l'Oise, et c'était dans un cimetière ! On est allés se cacher dans le cimetière qui jouxtait la maison.

– **Bernard Mabille** : C'était juste un baiser ?

– **Évelyne Leclercq** : J'étais très jeune.

– **Bernard Mabille** : Il n'y a pas eu de mise au trou ?

UNE HISTOIRE DRÔLE

Dans une petite ville de province, un voyageur sort de la gare et prend un taxi. Le chauffeur démarre et brûle tranquillement le premier feu rouge.

– Vous venez de passer au rouge, fait remarquer le client.

– Je sais ! Ne vous inquiétez pas, mon beau-frère le fait tout le temps !

Au deuxième feu, il a déjà pris de la vitesse et passe à nouveau au rouge.

– Oh ! sursaute le passager. Vous en avez encore brûlé un !

– Et alors ? Je vous dis que mon beau-frère le fait sans arrêt, il n'a jamais eu de problème…

Au troisième feu, le taxi, lancé à fond, passe au rouge sans même ralentir.

– Mais vous êtes fou ! crie le client. Vous allez nous tuer !

– Mais non, rassurez-vous ! Je vous ai déjà dit que mon beau-frère le faisait tout le temps et qu'il est en parfaite santé…

Le quatrième feu est vert. Alors, le chauffeur freine et s'arrête.

– Qu'est-ce qui vous prend ? dit le passager. Vous venez de griller trois feux rouges, et quand celui-là est au vert, vous vous arrêtez ?

– Oh que oui ! Je me méfie ! Des fois qu'on croise mon beau-frère…

Le bestiau fascine

par Philippe Chevallier

Comme dit mon beau-frère, quand il voit sa femme Sully allongée, « Labourage et pâturage sont les deux mamelles de la France. » On a beau dire – malgré le modernisme, l'informatique, les centrales nucléaires et la pyramide du Louvre – on est quand même un pays où la ruralité vaut son pesant de fumier. Le dernier salon où l'on cause, chez nous, ce n'est pas à Saint-Germain-des-Prés avec Edmonde Charles-Roux et Philippe Sollers. Non, c'est porte de Versailles, au Salon de l'agriculture. L'habitat urbain et l'habitat rural se réunissent chaque année dans un sentiment réciproque d'admiration et de mépris mêlés. De toute façon, le bestiau ça fascine… Y'a qu'à voir comment la secrétaire, mariée à l'employé de bureau, regarde les couilles du taureau ! Hypnotisée, qu'elle est, la Simone ! Et notre travailleuse en col blanc se prend à rêver qu'elle regarde passer un train pendant que le Robert, soudainement devenu Minotaure, la besogne ardemment. Quant à l'agriculteur, avec sa belle chemise à carreaux repassée par Bobonne qu'il a laissée à Romorantin, il n'est pas mécontent d'exhiber à la petite Parisienne éblouie sa plus jolie carotte : « Ça fait rêver, hein ma Petite dame ! », qu'il lui dit, le pécore. La fierté d'instruire se mélange à la soif de connaître. C'est ça le Salon de l'agriculture.

C'est un peu comme l'Exposition coloniale : de l'exotisme à portée de main. Mais attention, pas de méprise ! Même si dans les allées immenses du hall d'exposition l'odeur de bêtes est un peu forte, l'ambiance est rudement aseptisée par rapport au terreau d'origine. Porte de Versailles, tout est propret ; même les vaches se sont lavées le cul. C'est la campagne à la ville, le Salon de l'agriculture. Parce que s'il fallait vraiment avoir le nez dedans, comme à la ferme, avec les bottes bouseuses et le noir de l'ongle en guise de vernis, il y aurait un peu moins de monde pour le tour de manège ! On verrait moins de politiques, par exemple. Imaginez le tailleur Chanel et le costume trois-pièces remplacés par la blouse et la salopette… Mettez donc à notre Nicolas présidentiel une bonne casquette de paysan. Mais pas la casquette du gentleman-farmer, façon tartan écossais, non ! La belle gapette de petzouille, gris uni, en tergal, portée un peu en arrière comme quand il fait chaud et qu'on s'apprête à boire un coup. Avec une bonne paire de bottes Baudou, la seule, la vraie qui va partout. Là, on les verrait vraiment celles et ceux qui aiment la cambrousse ! Alors parmi nos politiques, bien sûr, Jacques Chirac est un habitué. Aujourd'hui, il sera là, d'ailleurs, mais « pour une visite un peu écourtée », nous dit-on. Il se contentera de l'élevage. Une petite main au cul des vaches et hop ! au lit. Et Mme Bachelot, notre Roselyne, est également réputée pour… pour aimer le monde rural. Malheureusement, elle ne peut plus venir au salon avec des boucles d'oreilles parce que, à chaque fois, on veut l'exposer dans un stand !

Citation

Qui a dit : « Si la presse n'existait pas, il faudrait ne pas l'inventer. » ?

Honoré de Balzac.

Question du jour

Quel livre célèbre fut gratuit pendant vingt ans ?

Le guide Michelin.

Présentation des panélistes

Avec le temps, ses tempes ont blanchies mais sa langue est devenue plus verte.

Philippe Chevallier

UNE HISTOIRE DRÔLE

Une merveilleuse et pure jeune fille se présente aux portes du paradis.

– Vous êtes vierge ? lui demande saint Pierre.

– Euh... Je crois.

– Comment, vous croyez ? Allez passer devant l'ange examinateur. Si vous êtes vraiment vierge, vous pourrez entrer au paradis. Mais on a besoin d'une preuve...

Alors, l'ange examine la candidate, et dit à saint Pierre :

– Pour être vierge, elle est vierge. Mais il y a quelque chose de bizarre. Elle a, là où vous pensez, sept petits trous d'épingles...

– Hein ? Quoi ? Des trous d'épingles ? dit saint Pierre. On ne peut pas l'envoyer au purgatoire pour ça. Allez, mademoiselle ! Passez ! Comment vous appelez-vous ?

Et la pure jeune fille répond :

– Blanche-Neige.

C'était au bon temps de la guillotine

– **Pierre Bellemare** : Je suis arrivé à l'école, j'avais 5 ans la première fois. C'était une école communale, boulevard Arago, à Paris. On était rassemblés dans un préau, j'étais tout blond et les cheveux frisés. Mon papa et ma maman m'avaient accompagné. Il y avait un monsieur qui passait un liquide à base de Crésyl sur le parquet du préau. Ça puait, c'était inimaginable ! Il y avait un autre petit garçon, et autant j'étais blond avec des taches de rousseur, autant il était très brun, et il pleurait beaucoup, alors que moi, je ne pleurais pas. J'étais très courageux.

– **Bernard Mabille** : Il est fou !

– **Pierre Bellemare** : Sa maman a mis ce petit garçon qui pleurait beaucoup dans mes bras, et a dit : « Tiens, voilà ton camarade ! »

– **Philippe Bouvard** : C'est rare, les enfants pédophiles !

– **Pierre Bellemare** : C'est ainsi qu'une amitié est née.

– **Bernard Mabille** : Après le Périgord, la mère Igor !

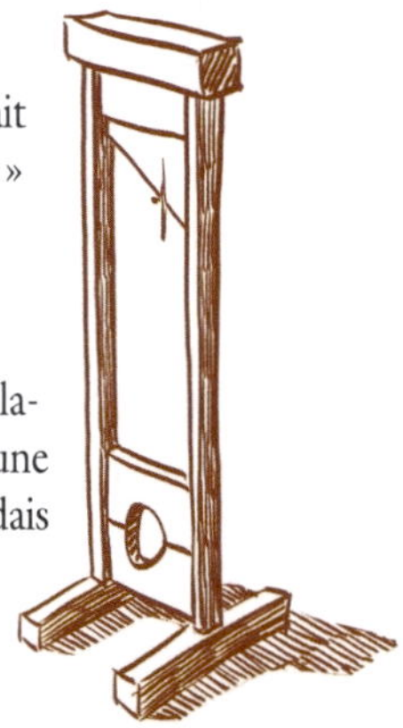

– **Pierre Bellemare** : Cette école communale avait une particularité : elle n'était pas très loin de la prison de la Santé ; il y avait une place sur laquelle je voyais, de temps en temps – je me demandais pourquoi – des gens monter une estrade, puis la démolir le lendemain. J'ai appris plus tard que c'est là qu'avaient lieu, à l'époque, les exécutions capitales.

– **Chantal Ladesou** : Il y a très, très longtemps de ça ?

– **Pierre Bellemare** : C'était l'avant-guerre, madame.

– **Philippe Bouvard** : C'est d'ailleurs pour ça que sous le manteau, on colportait un tas de rumeurs, de fausses informations sur ces exécutions, qu'on a baptisé ce boulevard « boulevard à ragots » !

Citation

Qui a dit : « Si le Bon Dieu vous a donné un sexe, ça n'est pas pour le laisser sécher sur vous comme un vieux pruneau, mais pour en faire profiter vos voisines. » ?

Question du jour

Quelle est la seconde partie de la célèbre phrase de Descartes : « Je pense, donc je suis » ?

Bouvardise

Le bonheur n'existe qu'en fonction de la conscience qu'on en a. Il appartient donc aux optimistes allègres.

Henry Miller.

« Je suis, donc Dieu est. »

Citation

Qui a dit : « Comment appelle-t-on une femme qui sait exactement où se trouve son mari ? Une veuve ! » ?

Hergé.

Question du jour

Quel personnage a été le plus filmé au cinéma ?

Sherlock Holmes : 211 films depuis 1900.

UNE HISTOIRE DRÔLE

Dans les bureaux de l'état civil, une dame vient déclarer la naissance de son premier enfant.

– Quel prénom souhaitez-vous donner à votre fils ? demande l'employé de mairie.

– ZVFOKLUTR, répond la mère, ça me rappellera son père !

– Ah bon, son père est tchèque, peut-être ?

– Non, il était opticien…

Bouvardise

À l'heure des bilans de manifestations, il faut que les organisateurs renoncent à comptabiliser dans leurs troupes les milliers de policiers chargés de les surveiller.

UNE HISTOIRE DRÔLE

Bloquée au troisième étage, une femme tient un bébé.
– Lancez le petit ! crient les pompiers, qui ont tendu une toile.
– Non, je ne saurai pas ! hurle la femme. C'est mon enfant, j'ai peur que vous le manquiez ! Je veux le goal de l'équipe de football de Belgique !
– Mais, madame, s'écrie le capitaine, le temps qu'il arrive, il sera trop tard.
– Je sais où il habite, dit un pompier. C'est tout à côté.
On court chez lui. Miracle ! Il est là. En un clin d'œil, il enfile son équipement et arrive trois minutes plus tard devant l'immeuble en feu.
– Vous me reconnaissez, madame ? Je suis le goal de l'équipe de Belgique. C'est moi qui ai arrêté le penalty dimanche contre l'Allemagne ! Vous pouvez lancer le petit !
– Vous allez l'attraper ?
– Aucun problème, madame, comme à l'entraînement...
Alors, elle lance le bébé, le goal se détend, le cueille du bout des doigts, le serre dans ses bras et le pose délicatement au sol. Après quoi, il prend cinq mètres d'élan et dégage !

Requiem pour un porte-avion

par Jacques Mailhot

Je dois dire qu'on n'avait vraiment pas besoin de ça. Alors que la France piétine, que les morveux s'inquiètent pour leur future ostéoporose, le *Charles de Gaulle*, notre bouclier naval, celui pour lequel nous payons l'ISF – l'impôt sur la flottille – est à nouveau en panne. C'est rageant, car on imagine déjà les railleries : « Ça n'est plus un bateau, c'est une épave. Ce n'est plus la Marine nationale qui doit le gérer, c'est Europe-Assistance. Si la principauté de Monaco nous déclare la guerre un jour où il est en panne, qu'est-ce qu'on va faire ? » Vous connaissez ma bonne foi et mon patriotisme, et je ne me joindrai pas à ce concert de lazzis et autres billevesées à l'encontre d'un engin – fragile, certes ! – mais ô combien prestigieux. Si l'on devait qualifier le *Charles de Gaulle*, je dirais que c'est un bateau à la fois « attachant » et « attaché ». Un navire de guerre redoutable, mais qui aime bien son « chez lui », un navire qui se sent bien lorsqu'il est en rade – en rade de Toulon, naturellement. Le *Charles de Gaulle*, c'est le premier porte-avion qui a été conçu pour faire du cabotage entre Porquerolles et les îles du Levant. On l'a vu se risquer jusqu'aux îles de Lérins, en face de Cannes, après quoi il n'arrive pas à s'habituer, et il rentre chez lui.
Un bâtiment de guerre atypique comme seule la France peut en concevoir un, à l'identité nationale forte comme les RTT ou le « bouclier fiscal » ou le « trou de la Sécu »... Alors ne tombons pas dans la médisance, c'est trop facile de se moquer ! Le *Charles de Gaulle* est simplement un navire pas tout à fait comme les autres, un navire « différent », comme on dit. Et cette originalité conceptuelle est tout à l'honneur de la France. Comme l'a parfaitement expliqué son commandant, le fameux pacha : « Cette panne est une bonne surprise pour tous ceux qui vont pouvoir rentrer chez eux et revoir leur famille. » Je n'invente rien, c'est lui qui l'a dit ! Cela montre une fois de plus que la France reste socialement très en avance sur tous les autres pays du monde. Lorsqu'on sait que sur les porte-avions américains, les marins restent des mois et des mois sans voir Bobonne, avec les conséquences que cela peut avoir sur l'état de leurs amygdales, que dans les sous-marins russes, les marins restent des années sans voir le jour et que quelques-uns même ne remontent jamais, ils restent au fond ! Chez nous, un marin de combat appareille le mercredi soir et il peut montrer le sien – d'appareil – à Bobonne dès le vendredi soir. Alors, un grand bravo !

Citation

Qui a dit : « La mode est ce que l'on porte. Ce qui est démodé, c'est ce que portent les autres. » ?

Question du jour

Sous quel pseudonyme Boris Vian a-t-il signé le poème « Référendum » en forme de ballade, publié en mars 1944 ?

Oscar Wilde.

« Bison Ravi », l'anagramme de son nom.

Bouvard, roi des cancres

– **Bernard Mabille** : Et vous, Philippe, des souvenirs ? Vous ne deviez pas être brillant !
– **Philippe Bouvard** : Les premières fois, je ne voulais pas y aller, je pleurais…
– **Jacques Mailhot** : Vous étiez petit.
– **Philippe Bouvard** : J'étais déjà comme je suis… Ma mère devait me promettre toutes sortes de choses – que je ne voyais jamais arriver – pour que je consente à me séparer d'elle, parce que j'ai été élevé dans ses jupes.
–**Amanda Lear** : Vous n'aviez pas un précepteur ?
– **Philippe Bouvard** : Je n'ai pas eu de professeur particulier, mais j'étais un élève particulier, j'avais zéro en tout et, généralement, j'étais la distraction de la classe. On gardait mon interrogatoire pour la fin, pour détendre les autres élèves. J'allais au tableau, on me posait des questions, je répondais par des mimiques désespérées, par des gestes spasmodiques ou par des conneries, et les petits camarades s'amusaient. Pour le cours de gymnastique, c'était pareil. On me gardait pour la bonne bouche, pour détendre. Je hais l'école, je voudrais vous le dire. Je n'ai que de mauvais souvenirs et je n'en ai laissé que des pas bons du tout. J'aimais quand même un peu l'histoire, et j'avais deux héros : Louis XIV et Napoléon. Qu'est-ce que je vois dans la presse d'hier ? On va enlever Louis XIV et Napoléon des programmes d'histoire.
– **Jacques Mailhot** : Il y a déjà longtemps qu'on boycotte Napoléon.
– **Philippe Bouvard** : On ne le boycotte pas franchement, d'ailleurs ; on le met en fin de programme, vers la fin juin, et le professeur dit aux élèves : « Je suis navré, on a pris du retard dans le programme, on ne pourra pas parler de Napoléon. »
– **Bernard Mabille** : Pourquoi Louis XIV ?
– **Philippe Bouvard** : Parce que c'est un roi qui a dépensé beaucoup d'argent pour ses petits plaisirs, alors que son peuple était dans la misère ; vous voyez le genre de raisonnement… Napoléon a fait tuer beaucoup de monde ; vous me direz qu'aujourd'hui, ils seraient tous morts, mais quand même ! Bref, on est en train de saboter l'histoire de France en la remplaçant par d'autres histoires qui ne nous touchent pas plus.
– **Chantal Ladesou** : Ça va être supprimé des programmes, il paraît ! Plus tôt, ça m'aurait bien arrangée, parce que je n'ai rien foutu en histoire.

UNE HISTOIRE DRÔLE

Un homme et une femme qui ne se connaissent pas doivent partager le même wagon-lit. Bien qu'un peu gênés par cette intimité, les deux sont fatigués et tombent vite endormis. Lui sur la couchette du haut ; elle sur celle du bas. Vers une heure du matin l'homme se penche au dessus de la couchette du bas et réveille la dame :
– Madame… Madame. Excusez-moi de vous déranger. Mais j'ai terriblement froid. Auriez-vous la gentillesse de me donner la couverture qui se trouve dans le casier ?
– J'ai une bien meilleure idée, répond la femme. Faisons semblant que nous sommes tous deux mariés depuis dix ans. Juste pour cette nuit. Ça vous va ?
– Wow ! Quelle idée intéressante vous avez, s'exclame l'homme. Je suis bien d'accord !
– Bon, dit-elle, alors va la chercher toi-même et fais pas chier !

Citation

Qui a dit : « La nouvelle génération n'ose plus dire qu'elle fait des chansons : on fait des "titres". Je ne sais pas s'ils sont cotés en Bourse ! » ?

Question du jour

Comment distingue-t-on un Français d'un Anglais, lorsqu'ils sont à table ?

Présentation des panélistes

Elle a attendu patiemment que son heure sonne à l'horloge de la célébrité en caressant maintes grosses aiguilles.

Amanda Lear

Le Français pose sa main gauche à côté de son assiette, l'Anglais la garde sous la table.

Charles Trenet.

Mercredi **7** **Mars**

SAINT-FÉLICITÉ

Citation

Qui a dit : « Si Dieu avait voulu qu'on aille à la messe, il aurait fait les bancs d'église plus confortables. » ?

Jean Yanne.

Question du jour

Qui fut tour à tour homme de confiance de Colbert, surintendant des bâtiments et chancelier de l'Académie française ?

Charles Perrault.

Bouvardise

J'envie les gens qui ne savent pas écrire. Ils sont obligés de recourir à la parole – volatile par excellence – pour dire de leurs contemporains des méchancetés qui ne laissent nulle trace.

Tout peut capoter

– **Philippe Bouvard** : Où faut-il placer la boîte de préservatifs lors d'un premier contact ?

– **Invité** : Je crois que l'endroit le plus simple, c'est sous l'oreiller.

– **Philippe Chevallier** : On ne peut pas le porter directement sur soi ? Moi je le mets directement sur moi ! En cas de révolution culturelle, toujours prêt ! S'il faut aller chercher oreiller ou traversin, bonjour ! Les occasions ne sont pas si fréquentes !

– **Philippe Bouvard** : Je n'ai jamais mis de préservatif sous mon oreiller… Quand j'étais enfant, je mettais la dent qui venait de tomber pour que la petite souris passe… Mais avec une souris grandeur nature !… C'est très désagréable parce que, à un moment quand même, il va falloir prendre l'objet, le dépiauter et…

– **Jean-Jacques Peroni** : … enfiler un préservatif sur un oreiller, ce n'est pas facile !

– **Évelyne Leclercq** : Ça s'appelle une taie d'oreiller !

UNE HISTOIRE DRÔLE

Un gars essaie de faire entrer un hippopotame dans sa maison. Évidemment, ce n'est pas très facile et il finit par demander à un de ses voisins de lui donner un coup de main. À deux, ils réussissent à caser l'animal dans l'ascenseur, puis ils le transportent du palier dans la cuisine et ils l'installent dans l'évier.

– Ouf ! fait le gars en s'épongeant le front. On y est quand même arrivé. Vous m'avez rendu un sacré service !

– Est-ce que je peux vous demander, dit l'autre, pourquoi vous tenez tellement à introduire cet hippopotame dans votre évier ?

– Ben voilà, dit le gars, c'est à cause de ma femme. Je peux lui dire n'importe quoi, elle répond toujours : « Mais oui, je suis au courant. » C'est tout à fait exaspérant ! Alors, ce soir, quand je serai en train de lire mon journal, elle sortira de la cuisine à fond de train et elle criera : « Chéri, il y a un hippopotame dans l'évier ! » Et moi, je répondrai tranquillement : « Mais oui, je suis au courant… »

La journée de la femme

par Bernard Mabille

Alors je voudrais piquer un coup de sang contre Clara Zedkin. C'est la teutonne mal baisée qui inventa en 1910 la Journée de la femme, nous obligeant, nous, les hommes irréprochables, sous peine de machisme aveugle, à prendre leur place et à tout faire comme elles. Je vais donc, cédant à cette coutume imbécile et inutile, me prêter de bonne grâce à une mascarade débile, délaissant ma panoplie de mari modèle pour me glisser dans la peau de mon épouse : une femme gâtée, choyée, dorlotée par un conjoint délicat et fidèle qui consacre toutes ses forces à faire en sorte qu'elle s'épanouisse dans un quotidien paradisiaque que lui envient ses « chaudasses » de copines, des pétasses qui refusent toujours mes avances ! Tout comme elle le fait chaque jour, je me réveillerai donc à l'aube – j'exige toujours qu'elle se lève avant moi, sans la bousculer car j'ai horreur qu'on me réveille en sursaut – puis je passerai aux toilettes où je gueulerai, tout comme elle, contre le saligaud qui a inondé la lunette et transformé le petit coin en pédiluve. Après quoi je gagnerai la salle de bains, où, tout comme elle, je resterai une heure et demie. Une heure et demie face à un miroir grossissant qui te transforme le nez en point noir. C'est long quatre-vingt-dix minutes dans une salle de bains quand tu n'as pas à faire ta couleur, étaler ta crème antiride, barbouiller de rouge tes lèvres et tes ongles, élaguer la foufoune et fixer ton protège-slip ! Puis je réveillerai mon aimée, délicatement, comme je lui ordonne de me le faire : un chapelet de bisous sur la nuque, la dame au matin refoulant des gencives. Je lui apporterai son café au lit après avoir hurlé contre le con qui a planqué les tasses, le sucre et les petites cuillères. Le déjeuner englouti, ma femme me dira : « C'est ma journée mon amour, je veux faire tout comme tu le fais d'habitude. » Puis elle se rendormira donc en pétant, ronflant et rotant. Plus tard, mollement affalée sur le canapé, ma femme me lancera : « Tu trouveras la liste des courses près du frigo, pendant que tu y es profites-en pour descendre les poubelles, sortir le chien, passer au pressing et remonter le courrier ». Perdu dans le supermarché, je chercherai vainement les fromages au rayon poissonnerie, entouré d'une centaine de mecs aussi paumés que moi, qui, eux aussi, célébreront la Journée de la femme. De retour à la maison, je ferai à déjeuner pour tout le monde, courant de la cuisine à la table sans que madame ne bouge. Pas un regard, pas une aide, pas un merci… Il n'y a qu'une femme pour faire preuve d'autant d'ingratitude. Repassage, tri du linge sale, mise en place du lave-vaisselle, nettoyage des vitres, aspirateur, plumeau, lingette… À 20 heures, éreinté, lessivé, essoré… je sonnerai le couvre-feu général. Au lit, ma femme insistante réclamera plus qu'un câlin. Mémère est un peu lourde :

– Pas ce soir, ma chérie, je suis claqué…

– Allez ! Juste une petite descente à la cave, c'est bon pour le moral !

– Je ne peux pas, j'ai la migraine !

– Là, je tiendrai ma vengeance ! Je penserai déjà à demain quand débuteront enfin mes 364 journées de l'homme !

Citation

Qui a dit : « Si seulement Dieu pouvait me faire un signe ! Comme faire un gros dépôt à mon nom dans une banque suisse… » ?

Woody Allen.

Question du jour

Contre quel projet Charles Dickens s'est-il opposé toute sa vie ?

Le tunnel sous la Manche.

Présentation des panélistes

Il aura terrorisé de la même façon les politiciens, les femmes et les directeurs de théâtre.

Bernard Mabille

UNE HISTOIRE DRÔLE

Un jumbo-jet décolle de l'aéroport de Roissy. Après avoir atteint son altitude de croisière, le commandant s'adresse aux passagers via l'interphone :

– Mesdames et messieurs, c'est le commandant de bord qui vous parle : la météo est excellente et nous prévoyons un vol sans incident. Nous devrions atterrir à l'aéroport de New York à 18 h 35. Après le film, je vous conseille de vous détendre et... relax... Oh non !!! Mon Dieu !

On entend un bruit sec et... plus rien ! Silence de mort dans l'avion ! Les passagers se regardent. L'avion maintient pourtant son cap et son altitude, mais les hôtesses sourient nerveusement : mauvais signe !

Après quelques minutes, le commandant revient au micro :

– Je tiens à m'excuser pour l'incident de tout à l'heure, mais on a renversé du café brûlant sur mon pantalon ! Vous devriez voir le devant de mon pantalon !

– Ce n'est rien, hurle un passager, vous devriez voir l'arrière du mien !

Tout nu sur le palier

– **Philippe Bouvard** : Vous n'avez jamais rêvé que vous étiez tout nu ?

– **Jacques Mailhot** : Non, mais j'ai rêvé des trucs épouvantables. On est sur un bateau ; le bateau coule, et on vous tend un truc que vous n'arrivez pas à attraper... Ce sont des choses qui m'arrivent fréquemment. Ça peut arriver sur une route où je suis...

– **Jean-Jacques Peroni** : Moi, c'est au bistrot, je ne peux pas prendre le verre !

– **Pierre Bellemare** : C'est ce qu'on appelle le « phénomène de l'ABRU », c'est une association pour les personnes âgées qui permet de les aider. Donc, tu es déjà dans ce chemin. Moi, je fais le rêve classique du texte non appris, du rôle pas su, et on est en scène... ça, je l'ai eu.

– **Philippe Bouvard** : Il paraît que ça a une signification freudienne... Moi, je rêve souvent que je me retrouve sur le palier tout nu. La porte s'est refermée sur un coup de vent. Des gens montent l'escalier...

– **Bernard Mabille** : Ne prenez pas froid, Philippe !

– **Jean-Jacques Peroni** : Mettez un cache-col !

– **Philippe Bouvard** : Je n'ai absolument rien sous la main que mes mains, donc j'essaie de cacher mon sexe avec mes mains, mais elles sont trop petites !

– **Bernard Mabille** : Prenez le paillasson, alors ! Mais ça dépassera au bout, quand même !

Citation

Qui a dit : « Soyez chacal ou soyez loup/Les juges sont plus forts que vous./Écoutez-moi (la chose est sûre)/Méfiez-vous d'la magistrature. » ?

Question du jour

En argot poétique, qu'appelle-t-on la « guillotine de Cythère » ?

Bouvardise

Je m'endors plus facilement depuis que je lis, le soir, des auteurs qui ne sont pas des lumières.

Alphonse Allais.

Le sexe féminin.

Ils voient des nains partout

– **Philippe Bouvard** : Une nouvelle qui m'attriste personnellement, on a identifié l'homme le plus petit du monde…
– **Bernard Mabille** : Encore un concurrent !
– **Philippe Bouvard** : Mais il y en a de plus en plus ! Et celui-là mesure soixante-cinq centimètres et demi. Je dis « demi » parce que là, ça compte.
– **Bernard Mabille** : À trois centimètres près, vous étiez battu, Philippe !
– **Jean-Jacques Peroni** : Avec cette taille-là, il ne faudrait pas que le chat joue avec ! C'est petit, quand même !
– **Bernard Mabille** : Tu le mets dans le cabas pour faire les courses !
– **Philippe Bouvard** : Naturellement, il a le poids qui va avec : 5,5 kg seulement… c'est-à-dire un bébé de quelques semaines.
– **Jacques Mailhot** : Et la zigounette, elle fait combien ?
– **Philippe Bouvard** : Nous avons déjà dit – et je ne veux pas insister, par modestie – que les nains étaient très bien pourvus de ce côté-là.
– **Bernard Mabille** : Il a toujours un gros cache-col.
– **Jean-Jacques Peroni** : Le problème d'un nain de 66 cm, c'est que quand il bande, il tombe.
– **Philippe Chevallier** : Mais non, ça fait trépied !
– **Philippe Bouvard** : Il est du Népal. Et ce qui est curieux, c'est que, comme il est né presque au sommet du monde, il paraît encore plus petit dans son pays.
– **Philippe Chevallier** : Il est marié ? Il a une femme ?
– **Philippe Bouvard** : Je ne crois pas.
– **Bernard Mabille** : Comment veux-tu faire l'amour avec quelqu'un de 65 cm de haut ?
– **Jean-Jacques Peroni** : Il rentre tout entier à l'intérieur de la dame !

UNE HISTOIRE DRÔLE

Mamy vient d'arriver à la maison de retraite et tout le monde est aux petits soins. Les infirmières la baignent, lui servent un délicieux repas et l'assoient sur un fauteuil face à la fenêtre donnant sur un magnifique jardin. Tout semble parfait, mais après un moment, elle commence à se pencher lentement sur la droite… Immédiatement, deux infirmières se précipitent et la remettent bien droite sur le fauteuil. Tout semble retourner à la normale, quand elle recommence à se pencher lentement sur la gauche… Les infirmières accourent et une fois de plus essaient de la remettre d'aplomb. Quelques jours plus tard, la famille arrive pour voir comment va Mamy.
– Tout se passe bien ici, ils sont gentils avec toi ?
– C'est pas mal du tout, à part qu'ils ne me laissent pas péter tranquillement !

Citation

Qui a dit : « La caractéristique des mauvais romanciers est qu'ils savent d'avance ce qu'ils vont raconter. » ?

Jean Dutourd.

Question du jour

En France, où se trouve le mur le plus long (33 km) ?

Il entoure la forêt du château de Chambord.

Lundi **12** **Mars**

SAINTE-JUSTINE

Citation

Qui a dit : « La culture, c'est de connaître cent mots de plus que les autres. » ?

Frédéric Dard.

Question du jour

Qu'a-t-on enlevé à Chopin avant de l'enterrer ?

Sur ses instructions, on lui a ôté le cœur, tellement il craignait d'être enterré vivant.

Bouvardise

C'est un grand avantage que de savoir, à chaque péripétie de l'existence, tourner la page. Sauf qu'il finit par ne plus rien y avoir d'écrit sur le livre d'une vie…

Ah ! Les petits sacripants…

– **Philippe Bouvard** : Vous souvenez-vous des mauvaises plaisanteries que vous faisiez à vos professeurs ? J'imagine que vous étiez déjà très irrévérencieux !

– **Amanda Lear** : Il y avait les boules puantes, à l'époque.

– **Philippe Bouvard** : Je me souviens qu'on avait un professeur d'allemand qui faisait ses débuts dans l'enseignement ; il était très petit et très timide. Il avait peur de nous et on l'attachait sur sa chaise ! Un jour, on l'a même enfermé dans le placard. Il n'a pas fait carrière longtemps.

– **Chantal Ladesou** : On avait un professeur qui venait nous donner des petits cours particuliers, à mon frère et à moi, et un jour on l'a enfermé. Dans la cuisine, il y avait une cour suspendue qui donnait sur l'ascenseur de service ; on l'a enfermé à clef et on l'a laissé là ! Un grand garçon qui faisait Sciences-Po, avec de grosses lunettes et un parapluie. Il criait : « Ils m'ont enfermé dans la cour ! Au secours ! »

– **Philippe Bouvard** : C'est un bon souvenir… Enfin, pour vous ! On faisait des blagues, quand même, surtout les cancres du fond de la classe.

– **Bernard Mabille** : Pas beaucoup, parce qu'il y avait une réelle discipline.

– **Philippe Bouvard** : Oui ! On faisait ce qu'il est question d'obliger les élèves à refaire : on se levait quand le professeur entrait.

– **Chantal Ladesou** : Ça, c'était bien, je trouve.

– **Pierre Bellemare** : Je me suis levé, moi aussi, je me souviens.

– **Philippe Bouvard** : Vous deviez être très fayot, vous ?

– **Pierre Bellemare** : Pourquoi me dit-il ça aujourd'hui ?

– **Bernard Mabille** : Parce que tu as fait tes études à Tarbes.

– **Pierre Bellemare** : Non, je n'étais pas fayot du tout. C'est vrai, ce que dit Mabille, on était disciplinés. Ça ne nous venait pas à l'esprit de faire des choses inimaginables en classe.

– **Bernard Mabille** : On avait une vraie soif d'apprendre. Un besoin de culture.

– **Pierre Bellemare** : Quand il y avait des professeurs femmes qui étaient en petite jupette derrière des bureaux à claire-voie…

– **Jacques Mailhot** : Je me suis fait virer du cours d'anglais parce que je regardais sous le bureau, et je me suis fait interpeller : « Qu'est-ce qui vous arrive, Mailhot ? » « C'est des bas ou des collants, madame ? » « Dehors »

– **Bernard Mabille** : Donc, tu n'as jamais su !

– **Jacques Mailhot** : Je n'ai jamais su. C'est pour ça que je suis mauvais en anglais.

– **Philippe Bouvard** : Je voudrais verser à ce dossier des blagues de mauvais goût dans un cadre scolaire le témoignage d'Eugène Saccomano. Eugène Saccomano, c'était en quatrième ou troisième du lycée de Nîmes – lycée Daudet, maintenant –, la technique étant d'envoyer un premier copain aux toilettes. Il y allait, et le second – souvent moi – allait devant le professeur, qui était totalement sourd, en disant : « Pardon monsieur, je peux aller baiser votre femme, s'il vous plaît ? » « Attendez que votre camarade en revienne ! »

Attali, c'est Attila

par Philippe Chevallier

Il fallait y songer, Attali l'a fait ! Une fois chef d'institutions internationales, conseiller spécial ; une fois chef d'orchestre, mémorialiste, essayiste, banquier et auteur dramatique, philosophe, anthropologue et sans doute abonné au gaz, il n'y a guère que la pratique de l'aviron sur le plateau du Larzac qui lui soit étrangère. Monsieur Je-sais-tout a des idées sur tout, et surtout des idées. C'est ainsi que notre Jacques Attali national nous abreuve régulièrement de projets et de rapports circonstanciés sur la bonne marche du monde, avec le ton docte et pénétré de celui qui comprend mieux que les autres, en même temps que la rassurante pensée de n'être qu'un conseilleur et non pas un payeur. Parce que la dernière – et espérons que ce soit vraiment la dernière – saillie intellectuelle de notre bouilleur de cru de matière grise vaut son pesant de cacahuètes. Je vous la livre en vrac et en détail c'est pareil, parce que le Jacquot fait aussi bien dans le gros, demi-gros, que dans le service à la personne.

Comme il a constaté, M. Jacques Attali, avec son petit cerveau musclé, que le tabac n'était pas forcément ce qu'il y avait de meilleur pour la santé, il s'est dit, comme ça – parce qu'il a de la tête –, que ce serait bien d'en interdire complètement la consommation et que le meilleur moyen d'y parvenir était d'éradiquer totalement la maudite plante de la surface du globe.

Ah ! Mais c'est qu'il est comme ça, le Jacquot : un truc ne lui plaît pas, il éradique ! Il rase, il ventile. Ce n'est plus Attali, c'est Attila ! Imaginez un peu qu'il n'aime pas les pommes de terre : la Belgique serait privée de frites !

Mais qu'est-ce que c'est que ces donneurs de leçon qui, sous prétexte qu'ils n'aiment pas quelque chose, veulent en dégoûter les autres ? Alors parce qu'il y a des cirrhoses du foie, il faudrait supprimer notre pinard ? Sous prétexte que les femmes nous ont apporté de vilaines maladies et le goût du vice, il faudrait supprimer la moitié de l'humanité ? Enfin, voyons, il n'y a pas que du mauvais, chez les femmes ! On est quand même bien contents de les avoir pour la vaisselle et le ménage !

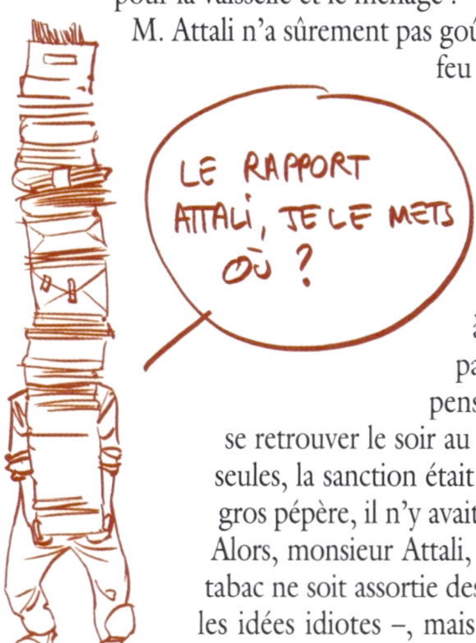

M. Attali n'a sûrement pas goûté aux joies d'une bonne pipe le soir au coin du feu pour en vouloir ainsi à la plante magique. La proposition de notre conseiller en tout genre me fait penser à une idée – le mot est peut-être un peu fort – qu'avait eue il y a quelques années, quand il était Premier ministre, le brave Pierre Mauroy – un beau sujet de pendule aussi, celui-là ! Il voulait, pour notre bien à tous, supprimer l'usage de la télévision un jour par semaine. Un jour par semaine sans télévision, pensait-il, permettrait aux familles de se parler, de se retrouver le soir au coin du feu… Évidemment, pour les personnes seules, la sanction était immédiate : il leur restait le suicide. Mais ça, le gros pépère, il n'y avait pas pensé.

Alors, monsieur Attali, je ne doute pas que votre idée de supprimer le tabac ne soit assortie des meilleures intentions – comme le sont souvent les idées idiotes –, mais je souhaite, pour la sauvegarde de ma liberté d'agir, qu'elle disparaisse dans un nuage de fumée.

Citation

Qui a dit : « La danse, c'est du pelotage : tout ce qu'on fait avec les pieds est parfaitement secondaire. Tout le monde s'en fout. » ?

Michel Audiard.

Question du jour

Pourquoi, dans certains cercueils, plaçait-on la tête du sujet entre ses jambes ?

On plaçait sa tête entre ses jambes pour indiquer, si un jour on exhumait la dépouille, qu'il avait été condamné à mort.

Bouvardise

Ah ! La machine à jouer aux échecs, qui gagne toujours et qui ne triomphe jamais…

Citation

Qui a dit : « L'audience des comiques est très restreinte, il n'y a que le public qui les aime. » ?

Jean Poiret.

Question du jour

Qu'est-ce que le gouvernement chinois a demandé à chaque citoyen de faire en 1950, pour combattre une épidémie d'encéphalite ?

Chaque citoyen devait tuer au moins dix mouches chaque jour.

Bouvardise

On aurait grand tort de se croire sourd, lorsqu'à l'écoute incessante de soi-même on n'entend rien. La vacuité, elle, n'est justiciable d'aucune prothèse.

Un dîner presque parfait

– **Bernard Mabille** : Je n'aime pas le lapin !

– **Pierre Bellemare** : Tu n'aimes pas le lapin, mais tu n'aimes pas le râble de lapin, par exemple ?

– **Bernard Mabille** : Pas de lapin. Quand j'étais petit, ma grand-mère nous a fait un lapin, et il s'est trouvé qu'elle ne voyait pas très clair, et c'était mon lapin. Elle m'a fait manger mon lapin. Elle ne l'a pas fait exprès, la pauvre.

– **Pierre Bellemare** : Qu'appelles-tu « ton lapin » !

– **Bernard Mabille** : Tu as bien des chèvres, moi j'avais un lapin !

– **Macha Méril** : Il avait un petit lapin de compagnie.

– **Pierre Bellemare** : Tu avais un petit lapin comme compagnon ! C'est mignon comme tout.

– **Philippe Bouvard** : Ça me rappelle ce repas qu'on racontait à propos de l'empereur Bokassa, qui avait réuni ses enfants ; on avait apporté un grand plat, puis il avait dit : « Vous l'aimez, votre maman ? » « Oui ! » « Eh bien, reprenez-en ! »

– **Jacques Mailhot** : Quelle horreur !

UNE HISTOIRE DRÔLE

Il était une fois trois blondes sur une île isolée. Comme elles désiraient quitter l'île, elles se mirent à prier. Tout à coup, un génie apparut. Le génie leur dit :

– Vos désirs sont des ordres ! Que chacune d'entre vous fasse un vœu, et je le réaliserai ! À toi, commence.

– Génie, faites en sorte que je sois assez intelligente pour quitter cette île.

Alors, le génie la change en rousse et elle nage jusqu'à la terre.

– À toi, maintenant, quel est ton vœu ?

– Génie, faites en sorte que je sois plus intelligente que celle qui vient de quitter cette île, afin que je puisse quitter l'île.

Alors, le génie la change en brune, elle se fait un radeau et rame jusqu'à la terre.

– Et toi enfin, que désires-tu ?

– Génie, faites que je sois la plus intelligente des femmes !

Alors, le génie la change en homme et elle traverse à pied le pont reliant l'île à la terre ferme !

Jeudi

15 Mars

SAINTE-LOUISE

Amanda vide son sac et les poches de Bellemare

– **Philippe Bouvard** : Qu'avez-vous dans vos poches comme argent ? Amanda ?
– **Amanda Lear** : Aujourd'hui, j'ai pas mal d'argent, parce que je dois payer mon loyer.
– **Pierre Bellemare** : Vous payez en liquide ?
– **Jacques Mailhot** : Elle aime les nageurs, donc elle a du liquide.
– **Philippe Bouvard** : Combien d'argent ?
– **Bernard Mabille** : Elle n'a pas commencé sa journée encore.
– **Amanda Lear** : Je dois payer mon loyer, alors j'ai des billets de cent, de…
– **Philippe Bouvard** : Combien en tout ? On va connaître le montant du loyer !
– **Amanda Lear** : Alors en tout, 2, 3, 4, 5, 6, je dois avoir 700 euros.
– **Pierre Bellemare** : C'est un loyer ridicule pour Paris !
– **Philippe Bouvard** : Vous vivez peut-être en ménage avec monsieur Delanoë ?
– **Amanda Lear** : J'ai un tout petit appartement, une petite chambre de bonne.
– **Philippe Bouvard** : D'ailleurs, quand on parle d'elle, on dit : « Elle est bonne, elle est bonne ! » Et vous, Chantal Ladesou ?
– **Chantal Ladesou** : J'ai pris la veste de ma fille, je suis arrivée en retard. Donc, je me suis trompée. Elle a 5 euros dans sa poche. Elle a plus que moi, puisque je n'ai rien dans mon sac.
– **Amanda Lear** : Les gens ont de moins en moins de liquide sur eux.
– **Philippe Bouvard** : Monsieur Bellemare, qu'est-ce que vous avez sur vous ?
– **Pierre Bellemare** : *(Avec une voix féminine.)* Qu'est-ce que j'ai sur moi ?
– **Philippe Bouvard** : Vous avez de l'argent ?
– **Pierre Bellemare** : J'ai une montre qui me donne l'heure.
– **Philippe Bouvard** : Mais votre femme ne vous laisse quand même pas sortir sans vous donner un peu d'argent de poche ?
– **Pierre Bellemare** : Voilà tout un jeu de cartes : elles sont belles, avec des dorures différentes.
– **Amanda Lear** : Là, son abonnement au vidéoclub.
– **Chantal Ladesou** : Ah, il a pas mal d'argent !
– **Philippe Bouvard** : Combien d'argent ?
– **Amanda Lear** : Rien que des petites coupures.
– **Pierre Bellemare** : … 17, 18, 19, 20, 21… 250 euros, c'est tout.
– **Chantal Ladesou** : Ça ira pour m'inviter à déjeuner.
– **Philippe Bouvard** : Ça vous permet, quand vous êtes à Paris, de faire un peu le jeune homme.
– **Amanda Lear** : Ces putes coûtent très cher ! Sur le port de Saint-Tropez, il y a des filles magnifiques. Elles ne parlent pas très bien le français, alors vous dites « Bonsoir », elles répondent « 1000 euros ! »
– **Bernard Mabille** : 1000 euros la pipe ? Le tabac a augmenté !
– **Amanda Lear** : Tout ça pour dire que monsieur Bellemare… Il aura pas grand-chose.
– **Bernard Mabille** : Elle retire à peine son soutif.
– **Pierre Bellemare** : Attendez, je fais les maisons de retraite !
– **Jacques Mailhot** : Il y en a de moins chères sur le trottoir, en bleu marine, qui vous prennent 25 euros, ça dépend où vous êtes garé !
– **Philippe Bouvard** : Enfin, monsieur Bellemare est comme Jacques Mailhot, il ira voir la grande Lulu qui fait des prix de gros.

Citation

Qui a dit : « Lorsque je serai trop gaga pour faire rire les gens, je leur proposerai des émissions culturelles. » ?

Guy Lux.

Question du jour

Qu'est-ce que les Japonais surnomment les « tigres affamés » ?

Les machines à sous.

Bouvardise

Un État qui doit d'abord faire vivre 5 millions de fonctionnaires et assimilés n'a plus guère les moyens de secourir les autres citoyens.

Vendredi

16 | Mars

SAINTE-BÉNÉDICTE

Citation

Qui a dit : « Ce n'est pas en ouvrant la gorge d'un rossignol que l'on découvrira le secret de son chant. » ?

Marcel Pagnol.

Question du jour

Qu'est-ce que Pierre Desproges appelle « le cognac du con » ?

Le whisky.

Présentation des panélistes

Sans elle, on continuerait à croire que les divas sont des êtres pudiques et fragiles.

Marianne James

UNE HISTOIRE DRÔLE

Un automobiliste roulant à bord de sa superbe Ferrari à 150 km/h se fait dépasser par un poulet, mais pas n'importe quel poulet, un poulet à trois pattes ! Il accélère pour rattraper le poulet et le dépasse à 200 km/h, puis le poulet le redépasse, il accélère encore pour le suivre. Le poulet sort de l'autoroute, et s'arrête dans une ferme. Le conducteur de la Ferrari va trouver le fermier :

– Monsieur, je viens de voir une chose extraordinaire : un poulet à trois pattes vient de rentrer dans votre ferme.

– Ben oui, mon p'tit gars, lui dit le fermier, j'en ai 3 000, des poulets.

– Et ils ont tous trois pattes ?

– Ben oui !

– Et pourquoi ils ont trois pattes ?

– Ben parce que ma femme, mes enfants, mes amis et moi-même aimons les cuisses de poulets.

– Ah, et vous en mangez souvent ?

– Ben non, on n'arrive pas à les attraper...

Le dilemme du pourboire

– **Philippe Bouvard** : Au restaurant, en matière de pourboire, quelle est votre habitude ?
– **Macha Méril** : On laisse un petit quelque chose.
– **Jacques Mailhot** : J'ai encore des vieux francs en quantité…
– **Pierre Bellemare** : Tout est compté dans l'addition, je paye donc l'addition avec des cartes.
– **Philippe Bouvard** : Attendez, il ne faut pas confondre le service et le pourboire !
– **Philippe Bouvard** : Il faut un petit billet en plus de la carte !
– **Pierre Bellemare** : Non, on me remercie beaucoup, on est très gentil avec moi.
– **Macha Méril** : Ça dépend des restaurants. Si on trouve qu'ils sont sympas…
– **Jean-Jacques Peroni** : Tu peux laisser un petit billet quand tu vas chez Lucien et que la serveuse te fait une petite gâterie sous la table pour le dessert, alors là, tu laisses un petit bifton. Sinon, non.
– **Bernard Mabille** : Ma fille ayant servi dans un restaurant, j'ai vu la difficulté du métier. C'est horrible ! Il y a même des gens qui viennent payer avec des cartes et qui ne laissent pas de pourboire ! Et des gens très riches.
– **Philippe Bouvard** : Des gens qui ont des domaines dans le Périgord.
– **Pierre Bellemare** : C'est vrai, je n'ai jamais laissé de pourboire, je ne sais pas pourquoi. Peut-être mes origines normandes ?
– **Philippe Bouvard** : Vous avez peur d'humilier le personnel ?
– **Pierre Bellemare** : Il y a quelque chose de méprisant dans le pourboire.
– **Philippe Bouvard** : Vous tendez la main, mais il n'y a rien dedans.

– **Bernard Mabille** : Tu ne laisses jamais de pourboire aux taxis ? Ils nous écoutent : « Pierre Bellemare ne laisse jamais de pourboire. »
– **Pierre Bellemare** : Je ne paye pas le taxi, j'ai un abonnement.
– **Philippe Bouvard** : C'est avec les pourboires que le chauffeur nourrit ses chères têtes blondes !
– **Pierre Bellemare** : Il est ravi de m'avoir, parce que je lui raconte une belle histoire pendant le voyage… Je suis humain, je cherche à communiquer avec les gens… Quand quelqu'un me porte la valise jusqu'à ma chambre dans un hôtel, souvent, si c'est une dame, je la garde un peu plus longtemps dans ma chambre, c'est assez logique. Elle est contente quand elle ressort. Quand elle me dit : « Racontez-moi une histoire ! », je lui dis : « Asseyez-vous… »
– **Jacques Mailhot** : Il va plus loin que ça. Il dit : « J'ai de belles housses à vous vendre, 50 euros ! »
– **Jean-Jacques Peroni** : Bellemare, pour le pognon, c'est le pouce qui fait pivot et les doigts qui font râteau !
– **Pierre Bellemare** : Vous savez qu'il vaut mieux avoir cette réputation que le contraire, c'est pourquoi je me la forge.
– **Philippe Bouvard** : Un petit bifton de temps en temps, ça créé du lien social.
– **Pierre Bellemare** : Je vous promets, Philippe, que sachant ça, ne vous inquiétez pas, quand vous quitterez le studio, vous aurez un petit bifton dans votre poche.

Citation

Qui a dit : « Nous ne pouvons être que d'un seul sexe et ne pouvons que fabuler les plaisirs et les désirs de l'autre sexe. C'est pour cela que les hommes et les femmes ne se comprennent jamais. » ?

Françoise Dolto.

Question du jour

Qu'est-ce qui doit mesurer 17 centimètres pour avoir le label de première qualité ?

La banane.

Présentation des panélistes

Lorsqu'il officiait encore au téléachat, les maîtresses de maison chez qui il avait dîné recomptaient leur argenterie.

Pierre Bellemare

Citation

Qui a dit : « Je trouve que la télévision est très favorable à la culture. Chaque fois que quelqu'un l'allume chez moi, je vais dans la pièce à côté et je lis. » ?

Groucho Marx.

Question du jour

Quel sous-vêtement masculin ont inventé les gauchos argentins ?

Le slip kangourou, pour pouvoir se soulager sans mettre pied à terre.

Bouvardise

Qu'il est triste, le monde du travail, quand il n'y a plus de boulot !

Le physique des emplois

– **Philippe Bouvard** : Quelque chose qui nous touche beaucoup, que nous appelons de tous nos vœux depuis longtemps, car nous en avons été personnellement victimes : le physique demeure le fameux critère de recrutement des salariés. Dieu sait que ça nous a souvent gênés, monsieur Mabille ?

– **Bernard Mabille** : J'ai essayé d'être hôtesse d'accueil, et ça n'a jamais marché !

– **Amanda Lear** : Ce n'est pas parce qu'on est…

– **Bernard Mabille** : … moche qu'on ne doit pas travailler !

– **Philippe Bouvard** : Je dirais même que c'est quand on est moche que l'on a le plus besoin de travailler, parce qu'on ne peut pas vendre son corps.

– **Philippe Bouvard** : Vous, vous avez été souvent gêné par votre physique ?

– **Pierre Bellemare** : Moi, ça a été épouvantable !

– **Chantal Ladesou** : Un beau garçon comme ça, ça m'étonnerait. Ton fils te ressemble de plus en plus !

– **Pierre Bellemare** : Il est très beau garçon, il sait de qui tenir !

– **Bernard Mabille** : Ce qui est très bien chez toi, c'est ton humilité !

– **Philippe Bouvard** : Il y a des physiques qui gênent des carrières, puisqu'ils paralysent le recrutement, il y en a d'autres qui aident une carrière, n'est-ce pas Amanda ?

– **Amanda Lear** : Non, non, ce n'est pas parce que j'étais mignonne que j'ai réussi.

– **Bernard Mabille** : Ça aide, quand même ?

– **Amanda Lear** : Peut-être dans ma vie sentimentale, mais pour travailler, je ne pense pas. C'était plutôt parce que j'étais douée pour les langues.

– **Jacques Mailhot** : Tu nous as déjà parlé de ça, il paraît que tu as la langue facile.

– **Amanda Lear** : Parce que je n'étais pas particulièrement mignonne ! Quand je suis arrivée à la télé italienne – c'est des canons, les Italiennes, elles sont magnifiques… des cheveux noirs, de gros seins… Moi, plate, grande, asperge, ce n'était pas le genre qui plaisait aux…

– **Amanda Lear** : J'ai dû être plus drôle, plus ironique.

– **Philippe Bouvard** : Chantal, votre physique vous a… ?

– **Chantal Ladesou** : Je me trouvais moche, quand j'étais jeune fille. Quand je regarde les photos, j'étais complexée comme tout parce que j'avais une amie qui était très belle. Elle plaisait à tous les garçons. Moi j'étais moche, donc je me suis dit : je vais être drôle pour faire rire les garçons et appâter beaucoup mieux. Tu les gardes comme des vieux potes ; j'étais le « pote à nichons » de mes copains, en fait.

– **Philippe Bouvard** : Vous pensez qu'on peut séduire ses partenaires rien qu'en les faisant rire ? J'ai essayé de faire rire les dames en me déshabillant, mais ça ne marche pas toujours !

– **Amanda Lear** : Je pense même, au contraire, que quelqu'un de trop beau, ça dessert même.

– **Bernard Mabille** : Écoutez la revanche du boudin !

– **Amanda Lear** : Une fille trop belle, tu ne vas pas la prendre comme secrétaire.

– **Chantal Ladesou** : C'est comme un homme trop beau, ce n'est pas marrant. Regarde Gainsbourg, il était laid, mais il les avait toutes, ce n'est pas mal. Regarde Mabille, c'est un homme à femmes, je le sais ! Pourtant, ce n'est pas gagné, quand on le voit !

Porté sur l'essence

par Bernard Mabille

Je suis heureux, heureux comme un politique décachetant une enveloppe de Liliane Bettencourt, heureux comme un futur Premier ministre lâché dans une foire aux vins.

Heureux ? Oui ! Pourquoi ? Après une semaine à vide, j'ai réussi à trouver du fioul, et pas n'importe lequel, du « premium excellum aérium », ce fioul écolo beaucoup plus cher, mais qui empêche les oiseaux de tousser. Une expédition digne de Koh Lanta. Trois heures du matin, bise à Bobonne.

– Elle : Où vas-tu, chéri ?

– Moi : Faire le plein.

– Elle : Fais-moi plutôt l'amour !

– Moi : N'insiste pas Bibiche, cette nuit, je préfère le plaisir du gas-oil au plaisir d'essence !

Notez l'humour du bonhomme, le secret pour faire craquer les moches.

Ho ! hisse ! Je pousse donc ma bagnole jusqu'à la première station. « C'est la fin de la pénurie », m'ont juré les gouvernants, ceux-là mêmes qui m'avaient juré de ne pas revenir sur la retraite à 60 ans et de ne pas augmenter les impôts.

Ho ! hisse ! Porte de Versailles, je croise un mec arc-bouté sur son coffre arrière.

– Vous venez d'où, comme ça, monsieur ?

– De Montluçon chantier !

– Mauvais présage.

Ho ! hisse ! Quand tu dois pousser une bagnole, tu te sens vraiment con d'avoir acheté un quatre-quatre. Deux tonnes cinq à vide, aussi je lâche du lest, ma roue de secours – 120 kg –, le pare-buffle – 150 kg –, élément indispensable aux bobos parisiens, au cas où ces grosses bestioles migreraient rue de Rivoli. Ne riez pas, il m'est déjà arrivé de voir des buffles roses en sortant d'une soirée bien saupoudrée chez mon ami Delarue.

Ho ! hisse ! Des centaines de kilomètres plus loin, un point lumineux dans le noir, une station ouverte et une queue interminable, gigantesque, à me faire passer pour une « petite bite ». Sur place, une bonne ambiance ; je parlerais même d'une fraternité entre assoiffés du réservoir. Chacun s'appelle par son nom : « enculé », « salopard », « fils de pute », « enfoiré », « connard », « pue du fion ». C'était sans doute un congrès des handicapés du patronyme. C'est rassurant, on sent qu'en cas de nouvelle guerre, demain, on pourra faire confiance aux copains.

Enfin devant la pompe, rien que de l'amour, que de l'amour façon film X. Une dame caresse en soupirant le tuyau de la pompe, un homme secoue en gémissant le revolver jusqu'à la dernière goutte et moi, j'évite de justesse un gang-bang de jerrican lancé en pleine poire. Une sorte de plénitude… sauf dans le réservoir, rationné à dix euros, pas plus. 10 euros, soit deux litres au marché noir, pas assez pour rentrer à la maison. À cet instant, je hais le camarade Foulard, l'homme au bonnet rouge, le Cousteau des raffineries. L'homme qui bloque en débloquant. Cet après-midi, une vérité s'impose : contrairement à Borloo, les trois quarts de nos stations sont à sec. Alors, si vous savez où trouver du carburant, n'hésitez pas à m'écrire, c'est simple : Bernard Mabille, parking de la station Total, Argenton-sur-Creuse !

Citation

Qui a dit : « La femme supporte souvent mieux le veuvage que la ménopause. » ?

Claude Chabrol.

Question du jour

Qu'est-ce qu'une loi anglaise en vigueur depuis le XVIIe siècle interdit aux hommes de faire entre 21 heures et 6 heures du matin ?

De battre leur femme.

Présentation des panélistes

Au moyen âge, il eut pratiqué l'amour courtois ; aujourd'hui, il culbute Bobonne.

Jacques Mailhot

Citation

Qui a dit : « L'asperge est le poireau du riche. » ?

Francis Blanche.

Question du jour

Quelle est l'origine des châteaux d'eau en France ?

Ils devaient alimenter les locomotives, qui devaient être remplies tous les 20 km.

Bouvardise

La crise d'autorité s'aggrave. Des amis romanciers m'avouent qu'ils ne parviennent même plus à se faire obéir par leurs personnages.

Le printemps nous travaille

par Philippe Chevallier

Fatigué d'entendre à longueur de journée les comptes-rendus du festival de Strauss-Kahn qui a largement supplanté dans les médias celui de Cannes. Je décide d'ouvrir au hasard les pages de mon périodique préféré afin de me changer les idées et de me rassurer sur le fait que dans la vie, il n'y a pas que le sexe ! Quelle ne fut pas ma déconvenue ! Sur la même page, en couleurs, trois longs articles agrémentés de photos explicites qui traitent des sujets suivants.

Le premier article concerne le maillot de bain australien qui fait polémique aux Indes puisqu'il moule sur les fesses de celle qui le porte le visage de la princesse hindou Lakshmi, élevée au rang de déesse chez nos amis indiens. Ce tête-à-cul impie est donc l'objet de leur colère et ils ont réussi à faire interdire la fabrication du maudit maillot sur toute la planète ! Afin d'éviter toute polémique religieuse, je suggérerais bien à la styliste de remplacer Lakshmi par mon doux visage mais avoir la tête dans le cul jour et nuit et dans le monde entier, même quand ce n'est pas le sien, ça doit être éprouvant !

Ensuite, le deuxième article nous explique que la Fédération internationale de badminton, dans un souci prosélyte, a décidé d'obliger les joueuses à porter la jupe afin de rendre la compétition plus sexy. À côté de l'article, une photo d'une joueuse un peu hommasse et en plein effort pour taper dans le volant, avec une jupe qui lui sert de cache-nez et qui ne nous cache rien de ses amygdales vues d'en bas ! Le président de la Fédération internationale, se défend d'utiliser des femmes comme des objets sexuels malgré les protestations d'une joueuse indienne très pudibonde qui demande à mettre un pantalon sous sa jupe.

Troisième article. En Floride, les Sénateurs ont voté une loi interdisant aux lycéens de montrer leurs sous-vêtements comme l'exige la mode hip-hop, c'est-à-dire avec le pantalon qui tombe aux genoux. Là aussi, preuve à l'appui : la photo d'un adolescent en slip avec le jean à mi-cuisse. Les politiques estiment à juste titre qu'à l'école, « il faut se focaliser sur l'apprentissage et éviter les sources de distraction ». C'est sûr que si tout le monde est à poil sur les bancs de l'école ça peut aider pour la géométrie dans l'espace ou la recherche d'une inconnue dans les cours de maths, mais ça peut perturber pour les cours de langue morte…

Quant à la sanction pour les contrevenants : celui qui aura baissé son pantalon sera suspendu.

Vous voyez, on n'en sort pas ! C'est le printemps, c'est la sève qui monte, on ne parle que de ça ! Comment voulez-vous dans ces conditions qu'un pauvre sexagénaire qui travaille toute la journée loin de chez lui, qui a des responsabilités, qui à la tête farcie de chiffres et de barèmes… Comment voulez-vous que de temps en temps, il n'ait pas un coup de chaud ?

Jeudi 22 Mars

SAINTE-LÉA

UNE HISTOIRE DRÔLE

La scène se passe dans un train. Dans un compartiment se trouvent quatre personnes : trois hommes et une femme « top canon ». Une discussion s'engage. À un moment, la femme propose :

– Si chacun de vous me donne 20 euros, je suis prête à vous montrer mes mollets.

Les hommes réfléchissent un peu. Des mollets, c'est banal, mais les siens doivent vraiment être magnifiques, et puis 20 euros ce n'est vraiment pas grand-chose. Donc, ils lui donnent chacun 20 euros et elle s'exécute. Elle leur montre ses mollets, et ils ne sont pas déçus du résultat. La discussion continue, puis à un moment :

– Écoutez, si chacun de vous me donne 100 euros, je suis prête à vous montrer mes cuisses.

Là, il y a un peu moins d'hésitation. Des cuisses, ils en ont déjà vu, mais là, ce doit être superbe, et puis 100 euros ce n'est presque pas grand-chose, et qui sait, peut-être qu'après elle ira plus loin. Ils lui donnent chacun 100 euros et elle fait remonter sa robe pour leur montrer ses cuisses, mais pas plus. Là encore, ils ne sont pas déçus du résultat. La discussion continue comme auparavant, puis, à un moment :

– Écoutez, si chacun de vous me donne 1 000 euros, je vous montre où j'ai été opérée de l'appendicite.

Là, plus aucune hésitation. Chacun lui tend l'argent avec impatience. Ils s'attendent à ce qu'elle remonte sa robe, lorsqu'elle se retourne vers la fenêtre, puis, pointant un hôpital du doigt, elle dit :

– C'est là !

Citation

Qui a dit : « La beauté intérieure c'est important, mais en boîte de nuit, si t'as pas la beauté extérieure, tu bois tout seul ! » ?

Michèle Bernier.

Question du jour

Quelle est la forme d'un objet balanoïde ?

Il a la forme d'un gland.

Présentation des panélistes

Elle est comme l'omelette norvégienne ; froide à la surface, torride à l'intérieur.

Chantal Ladesou

UNE HISTOIRE DRÔLE

Trois frères trouvent qu'ils ont un sexe trop petit. Pour remédier à cet état, ils vont ensemble chez le médecin qui leur préconise des pilules à prendre une fois par jour pendant un mois, et de revenir le voir le mois suivant. Le mois suivant, dans le cabinet du docteur :

– Alors, ça s'est bien passé ? demande le docteur.

– Très bien, répond le premier frère. J'ai fait comme vous avez dit, une pilule par jour et maintenant j'ai un bon gros sexe et ma copine est aux anges.

– Parfait. Et vous ? fait le docteur en s'adressant au deuxième frère.

– Moi, génial. Comme j'en voulais une très grosse, j'ai pris les pilules trois par trois et là, j'en ai une de 35 cm. C'est l'extase !

– Très bien. Mais, dites-moi, je ne vois pas votre troisième frère. Il n'est pas venu ?

– Si, répond l'un des frères, mais lui, il voulait un sexe monstrueux, alors il a pris toutes les pilules dès le premier jour.

– Oui. Et alors ? Ça ne m'explique pas où il est.

– Ben, à l'heure qu'il est, il doit être en train de négocier son virage dans le couloir !

Les statistiques de Peroni

– 30 % des lépreux qui jouent de la guitare laissent des doigts dans la caisse.

– 15 % des gens qui travaillent à France Télécom ne veulent pas pendre la crémaillère.

– 17 % des crémières qui vendent du beurre ne veulent pas qu'on leur prenne la motte.

– Pour protéger la couche d'ozone, 80 % des écolos purs et durs ont décidé d'arrêter de péter…

– 20 % des Bretons sont mécontents : quand leurs femmes leur soufflent dans le biniou, elles ne font pas bouger leurs oreilles.

– D'après le magazine *Sexe et Gastronomie*, 20 % des femmes qui aiment la saucisse ne pratiquent pas la fellation.

– 80 % des obsédés sexuels qui boivent de l'eau plate pensent à Jane Birkin.

– Bientôt la Toussaint. D'après le magazine *Inhumation et Rigolade*, 30 % des veufs draguent au cimetière.

– Enfin, 100 % des habitants de la ville de Meaux aimeraient qu'on arrête de les appeler les Meldois. 80 % d'entre eux ont proposé « dans le cul ».

Citation

Qui a dit : « Tous les champignons sont comestibles, certains une fois seulement. » ?

Question du jour

Quelle est la particularité de la colombe ?

Bouvardise

Je suis la personne qui me veut le plus de bien au monde.

Coluche.

Elle n'a pas de fiel.

Samedi **24** SAINTE-CATHERINE-DE-SUÈDE

Dimanche **25** **Mars** ANNONCIATION

Courtoisie et hémorroïdes

– **Philippe Bouvard** : Marquez sur votre agenda : le 24 mars sera la journée de la Courtoisie sur la route.

– **Philippe Chevallier** : Dommage que Peroni ne conduise pas…

– **Jean-Jacques Peroni** : Ben ce jour-là, j'irai sur une route à deux voies, j'irai sur la biroute !

– **Philippe Bouvard** : Rien ne l'empêche de se poster à un carrefour et d'injurier les automobilistes !

– **Philippe Chevallier** : Et puis attention, tu peux être passager. Avoir un ami qui te conduit.

– **Jacques Mailhot** : Tu passes en voiture avec Peroni à bord, qui dit à une fliquette : « Tu t'éponges le mille-feuilles ? », ça met de l'ambiance !

– **Chantal Ladesou** : C'est sympa de gueuler en bagnole, moi j'aime bien…

– **Jean-Jacques Peroni** : T'as quoi comme insultes ?

– **Chantal Ladesou** : Ta gueule, connard ! Et après je mets les doigts… Et surtout je ferme les vitres et je fonce !

– **Philippe Bouvard** : Il paraît qu'on est beaucoup plus injurieux depuis qu'il y a la fermeture automatique des portières.

– **Bernard Mabille** : Et les vitres teintées ! Moi je leur tire la langue avec…

– **Philippe Chevallier** : Toi, tu fais ça par courtoisie pour pas les vexer.

– **Jean-Jacques Peroni** : Mais pourquoi y a-t-il une journée de la Courtoisie en voiture ?

– **Philippe Chevallier** : Mais parce qu'il faut toujours des journées de quelque chose.

– **Jean-Jacques Peroni** : Alors on va faire la journée des Hémorroïdes… ?

– **Bernard Mabille** : Ah oui ! Pour la fête des vendanges !

– **Philippe Chevallier** : Tout le monde se met debout pour la fête des hémorroïdes. Tout le monde ira voir le film de Bergman *Les fraises sauvages* !

– **Jean-Jacques Peroni** : Et quand tu te mets un string, ça fait partage des cépages !

– **Philippe Bouvard** : Mais qu'est-ce que les hémorroïdes viennent faire ici ?

– **Philippe Bouvard** : Alors, dans certaines villes, il y aura des zones de rencontre pour que les automobilistes ne s'injurient plus mais qu'ils fassent preuve de courtoisie.

– **Jacques Mailhot** : C'est ça ! Dire que maintenant, comme tous les gens téléphonent, on ne sait plus. L'autre jour, il y avait un type qui gesticulait à côté de moi, je lui demande ce qu'il se passe et le gars me répond tout simplement qu'il est en train de s'engueuler avec sa femme.

– **Jean-Jacques Peroni** : Mais le jour de la Courtoisie en voiture, est-ce que les femmes pourront aller dans les auto-tampons ?

– **Philippe Bouvard** : Je vous prie d'oublier ça.

– **Bernard Mabille** : Tout était si classe depuis le début. Il faut que tu gâches tout !

– **Philippe Bouvard** : Non, ce sont vos inconvenances périodiques.

Citation

Qui a dit : « Vivre est une chanson dont mourir est le refrain. » ?

Victor Hugo.

Question du jour

Quelle est la profession qui vous est déconseillée, si vous êtes sujet au hoquet ?

Démineur.

Bouvardise

Remplacé par la souris, le manche à balai va disparaître des cabines de pilotage. Les sorcières et les ménagères retrouveront l'exclusivité d'un outil de travail dont la technologie les avait dépossédées.

Citation

Qui a dit : « Une guitare, c'est bien, mais ça ne remplace pas une femme. » ?

Roch Voisine.

Question du jour

Quelle femelle ramasse du sperme abandonné, pond son ovule, et mélange le tout à sa salive ?

La femelle mille-pattes.

Bouvardise

Le strip-tease continue : après l'abandon de la cravate, du veston, souvent de la chemise, les chaussettes disparaissent à leur tour. Le string suffira-t-il à faire vivre notre industrie textile ?

Les mots de la drague

– **Philippe Bouvard** : Les premières phrases de la drague sont très difficiles à trouver, il faut innover ! Que dites-vous, monsieur Peroni ?
– **Jacques Mailhot** : Je n'ai plus de whisky dans mon verre !
– **Jean-Jacques Peroni** : Maintenant, la drague, c'est : « Tu dois être bonne ; tu es bonne, madame. Donne-moi ton 06 ! » Des trucs comme ça.
– **Philippe Bouvard** : C'est assez romantique.
– **Jacques Mailhot** : On se retrouve dans les Alpes-Maritimes.
– **Jean-Jacques Peroni** : Parce que « 06 » rime avec « saucisse ».
– **Philippe Bouvard** : Et vous, monsieur Chevallier ?
– **Philippe Chevallier** : Je ne dis rien, mais je laisse dépasser un petit billet de ma poche.
– **Philippe Bouvard** : Et vous, monsieur Mailhot ?
– **Jacques Mailhot** : Je ne dis rien, c'est elle qui demande.
– **Jean-Jacques Peroni** : Ça a dû évoluer, ils doivent même draguer par portable, maintenant, dans les classes – quand ils ne sont pas en grève. Ils doivent s'envoyer des SMS pendant que le prof croit qu'ils travaillent.
– **Philippe Chevallier** : L'écrit a pris le dessus.
– **Philippe Bouvard** : Ce qui est difficile à trouver, c'est la première phrase, les autres, après, ça va. C'est comme les cornichons quand on a ouvert le bocal.
– **Philippe Chevallier** : C'est l'accroche, c'est appâter, ferrer le poisson.
– **Jacques Mailhot** : Vous arrivez avec un porte-clés de voiture de sport, vous le faites tourner, et là elle vous dit : « Si tu peux enlever tes pinces à vélo, ce sera plus élégant ! »
– **Jean-Jacques Peroni** : Vous connaissez l'histoire du gars qui entre au bar – du Fouquet's, par exemple –, une superbe créature est là ; il arrive vers elle, la regarde et fait : « On baise ? » Elle lui envoie une mandale qui lui pète le nez, lui éclate les joues, lui prend deux dents. Il se relève péniblement et fait : « Che chuppose que vous ne chuchez pas non plus ? »
– **Philippe Bouvard** : On sent qu'elle est vécue !

UNE HISTOIRE DRÔLE

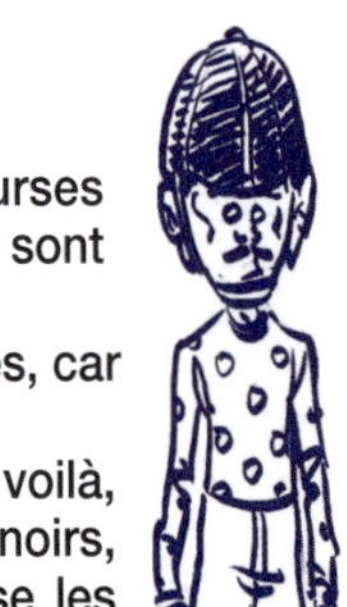

Pour montrer aux enfants comment se déroulent les courses hippiques, une institutrice les emmène à Auteuil. Lorsqu'ils sont arrivés, elle dit aux enfants :
– Tout le monde va aller faire pipi avant le début des courses, car après, on ne pourra plus y aller sans déranger les gens.
Toute la petite troupe se dirige vers les toilettes. Seulement voilà, les garçons ne sont pas assez grands pour utiliser les urinoirs, et les W.-C. sont occupés par les filles. Alors, la maîtresse les soulève un par un. « Tu as fini ?... Bon, à toi maintenant ! Tu as fini ?... Bon, à toi maintenant ! Tu as fini ?... Bon, à toi maintenant !... Dis donc, tu es drôlement lourd, toi ! »
– Ne perdez pas de temps à discuter, madame, dépêchez-vous, je suis jockey et je monte dans la première !

Balutin, oscar du comédien le plus coupé au montage

– **Philippe Bouvard** : Je crois que ça arrive souvent d'être coupé au montage.

– **Éric Laugérias** : Tous les films que j'ai faits avec Woody Allen, tous les films avec Scorcese, tous les films avec Coppola, coupés !

– **Philippe Chevallier** : Dans *La Chevauchée fantastique*, on ne te voit pas !

– **Philippe Bouvard** : M. Balutin qui a fait une carrière cinématographique remarquable, en dehors même de *Mon curé chez les Thaïlandaises*…

– **Jacques Balutin** : J'ai tourné avec Peter O'Toole, Peter Sellers, Woody Allen, quand même, il y en a pas beaucoup ici qui peuvent dire la même chose ! C'est peut-être parce que j'étais à chier qu'ils ont coupé la scène. C'est ça, le problème.

– **Philippe Bouvard** : C'était coupé dans quel film ?

– **Jacques Balutin** : Dans *Les Barbouzes* ! En plus, ce qui est dingue, c'est qu'à l'affiche, je suis affiché, mais gros comme ça. Tous les gens font : « Mais où il est, Balutin, dans ce film ? » Au générique, je suis énorme, on ne voit que moi !

UNE HISTOIRE DRÔLE

Cela se passe dans une forêt profonde. Léon, qui essaie tant bien que mal de braconner, sans résultat alors qu'il est équipé de tout un matériel high-tech, rencontre Pierrot qui, lui, braconne à mains nues avec grand succès. Léon décide de demander :

– Bah dis donc, une fois, comment fais-tu pour attraper autant de lapins avec rien dans les mains, comme ça ?

– Eh bien gars, vois-tu, je me mets devant un terrier de lapin et j'imite le cri de la carotte. Si c'est un petit terrier, j'imite le cri de la petite carotte ; si c'est un terrier moyen, je fais le cri de la carotte moyenne ; et si c'est un gros terrier, le cri de la grosse carotte.

– Ah ! Et dis-moi, une fois, je pourrais en faire autant et ça marcherait ?

– Ouais, ouais.

Et le lendemain matin, on lit en première page du journal : « Un chasseur écrasé par un train à la sortie d'un tunnel… »

Citation

Qui a dit : « Le théâtre, c'est le souffleur. D'abord, il n'y a que lui qui sait toute la pièce ! » ?

Jean Anouilh.

Question du jour

Quand dit-on d'une personne qu'elle est atteinte d'hircisme ?

Lorsqu'elle exhale une odeur spéciale ressemblant à celle d'un bouc.

Présentation des panélistes

Il a connu moins de pannes de vélo que de panouilles au théâtre.

Jacques Balutin

Mercredi **28** Mars

SAINT-GONTRAN

Citation

Qui a dit : « J'aime mieux être de ces écrivains dont on se demande pourquoi ils ne sont pas de l'Académie, qu'un de ceux dont on se demande pourquoi ils en sont. » ?

Tristan Bernard.

Question du jour

Que doit payer un comédien qui prononce le mot « corde » sur scène ?

Une tournée de vin blanc.

Bouvardise

Je connais une plus grande satisfaction que celle de ne rien faire : celle du travail accompli. Situations qui, dans les deux cas, autorisent la sieste.

Chevallier revient de la Chine à pied

– **Philippe Bouvard** : Les Chinois ont de belles images, même pour les choses de l'amour ; ils sont beaucoup plus poétiques que nous.
– **Philippe Chevallier** : J'y suis allé, en Chine, j'ai même eu une Chinoise comme copine. C'est la première fois qu'une femme me disait : « Oh ! C'est gros ! » C'est vrai !
– **Jacques Mailhot** : On a bien fait de t'amener sur le sujet !
– **Philippe Chevallier** : J'ai vu la Cité interdite, et je suis resté interdit, parce que c'est très, très beau. C'est impressionnant. J'ai vu Pékin et j'ai vu la campagne avoisinante, à 30, 40 kilomètres.
– **Jean-Jacques Peroni** : C'est riant ? Il y a des vaches ?
– **Philippe Chevallier** : Ce n'est pas riant, surtout que c'était en hiver.
– **Jean-Jacques Peroni** : As-tu demandé pourquoi là-bas, les vaches n'avaient pas les yeux bridés ?
– **Philippe Chevallier** : Parce qu'elles ne mangent pas de riz. En revanche, encore un souvenir : j'étais sur la place Tian'anmen avec une petite guide chinoise qui parlait français aussi bien que nous…
– **Jean-Jacques Peroni** : Celle qui disait qu'elle n'en avait jamais vu « d'aussi gros » ?
– **Philippe Chevallier** : Non, là c'était ma guide. Je vois débarquer de braves Chinois d'un autocar, et ils viennent vers moi. Les bonnes femmes me voient, et elles étaient hilares ! Je savais que notre film *Ma femme s'appelle Maurice* était passé en Russie, et je me suis dit que le film avait passé la muraille et que, peut-être, on m'avait reconnu. Vous savez, l'ego de l'artiste !… Je demande à la guide pourquoi elles rient comme ça. Elle me dit : « Parce que ce sont des minorités qui n'ont jamais vu de Blancs. » Elles étaient amusées par le faciès d'un Blanc. Ça les faisait plus rire que vous en ce moment, mais ce n'est pas grave !
– **Jean-Jacques Peroni** : Elles ont été gâtées, pour la première fois qu'elles voyaient un Blanc !

UNE HISTOIRE DRÔLE

C'est un gars qui ne va pas bien du tout. Il décide de se rendre à l'hôpital. Après une batterie de tests, le médecin lui dit :
– J'ai de mauvaises nouvelles pour vous… Vous avez la syphilis, la lèpre et le choléra !
Le gars est effondré :
– Oh mon Dieu ! Et qu'est-ce que vous pouvez faire ?
– Pas grand-chose, malheureusement. Vous devrez rester à l'hôpital, et on vous prescrira un régime alimentaire à base de crêpes, de soles et de pizzas.
– Et comment est-ce que tout ça va me guérir ?
– Je ne sais pas, mais en tout cas, ce sont des aliments qu'on peut facilement glisser sous la porte de la chambre d'un malade !

Jeudi 29 Mars

SAINTE-GWLADYS

UNE HISTOIRE DRÔLE

Un homme rentre tard chez lui en taxi, après une longue journée de travail. Dans le taxi, il demande au chauffeur s'il veut être son témoin, car il suspecte sa femme de le tromper et souhaite la prendre sur le fait. Pour 100 euros, le taxi accepte. Lorsqu'ils arrivent à sa maison, le mari et le chauffeur entrent sans faire bruit. Le mari allume la lumière de la chambre, tire la couverture et trouve effectivement un homme dans le lit, avec sa femme. Il pointe alors un revolver sur la tempe de l'homme nu. Sa femme se met à crier :

– Ne le tue pas ! Cet homme est très généreux. J'ai menti quand je t'ai dit que j'avais eu un héritage. Cet homme a payé les clubs de golf que je t'ai offerts. Il a payé pour la BMW que je t'ai achetée. Il paie pour notre nouveau bateau. C'est même lui qui paie notre loyer !

Le mari baisse alors son revolver, se tourne vers le chauffeur de taxi et lui demande :

– Vous feriez quoi à ma place ?

Le chauffeur répond :

– Je l'envelopperais dans la couverture avant qu'il ne prenne froid !

Citation

Qui a dit : « Le Soleil, avec toutes ces planètes qui gravitent sous sa gouverne, prend encore le temps de mûrir une grappe de raisins, comme s'il n'y avait rien de plus important. » ?

Question du jour

Que signifie l'expression « pincer la harpe » ?

Galilée.

Se trouver derrière les barreaux d'une prison.

UNE HISTOIRE DRÔLE

– Monsieur le policier, annonce un mari éperdu, je viens vous déclarer la disparition de ma femme. Elle était sortie pour promener le chien, et voilà une semaine qu'elle n'est pas rentrée à la maison.
– Pouvez-vous me donner son signalement ?
– Euh… Elle est rousse. Non, blonde.
– Grande, petite ?
– Hum… Pas vraiment grande, mais pas vraiment petite.
– La couleur de ses yeux ?
– Verts ! Non… Plutôt bleus… Enfin, bleu-vert, je crois.
– Des signes particuliers ?
– Hum… Je ne sais pas !
– Quelle sorte de vêtements portait-elle ?
– Aucune idée !
– Bien, dit le commissaire en soupirant. Et le chien, il est de quelle race ?
– Berger allemand. 65 cm au garrot, pèse 30 kg, son poil est fauve clair, sa truffe est noire, il a les yeux marron foncé une légère cicatrice sous le menton, il lui manque une griffe à la patte arrière gauche et son numéro de tatouage est GA-H459H595P2492…

Jean d'Ormesson bizuté à l'École normale

– **Jean d'Ormesson** : Vous savez, à l'École normale, il y avait le bizutage. Et un de mes confrères, René Raymond, était « Prince des talas » (à l'École normale, ce sont les gens qui vont à la messe), donc fervent catholique. Et quand il a été reçu à l'École, on lui a dit : « L'archevêque de Paris veut te recevoir. » Il s'est habillé, et tout… et les horribles petits camarades l'ont emmené au bordel du One Two Two…, le plus proche de l'archevêché. Il a été étonné, et il a dit : « Mais on ne va pas à Notre-Dame ? » « Non, on va au domicile privé de l'archevêque ! » Un peu étonnée à l'arrivée, la sous-maîtresse lui a dit : « L'archevêque vous attend ! » Moi, ils m'ont entièrement déshabillé, puis roulé dans une couverture et mis dans une voiture. Nous sommes allés gare de Lyon, et au moment du départ d'un train dont le premier arrêt était à Dijon, ils m'ont jeté dans un wagon, ont gardé la couverture, et je me suis retrouvé tout nu dans le train. Grâce à Dieu, un contrôleur est passé, et je lui ai demandé : « Est-ce que vous pouvez me prêter votre casquette ? », et je me promenais dans le train. Les mères de famille me regardaient d'un drôle d'air, avec la casquette – pas sur ma tête, évidemment ! Jusqu'au moment où un contrôleur m'a prêté une chemise…
– **Bernard Mabille** : J'aurais préféré le bordel !
– **Jean d'Ormesson** : Ils ne m'y ont pas emmené ! Mais il y avait des tas de blagues comme ça. Ils avaient inventé une peuplade opprimée qui s'appelait les « Polders » – et qui n'existait pas du tout – et un homme politique qui les défendait, dont la devise était : « Les ténèbres s'évanouissent quand le jour se lève. » À sa mort, on a voulu faire une cérémonie à son souvenir. Cette cérémonie avait lieu à Poil, dans la Nièvre. Alors, ils ont envoyé des lettres en disant : « Nous vous attendons. Nous serons tous à Poil pour le souvenir d'Hégesippe Simon. »

Citation

Qui a dit : « Vous savez comment Elisabeth Taylor a perdu 10 kilos en une seule soirée ? Elle s'est démaquillée. » ?

Coluche.

Question du jour

Quel est la particularité de la célèbre horloge astronomique de Prague, fabriquée en 1490 ?

C'est le Soleil qui tourne autour de la Terre, Galilée n'avait pas encore démontré que c'était l'inverse.

Samedi **31** Mars
SAINT-BENJAMIN

Dimanche **1er** Avril
SAINT-HUGUES

Politesse, son beau souci

par Jacques Mailhot

Alors je ne sais pas ce que vous en pensez, mais Nicolas Sarkozy, il faut absolument qu'on le garde, parce qu'on n'arrête pas de se poiler. Avec lui, il y a toujours des surprises, et c'est rigolo. On sait depuis longtemps que notre petit président n'a jamais eu froid aux yeux et qu'il peut très bien vous soutenir, le samedi matin, le contraire de ce qu'il vous a affirmé le lundi précédent. Merveilleux ! Mais lorsque j'ai entendu, alors qu'il visitait une caserne de gendarmerie dans le Var, qu'il recommandait aux gendarmes – sans sourciller des yeux – de ne pas faire de familiarités avec leurs concitoyens et de ne pas les tutoyer, là j'ai cru tomber de mon fauteuil, tellement j'ai eu le plexus qui s'est mis en vrille ! Car écouter Sarkozy – qui a failli, tout de même, tutoyer le pape lors de sa visite au Vatican – recommander à des gendarmes qui sont des militaires ultradisciplinés de ne pas tutoyer leurs concitoyens, c'est un peu comme si DSK avait dit à la juge de Manhattan : « S'il vous plaît, m'dame, évitez de mettre la main dans ma braguette pendant que mes avocats ont le dos tourné. » Sacré Sarkozy, toujours impayable ! D'ici quelques mois, il va nous dire dans *Paris Match*, en poussant le landau de sa nouvelle progéniture, que la France n'est pas Buckingham ou la principauté de Monaco, et qu'il ne faut pas mélanger la République et la vie privée. Alors, fort de ce principe, on risque bientôt d'entendre dans les gazettes Jean-Louis Borloo déclarer, la main sur le cœur : « L'alcool dans les réunions publiques, ça devrait être interdit depuis longtemps ! » Ou bien son ami Bernard Tapie clamer : « Le secret pour réussir dans les affaires, c'est la rigueur et l'honnêteté. » Ou Jean-Luc Mélenchon hurler sur Radio Courtoisie : « Je suis pour la suppression de l'ISF, qui pénalise ceux qui ont travaillé pour s'enrichir toute leur vie. » Ou encore Christine Boutin prêcher sur Radio Notre-Dame : « Je ne vois pas pourquoi on interdirait à un couple de prêtres irlandais d'adopter des petits garçons pour les élever dans l'amour de Jésus-Christ. » Et pourquoi pas Franck Ribery marmonner phonétiquement : « Il vaut mieux tromper le goal avec un but, plutôt que tromper sa femme avec une pute. »

Alors, comme notre cher petit Nicolas ne recule devant rien, on a donc de fortes chances d'entendre bientôt notre président, lors d'une visite d'un commissariat, expliquer aux policiers comment on doit interpeller un automobiliste : « Bonjour messieurs-dames, vous devez vous demander pourquoi je vous arrête. Eh ben, je vais vous le dire. Pourquoi que je vous ai sifflé, messieurs-dames, alors que vous rouliez paisiblement comme deux cons qui se cassent tranquillement à la campagne. C'est parce que vous, monsieur, vous rouliez à 52 km/h au lieu des 50 autorisés sur les panneaux, et que vous, madame, qui êtes à côté, vous n'avez pas mis votre ceinture. Alors c'est vrai, je le reconnais, vous avez des gros nibards et des bourrelets au bide, mais ce n'est pas une raison ! Surtout quand on a un mari qui se prend pour Michael Schumacher, et qu'il est taillé comme Gérard Larcher… C'est couillon, mais je suis obligé de vous mettre une contravention, sinon je vais me faire engueuler par Guéant et Fillon, les Starsky et Hutch de la sécurité routière. Je suis vraiment obligé, messieurs-dames, mais franchement, ça me fait autant de peine que l'arrestation de Dominique Strauss-Kahn à New York. »

Citation

Qui a dit : « Les blagues du 1er avril, je les fais fin août, comme ça j'attrape beaucoup plus de gens. » ?

Coluche.

Question du jour

Comment s'appelait le navire de l'explorateur britannique Shackleton qui a exploré le pôle Sud en 1914 et qui a été brisé par les glaces, laissant le personnel de bord et les scientifiques de l'expédition isolés sur la banquise durant six mois ?

L'Endurance.

Présentation des panélistes

Il rêve toujours d'installer à son profit un péage à la porte baptisée de son nom.

Jacques Mailhot

Citation

Qui a dit : « À la mélancolie d'une dernière représentation s'ajoute la tristesse que l'on ne pourra pas, demain, être meilleur. » ?

Lucien Guitry.

Question du jour

Pour quelle chanson Serge Gainsbourg s'est-il inspiré du premier mouvement de la *Symphonie du Nouveau Monde*, d'Antonín Dvořák ?

Initiales BB.

Bouvardise

Le drame, quand on a pris l'habitude de gagner de l'argent, c'est que plus rien n'est gratuit.

Trois heures d'orgasme, et puis c'est tout

– **Philippe Bouvard** : D'après des gynécologues et des sexologues de Singapour, les hommes auraient dans leur vie moins de trois heures d'orgasme au total. Ça peut s'expliquer par le fait qu'il y a beaucoup d'éjaculateurs précoces.
– **Tous** : Oh non !
– **Philippe Bouvard** : Mais aussi parce qu'il y a beaucoup de simulateurs !
– **Philippe Chevallier** : Simuler l'orgasme ?
– **Philippe Bouvard** : Ce n'est pas parce qu'il y a éjaculation qu'il y a orgasme, pour un homme.
– **Philippe Chevallier** : Oui, ce n'est pas parce qu'on lâche la purée qu'on est content du boudin.
– **Philippe Bouvard** : Ah, mais attendez !
– **Philippe Chevallier** : Moi, j'avais tendance à penser qu'on faisait notre petite affaire, et puis que c'était fini !
– **Jacques Mailhot** : Ah non ! T'es passé à côté du grand bonheur ! Quand tu vas découvrir l'orgasme, tu ne vas pas en revenir !
– **Philippe Chevallier** : Aaaaaahhhh ! Je me disais aussi !
– **Jean-Jacques Peroni** : Trois heures seulement, c'est impossible !
– **Philippe Bouvard** : Il est vrai que ça paraît peu…
– **Philippe Chevallier** : Mais les Chinois ont des petites bites !
– **Jacques Balutin** : C'est vrai ! Ils ne sont pas montés comme nous ! Et surtout, ils sont nombreux dans la même famille, il faut qu'ils laissent la place aux autres, ils sont douze ! Il y en a un dans le lit, et onze en dessous, donc forcément ils se dépêchent, les mecs…

– **Philippe Chevallier** : L'orgasme des femmes est plus long que celui des hommes.
– **Philippe Bouvard** : Est-ce que vous pensez que les examens d'ADN vont augmenter le nombre de cocus ?
– **Pierre Bellemare** : Ah, on a changé de sujet, là ?
– **Évelyne Leclerq** : Sans prévenir ?
– **Pierre Bellemare** : Vous vous êtes retiré sans prévenir !
– **Philippe Bouvard** : Certains ne suspectaient pas qu'ils n'étaient pas les parents de leurs enfants.
– **Philippe Chevallier** : Alors qu'en fait c'était le facteur, oui !
– **Philippe Bouvard** : Aujourd'hui, avec l'ADN, tout le quartier va être au courant.
– **Philippe Chevallier** : Cela dit, on le voit, avec la ressemblance des enfants, par exemple. La couleur, même.
– **Jean-Jaques Peroni** : Moi, mon premier fils ressemblait à Laurent Gbagbo.
– **Philippe Chevallier** : Ah oui…
– **Jean-Jaques Peroni** : J'ai finalement su qu'il n'était pas de moi. Ils ont fait des slips pour piéger l'ADN !
– **Philippe Bouvard** : Ça m'étonnerait qu'on ait traité ce genre de sujet ici. Ce n'est pas le genre de la maison !
– **Pierre Bellemare** : De toute façon, on est deux ou trois, parmi nous, à pouvoir appeler Philippe « papa » !

Les statistiques de Peroni

– 30 % des autruches qui se mettent la tête dans le sable ont mal au cul.
– 40 % des avaleurs de sabres ont un trou au fond de leurs slips.
– 10 % des menuisiers font des chèques en bois.
– 20 % des marchands ambulants pensent qu'ils ont un métier stable.
– Il n'y a pas de crise dans l'immobilier, puisque 20 % des personnes qui déménagent se retrouvent à l'asile.

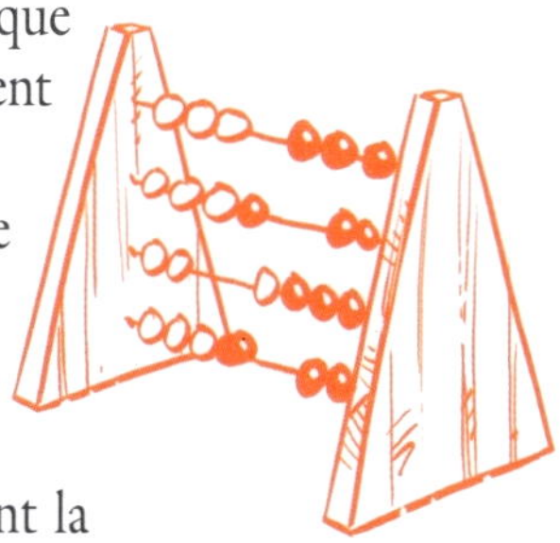

– 30 % des grosses ne mangent pas de palourdes.
– D'après la revue *Tourisme et sexualité*, 30 % des veuves vont en vacances sur la mer Noire, alors que 80 % des femmes indisposées évitent la mer Rouge.
– 10 % des hommes qui se prénomment Manuel se masturbent.
– 20 % des imbéciles heureux ne sont pas contents.
– 80 % des puces qui vivent sur un chien obèse ont du cholestérol.
– 30 % des scientifiques pensent que si les girafes ne pondent pas d'œufs, c'est parce qu'ils se casseraient, vu la hauteur du fion de l'animal.
– 20 % des amis d'Éric Woerth qui lui ont souhaité la bonne année n'ont pas osé ajouter « et surtout la santé ».

UNE HISTOIRE DRÔLE

Un couple de jeunes mariés décide d'aller en Corse pour sa nuit de noces. Le matin, le mari va chercher une lame de rasoir, se coupe le doigt et répand du sang sur les draps.
– Mais chéri, que fais-tu ?
– Écoute, on est en Corse, ils sont très regardants sur ce genre de chose, et comme tu n'es plus vierge, je sauve ton honneur !
– Oh, merci !
Cinquante ans plus tard…
– Dis, chéri, si on retournait dans l'auberge de Corse pour nos cinquante ans de mariage ?
– Bonne idée !
La nuit se passe très bien, et le matin, la femme se lève, puis se mouche dans les draps. Son mari lui demande ce qu'elle fait, et elle répond :
– Tu as sauvé mon honneur il y a cinquante ans, je peux bien sauver le tien maintenant !

Citation

Qui a dit : « Il ne faut pas prendre les gens pour des cons, il y a assez de cons qu'on prend pour des gens. » ?

Question du jour

Qu'est-ce que Malraux fit fermer le 17 avril 1963 ?

Bouvardise

J'éprouve parfois la nostalgie de l'époque où l'on distribuait les bons mots comme on alloue aujourd'hui les subventions.

Guy Bedos.

La grotte de Lascaux.

Citation

Qui a dit : « Ce qui rend heureux, c'est d'être heureux. » ?

Johnny Hallyday.

Question du jour

Quel métier exerçait Léo Ferré avant de devenir chanteur ?

Animateur de radio.

Présentation des panélistes

Indifférent à la louange mais très sensible à la gâterie.

Philippe Chevallier

Du bon usage du thermomètre

– **Philippe Bouvard** : Le thermomètre extérieur, le consultez-vous souvent ?
– **Philippe Chevallier** : Plus que le thermomètre intérieur, en tout cas !
– **Pierre Bellemare** : Mais tu sais, c'est fini, ça, on le met généralement ailleurs, aujourd'hui !
– **Bernard Mabille** : Laisse-le, il est pour les traditions.
– **Philippe Bouvard** : Généralement, on se le met sous le bras
– **Philippe Chevallier** : Le thermomètre, ça va encore, le pire, c'est le baromètre.
– **Bernard Mabille** : Ce qui fait mal dans le baromètre, c'est l'aiguille.
– **Pierre Bellemare** : Le baromètre le plus impressionnant, c'est celui qui fait pendule quasi éternelle, puisqu'elle est remontée par les différences de pression du baromètre.
– **Bernard Mabille** : N'ayant pas tes moyens, moi j'ai le petit âne avec la queue en corde. Quand elle est en l'air, c'est qu'il va faire beau.
– **Philippe Chevallier** : Moi c'est pareil : quand il fait froid, elle est toute petite, et quand il fait chaud, elle se gonfle.
– **Bernard Mabille** : Bah dis donc, je dois vivre dans un pays tropical !

UNE HISTOIRE DRÔLE

C'est Marie, la mère de Jésus, qui commence à se tracasser pour son fils. Il a déjà 29 ans, passe son temps dans le désert et n'a encore jamais couché avec une fille. Elle organise alors une rencontre avec une dénommée Salomé, qui lui tourne autour. Tous deux se retrouvent dans la même pièce. Un quart d'heure se passe en silence, quand tout à coup on entend à travers la porte un : « Aarrrhhhh ! » Salomé sort de la pièce en courant et hurle comme une damnée. Marie se précipite pour rejoindre Jésus et lui demande :
– Mais que s'est-il passé, mon fils, j'ai vu Salomé s'enfuir comme si elle avait le diable à ses trousses ?
– Je ne comprends vraiment pas, dit Jésus. On était en train de discuter tranquillement, et Salomé a mis sa main sur mon genou.
– Et alors ?
– Alors, j'ai fait pareil. Puis elle a glissé sa main le long de ma cuisse. Alors, j'ai fait pareil.
– Et ensuite ?
– Ensuite, elle a mis sa main sur mon sexe. Alors, j'ai fait pareil, mais il n'y avait rien ! La pauvre petite, elle était amputée. Alors, j'ai guéri sa blessure !

Jeudi **5** **Avril**

SAINTE-IRÈNE

Comment Mitterrand piégea Rocard

Cela s'est passé dans une forêt du sud du Massif Central. Je ne sais plus exactement où François Mitterrand m'avait convié à venir l'accompagner pour la journée – au dernier moment, vers 8 h 30 du matin. J'avais alors déjà quitté mon domicile, j'avais mon complet de ville avec mon imperméable pour Paris, alors qu'il aurait été préférable d'avoir un blouson, pour une telle situation. C'est ce qui amplifie le ridicule de la photo nous montrant tous les deux habillés exactement de la même façon. Pas le temps de repasser chez moi, donc on me prête alors des chaussures et une casquette qui me vont fort mal.

Visiblement, Mitterrand avait l'intention de me ridiculiser depuis le début. À cette époque, nous étions dans la préparation de la deuxième élection présidentielle, et les Français me témoignaient toujours leur amitié dans les sondages. Donc, c'était un plus pour lui d'avoir une photo avec moi. Mais que je sois un peu ridicule, c'était encore mieux. Et sachez que ce coup, j'ai mis une douzaine d'années à savoir qu'il avait été calculé !

Citation

Qui a dit : « C'est en pleine ville qu'on écrit les plus belles pages sur la campagne. » ?

Question du jour

Qui détient le record du nombre de candidatures à l'élection présidentielle ?

Jules Renard.

Arlette Laguiller, en 1974, 1981, 1988, 1995, 2002 et 2007.

UNE HISTOIRE DRÔLE

Un Parisien arrive chez un paysan désireux de vendre sa ferme :

– Bonjour monsieur, combien vendez-vous votre ferme ?

– Huit millions, lui répond le fermier.

– Huit millions ! Mais c'est horriblement cher !

– Ouais, mais pour ce prix-là, t'auras tous les champs que tu vois là à droite, avec le petit veau et les ruches au fond, près du gros chêne.

– Oui, d'accord, lui dit le Parisien, mais moi, les ruches et le veau ne m'intéressent pas, d'autant plus que les abeilles, ça pique, ces trucs-là.

– Ah ça, moi je m'en fous, je vends tout en bloc. Les abeilles, elles sont là depuis vingt-cinq générations et elles n'ont jamais piqué personne.

– Ça, c'est vous qui le dites !

– Bon, dit le fermier, on va faire un marché : je t'attache à poil à l'arbre près des ruches pendant une heure, et si une seule abeille te pique, je te donne ma ferme pour rien.

Le Parisien réfléchit, et se dit que finalement, pour huit millions, ça vaut la peine d'essayer. Le fermier le déshabille et l'attache à l'arbre. Une fois le fermier parti, le Parisien s'agite un peu, afin d'attirer les abeilles.

Une heure plus tard, le fermier revient et trouve le type complètement affalé, vidé, juste tenu debout par les cordes :

– Que s'est-il passé ? demande le fermier, elles vous ont attaqué ? Ce n'est pas possible, elles n'ont jamais fait ça auparavant !

Le Parisien lui répond :

– Non, non, mais le veau, ça fait combien de temps qu'il a perdu sa mère ?

Citation

Qui a dit : « Clarinette. Instrument de torture utilisé par une personne qui a du coton dans les oreilles. Il y a deux instruments qui sont pires qu'une clarinette : deux clarinettes. » ?

Ambrose Bierce.

Question du jour

Dans quel théâtre parisien s'est donnée la première de *Cyrano de Bergerac*, en 1897 ?

Au Théâtre de la Porte Saint-Martin.

Bouvardise

Certes, les ennemis se recrutent souvent parmi les anciens amis. Mais l'amitié suscite plus de fidélités et provoque moins de dégâts – ceci devant expliquer cela – que l'amour.

La délinquance n'attend pas le nombre des années

par Bernard Mabille

Je voudrais piquer un coup de sang contre moi-même, qui ai pris à tort Jean-Marie Bockel, l'encore secrétaire d'État à la Justice, pour un gros « zozo ». Jean-Marie Bockel qui, dans son dernier rapport sur la délinquance juvénile, n'a pas hésité, histoire de fayoter et de garder sa place, à reprendre l'idée de son président : idée farfelue et révolutionnaire, selon laquelle on peut repérer les futurs délinquants dès l'âge de 2 ans. Pour Bockel, on ne devient donc pas un voyou, on naît voyou !

Alors je n'y croyais pas, jusqu'à ce samedi, lorsque, sortant du spectacle de Chantal Goya, je fus racketté violemment par une bande de jeunes. Des jeunes si petits que j'ai cru que c'étaient des nains échappés de Fort-Boyard ! On le sait, il est teigneux le petit, mais teigneux à ce point-là, c'était du jamais vu ! Ils étaient âgés de 20 mois à peine, pas du tout apeurés par ma silhouette musculeuse. L'agression fut barbare : jets de petits pots dans la tronche, tentative d'étouffement par couche-culotte, lancer de totoches dans les mirettes, pilonnage de mes deux burnes au biberon façon marteau-piqueur… Je titubais sous les coups, K.O. debout, pour la plus grande joie de leur chef, un petit dur ! Vous auriez vu la dégaine : sweat à capuche, jean baggy prénatal, casquette Bon Point à l'envers. Le caïd se trémoussait dans un landau customisé, hurlant le dernier tube de Renée la Taupe ! Vaincu, je dus leur lâcher à regret mon sac de fraises Tagada.

Bockel avait raison, ces mômes-là étaient déjà de grands délinquants en herbe, ce que me confirma le flic, un spécimen entièrement élevé en fût de chêne, devant lequel je déposais ma plainte. Il me dit : « Oh ! Mon pauvre monsieur, comme dirait mon ministre, un bambin ça va, mais c'est quand ils sont plusieurs que cela pose des problèmes. » Il me présenta alors les dernière mains courantes, j'ai cru lire *France Soir* : étranglement d'une baby-sitter avec une corde à sauter, tournante en couveuse, découverte de tétines piégées à la crèche, braquage à main armée pour trois sacs de billes, explosion d'un doudou dans un dortoir de maternelle, tentative de meurtre à la Kalachnikov d'un prématuré sur sa sage-femme, youpala-jacking dans un bac à sable, et pire encore : « bunga-bunga » collectif sur trois puéricultrices en jardin d'enfants ! Jusqu'où irons-nous ?

Aujourd'hui les nourrissons, demain les fœtus, et après-demain les spermatozoïdes… « Qu'est-ce que t'as offert à ta femme enceinte ? » « Un gilet pare-balles à porter à l'intérieur. » Le Père Noël doit s'arracher les poils de la barbe en découvrant la lettre d'Alexandra, 14 mois : « Petit Papa Noël, peux-tu mettre dans mes petits souliers des grenades offensives, du gaz moutarde, des drones d'attaques, des mines antipersonnel, le masque de Mélenchon, un gode en forme de bazooka et un train électrique, à condition qu'il transporte trois cents tonnes de déchets radioactifs, sinon c'est ma sucette dans la gueule ! » Bockel a raison, il n'y a plus de jeunesse !

Samedi **7** — SAINT-JEAN-BAPTISTE-DE-LA-SALLE

Dimanche **8** — **Avril** — SAINTE-JULIE, PÂQUES

UNE HISTOIRE DRÔLE

C'est une blonde bien foutue qui a réussi à se faire épouser par un homme riche et s'est fait payer une Porsche 911 Carrera. Toute contente, elle part faire un tour sur les petites routes de campagne pour s'amuser. Mais elle oublie de faire attention à l'essence et tombe en panne sèche. Alors elle cherche à savoir ce qui se passe, sort de la voiture et va ouvrir le capot. Elle constate que l'emplacement est vide et elle en déduit qu'on lui a volé son moteur. Qui a pu faire ça ?
Sur ce, une autre blonde en Porsche 911 arrive et s'arrête par solidarité. La première explique à la seconde qu'on lui a volé son moteur et lui montre le capot vide.
La seconde blonde va alors ouvrir son coffre et s'exclame : « Vous avez de la chance, j'ai un moteur de rechange dans mon coffre ! »

Citation

Qui a dit : « J'ai mis toute ma vie à savoir dessiner comme un enfant. » ?

Question du jour

Autrefois, en quoi consistait le métier de moucheur ?

Bouvardise

Vieillir est une occupation à plein temps.

Pablo Picasso.

Au XVIe siècle, le moucheur, au théâtre rallumait les bougies qui en avaient besoin.

Citation

Qui a dit : « Dans la grande partouze de la vie, les grenouilles ne portent pas de culotte. » ?

Robert Charlebois.

Question du jour

Dans un jeu de hasard, que signifie le verbe « ponter » ?

C'est jouer contre la banque.

Présentation des panélistes

Il saute le déjeuner et ensuite ce qu'il trouve.

Jacques Balutin

La mode des sacs poubelles

– **Françoise Laborde** : C'était à *Télématin*. Un jour, j'arrive toute pimpante. J'avais mis une robe, et en prenant mon café, je le renverse sur ma robe. C'est assez embêtant, pour passer à l'antenne. Donc je remonte vite dans mon placard pour trouver autre chose à me mettre. Je trouve des chemisiers, des vestes… mais rien pour le bas : il n'y avait ni jupe ni pantalon. Je ne pouvais évidemment pas descendre juste avec un chemisier et des collants. Il y avait une femme de ménage qui passait dans le couloir avec ses sacs poubelles. Du coup, je lui dis : « Pourriez-vous me donner un sac poubelle ? » Ensuite, j'ai pris une paire de ciseaux, j'ai coupé le bas du sac poubelle et je l'ai enfilé. Avec le fil orange, je l'ai serré à la taille et je suis descendue accueillir l'invité. Mais il ne fallait pas que je bouge parce que le sac poubelle, ça fait du bruit ! L'invité m'a regardée, il était scié ! Surtout que c'était Édouard Balladur…

– **Jacques Balutin** : C'est magnifique !

– **Françoise Laborde** : Il m'a dit : « C'est un nouveau genre ? » et j'ai répondu : « Oui, je lance la mode de la jupe jetable ! »

UNE HISTOIRE DRÔLE

Appelé au régiment, un jeune homme fait ses adieux à sa fiancée qui, en larmes, lui dit :

– Laisse-moi au moins une photo de toi !

Il fouille partout, et ne trouve rien d'autre qu'une photo de lui tout nu. Il coupe la photo en deux à l'endroit du nombril et va donner le haut à sa fiancée. Puis, il monte dire au revoir à sa vieille mémé qui l'embrasse, et qui lui dit :

– Tu ne peux pas partir comme ça ! Je n'ai même pas une photo de toi !

Du coup, il retourne dans sa chambre et cherche en vain une autre photo. Alors, il ramasse dans le panier l'autre moitié qu'il avait jetée et se dit :

– Après tout, la vieille n'y voit plus très clair, je vais lui donner ça et elle ne s'apercevra de rien.

Il redescend, colle un gros baiser à la mémé et lui dit :

– Tiens ! Voilà une photo qui te fera penser à moi !

La mémé regarde la photo et chuchote :

– C'est tout à fait ton grand-père, jamais rasé, toujours la cravate de travers !

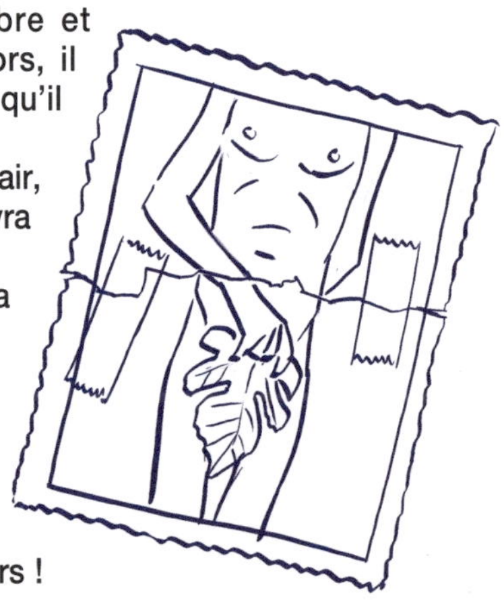

Sieste inopportune

– **Philippe Bouvard** : Pourquoi les assesseurs somnolent-ils aussi souvent dans les prétoires ?

– **Michèle Bernard-Requin** : C'est une idée reçue !

– **Philippe Bouvard** : Oh non, oh non ! Quand j'étais jeune journaliste, j'étais affecté aux chambres correctionnelles, et ils roupillaient tout le temps.

– **Michèle Bernard-Requin** : C'est parce qu'à l'époque, pour être magistrat à Paris, il fallait être âgé…

– **Philippe Chevallier** : Forcément ! Ils supportent moins bien le coup de rouge du déjeuner.

– **Michèle Bernard-Requin** : Cela me fait penser à l'histoire d'un collègue. Il était substitut et avait pris l'habitude de faire sa sieste dans son bureau entre 13 heures et 14 heures. Personne ne le dérangeait jamais. Sauf qu'un jour il a dû remplacer quelqu'un à une audience à cette même heure. Évidemment, la nature à repris le dessus, et après s'être installé sur son fauteuil, il s'est endormi paisiblement. Jusqu'au moment où on lui tapota sur l'épaule, et que par réflexe il réponde à voix haute : « Entrez ! »

UNE HISTOIRE DRÔLE

Sarah a emmené son petit Samuel se faire couper un costume chez le tailleur Abraham. Quand ils sortent de la boutique tous les deux, il commence à pleuvoir, et en cinq minutes le costume a rétréci de moitié.

– Oh, le salaud d'Abraham ! hurle Sarah. Cet escroc m'a vendu son plus mauvais tissu !

Et rouge de colère, elle revient sur ses pas, traînant le petit Samuel par la main. Elle entre dans le magasin, mais Abraham ne lui laisse pas le temps d'ouvrir la bouche. En voyant le gosse, il s'écrie en joignant les mains :

– Mon Dieu, comme il a grandi !

Citation

Qui a dit : « Ce n'est pas la peine d'avoir du talent à la cinquième ligne, si le lecteur ne dépasse pas la troisième. » ?

Question du jour

Quel est le régime politique qui, en France, n'a duré que 72 jours ?

Bouvardise

La malhonnêteté a davantage de classe quand elle sert à acheter des signes de respectabilité.

Françoise Giroud.

La Commune.

Mercredi

11 Avril

SAINT-STANISLAS

Citation

Qui a dit : « On a beau avoir une santé de fer, on finit toujours par rouiller. » ?

Jacques Prévert.

Question du jour

À la gloire de qui un monument fut-il inauguré à Vimoutiers, dans l'Orne, le 11 avril 1928, par l'ancien président de la République Millerand ?

À la mémoire de Marie Harel, inventrice du célèbre camembert.

Bouvardise

Je veille à ne pas dire trop de mal de trop de gens, afin de ne pas affaiblir la portée de mes médisances.

Papys frotteurs

– **Philippe Bouvard** : Toujours le sexe. Avec l'apparition d'un nouveau mot pour une vieille pratique. C'est-à-dire qu'il y a maintenant des papis frotteurs. Ce sont des retraités, mais chez qui Popaul n'a pas pris sa retraite. Ils vont dans les manifestations où il y a beaucoup de monde, ils se mêlent à la foule…

– **Jean-Jacques Peroni** : Et ils s'astiquent un peu ?

– **Philippe Bouvard** : Les mieux élevés se frottent seulement, et puis d'autres se déboutonnent. Ils en ont arrêté trois au festival de Cannes, qui se frottaient tous les jours.

– **Philippe Chevallier** : Mais ça existe dans le métro et dans le bus, déjà, non ?

– **Philippe Bouvard** : Mais oui !

– **Philippe Chevallier** : C'est une pratique vieille comme le monde.

– **Jacques Mailhot** : Mais à quoi les reconnaît-on ?

– **Jacques Balutin** : Aux taches ! Mais ça commence à quel âge ?

– **Philippe Bouvard** : En principe, ils ne travaillent plus.

– **Philippe Chevallier** : Ah oui ! Au moment de la retraite !

– **Bernard Mabille** : Donc en Corse, il y en a beaucoup…

– **Jacques Balutin** : Vous, au festival de Cannes, vous seriez vachement avantagé, Philippe, on ne vous verrait même pas !

– **Philippe Bouvard** : Avec ma taille, ce n'est pas la main que je mettrais, c'est le nez ! Et puis il n'y a pas qu'au festival de Cannes. Dans les supermarchés, quand il y a une queue qui se forme…

– **Jacques Balutin** : Ah, mais dès qu'il y a une queue…

– **Philippe Chevallier** : Et le Caddie ne fait pas obstacle ?

– **Jacques Balutin** : Mais tu le tires derrière ! Et puis, tu peux la passer à travers les barreaux.

– **Philippe Bouvard** : Tout ça participe du chef d'accusation de « masturbation publique ».

– **Philippe Chevallier** : Mais du moment que l'objet du délit ne sort pas de…

– **Jacques Balutin** : De quoi ?

– **Philippe Chevallier** : Eh bien, de sa cage !

– **Philippe Bouvard** : Le simple fait de se frotter suffit.

– **Jacques Balutin** : Comme les chiens à la jambe, quoi !

– **Jean-Jaques Peroni** : Le chien a le sexe sorti !

– **Philippe Chevallier** : Évidemment ! Il n'a pas de pantalon, le chien ! Alors que le papi frotteur en porte un… en principe.

– **Jean-Jaques Peroni** : Un jour, on dînait chez des amis, il y avait le berger allemand sur la terrasse. Et le chien, il avait un gourdin ! Et il nous regardait, je ne sais pas si c'était la bouffe ou la maîtresse de maison qui lui faisait envie. Du coup, j'ai dit à la maîtresse de maison : « Attention, madame, votre chien est en train de perdre son stylo sur mes jambes. »

– **Philippe Bouvard** : C'était peut-être parce que vous avez de beaux mollets.

Je suis candidat à la présidentielle

par Jean-Jacques Peroni

Françaises, Français, vu la multiplication des candidatures à la présidence de la République, je viens proposer la mienne pour éviter au pays un bordel comme pas possible. Pourquoi me présenter ? D'abord, pour m'éviter d'agrandir les fractures qui, quand elles s'agrandissent, sont de plus en plus grandes, alors que si elles étaient moins grandes, elles seraient plus petites. Je veux donc un rassemblement de tout le monde avec tout le monde, qui rassemblerait ceux qui veulent se rassembler en se rassemblant dans un grand élan de rassemblement.

Je me présente aussi pour défendre les valeurs de la France : la France rurale, trop souvent oubliée si on n'y a pas pensé ; la France rurale, la vraie, celle où le père baisait la mère pour faire des enfants qui, plus tard, garderaient les bêtes, et où les bêtes tétaient les enfants et où les enfants appelaient une chèvre « maman ». La terre ne rend pas les valeurs du partage : ne laissez personne sur le bord de la route – vous me direz que ce n'est pas facile dans une Smart –, mais chemin faisant, si c'est une route à deux voies, pour ceux et celles qui aiment ça, on peut les laisser sur la bi-route. Parlons de l'avenir ! Dans mon esprit, l'avenir c'était hier. Aujourd'hui, c'est après-demain, mais avec le surlendemain, ce sera le passé de l'avenir – et je vois loin. Et puis surtout, je voudrais donner de l'espoir ! Car qui n'espère pas n'a pas d'espoir. Quant aux nouvelles générations du futur de demain qui vient, je leur promets qu'à 6 ans, ils sauront lire et écrire ; qu'à 20 ans, ils seront au chômage ; qu'à 30 ans, ils coucheront toujours dans le lit de leurs parents… mais sans baiser, parce que ça ne se fait pas ! Quant à l'économie, c'est très simple. L'économie, c'est les sous, vos sous ! Rassurez-vous, nous continuerons à vous les prendre pour payer les choses essentielles comme la DDE – tous les hivers, on se rend compte qu'il neige sur les routes ! –, les gardes subventionnés – qui ne connaissent pas le bonheur d'avoir une salle pleine de payants –, et le château de Versailles, qui servira toujours de dépotoir aux chiffonniers de l'art contemporain. Et puis, je vous promets qu'avec moi, vos femmes seront toutes des Marilyn ; vos hommes, tous des Brad Pitt, vos enfants des petits Einstein… C'est pas beau, tout ça, hein ? En plus, à chaque électeur, je remettrai le porte-clés du parti, la casquette aux initiales du parti… Et, dans un grand élan démocratique et rassembleur, un rouleau de PQ à l'effigie de l'adversaire, de façon à bien s'en torcher ! Votez pour moi ! Allez en paix dans la joie et l'espérance !

Citation

Qui a dit : « Les femmes ont à leur disposition deux armes terribles : le fard et les larmes. Heureusement pour les hommes, elles ne peuvent pas s'en servir en même temps. » ?

Marilyn Monroe.

Question du jour

Pour quelle spécialité la cuisinière Anne Boutiaut demeure-t-elle célèbre ?

Pour son omelette. C'est la célèbre « Mère Poulard ».

Bouvardise

Deviennent obligatoirement ennemis deux hommes d'État qui, pour guigner la même place, finissent par en oublier qu'ils aiment le même pays.

Vendredi

13 **Avril**

SAINTE-IDA

UNE HISTOIRE DRÔLE

Un homme va chez son médecin, car son testicule gauche est enflammé. Le toubib lui dit :

– C'est une inflammation du testicule gauche. Ce n'est pas grave, je vous donne le numéro de téléphone d'un ami urologue…

Mais il se trompe et lui donne le numéro de son avocat. Le bonhomme prend rendez-vous avec le soi-disant spécialiste, qui lui demande :

– En quoi puis-je vous servir, monsieur ?

Illico, le malade baisse son pantalon et lui montre son testicule.

– Comme vous voyez, docteur, j'ai le testicule gauche enflammé.

L'avocat le regarde, hébété. Après un silence, il lui dit :

– Cher monsieur, excusez-moi, mais ma spécialité, c'est le droit !

Alors, le malade s'énerve :

– C'est vraiment la merde, ce pays : maintenant, il y a un spécialiste pour chaque couille !

Un peu de reconnaissance, SVP !

– **Philippe Bouvard** : Comment Laspalès prend-il la célébrité ?

– **Philippe Chevallier** : Il est moins empathique que moi. Il a plus tendance à rentrer dans sa coquille.

– **Bernard Mabille** : Ça veut dire quoi, « empathique » ?

– **Philippe Chevallier** : Ouvert…

– **Philippe Bouvard** : Oui, ça veut dire qu'il a de la sympathie pour les gens… Mais c'est le mot à la mode.

– **Philippe Chevallier** : Il nous est arrivé une histoire. On avait joué à Bourg-en-Bresse, et on se retrouve dans le hall de la gare pour prendre le train. Il y avait un homme un peu clodo, la soixantaine, un peu mal fringué, qui voit Laspalès en train de chercher des journaux. Il lui dit : « Oh, là ! Toi, je te connais ! » Laspalès, un peu frileux : « Ben oui ! » « Oh ! Mais d'habitude, vous êtes deux ! » Et Laspalès, pas mécontent : « Oui. L'autre, il est derrière ! » Et le gars me regarde et dit : « Mais non ! L'autre, il a une barbe ! »

– **Philippe Bouvard** : C'est bon, d'être connu, mais souvent on est reconnu sous un autre nom.

Citation

Qui a dit : « En Hollande, les gens sont tellement propres que quand ils ont envie de cracher, ils prennent le train pour la campagne. » ?

Question du jour

Qui a inventé la contrepèterie ?

Présentation des panélistes

Personnage ludique qui a d'abord joué aux billes puis au docteur et enfin au barbu.

Philippe Chevallier

Georges Courteline.

Rabelais.

UNE HISTOIRE DRÔLE

Une chenille aperçoit un beau bourgeon très appétissant sur un arbre. La chenille réfléchit et se dit :
– Je vais attendre qu'il pleuve, le bourgeon grossira et j'en aurai plus à manger.
Une mésange regarde la scène, réfléchit et se dit :
– Si j'attends qu'il pleuve, le bourgeon grossira, la chenille grossira et j'en aurai plus à manger.
Dans le ciel, un épervier voit la mésange, réfléchit et se dit :
– S'il pleut, le bourgeon grossira...
Une chatte est dans l'arbre, lève la tête, voit l'épervier, réfléchit et se dit :
– Si...
À ce moment, l'eau se met à tomber, la chenille dévore le bourgeon, la mésange se jette sur la chenille, l'épervier se rue sur la mésange, la chatte se précipite, glisse et tombe dans une flaque d'eau.
Conclusion : Plus les préliminaires sont longs, plus la chatte est mouillée.

Citation

Qui a dit : « J'ai compris pourquoi les stars sont payées si cher. C'est parce qu'elles doivent endurer toutes les conneries qu'on peut écrire sur elles. » ?

Question du jour

Pourquoi George Lucas, créateur du personnage de Indiana Jones, appela-t-il son personnage ainsi ?

Bouvardise

La propriété foncière et immobilière : à l'abri de tout, sauf des glissements de terrain, des catastrophes naturelles, des erreurs de cadastre, des revers de fortune et des révolutions. C'est-à-dire terriblement aléatoire.

Leonardo DiCaprio.

Car il avait un chien qui se nommait Indiana.

UNE HISTOIRE DRÔLE

Il y a deux semaines, c'était mon 44e anniversaire, et le moral n'était pas au top. Pourtant, je savais qu'en me levant, ma femme n'oublierait pas de me le souhaiter et de me faire un cadeau. Mais elle ne m'a même pas dit bonjour. Alors, je me suis dit : « Bon, ce n'est pas grave, à moi aussi ça m'arrive d'oublier. Les enfants, eux, se souviendront... »
Mais les enfants sont descendus pour déjeuner sans un mot pour moi. Au bureau, Julie, ma secrétaire, m'a dit :
– Bonjour patron, et bon anniversaire !
Et là, le moral est remonté. Je me suis mis au travail, et vers midi, Julie a dit :
– Patron, aujourd'hui, c'est votre anniversaire, si vous m'invitiez à déjeuner ?
J'étais tout à fait d'accord. Nous avons choisi une petite auberge à l'écart de la ville, le repas fut très agréable et ma secrétaire très attentionnée. En sortant du restaurant, Julie me dit :
– Patron, si nous ne retournions pas au travail cet après-midi ?
Comme je ne répondais pas, elle ajouta :
– Allons à mon appartement, je vous montrerai ma collection de vases de Chine.
Chez elle, devant un verre de cognac, elle me dit :
– Si ça ne vous fait rien, je vais passer à la salle de bains pour me rafraîchir un peu...
Lorsqu'elle revint, je m'étais moi aussi mis à l'aise ; et c'est en caleçon que j'accueillis ma secrétaire, ma femme, mes enfants et l'équipe du bureau. Tous chantaient « joyeux anniversaire » en apportant un superbe gâteau... C'est moche, la vie, des fois...

Michel Simon rue Saint-Denis

– **Philippe Bouvard** : J'ai bien connu Michel Simon. Il m'invitait à déjeuner tous les mois dans une brasserie, porte Saint-Denis. Ensuite, il y avait le pousse-café sous la forme d'une longue remontée de la rue la plus chaude de Paris. Des deux côtés, il y avait des dames qui exerçaient le plus vieux métier du monde, et toutes criaient : « Bonjour monsieur Michel ! », « Bonjour Michel ! » Il les connaissait toutes et il répondait : « Bonjour Clara ! » « Bonjour Sophie ! », et il me disait : « Très bien, cette petite ! Elle vient de Briançon et elle a deux enfants. »

Citation

Qui a dit : « Greffez des plants de rosiers sur des plants de vigne, ça fera du vin rosé naturel. » ?

Question du jour

Qui fut la première animatrice du jeu *Le Mot le plus long,* l'ancêtre de *Des chiffres et des lettres* ?

Pierre Dac.

Christine Fabréga.

Les femmes s'ennuient au lit

par Bernard Mabille

Je voudrais piquer un coup de sang contre ces 61 % de femmes mariées qui se plaignent de s'ennuyer au lit ! Décidément, les nanas ne sont jamais contentes. Elles, que l'on autorise déjà à s'amuser, que je sache, à faire le ménage, la cuisine, la vaisselle, à sortir les poubelles, à trier notre linge et à torcher les gosses, voudraient en plus prendre du plaisir au lit ! Mais je rêve !

Je le dis, il y en a ras le slip des féministes. Allez, un peu de patience les grincheuses, votre tour viendra aussi de vous éclater au pieu, mais comprenez que je ne peux pas m'occuper de vous toutes en même temps ! Il faut savoir prendre la queue, comme tout le monde.

Aussi les femmes pleurnichent-elles dans *France Soir*. Bouh, bouh ! On est obligées de simuler ! Bouh, bouh ! On s'enquiquine à l'horizontale ! Bouh, on fait toujours la même chose avec le même truc ! C'est sûr qu'à moins d'avoir invité les chœurs de l'Armée rouge, Popaul reste Popaul. Il faut les voir prendre plaisir à rabaisser leur homme de façon lâche et honteuse, cet homme qui sait pourtant leur faire mordre l'oreiller, voire le traversin, l'édredon, le drap-housse, la couverture, l'alaise, le matelas, le sommier, les pieds du lit pour les plus gourmandes – et il y en a ! Mais un doute me zézette, pardon, un doute m'habite ! Menteuse de naissance, notre femelle semble dire cette fois-ci la vérité, et c'est exceptionnel. Il suffit de découvrir les témoignages des malheureuses, aucune femme n'est assez inventive pour imaginer ça :

Mme Jean-Jacques P. : « Je vis avec un alcoolique ; si mon mari est toujours bourré, moi pas ! Voyant toujours double, ce n'est jamais moi, mais l'autre qu'il honore entre deux hoquets. Il passe ses nuits à prendre l'Epeda en levrette en lui lançant : alors, heureuse ? »

Mme Philippe C. : « Mes yeux, mes lèvres, mes seins sont comme neufs, seul mon barbu l'intéresse ! Il passe des nuits entière à lui parler, lui demandant l'horaire du train pour Pau sans s'occuper du mien ! »

Mme Vincent P. : « Les six premières années, c'était formidable. Il me dit aujourd'hui que je suis trop vieille pour lui. Sera-t-il encore avec moi pour mes 14 ans ? »

Mme Philippe B. : « Les quarante premières années, j'ai cru qu'il découchait, n'ayant pas compris que le lit était trop haut pour lui ; alors j'ai supprimé les pieds. Toujours trop haut ! Puis le sommier. Toujours trop haut ! Nous sommes passés au matelas pneumatique : toujours trop haut ! Mon dernier espoir, le futon ! »

Mme Jacques M. : « Mon mari est un homme de micro, c'est vrai que chez lui tout est vraiment micro ! Il m'a pourtant dit s'occuper de deux ânes ; quand se décidera-t-il à les inviter à la maison ? »

Mme Jacques B. : « Il dit avoir grimpé tous les cols, mais jamais le mien ! »

Un dernier témoignage, contradictoire celui-là. Cette femme, à mon avis, doit faire partie des 39 % d'épouses heureuses : « Quel bonheur de vivre avec un homme fontaine ; chez nous, juste un lit king size, pas de chaises, de fauteuils, de canapés inutiles, voilà trente ans que grâce à lui, je ne peux plus m'açeoir ! »

Ma chérie, si tu m'écoutes, « asseoir » prends deux « s », pas un « c » cédille !

Vous voyez que toutes les épouses ne sont pas des affabulatrices !

Citation

Qui a dit : « En amour, le plaisir que j'éprouve est pour moi secondaire. Ma sensualité se satisfait fort bien du plaisir que je donne. » ?

Sacha Guitry.

Question du jour

Dans l'Église catholique, que désigne un archiatre pontifical ?

C'est le médecin du pape.

Bouvardise

Je scrute d'abord chez l'homme la boutonnière, comme je regarde les jambes d'une femme avant de détailler son visage.

UNE HISTOIRE DRÔLE

On fête les noces de diamant de René et Marie. Un journaliste s'enquiert :
– Comment avez-vous fait pour rester si longtemps ensemble sans dispute ?
– Aucun problème, répond René, nous nous sommes mis d'accord dès le début : si l'un des deux est de mauvaise humeur, l'autre sort.
– Et alors ?
– Ben j'ai vécu une vie au grand air !

Le premier baiser de Pierre Bellemare

– **Philippe Bouvard** : Comment s'appelait-elle ?
– **Pierre Bellemare** : Elle s'appelait Jeanine. Et ce qu'il faut d'abord savoir, c'est qu'on a eu mille occasions. Parce que j'étais dans une merveilleuse école mixte, ce qui était assez rare pendant la guerre. C'était l'École alsacienne, qui est une école de très bonne réputation.
– **Philippe Bouvard** : Elle avait un gros nœud, non ?
– **Pierre Bellemare** : Elle n'était même pas alsacienne.
– **Philippe Chevallier** : Elle avait de grandes oreilles ?
– **Jacques Mailhot** : Et toi, tu avais un gros biscuit ?
– **Pierre Bellemare** : Non, mais laissez-moi finir mon histoire, vous me coupez tout le temps !
– **Jean-Jacques Peroni** : Il va arriver à la saucisse de Francfort !
– **Pierre Bellemare** : Il y avait des alertes assez fréquentes. Pendant ces alertes, il était obligatoire pour nous de descendre aux abris. On rêvait donc souvent d'une alerte pendant les compos de maths…
– **Philippe Bouvard** : Votre premier souvenir amoureux, c'est donc une descente à la cave ?
– **Pierre Bellemare** : Exactement, parce qu'il y avait les filles et les garçons dans les caves. Donc, je vous laisse imaginer ce que l'on peut faire dans une cave comme petits bisous.
– **Philippe Bouvard** : Mais il y avait du monde, vous étiez très entourés ?
– **Pierre Bellemare** : Ah, bien sûr ! Mais c'étaient de grandes caves.
– **Philippe Bouvard** : Vous étiez déjà un petit peu exhibitionniste…
– **Pierre Bellemare** : Pas du tout ! On pouvait se retirer dans un petit coin, c'était très sympathique.
– **Macha Méril** : C'était la belle histoire de Pierre et Jeanine.
– **Jacques Mailhot** : Et Jeanine était mignonne ?
– **Pierre Bellemare** : Je l'ai retrouvée des années après, grâce à l'émission de Sabatier.
– **Philippe Chevallier** : Aaaahh ! Vous l'aviez perdue de vulve ?
– **Pierre Bellemare** : C'était très agréable.
– **Philippe Bouvard** : Mais elle ne s'appelait pas Jeanine, plutôt Jeanne, non ? Jeanne Calment !
– **Jean-Jacques Peroni** : Elle aurait eu beaucoup de retard dans ses études, alors !
– **Jacques Mailhot** : Donc pendant que les Allemands bombardaient, toi tu tirais ?

Citation

Qui a dit : « L'humour vient tout seul à l'homme, comme les poils au pubis. » ?

Question du jour

En Chine, quelle gymnastique particulière enseigne-t-on dans les écoles ?

Présentation des panélistes

Seuls ceux qui ne sont jamais entrés dans une librairie le tiennent pour un homme sans histoire.

Pierre Bellemare

Pierre Desproges.

Celle des yeux, pour éviter le port prématuré des lunettes.

L'amour chronométré

– **Philippe Bouvard** : Quel est, Alexandre Roth, votre minutage record en matière de séduction ?
– **Alexandre Roth** : Qu'est-ce que c'est qu'un minutage record ?
– **Philippe Bouvard** : Quelle est la séduction la plus rapide que vous ayez menée, en terme de minutage ?
– **Évelyne Leclercq** : Aujourd'hui, dix secondes !
– **Jacques Mailhot** : Il n'y a pas du bromure pour femme, des machins comme ça ?
– **Alexandre Roth** : Je dois avouer que je ne me suis jamais chronométré.
– **Philippe Bouvard** : Mais ça peut aller très vite ?
– **Alexandre Roth** : Oui, ça peut aller très vite.
– **Philippe Chevallier** : Moi, ça va très vite, une fois que je suis dedans ! C'est vingt secondes ! La séduction a duré trois mois, mais une fois que j'ai le fruit, je le bouffe très vite ! Je ne perds pas de temps ! La rétention du désir, merci ! Trois mois que ça durait, avec tout ce que ça m'a coûté, le restaurant, les machins, les fleurs… J'amortis et je rattrape le temps perdu.
– **Bernard Mabille** : Et encore, toi, tu arrives à aller dedans !

UNE HISTOIRE DRÔLE

Quelque part, du côté de Ouagadougou, une brave ménagère entre dans une boucherie anthropophagique et demande :
– Vous avez de l'épaule d'homme ?
– Ah non ! fait le boucher.
– Et de la côtelette ?
– La côtelette, j'en ai plus…
Alors la bonne femme ouvre la porte du frigo, et elle voit un homme entier, pendu à un crochet par les pieds.
– Pourquoi vous me racontez des blagues ? s'écrie-t-elle, furieuse. Vous voyez bien que vous pouvez me servir n'importe quel morceau…
– Jamais de la vie ! dit le boucher. Celui-là, il avait du diabète et on le garde pour faire de la compote !

Citation

Qui a dit : « Beaucoup de politiciens montent dans les sondages, parce qu'à leur stade, pour descendre, il faudrait creuser. » ?

Coluche.

Question du jour

Quelle est la particularité de la voix du castrat, dans le film *Farinelli* ?

Cette voix n'existe pas, elle a été créée au mixage, à partir des voix de deux chanteurs, un homme et une femme.

Bouvardise

Je ne me moquerai plus des magazines en couleurs spécialisés dans les têtes couronnées et les altesses. Ce sont les seuls qui consacrent davantage de place aux grossesses et aux naissances qu'aux agonies et aux trépas.

Citation

Qui a dit : « Si on pense tous la même chose, c'est qu'on ne pense plus rien. » ?

François Bayrou.

Question du jour

Lors de la cérémonie des Césars en 1985, Alain Delon remporte la récompense du meilleur acteur. En son absence, qui lit une lettre prétendument écrite par lui ?

Coluche.

Bouvardise

La parole doit être belle en soi, indépendamment de l'usage qu'on en fait, puisque les plus beaux esprits de notre époque s'en servent pour ne rien dire.

Arrêtez les travaux !

par Jacques Mailhot

Je ne sais pas si c'est au maire de Paris que je dois m'adresser, mais je le crie haut et fort : Arrêtez les travaux dans Paris ! À force de lifter notre vieille capitale, de lui greffer des couloirs à bus, des ralentisseurs, des rétrécisseurs, des sens à vélo à contre-sens, des bites par-ci et des boules par-là, Paris ressemble aujourd'hui à un jeu de piste que bientôt seuls ceux qui n'ont rien à faire oseront encore affronter !

Dernier avatar en date, la place Beauvau. Comme si notre brave Hortefeux n'avait pas déjà assez à faire circuler les Roms et les sans-papiers dans le bon sens, la mairie de Paris vient d'entreprendre devant sa porte l'édification d'un de ces terre-pleins inutiles dont elle a le secret. Elle va planter dessus un baobab ou un palmier, pour faire chic et pour rappeler au ministre de l'Intérieur les pays d'où viennent ceux qu'il n'arrive plus à supporter. Jusque-là on franchissait la place Beauvau sans problème, désormais on y passe de longs moments devant le chantier de ces génies de l'urbanisme piétonnier qui font rimer « édicule » avec « ridicule », voire plus.

L'une des dernières réussites de ces géomètres-experts en embousage urbain, c'est la place Clichy. On y roule d'abord sur trois voies, ce qui est une bonne idée, sauf qu'à l'extrémité on a flanqué un rétrécisseur, une sorte de rond-point ventripotent qui réduit la circulation de trois à deux voies. C'est exactement comme si vous donniez un lavement à un constipé. C'est une politique automobile « constipatoire », on fluidifie le trafic et on diminue l'orifice. Si vous ajoutez à ça deux demi-bouts de terre-pleins sur lesquels on a posé des bacs avec des roseaux, vous comprendrez que l'automobiliste ne peut que s'enliser, et en particulier les fameux bus qui doivent escalader les bacs pour tourner. Quant à la station de taxi, qui était une des plus actives de Paris, elle a carrément été rayée de la place et reléguée dans une rue adjacente, à laquelle les taxis ne peuvent plus accéder tant elle est bouchée.

Alors, voyez-vous, quand on contemple tout ça, on se dit que si Bertrand Delanoë avait été maire en 1940, jamais les Allemands ne seraient entrés dans Paris ! Le pire étant que ceux qui auraient réussi à rentrer n'auraient jamais pu repartir. Alors, messieurs les aménageurs, de grâce, n'en jetez plus, faites comme Jeanne Moreau ou Catherine Deneuve, arrêtez les travaux ! Avant que Paris ne se transforme définitivement en une vieille rombière dont on ne pourra même plus dire qu'elle a de beaux restes, tant vous l'aurez défigurée et rapiécée.

Samedi **21** SAINT-ANSELME

Dimanche **22** **Avril** SAINT-ALEXANDRE

UNE HISTOIRE DRÔLE

C'est un jeune couple puritain et très chaste qui se promène à la campagne. Ils arrivent dans un pré et ils voient un âne avec le sexe entièrement à l'air. La fille demande à son conjoint :

– Mais chéri, qu'est-ce que c'est que ce truc qui sort de l'âne ?

Son ami lui répond :

– Tu vois mon amour, c'est le sexe de l'âne.

Tout à coup la femme tombe dans les pommes et son amoureux, après de longues minutes, la réanime et lui demande :

– qu'est-ce qui t'arrive ?

Et elle lui répond :

– Mais chéri, si un âne en a un comme ça, je n'ose même pas imaginer le tien, toi qui es ingénieur !

Citation

Qui a dit : « Pour qu'un écologiste soit élu président, il faudrait que les arbres votent. » ?

Question du jour

Dans franc CFA, que signifient les trois lettres ?

Bouvardise

La performance des politiciens accourus sur le lieu d'une catastrophe naturelle : tirer à eux les couvertures qu'ils font semblant de tendre aux sinistrés.

Coluche.

Communauté financière africaine.

Citation

Qui a dit : « Il y a plus de noblesse dans un chou fraîchement cueilli que dans un homard surgelé. » ?

Guy Savoy.

Question du jour

Qui était le dialoguiste du film *La Grande Bouffe,* de Marco Ferreri ?

Francis Blanche.

Présentation des panélistes

Quand il sera très vieux, il dépensera toute sa recette en Viagra.

Vincent Perrot

Arditi, le dos au mur

– **Pierre Arditi** : Avec Évelyne, on s'est rencontrés sur le tournage d'un téléfilm en deux parties de Pierre Boule, qui s'appelait *Un métier de seigneur.* On se connaissait, moi je l'avais vue dans les films de Lelouch, et elle m'avait vu une ou deux fois au théâtre. J'étais quand même un peu confit, les pieds en dedans. Et puis à un moment donné, sur le tournage, on était à un endroit, seuls, et elle m'a attrapé par les revers de ma veste, elle m'a plaqué contre un mur…

– **Bernard Mabille** : Oh !

– **Pierre Arditi** : … et elle m'a roulé une pelle de voyou ! J'ai donc été troussé par la femme de ma vie ! À partir de ce moment, on ne s'est plus vraiment quittés, bien que nous ayons mis un bon paquet d'années à vivre ensemble. On s'y est pris par étapes, et on a mis sept ans à vivre dans le même appartement.

– **Philippe Bouvard** : Il a donc fallu qu'elle prenne l'initiative ?

– **Pierre Arditi** : Elle l'a prise, ce qu'on ne m'avait jamais fait. Et c'était une sensation absolument délicieuse. On a l'impression d'être un peu violé, mais c'est très sympathique !

– **Évelyne Leclerq** : J'ai jamais osé, jamais essayé de prendre l'initiative. Mais je crois que je vais m'y mettre, parce que je n'ai plus de temps à perdre !

– **Philippe Bouvard** : Il faut que tu te dépêches, oui !

– **Évelyne Leclerq** : Dès que je sors du studio, le premier qui passe, je ne le lâche plus !

UNE HISTOIRE DRÔLE

Lord et Lady MacIntosh sont en vacances aux Bermudes, où ils ont leur yacht. Au cours d'une promenade, l'épouse tombe à la mer et disparaît. Lord MacIntosh, une fois les recherches abandonnées, rentre en Écosse. Six mois plus tard, il reçoit le télégramme suivant : « Avons retrouvé le corps de votre chère épouse, recouvert de crustacés. Attendons instructions. Stop. » L'Écossais répond : « Vendez crustacés et réappâtez. Stop. »

Mardi **24** **Avril**

SAINT-FIDÈLE

Douze façons de faire l'humour

par Bernard Mabille

Le musée, drôle d'endroit pour tester les quelques saillies d'un de vos one-man-show, se veut pourtant le choix de Jacques Chirac, roi de la déconne, mais pas n'importe quel musée… Le sien, son Olympe à lui ! Et pas n'importe quel public : son épouse, la Belphegor de Saran ; quelques vieux Chinois ramenés à fond de cale par Marco Polo ; les copains de belote, de verveine et de Blédina du club senior du village ; un candidat à la candidature aux primaires du parti socialiste ; et quelques vaches limousines… Traînant des pieds, hésitant, traqueur, l'artiste se lâche… « Moi, je vote Hollande ! » Moins marrant peut-être que ses anciens tubes : « Le bruit et l'odeur », « Y a jamais eu d'emplois fictifs à la mairie de Paris », « J'apprécie plus le pain et le saucisson que les limitations de vitesse » ou le célébrissime « Ça m'en bouge une sans faire bouger l'autre » ! Disque de platine en deux jours. Mais la dernière vanne fait du bruit au-delà de Brive et d'Egleton, jusqu'à irriter l'Élysée, qui pensait tenir la corde après la reprise récente de l'inénarrable « Je suis le candidat du pouvoir d'achat ! » Ouaf ! ouaf ! ouaf !… C'est de l'humour corrézien, s'excuse Claude Chirac, son impresario. Et il est vrai, Patrick Sébastien ne nous le démentira pas, que l'humour corrézien est comme la bouffe corrézienne, un peu lourd… Mais voilà, la gaudriole est la richesse de la France, et la multiplicité des amuseurs aussi !

Exemples : « Quand il y en a un, ça va. Quand il y en a plusieurs, ça pose un problème. » Brice Hortefeux, humour auvergnat.

« La meilleure façon de résoudre le chômage, c'est de travailler. » Raymond Barre, humour lyonnais.

« Quand on va m'entendre et que l'on va me voir, ça va se voir et ça va s'entendre ! » Philippe de Villiers, humour vendéen.

« Ami martiniquais, je veux prendre le problème de la banane à pleine main ! » Ségolène Royal, humour charentais.

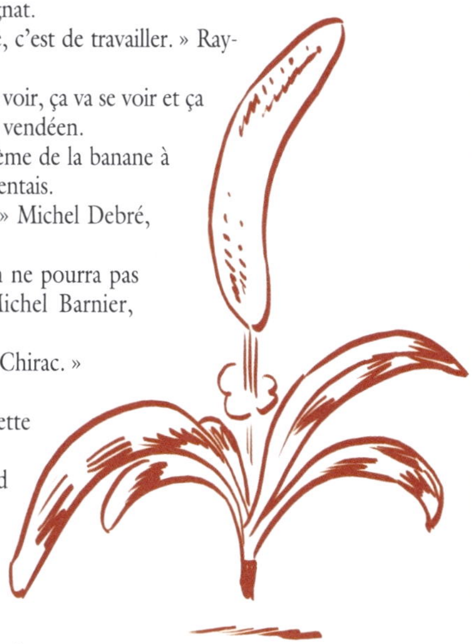

« Il faut que la contraception ait ses règles ! » Michel Debré, humour parisien.

« Qu'on soit pour ou contre la Turquie, on ne pourra pas changer l'endroit où elle se trouve… » Michel Barnier, humour savoyard.

« La France, c'est la tour Eiffel et Jacques Chirac. » Michèle Alliot-Marie, humour basque.

« Mes idées n'ont pas pris une ride… » Arlette Laguiller, humour banlieusard.

« Il reste un angle de tir pour la paix. » Bernard Kouchner, humour tiers-mondain.

« Le meilleur moyen d'apprendre à apprendre, c'est encore d'apprendre. » Jean-Pierre Chevènement, humour comateux.

« Sur ce marché, il n'y a pas assez de Blancs ! Mettez-moi des Blancs, des *White*, des Blancos ! » Manuel Valls, humour essonnien. Manuel Valls, qui se présente enfin… Valls a mis le temps !

« Femme à plumeau, nœud très très gros ! » DSK, humour sarcellois.

Et enfin, ce feu d'artifice raffarinesque, le Nobel de nos comiques : « Il faut avoir conscience de la profondeur de la question du sens. », « L'avenir est une suite de quotidiens. », « Les jeunes sont destinés à devenir adultes. », et « Les veuves vivent plus longtemps que leurs conjoints. » !

Citation

Qui a dit : « Dans la flatterie, aucune précaution à prendre, aucune limite à respecter. On ne va jamais trop loin. » ?

Michel Audiard.

Question du jour

Dans quel lycée Thierry Lhermitte, Michel Blanc, Christian Clavier et Gérard Jugnot se sont-ils rencontrés ?

Au lycée Louis Pasteur, à Neuilly-sur-Seine.

Bouvardise

Qu'on cesse de nous bassiner avec les cités et les banlieues difficiles. Le mal est désormais partout. Même dans les beaux quartiers, où il n'a aucune excuse sociologique.

Citation

Qui a dit : « Il est aussi aberrant de lire en mangeant que de lire en faisant l'amour. » ?

Paul Bocuse.

Question du jour

Pour quelle raison l'acteur de films X Rocco Siffredi (de son vrai nom Rocco Tano) a-t-il pris ce nom ?

En hommage au personnage qu'incarne Alain Delon dans le film Borsalino.

Bouvardise

Les petites superstitions auxquelles on sacrifie jusqu'à en être totalement dépendant permettent de mieux comprendre le mécanisme des grandes religions.

Jeu de plage

– **Jean-Jacques Peroni** : J'ai créé ici un jeu et j'ai donné des idées aux auditeurs. L'été, vous vous déguisez en aveugle. Vous mettez des lunettes noires, vous prenez une canne blanche avec une serviette sous le bras, et vous arrivez à la plage. Un aveugle, c'est vachement respectable… Vous allez vers les gonzesses qui ont les nichons à l'air, vous les tripotez en disant : « La mer est où, s'il vous plaît, la mer est où ? » La gonzesse qui respecte un handicapé va vous prendre par le bras. « Ne me perdez pas, ne me perdez pas ! » Vous continuez à la tripoter, et elle vous installe sur un matelas. Vous faites vingt pelotages dans l'heure… c'est formidable !

UNE HISTOIRE DRÔLE

Trois femmes, une fiancée, une maîtresse et une mariée, sont en train de parler de leurs relations avec leurs hommes. Elles décident de faire quelque chose pour l'exciter, et de se rencontrer quelques jours plus tard pour se raconter comment cela s'est passé. Quelques jours plus tard, elles se retrouvent. La fiancée :

– L'autre soir, quand mon fiancé est arrivé à la maison, il m'a trouvée vêtue d'un body de cuir, de hauts talons et d'un masque. Il m'a regardée avec de grands yeux, m'a dit que j'étais la femme de ses rêves, et nous avons fait l'amour toute la nuit.

La maîtresse :

– Moi aussi, j'ai reçu mon amant vêtue de la même façon. Quand il est entré, il m'a regardée, n'a rien dit, mais nous avons eu une nuit super chaude !

La femme mariée :

– L'autre soir, j'ai envoyé les enfants chez ma mère, puis je me suis habillée aussi en cuir noir, body, hauts talons, masque… Mon mari est rentré du travail, a ouvert la porte et m'a dit : « Salut Batman, qu'est-ce qu'on mange ? »

Nos auditeurs sont partout

– **Philippe Bouvard** : À quel signe vous apercevez-vous les uns et les autres que vous êtes connus ?

– **Bernard Mabille** : Dans la rue, les gens m'ignorent… Je me suis baladé à New York et personne ne m'a demandé d'autographe ! Pourtant, j'allais au Sofitel !

– **Jacques Mailhot** : C'est faux, New York est bourré de Français, et ça m'est arrivé d'entendre à New York : « Ah ! Les Grosses Têtes se baladent ! » Et ça fait drôle.

– **Philippe Chevallier** : Tu trouves toujours un auditeur à l'étranger.

– **Philippe Bouvard** : À l'étranger, on capte les chaînes françaises. Je me souviens d'une visite des caves du Vatican. C'était très émouvant parce qu'il y avait les tombeaux des principaux pontifes, c'était à peine éclairé. Il y avait un groupe de touristes, parmi lesquels je me trouvais, en train de circuler entre les sépultures. Et au détour d'une travée, il y a un type qui vient vers moi et qui, dans le silence de la crypte, me dit : « Et pourquoi vous êtes aussi méchant avec Mireille Mathieu ? » Ça fout tout par terre.

– **Philippe Chevallier** : C'est une fille d'Avignon, cité des Papes ! Il y avait un rapport !

UNE HISTOIRE DRÔLE

Au sixième jour, Dieu créa la Suisse, avec ses montagnes, ses prairies et ses vaches. Dieu dit au Suisse :
– Que puis-je faire pour toi ?
Et le Suisse répondit :
– Je voudrais beaucoup de lait.
– Très bien, dit Dieu.
Et quelque temps plus tard, passant par-là, il demanda au Suisse :
– Est-ce qu'il est bon, ton lait, au moins ?
– Y a pas meilleur, dit le Suisse. D'ailleurs, goûtez-le !
Alors, Dieu goûte un verre de lait.
– Il est très bon, dit-il. C'est parfait. Est-ce que tu désires encore quelque chose ?
– Oui, dit le Suisse. Un euro pour le verre de lait…

Citation

Qui a dit : « Il n'y a pas de femmes frigides, il n'y a que de mauvaises langues. » ?

Question du jour

Que veut dire l'expression « fendre la marmotte » ?

Présentation des panélistes

Là où elle passe, l'impuissance trépasse.

Chantal Ladesou

Faire l'amour à une femme endormie.

Sacha Guitry.

Citation

Qui a dit : « Il y a des choses curieuses sur Terre : tenez, par exemple, pour aller éteindre les incendies, les pompiers brûlent tous les feux. » ?

Raymond Devos.

Question du jour

À quel président de la République française fut adressée la célèbre lettre ouverte « J'accuse », d'Émile Zola ?

À Félix Faure.

Bouvardise

Je ne vois pas pourquoi on ne se traiterait pas aussi mal soi-même qu'on traite les autres.

Sexe et amour sur le fauteuil du psychiatre

par Philippe Chevallier

En cette période de crises en tout genre et de catastrophes en série, ça ne fait jamais de mal, les amis, pour se détendre un peu, de parler d'amour, de sexe… ou des deux ! C'est ce qu'a très bien compris un psychiatre très inspiré – nous dit le périodique féminin, et un périodique est souvent féminin… En faisant la promotion du livre, le périodique dit que « le psychiatre a écrit un livre choc sur ce que veulent les hommes en matière de sexe et d'amour ». Et je me suis dit, en lisant ça : « Je vais me régaler, et en apprendre des choses, sur mes congénères… » L'auteur prétend révéler au grand jour ce que ressentent, dans leur tête et dans leur corps, les hommes quand ils font l'amour. Si vous voulez savoir, écoutez plutôt : « 60 % des hommes veulent vivre un moment d'intimité partagée ». Elle n'est pas belle, celle-là ? Ça vous la coupe, hein ! Attention, l'intimité partagée, ce n'est pas la partouze, pas de méprise ! On ne partage pas avec Raymond, le voisin du dessus. On partage à deux : le gars et la fille, fifty-fifty. Ah ! il s'est creusé, le psychiatre, pour trouver ça tout seul ! L'amour, c'est bien quand on est deux. C'est sûr que la pignole, tout seul dans son coin pendant que Bobonne est allée faire des courses, c'est de l'intimité aussi, mais qui n'est partagée qu'avec la main qui mange la soupe ! Le festival d'enfoncement des portes ouvertes continue : « Un homme sur deux, dit cet éminent psychiatre, a besoin du contact intime des corps. » Là aussi, on touche au sublime. Parce que, à moins d'être monté comme un âne et d'avoir 30 centimètres de radiome, je vois mal comment on peut faire du bien à Simone si on n'est pas dedans. Ce n'est pas fini. Le ravi de la crèche nous fait encore des déclarations : « Ce qui favorise le climat érotique, c'est d'être nu. » Eh oui ! Le gars préfère… et ça ne doit pas dater d'hier. Quand Perceval revenait de tournée et que sa feignasse de Guenièvre l'attendait sur le plumdu, il valait mieux qu'il retire son barda avant de commencer l'abordage. Surtout qu'à cette époque, il n'y avait pas de vaccin contre le tétanos… sans parler de la ceinture de chasteté ! S'il avait perdu la clé, le pépère, il faisait ceinture. L'expression doit venir de là. Encore un petit coup pour la route : « La sexualité de l'homme, dit-il, est toujours en appétit du fait de sa capacité régulière d'érection. » Une phrase comme ça, ça force le respect et Lapalisse peut aller se rhabiller, c'est le cas de le dire. Je vais quand même essayer de traduire : si Popaul se rappelle à votre bon souvenir, c'est que vous êtes en forme. Sinon, c'est que vous l'êtes moins. Un diététicien du même tonneau pourrait vous dire aussi bien : « Si vous avez faim, c'est que vous avez de l'appétit, mais si vous n'avez pas envie de manger, c'est que vous n'avez pas faim ! »

Donc, je soupçonne les enquêtés de n'avoir pas tout dit à ce brave écrivain psychiatre, et même de lui avoir carrément menti. J'ai moi-même fait mon enquête discrètement, auprès de mes camarades des Grosses Têtes. Tous m'avouent que, même s'ils aiment leur femme ou leur compagne, ils ont tous à l'esprit, au moment de l'étreinte finale, l'image d'un sex-symbol. Pour les plus sains d'entre eux, Sharon Stone, et pour les plus compliqués, la Mère Denis !

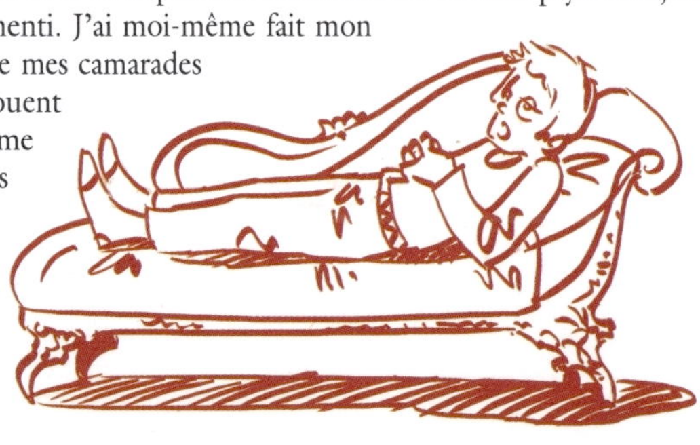

Samedi **28** SAINTE-VALÉRIE

Dimanche **29** **Avril** SAINTE-CATHERINE-DE-SIENNE

Souvenirs, souvenirs…

– **Pierre Arditi** : J'ai eu la chance de passer une soirée avec Faye Dunaway.
– **Vincent Perrot** : À quelle époque ?
– **Bernard Mabille** : Oh ! Tu es méchant !
– **Pierre Arditi** : À la belle époque.
– **Philippe Bouvard** : Il y a cinquante ans…
– **Pierre Arditi** : Il y a une vingtaine d'annés. Elle allait retrouver Patrice Chéreau dans un restaurant, et j'avais une voiture. J'étais complétement « gaga » et j'ai eu de la chance : elle m'avait vu dans un film d'Alain Resnais. Elle a été absolument délicieuse, du coup je lui ai proposé de l'emmener. Elle retrouve Chéreau au restaurant et me propose de rester. À ce moment, plus aux anges que moi, ce n'était pas possible ! J'ai passé la soirée, puis elle m'a demandé de la raccompagner à l'hôtel. On a donc bu un dernier verre avant que je ne la ramène, et puis ça s'est arrêté là. Ce n'était pas possible, car je n'étais pas libre. Mais j'ai senti que cela aurait pu aller plus loin. C'est resté un souvenir admirable. Après cette soirée, je ne l'ai plus jamais revue. Le fait que ça ce soit arrêté là rend le souvenir encore meilleur.
– **Philippe Bouvard** : En revanche, je ne suis pas sûr que ce soit un de ses meilleurs souvenir à elle !
– **Pierre Arditi** : Je pensais qu'il n'y avait que deux vieux Muppets Show, mais en fait ils sont trois !
– **Pierre Bellemare** : J'ai eu presque la même chose avec…
– **Vincent Perrot** : Avec Pauline Carton ?
– **Pierre Bellemare** : J'étais dans une galerie de peinture, et le peintre qui exposait m'intéressait, donc je regardais de plus près – au fond de la galerie – des tableaux posés par terre. Je m'étais donc accroupi devant ces tableaux pour mieux les voir, et là je sens une présence derrière moi. Je me retourne, et je suis obligé de lever le regard, parce que la dame est très grande. C'était Ingrid Bergman.
– **Bernard Mabille** : Effectivement, c'est pas mal ! Mais il s'est passé quelque chose ?
– **Pierre Bellemare** : Ah non ! On s'est souri, c'est tout.
– **Bernard Mabille** : Donc vous ne concluez pas, les mecs, alors !
– **Pierre Bellemare** : Non, mais c'était la vision qui était très agréable.
– **Philippe Bouvard** : Moi, un jour, c'est Sylvana Mangano qui m'a proposé la botte. J'ai refusé, alors elle les a gardées !

Citation

Qui a dit : « La France est un pays qui adore changer de gouvernement, à condition que ce soit toujours le même. » ?

Honoré de Balzac.

Question du jour

Qu'appelle-t-on les « westerns-soja » ?

Films de kung-fu ou de karaté apparus dans les années 1970-1972.

Présentation des panélistes

À l'âge de Jeanne Calment, elle ne sera toujours pas calmée.

Macha Méril

UNE HISTOIRE DRÔLE

Une maîtresse d'école téléphone chez un petit garçon et lui demande :

– Veux-tu me passer ta maman ?

– Maman est dans la salle de bains.

– Alors, ne la dérange pas et passe-moi ton papa.

– Lui aussi, il est dans la salle de bains.

– Ah bon ? Est-ce que tu penses que ça va être long ?

– Oh oui, madame, parce que tout à l'heure, ils m'ont demandé le tube de vaseline et je leur ai donné le tube de colle !

Les statistiques de Peroni

– 80 % des vidangeurs ont un goût de chiotte.
– Quand lors d'un cours de géographie on demande aux élèves ce qu'est le Ballon d'Alsace, 60 % répondent que c'est le petit-déjeuner de leur papa.
– Affaire Betancourt : 50 % des Français pensent qu'à son âge, cette dame a bien supporté ses six ans passés dans la jungle colombienne.
– 30 % des filles de charcutiers sont des boudins.
– 60 % des collégiens pensent que la polygamie se trouve dans le Pacifique.
– 40 % des femmes de pompiers n'en font pas.
– Pour 80 % des métropolitains, la nana de la Martinique est un bon coup.
– 17 % des gourmands n'osent pas commander à leur pâtissier un paris-brest, de peur que la SNCF ne fasse grève.
– 30 % des mecs qui ont une femme cadre ne peuvent pas la voir en peinture.
– 3 % des parents qui ont des jumelles les prénomment Josette, pour pouvoir faire rire le camping l'été, en disant aux voisins : « Et voilà la paire de Josette ! »
– 2 % des habitants du cap Gris-Nez viennent du Népal.
– 20 % des Français pensent que si Napoléon avait eu la CGT au cul, jamais il n'y aurait eu la retraite de Russie.

Citation

Qui a dit : « L'Anglais tond son gazon très court, ce qui permet à son humour de voler au ras des pâquerettes. »

Question du jour

Quel est le seul lieu où un gendarme a l'obligation d'enlever son arme de service ?

Présentation des panélistes

Il boit moins depuis qu'il renverse davantage.

Jean-Jacques Peroni

Pierre Desproges.

Dans un bureau de vote.

Le bonheur est dans le métier

– **Philippe Bouvard** : Il a été mené auprès de 18 000 Français une enquête leur demandant s'ils allaient travailler avec plaisir. Dans le sondage général, 8 sur 10 répondent « oui » à cette question, et pas seulement pour l'argent.
– **Philippe Chevallier** : Cela me paraît beaucoup !
– **Jean-Jacques Peroni** : Tu m'étonnes ! Ils y retrouvent leurs maîtresses !
– **Philippe Chevallier** : Et ce n'est pas l'impression qu'ils donnent dans le métro.
– **Bernard Mabille** : Tout dépend du chef.
– **Philippe Bouvard** : Tout dépend du métier, aussi.
– **Philippe Chevallier** : C'est vrai que nous, on a un chef extraordinaire.
– **Bernard Mabille** : Tu m'ôtes les mots de la bouche !
– **Philippe Bouvard** : Non, mais admettez que ce soit une entreprise normale, où il n'y a pas de lèche-cul… Le métier compte beaucoup, il y en a qui sont pénibles, répétitifs.
– **Jacques Balutin** : Il y avait un reportage l'autre jour à la télé sur les égoutiers, qui montrait qu'ils adorent ça ! Ils sont contents comme tout.
– **Évelyne Leclerq** : Et chez France Telecom, ils sont contents aussi ?
– **Jacques Balutin** : Mais oui ! Ils en sautent par les fenêtres.
– **Philippe Chevallier** : J'ai quand même un peu de mal à y croire.

– **Jean-Jaques Peroni** : Je suis assez d'accord avec vous. Souvenez-vous des ramasse-crottes, est-ce qu'on peut vraiment être épanoui dans ce métier-là ?
– **Bernard Mabille** : Et proctologue ?
– **Jean-Jaques Peroni** : Oh ! Le proctologue voit souvent la vie en noir, contrairement au gynécologue, qui voit la vie en rose.
– **Philippe Bouvard** : S'il fait ce métier, le proctologue, c'est parce qu'il en avait envie. Personne ne l'y a forcé.
– **Bernard Mabille** : Il faut dire qu'on a souvent envie, dans ces coins-là.
– **Philippe Bouvard** : Après, c'est assez nuancé. Par exemple, la moitié a le goût au travail tous les jours, ou presque ; 28 % ont du plaisir assez souvent. À l'inverse, 10 % n'ont pas de plaisir et 5 % préféreraient rester chez eux.
– **Bernard Mabille** : Au travail, on se refait une petite famille.
– **Philippe Bouvard** : Il y a les relations avec les collègues qui jouent un rôle.
– **Bernard Mabille** : Vous n'êtes pas content de nous retrouver, Philippe ?
– **Philippe Bouvard** : Eh bien si, justement ! D'ailleurs, on s'embrasse.
– **Philippe Chevallier** : On se fait la bise, c'est vrai.
– **Bernard Mabille** : Un peu la main au cul aussi, parfois.
– **Philippe Chevallier** : Plus en début de semaine, on ne s'est pas vus du week-end.

Citation

Qui a dit : « Un soldat sans général peut faire du dégât ; mais un général sans soldat retrouve tout de suite sa vraie place : le poteau, la chambre des députés ou l'Académie française, selon le genre de pourriture qu'il choisit. » ?

Boris Vian.

Question du jour

Que doit semer un jardinier tout à côté, pour avoir des belles tomates et stimuler leur croissance ?

Il faut semer du basilic à proximité.

Bouvardise

Je l'aime depuis si longtemps qu'elle est de plus en plus la dame de mes pensées, et de moins en moins celle de mes actes.

Mercredi
2 Mai
SAINT-BORIS

UNE HISTOIRE DRÔLE

Le mari vient de terminer la lecture du livre *L'Homme de la maison*. Il arrive en toute hâte dans la cuisine, marche vers sa femme et, tout en lui pointant le doigt à la figure, lui dit :

– À partir de maintenant, je veux que tu saches que je suis l'homme de la maison, et que ma parole fait loi ! Je veux que tu me prépares un repas gourmet, et quand j'aurai terminé de manger, je m'attends à un somptueux dessert. Ensuite, après le souper, tu vas me faire couler un bon bain afin que je puisse me relaxer, et quand j'en aurai terminé avec mon bain, devine qui va me peigner et m'habiller ?

Et sa femme de répondre :

– Les pompes funèbres, connard !

Ce qui est tatoué est à moi

– **Philippe Bouvard** : Vous êtes donc sensible aux barbes et aux tatouages ?

– **Amanda Lear** : Oui, bien sûr. Je porte moi-même un tatouage, mais personne ne le voit, parce que c'est dans un endroit où il y a très peu de passage.

– **Bernard Mabille** : C'est un sens interdit ?

– **Jean-Jacques Peroni** : Et ça représente quoi ?

– **Amanda Lear** : Un soleil.

– **Jean-Jaques Peroni** : Un soleil dans la lune !

– **Philippe Bouvard** : Mais il est où, votre soleil ?

–**Bernard Mabille** : Devant ou derrière ?

– **Amanda Lear** : Il faut vraiment avoir le nez dessus pour le voir.

– **Jean-Jaques Peroni** : Il n'y a pas marqué « Défense de fumer » ?

– **Philippe Bouvard** : En tout cas, s'il y a un soleil, moi qui suis habillé comme un chef de rayon, j'ai ma chance !

Citation

Qui a dit : « En France, quand on ne travaillera plus les lendemains des jours de repos, la fatigue sera vaincue. » ?

Question du jour

Quel procédé Balzac utilisait-il pour obtenir des repas gratuits ?

Présentation des panélistes

Son lit a longtemps été un stage affreté aux troisièmes mi-temps.

Amanda Lear

Il citait le nom des restaurants dans ses ouvrages.

Pierre Dac.

Des ampoules plein les mains

par Jacques Mailhot

Vous le savez, l'époque est au jetable. On vient d'en mesurer la tendance avec les départs du gouvernement de Rama Yade et de Fadela Amara, deux phares de notre époque éclairée, dont on vient en quelque sorte de changer les ampoules. Et à propos d'ampoules, justement, on sait que dans un souci écologique, on nous a obligés à remplacer nos bonnes vieilles ampoules à filaments par des ampoules dites « à basse consommation d'énergie ».

Seulement, voilà, si les vieilles chauffaient plus qu'elles n'éclairent les nouvelles ne chauffent plus, mais n'éclairent pas davantage. Et puis surtout elles contiennent du mercure. Et comme notre époque éclairée a peur de tout, elle n'a pas hésité à faire interdire les bons vieux thermomètres médicaux au mercure remplacés par des thermomètres électroniques sans âme, dont la seule qualité est de vous jouer *La Marseillaise* quand ils ont fini de vous prendre la température corporelle. Moralité : ce qu'on a plus le droit de se mettre dans le…, on peut en revanche se le mettre devant le nez, devant les yeux, devant la bouche sans aucun problème. Preuve que le proctologue voit sans doute plus loin que l'ophtalmo. Car voici ce que l'on peut lire sur l'emballage de ces nouvelles ampoules, dites « fluo compactes » : « Cette ampoule génère des champs magnétiques qui peuvent nuire à la santé des enfants et des personnes sensibles. Attention lorsqu'elles se brisent ! Il y a risque d'intoxication par le mercure. » Donc, lorsque cette ampoule se casse, cassez-vous également. « Quittez et aérez la pièce durant une trentaine de minutes. Puis, ramassez les débris à la main avec des gants, mais surtout n'utilisez ni aspirateur ni balai qui pourraient disperser les particules de mercure. Collectez les petits éclats de verre avec du ruban adhésif. Nettoyez avec un essuie-tout humide, mais pas trop – comme ma sœur – et jetez l'ensemble dans un conteneur hermétique.

Car l'ampoule ne doit pas être jetée, mais recyclée. Mettez donc une étiquette sur le paquet indiquant la vie et la carrière de votre ampoule, avec ses ambitions pour l'avenir. » Vous faites une sorte de « bio » de votre ampoule – si je puis dire – qui, elle, est tout sauf « bio », visiblement.

Si vous pouvez, ensuite, aller loger à l'hôtel durant quelques jours en attendant la dispersion des effluves chez les voisins, c'est même conseillé.

En écoutant ces conseils, on mesure tout l'intérêt qu'il y a eu à changer ces ampoules. Si non seulement les nouvelles consomment moins et en même temps achèvent l'utilisateur, notre consommation d'énergie va forcément baisser.

Citation

Qui a dit : « Je croirai vraiment à la liberté de la presse quand un journaliste pourra écrire ce qu'il pense vraiment de son journal. Dans son journal. » ?

Guy Bedos.

Question du jour

Quelle profession le facteur Cheval exerça-t-il pendant dix-huit ans avant d'être nommé à la Poste ?

Il était boulanger.

Bouvardise

La réunion, forme professionnelle de la démocratie participative, est conçue pour accorder la prise de parole à tous ceux auxquels on refusera ensuite l'accès à la décision.

Citation

Qui a dit : « Un disque, c'est sexuel. Tout sort du caleçon. Soit c'est propre, soit c'est sale. » ?

Jacques Dutronc.

Question du jour

En 1956, lors du mariage de Rainier de Monaco avec Grace Kelly, quel ministre de la IVe République représentait la France ?

François Mitterrand.

Bouvardise

La politique est une activité clanique, en même temps qu'une compétition permanente d'ambitions personnelles sublimées au nom de l'intérêt général.

Molière avait un nègre

– **Philippe Bouvard** : Quelle pièce de théâtre Corneille et Molière ont-ils signée ensemble ?

– **Francis Perrin** : *Psyché.*

– **Philippe Bouvard** : Bonne réponse ! Il y a des controverses, tout de même, certains ont affirmé que c'était Corneille qui écrivait les pièces de Molière.

– **Jean-Jacques Peroni** : Il paraît que pour Shakespeare, c'était Shakespeare qui écrivait ses textes, alors bon !

– **Francis Perrin** : On dit ça, mais…

– **Bernard Mabille** : Il paraît que la biographie de Poivre d'Arvor, c'est Heming-way qui l'a écrite !

UNE HISTOIRE DRÔLE

Un jour de mai 2012, un vieux monsieur est assis sur un banc du parc, face à la grille du palais de l'Élysée. Après quelques minutes, il se lève et va voir le garde républicain :

– Bonjour monsieur, j'aimerais visiter l'Élysée et rencontrer le président Nicolas Sarkozy.

Le garde républicain lui répond :

– Monsieur Sarkozy n'est plus président et n'habite plus ici !

Le vieux monsieur s'en va sans dire un mot… Pour une troisième journée consécutive, le vieux monsieur est assis sur le même banc du parc et regarde toujours l'Élysée. Il se lève enfin, va voir le garde républicain, et lui dit à nouveau :

– J'aimerais visiter l'Élysée et rencontrer le président Nicolas Sarkozy.

Le pauvre garde républicain est très embêté.

– Monsieur, ça fait trois jours que vous me demandez à rencontrer M. Sarkozy, et ça fait trois jours que je vous dis que M. Sarkozy n'est plus président et qu'il n'habite plus ici. Est-ce qu'il y a quelque chose que vous ne comprenez pas ?

– Non, non, dit le vieux monsieur, c'est juste que ça me fait tellement plaisir de l'entendre dire !

Alors, le garde républicain se met au garde-à-vous, le salue et lui dit :

– À demain, monsieur !

UNE HISTOIRE DRÔLE

La maîtresse fait une leçon de mathématiques dans une classe de primaire.
– Un chasseur n'a plus qu'une cartouche dans sa carabine. Dans le pré il voit trois lapins. Il tire un coup et tue un lapin. Combien de lapins reste-t-il ? Julien ?
– Aucun lapin mademoiselle !
– Voyons Julien, comment parviens-tu à ce résultat ? Trois moins un font deux et non zéro.
– Ben mademoiselle, quand le chasseur tire son coup, les deux autres lapins détalent, non ? Il n'en reste donc aucun.
– Mathématiquement cela reste une faute, mais j'aime bien ton raisonnement.
Le lendemain, Julien demande à la maîtresse :
– Mademoiselle, je peux vous poser une devinette ? Chez le marchand de glaces, j'ai vu trois dames qui mangeaient un cornet. La première le mordait, la deuxième le suçait et la troisième le léchait. Laquelle des trois était mariée ?
– Ben... Heu... Probablement celle qui suçait...
– Vous vous trompez mademoiselle, c'est celle qui portait une alliance. Mais j'aime bien votre raisonnement...

Citation

Qui a dit : « Nous sommes tous comme la Lune, nous ne montrons jamais notre côté obscur. » ?

Question du jour

Quelle fut la première profession qu'exerça Charles Trénet lors de son arrivée à Paris, au début des années 1930 ?

Présentation des panélistes

Finalement et quoiqu'on en ait dit, elle aura mangé moins d'hommes que de spaghettis.

Macha Méril

Marc Twain.

Il faisait le numéro de claquettes annonçant le début d'une scène de film.

Lundi

7

Mai

SAINTE-GISÈLE

Citation

Qui a dit : « L'imbécile ne peut pas se définir, mais on peut toujours donner des exemples. » ?

Gérard Jugnot.

Question du jour

Avant d'être pilote automobile, quel sport pratiquait Jackie Stewart ?

Il faisait du ball-trap. Il fut sélectionné dans l'équipe anglaise pour les jeux Olympiques à Rome, en 1960.

Bouvardise

À force de stocker tout dans les ordinateurs, on n'aura bientôt plus rien dans la tête.

Du coté de la Miss France n° 3

– **Philippe Bouvard** : Nous allons faire éclairer notre lanterne sur l'arrivée sur le marché, déjà pas mal encombré, d'une troisième Miss France. Bonjour, Mathilde Florin, c'est gentil de nous répondre. Vous devez être débordée par votre nouvelle dignité. Alors, naturellement, on s'étonne, parce qu'il y avait déjà une Miss France officielle, une Miss France dissidente, et vous, vous êtes la troisième Miss France, qualifiée d'historique. Mais vous êtes encore jeune, non ?

– **Mathilde Florin** : Non effectivement, tout de même pas historique. J'ai 21 ans, donc j'ai encore de la marge. Il est vrai que j'arrive comme un cheveu sur la soupe, mais l'élection existait depuis longtemps, bien qu'on n'en parle pas.

– **Philippe Bouvard** : Vous sentez-vous en compétition avec les autres ou jouez-vous votre partie à l'écart ?

– **Mathilde Florin** : Sincèrement, je ne me sens pas du tout en compétition. Je pense qu'on est toutes les trois différentes, on a toutes les trois à donner et à recevoir.

– **Tous** : Aaah ! Ça, c'est sûr, c'est quand vous voulez !

– **Philippe Bouvard** : Faute de question plus intelligente, on peut vous demander vos mensurations ?

– **Mathilde Florin** : Bien sûr, elles sont connues.

– **Philippe Bouvard** : Doucement, je prends note.

– **Mathilde Florin** : 1,77 mètre…

– **Bernard Mabille** : Ah, ça, c'est bon !

– **Mathilde Florin** : … pour 85.60.90.

– **Philippe Bouvard** : Mais on ne fait pas 06 d'abord ? Sinon, comment s'est passée l'élection ? C'était en comité plus restreint, tout de même, que la grande qui était télévisée sur la première chaîne d'Europe ?

– **Mathilde Florin** : Tout à fait, c'était le 19 décembre au César Palace sur Paris.

– **Philippe Bouvard** : Sur Paris ? Mais vous êtes arrivée en parachute, alors ?

– **Mathilde Florin** : Non, en voiture, malgré la neige.

– **Philippe Bouvard** : Il y avait du monde ?

– **Mathilde Florin** : Le soir même ?

– **Évelyne Leclerq** : Plutôt, oui, le lendemain c'est pas vraiment intéressant…

– **Philippe Bouvard** : Il faut le savoir, toute cette élection était organisée à l'instigation de quelqu'un qui, depuis le lancement du concours Miss France, ne prétend plus qualifier que Mme Poireaux. Il dit qu'il est propriétaire de l'idée et de la formule.

– **Mathilde Florin** : Après, moi, je ne rentre pas dans les histoires entre Mme de Fontenay et M. Le Parmentier.

– **Philippe Bouvard** : Mme Poireaux, elle habite à Fontenay, c'est tout.

– **Jean-Jacques Peroni** : Entre Mme de Fontenay et M. Le Parmentier, on est dans la patate, là !

– **Mathilde Florin** : Écoutez, apparemment le titre lui appartient.

– **Philippe Bouvard** : Oui, mais bon, chaque fois que M. Le Parmentier est allé en justice pour défendre sa thèse – et c'est arrivé souvent –, la justice l'a débouté ou lui à donné tort.

– **Bernard Mabille** : Il s'est retrouvé en hachis !

À suivre

Mardi 8 Mai

ARMISTICE 1945

Du côté de la Miss France n° 3 (SUITE ET FIN)

– **Philippe Bouvard** : Cela fait trente ans que ça dure, tout de même !
– **Mathilde Florin** : De toute façon, tant que le titre, on me le donne, je vais le garder. Je ne vais pas dire non.
– **Philippe Chevallier** : Évidemment !
– **Mathilde Florin** : On verra bien de quoi est fait le futur.
– **Bernard Mabille** : Ça vous a rapporté quoi ? Des cadeaux ?
– **Mathilde Florin** : Non, le soir même, il n'y a pas eu de cadeaux, après, sachez que l'on va partir pour Dubaï pour tourner un pilote.
– **Évelyne Leclerq** : Pour détourner un pilote ?
– **Philippe Bouvard** : Si Jean-Jacques Peroni avait assisté à votre élection, il vous aurait dit : « Mets-toi su'l'dos, v'là ton cadeau ! »
– **Bernard Mabille** : Oh ! Ce n'est pas l'élection de Miss Vulgos !
– **Philippe Bouvard** : Est-ce que vous avez un métier ?
– **Mathilde Florin** : Je suis encore étudiante, j'étudie l'anglais. Je voulais être hôtesse de l'air, et pour faire ce métier, il faut un certain niveau d'anglais, de nos jours.

– **Bernard Mabille** : Il faut savoir dire *crash*.
– **Philippe Bouvard** : Vous avez eu une petite bourse ? On vous a donné un peu d'argent ?
– **Mathilde Florin** : Ah non, pas du tout.
– **Philippe Bouvard** : Et votre première conférence de presse ? Comment ça s'est passé ?
– **Mathilde Florin** : J'ai été assez surprise par les médias présents, mais c'était plutôt une bonne surprise. J'ai vraiment apprécié. J'ai eu l'occasion de me défendre sur le fait que je n'étais pas une contrefaçon. C'est toujours une nouvelle expérience.
– **Philippe Bouvard** : Ah oui ! Ça, c'est sûr ! Vous êtes mariée ? Fiancée ?
– **Mathilde Florin** : Ni l'un ni l'autre !
– **Philippe Bouvard** : Ça va s'arranger ! Surtout si vous êtes bonne en langues ! Et la famille, elle a dit quoi, quand elle a vu que vous héritiez du troisième titre ?
– **Mathilde Florin** : C'est sûr, les gens ont eu du mal à comprendre. Mais pour l'instant, ils me soutiennent, ils sont derrière moi. Mais j'essaye surtout de garder la tête sur les épaules. Miss France, c'est très bien, mais j'ai une autre vie derrière.
– **Jacques Balutin** : Il vaut mieux Air France que Miss France, quoi !
– **Philippe Bouvard** : En tout cas, vous êtes charmante et vous vous exprimez bien.
– **Philippe Chevallier** : Elle à résisté à tous nos quolibets d'imbéciles.
– **Jacques Balutin** : On lui donnera des petites bourses, nous !
– **Philippe Chevallier** : Si on s'y met à plusieurs, cela en fera une grosse !
– **Philippe Bouvard** : Les Grosses Têtes vous embrassent !

Citation

Qui a dit : « Un traître est un homme politique qui quitte son parti pour s'inscrire à un autre. Par contre, un converti est un homme politique qui quitte son parti pour s'inscrire au vôtre. » ?

Georges Clémenceau.

Question du jour

En quoi consiste un massage à la française ?

Un massage avec la bouche sur toutes les parties du corps.

Bouvardise

Quand j'aime bien les gens, je crois toujours qu'ils me le rendent. Et je me trompe parfois. L'amour appelle davantage l'amour que l'amitié ne suscite l'amitié.

Citation

Qui a dit : « Les hommes politiques ont aujourd'hui l'intimité d'un poisson rouge dans un bocal. » ?

François Baroin.

Question du jour

En 1995, durant le festival de Cannes, pourquoi Jacques Toubon quitta-t-il brusquement le festival ?

À la suite d'un changement de gouvernement, il a été nommé ministre de la Justice. Il a quitté Cannes en laissant sa place à son successeur, Philippe Douste-Blazy.

Bouvardise

L'affirmation d'un bonheur illusoire constitue un premier pas sur le chemin de la félicité.

La retraite dès la maternelle

par Jacques Mailhot

Pour être honnête avec vous, je dois avouer que je n'avais pas très envie d'aller à la manifestation contre la réforme des retraites. Heureusement, c'est mon petit-neveu Kevin, 5 ans et demi, et sa sœur Louise, 8 ans la semaine prochaine, qui m'ont convaincu de les y accompagner. Avec cette franchise qui caractérise désormais la génération Anelka, ce philosophe moderne issu de la diversité pensante, mon cher petit Kevin m'expliqua : « On s'est fait niquer sur le service minimum, on se fera pas niquer sur la réforme des retraites ! »

Mardi matin, nous partîmes donc tous les trois à la grande parade anti-Woerth pour tenter de sauver ce qui pouvait être encore sauvé. Au pied de la tour Montparnasse nous retrouvâmes nos compagnons de combat. Il y avait là des travailleurs plus âgés, comme Johan, un CP en devenir, ou Farida, qui s'apprête à tripler sa sixième. Tous très mobilisés sur leurs fins de carrière. À côté de moi, une mère de famille admirable avait amené dans sa poussette sa fille Jessica, qui suçait ardemment son pouce en signe de désapprobation à cette réforme inique. Heureusement, les gens de Force ouvrière et du SGEN avaient tout prévu pour que la manifestation reste tout de même assez festive : ils avaient loué une cinquantaine de chauffe-biberons roulants pour assurer l'intendance, ainsi que des distributeurs de tétines ambulants. Vers 13 h 30, le cortège s'ébranla. L'émotion était à son comble. Voir tous ces jeunes bambins pour la plupart encore incontinents voler à la rescousse de vieillards dans le besoin, cela m'émut au plus haut point. Autour de moi, une classe maternelle venue spécialement du Petit-Quevilly scandait : « Sarko, t'es foutu, les marmots sont dans la rue ! Woerth, si t'es sourd, va pointer chez Bettencourt. » Un peu plus loin, une vieille – c'était une étudiante en lettres de 19 ans –, me dit : « Moi, je suis à Lille, où c'est que j'étudie la littérature écrite, mais je suis venue aujourd'hui sur Paris pour pallier la baisse des régimes de retraite. »

Vers 19 heures, je rentrai chez moi, fourbu. Je dis alors à mon petit-neveu, qui avait vomi son goûter sur un car de CRS en guise de révolte, qu'il fallait qu'il dorme bien, car le lendemain il y avait de nouveau école. Ce à quoi il rétorquait : « Non ! Demain, j'ai la réunion d'un collectif pour obtenir la gratuité de mon assurance-obsèques. »

Jeudi 10 Mai

SAINTE-SOLANGE

À table !

– **Philippe Bouvard** : Vous imposez-vous une discipline entre deux gueuletons ?
– **Jacques Mailhot** : Oui, je fais régime, j'essaye de faire léger.
– **Philippe Bouvard** : Après un gros déjeuner, je supprime le goûter.
– **Philippe Chevallier** : Vous attaquez directement le dîner ? Vous est-il arrivé de faire deux repas de suite ?
– **Philippe Bouvard** : Une fois mémorable, j'étais invité, au temps où il était secrétaire général de la CGT, par celui qui comptait si bien, M. Krasucki. Il m'avait invité au somptueux siège social de la CGT, et on était servis par une militante en tablier blanc. On attaque : une entrée, un plat, ensuite un autre plat, puis du fromage, la salade et un dessert. Au moment où je m'apprêtais à me lever pour prendre congé, la militante en tablier blanc revient avec des hors-d'œuvre, avec un plat de résistance, une salade, du fromage et un dessert. On mange, moi poliment, puis quand même, au bout d'un moment, Krasucki dit à la serveuse : « On avait déjà déjeuné une fois ! Pourquoi nous avez vous servi un deuxième déjeuner ? » « Parce que, monsieur Krasucki, je vous avais proposé deux menus, et comme vous n'avez rien choisi, j'ai cru que vous vouliez les deux ! »
– **Jean-Jacques Peroni** : Ils sont très riches, les syndicats !

UNE HISTOIRE DRÔLE

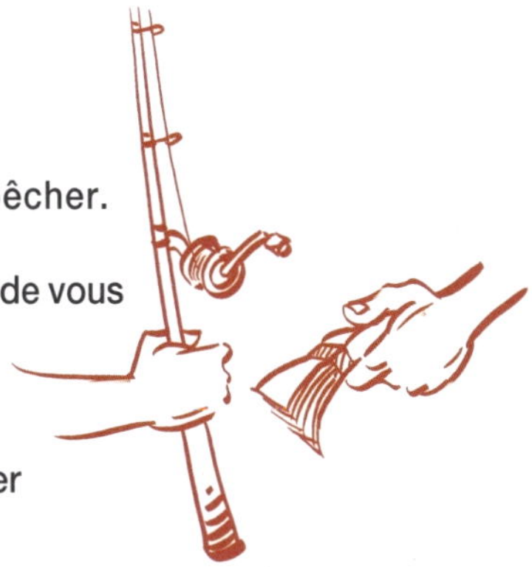

Quatre hommes se retrouvent pour pêcher.
Le premier dit :
– Vous savez que pour avoir l'autorisation de vous rejoindre, j'ai dû promettre à ma femme de lui repeindre toute la maison ?
Le deuxième dit :
– Moi, j'ai dû lui promettre de lui changer les éléments de la cuisine !
Le troisième dit :
– La mienne m'a demandé de lui acheter un spa !
Le quatrième ne dit rien. Les trois autres l'interrogent :
– Et toi, tu ne dis rien ?
– Moi, répond le quatrième, j'ai mis la sonnerie du réveil à 4 heures du matin, et j'ai dit à ma femme : « Pêche ou sexe ? » Elle m'a répondu : « Prends un lainage, il ne va pas faire chaud ! »

Citation

Qui a dit : « L'art de diriger consiste à savoir abandonner la baguette pour ne pas gêner l'orchestre. » ?

Herbert von Karajan.

Question du jour

Au Bahreïn, quelles conditions les gynécologues hommes doivent-ils respecter pour examiner les parties génitales d'une femme ?

Il leur est strictement interdit de regarder directement les différentes parties du sexe de la femme pendant l'examen. Ils doivent utiliser un miroir.

Bouvardise

Le népotisme constitue la seule arme absolue contre le chômage de certains jeunes.

UNE HISTOIRE DRÔLE

C'est une blonde qui va dans une animalerie et demande :
– Combien coûte cette boule de poils ?
Le marchand répond :
– 200 euros.
– 200 euros pour une vulgaire boule de poils ! s'exclame la blonde.
Il lui répond :
– Ce n'est pas une vulgaire boule de poils, c'est un perroquet ! Si vous tirez sur sa patte droite, il parle en français, et si vous tirez sa patte gauche, il parle en anglais.
Elle lui demande ensuite :
– Et si on tire sur les deux en même temps ?
Le perroquet répond :
– Ben je tombe, connasse !

Cours de politesse

– **Philippe Bouvard** : Que faites-vous quand, dans un dîner en ville, un plat ne vous plaît pas ?
– **Jean-Jacques Peroni** : Je ne mange pas.
– **Philippe Bouvard** : Vous êtes à côté de la maîtresse de maison, et si elle voit que votre assiette est pleine, elle se pose des questions et elle vous en pose. Vous balancez tout au chien sous la nappe ?
– **Jacques Mailhot** : J'ai un truc, je dis : « Je suis sous traitement, en ce moment. J'ai des antibiotiques à prendre. » Ou alors, je fais des petits tas. Je coupe les trucs et je les dissimule sous un légume.
– **Philippe Chevallier** : Oui, sous une feuille de salade. Autrement, il y a la formule très chic : « Je vais en prendre très peu, sinon je vais vomir ! » Ça plaît toujours.
– **Jacques Mailhot** : Ça met en confiance. Un prêté pour un rendu.

Citation

Qui a dit : « Je suis souvent seul dans la vie, mais sur scène jamais… Ma drogue à moi, c'est le public. » ?

Johnny Hallyday.

Question du jour

Comment Julien Green se fit-il remarquer quand il était à l'Académie française ?

Il voulut démissionner, ce qui est interdit à l'Académie.

Bouvardise

Chez nous, on ne gagne plus une élection sur un bilan, mais par des promesses. Autrement dit, ce qu'on veut faire et qu'on ne fera sans doute pas, afin de laisser du grain à moudre à ses successeurs, l'emporte haut les suffrages sur ce qu'on a fait.

Samedi **12** SAINT-ACHILLE

Dimanche **13** SAINTE-ROLANDE

Mai

La honte
de Claude Lelouch

– **Claude Lelouch** : J'avais 17 ans et c'était la veille du bac. Comme j'avais fait des études lamentables, le soir, j'ai entendu mon père et ma mère discuter, disant : « Qu'est-ce qu'on va faire de lui s'il rate son bac ? » Ils étaient catastrophés, sachant très bien que je n'avais aucune chance. Et mon père a répondu : « S'il rate son bac, je lui achète une caméra et qu'il se démerde ! »

Inutile de vous dire que le lendemain je n'ai pas forcé ! J'ai été très mauvais volontairement et, comme mon père était un homme de parole, le jour où je lui ai annoncé que j'étais recalé, il m'a offert ma première caméra et ma vie de cinéaste a commencé. Grâce à lui, j'ai pu faire ce que j'avais envie de faire.

– **Philippe Bouvard** : Vous rendez-vous compte que si vous aviez réussi votre bac, on aurait quarante-trois films de moins !

UNE HISTOIRE DRÔLE

Au dîner, une adolescente demande à sa mère :

– Maman, combien de types de pénis existe-t-il ?

La mère, surprise, répond en regardant son mari qui a dans la cinquantaine :

– Eh bien, heu… ma fille, chez l'homme, ça passe toujours par trois phases. À 20 ans, le pénis de l'homme en érection est dur comme un chêne. Entre 30 et 40 ans, c'est comme le bambou, flexible mais sûr. À 50 ans, il devient un sapin de Noël.

– Comment ça, un sapin de Noël ?

– Oui, tout sec, avec des boules qui pendouillent pour la décoration.

Le fils demande alors au père :

– Et les seins des femmes, papa, combien de types de seins existe-t-il ?

– Eh bien, mon fils, il en existe trois types aussi. À 20 ans, les seins d'une femme sont comme des melons, bien ronds et bien fermes. Entre 30 et 40, ils sont comme des poires, encore agréables même si leur forme laisse à désirer. Après 50 ans, ils deviennent comme des oignons.

– Comment ça, comme des oignons ?

– Ben oui, tu les regardes et tu pleures !

Citation

Qui a dit : « Les Français m'agacent prodigieusement, mais comme je ne connais aucune langue étrangère, je suis bien obligé de parler avec eux. » ?

Question du jour

Qui avale un concentré de bouillon de navets avant d'aller travailler ?

Bouvardise

Les armes dites « de dissuasion » sont les moins coûteuses, puisque quand elles sont efficaces, on n'a pas à les utiliser, et elles peuvent donc resservir indéfiniment.

Michel Audiard.

Les chanteurs d'opéra.

UNE HISTOIRE DRÔLE

Un lapin et une pigeonne s'aimaient d'amour tendre. Ils cherchèrent une église pour célébrer leur mariage. Mais partout les curés refusaient de bénir cette union contre nature. Ils allaient renoncer, la mort dans l'âme, lorsque, dans une petite paroisse, un vicaire leur dit :
– Mais oui, mes enfants. Je publie les bans et je vous marie dimanche prochain…
– Oh ! s'écrient ensemble les amoureux, quel est donc ce pays merveilleux où l'on a les idées aussi larges ?
Et le vicaire leur répond :
– La Garenne-Colombes !

Les statistiques de Peroni

– 30 % des femmes de cuisiniers se plaignent que leurs maris ne soient pas des maîtres-queux.
– 50 % des racistes refusent de passer leurs vacances dans la Forêt-Noire.
– 30 % des araignées qui boivent de la bière ont une grosse envie de tisser.
– 40 % des eunuques victimes d'une escroquerie voudraient qu'on les rembourse.
– 40 % des femmes qui se retrouvent enceintes sont celles qui oublient toujours de remettre le capuchon sur le stylo.
– 40 % des rouges-gorges ont une angine.
– 20 % des astrologues se sont pris un coup dans la lune.

Citation

Qui a dit : « On ne ferait pas le métier d'actrice si on ne ressentait pas une véritable jouissance à être regardée. » ?

Question du jour

Dans le vocabulaire de théâtre, que signifie l'expression « jouer à l'anglaise » ?

Bouvardise

Dis-moi dans quel quartier tu es mort, et je te dirai comment tu vivais.

Emmanuelle Béart.

Jouer de dos.

Mardi

15 Mai

SAINTE-DENISE

Le premier baiser d'Alessandra Sublet

– **Alessandra Sublet** : J'étais en colonie de vacances et j'avais 14 ans. Normalement, c'est plus tôt. En fait, le garçon me donne rendez-vous dans un coin un peu reculé, et là il me dit : « On va fermer les yeux et se faire un bisou. » Je vous laisse imaginer la posture débile qu'on devait avoir…

– **Bernard Mabille** : Il avait quel âge ?

– **Alessandra Sublet** : À peu près le même âge. Mon Dieu ! Bref, on se fait le bisou, moi assez fière, et puis il me dit : « Ce n'est pas ça, un bisou. » Je lui demande pourquoi, et il m'explique qu'il faut mettre la langue. Et là, je me suis dit : « Mais de quoi il me parle ? »

– **Bernard Mabille** : Vous étiez un peu cruche, quand même !

– **Alessandra Sublet** : Je pense que les filles de 14 ans d'aujourd'hui n'ont pas du tout le même problème, mais moi, c'est vrai, j'avais un côté cruche.

– **Philippe Chevallier** : C'est tellement charmant…

– **Alessandra Sublet** : Du coup, je l'ai regardé et je lui ai dit que ce n'était pas possible. Et je me rappelle, je suis allée directement appeler…

– **Philippe Chevallier** : La police ?

– **Alessandra Sublet** : Mais non. Je suis allée appeler ma mère en lui disant : « Mais c'est quoi, cette histoire de langue ? »

– **Philippe Chevallier** : Mais il a réussi à vous ouvrir la bouche ?

– **Alessandra Sublet** : Non, mais imaginez la scène du mec qui cherche à…

– **Philippe Chevallier** : Qui cherche l'ouverture, oui.

– **Bernard Mabille** : Mais depuis, ça va mieux, quand même ?

– **Alessandra Sublet** : Depuis. J'ai tout compris.

UNE HISTOIRE DRÔLE

Deux types qui se rencontrent et qui ne se sont pas vus depuis quelques jours discutent de leurs aventures.

– Alors, comment ça va ? Et cette Anglaise que tu draguais la dernière fois, ça a marché ?

– Ben pas terrible. Au début, c'était pas mal. Puis, quand j'ai commencé à accélérer, elle s'est mise à crier « Oh my God ! Oh my God ! »

– Et alors ?

– Ben, au bout de quelques minutes, j'en ai eu marre et je suis allé lui en chercher un !

Citation

Qui a dit : « Dieu a dit : "Je partage le monde en deux, les riches auront de la nourriture, les pauvres de l'appétit." » ?

Coluche.

Question du jour

Quel était le nom du journal de Marat ?

L'Ami du peuple.

Bouvardise

Les voyages qui formaient naguère la jeunesse édifient désormais les réputations. Dis-moi où tu traînes tes tongs, et je te dirai qui tu es.

UNE HISTOIRE DRÔLE

Au restaurant, un client appelle le serveur :
– Vous avez vu ? Il y a une mouche qui nage dans mon assiette.
Réponse du serveur :
– Oui, c'est le chef qui a mis trop de potage. D'habitude, elles ont pied !

La France, championne des usines à gaz

par Jacques Mailhot

Au moment où une partie de la France descend dans la rue pour dénoncer une réforme des retraites inévitable, j'ai découvert par hasard, en parcourant l'une de ces lettres d'information absconses comme on en voit traîner partout dans nos administrations, une des multiples raisons pour lesquelles la France marche joyeusement à côté de ses baskets. J'ai lu ceci :

« Élaboration d'un schéma de cohérence territoriale et de schémas de secteur » : on voit tout de suite qu'on est dans le concret.

« Élaboration d'un schéma directeur de développement durable, solidaire et équitable du territoire » : vous voyez ce que je veux dire.

« Zones d'aménagement concerté » : l'aménagement déconcerté peut en effet très vite devenir déconcertant.

« Création et gestion des multiples ruraux avec appui aux initiatives locales d'intérêt communautaire favorisant le développement durable » : ça va de soi.

« Étude des besoins » : là encore, on sent que si on n'est pas encore dans la…, les directeurs de cabinets sont alertés.

« Étude visant à améliorer le service rendu en matière d'action sociale » : là, c'est la base de tout, vous en conviendrez.

« Réflexion sur les modalités de soutien aux associations culturelles du territoire et les possibilités de création d'un Office communautaire de la culture » : ça, c'est pour les cours d'expression corporelle et les stages de formation accélérée de peinture sur molleton.

Toutes ces résolutions essentielles sont publiées sur douze pages de papier glacé, aimablement payées par le contribuable afin de permettre à des élus inutiles d'exister.

Citation

Qui a dit : « J'adore le foot : on ne voit jamais autant de milliardaires réunis sur la même prairie. » ?

Question du jour

Qu'est-ce que les polytechniciens surnomment « la tangente au point Q » ?

Bouvardise

Il faut être vraiment attardé, pour s'obstiner à croire aux vertus du travail dans une société où l'effort non sportif a perdu toute noblesse.

Arielle Dombasle.

L'épée.

Jeudi

17 Mai

SAINT-PASCAL

Mitterrand avait égaré le code nucléaire

– **Philippe Bouvard** : Est-il exact qu'en 1981, au moment de la passation des pouvoirs entre Giscard et Mitterrand, on a égaré quelques instants le code nucléaire ?
– **Christophe Barbier** : Quand il remet le code nucléaire à Mitterrand, Giscard dégrafe sa chemise et commence à dénouer sa cravate, et Mitterrand se demande à quoi rime ce strip-tease inattendu de la part de Giscard, malgré la défaite. Il lui donne un petit médaillon en lui disant : « C'est le code nucléaire. » Mitterrand, se voyant mal dégrafer sa cravate pour le mettre autour de son cou, le glisse dans sa poche. Ensuite, il y a les Champs-Élysées, le Panthéon… toute cette journée de passation de pouvoirs et le soir, au moment de se coucher, Mitterrand réalise qu'il a perdu le code nucléaire ! Les services secrets sont alertés, mis sur la trace, et on a retrouvé finalement le médaillon chez le teinturier, dans la poche du veston. Si les Russes avaient attaqué, on n'aurait pas pu se défendre !
– **Bernard Mabille** : Il n'y a pas de double quelque part ?
– **Christophe Barbier** : Il y a l'autre moitié du code qui est chez le chef d'état-major, au cas où le Président deviendrait fou…
– **Bernard Mabille** : Et pas d'endroit où il y ait le code complet ?
– **Christophe Barbier** : Rien du tout. Pendant un instant, la France a été vulnérable.
– **Philippe Bouvard** : Imaginez que le teinturier ait été un espion du KGB…
– **Philippe Chevallier** : On aurait tous été repassés !

UNE HISTOIRE DRÔLE

– Un type entre dans la boulangerie :
– Bonjour, je voudrais un ours en pain d'épice.
– Oui monsieur, nous avons plusieurs animaux, mais pour un ours, il faut bien compter deux jours.
– Bien, je repasserai dans deux jours.
Lorsque le type repasse, un superbe ours brun l'attend, mais le type le désire blanc. Il prend donc un rendez-vous pour le lendemain, le temps pour le pâtissier de le recouvrir de sucre glace. Lorsqu'il revient, il réclame des yeux bleus et une bouche rouge. Vingt-quatre heures plus tard, il se représente à la boulangerie :
– Il est très beau cet ours.
– N'est-ce pas ? Il a fallu quatre jours de travail. Je vous fais un paquet cadeau ?
– Inutile, c'est pour manger tout de suite !

Citation

Qui a dit : « ça me fait marrer, moi, les mecs qui parlent de leurs vacances d'été à Deauville. Tu parles d'un privilège ! À chaque fois que j'y suis allé, c'était la banquise. Avec la pluie en plus. Je cherchais les pingouins. » ?

Jean Yanne.

Question du jour

En 1964, quel acteur de cinéma français a représenté la France en bobsleigh aux jeux Olympiques d'hiver ?

Claude Brasseur.

Bouvardise

J'ai résolu voilà longtemps d'admirer des gens qui n'avaient rien d'admirable, afin de conserver toute mon humilité.

Citation

Qui a dit : « Je me suis remis à la clarinette. C'est ce qui se rapproche le plus de l'anglais. » ?

Raymond Devos.

Question du jour

À la fin du XIXe siècle, un fait divers jeta le discrédit sur le cinéma, qui n'en était qu'à ses débuts. Lequel ?

L'incendie du Bazar de la Charité (vingt-cinq morts et cent blessés) : le projectionniste avait gratté une allumette à côté d'un bidon d'éther alimentant la lampe du projecteur.

Bouvardise

Le bonheur consiste aussi souvent à ne plus faire certaines choses qu'on croyait indispensables.

Je vide mon sac

par Macha Méril

Ah ! Mes amis, chaque matin, quand je sors de chez moi, je fais l'appel de tous mes objets obligatoires. Tous ces petits serviteurs qui devraient me simplifier la vie, mais qui me la compliquent singulièrement.

Un : le téléphone portable. L'ai-je bien rechargé ? Et d'ailleurs, où est-il ? Pas dans le salon, pas dans la cuisine, pas dans la chambre. Sous le lit ? Aurait-il glissé ? Mais non, suis-je bête, il est dans la poche de mon manteau, où je l'ai laissé hier soir. Non, pas du tout, il n'est pas là. Le temps court, je vais être en retard aux Grosses Têtes ! Où ai-je bien pu le fourrer ? Je refais le parcours, je me remémore les derniers appels… Était-ce bien ce matin ? Bon sang, oui ! Il est dans la poche de mon peignoir ! Sueurs froides…

Deux : les clefs. Ne recommençons pas comme la semaine dernière. Je les avais laissées à l'intérieur. Ma femme de ménage était partie en vacances au Portugal et personne d'autre n'a de double. J'ai dû faire venir un serrurier : 175 euros.

Trois : mes clefs de voiture. Même combat, elles ne sont pas dans mon sac. Je ne les ai prêtées à personne, parce que je n'aime pas beaucoup prêter ma voiture. Elles sont dans le sac à provisions, car je suis allée faire le marché en dehors de Paris.

Quatre : mes lunettes. Heureusement, j'en ai plusieurs paires – je n'ai pas attendu Afflelou –, mais quand même, il y en a que je préfère et que je ne retrouve jamais. Elles sont animées d'une mobilité perfide, elles se cachent régulièrement. Il m'arrive d'aller au cinéma avec des lunettes fumées… quand elles émergent de leur cachette, j'ai un sentiment de victoire ! Je les attacherais bien à mon poignet avec des menottes, parce que les chaînettes autour du cou, ça fait vraiment trop secrétaire qu'on ne baise pas.

Cinq : les gants, les parapluies, les agendas, les portefeuilles, les papiers de voiture, le GPS et le bip du garage. J'essaye de les regrouper quelque part, mais il y a parfois des fuites. Les papiers sont remis dans la mauvaise poche après contrôle par les flics, les gants sont tombés dans la voiture et y restent pendant des semaines… Heureusement que je ne fume pas, parce qu'il y aurait aussi les cigarettes, le briquet, le cendrier portable et les pastilles pour arrêter de fumer.

Six : les casques de moto, les chaînes de vélo, les couteaux suisses et les limes à ongles. Pour nous les femmes, il y a la trousse de maquillage, le miniparfum, les bas de rechange. Si on ajoute les Kleenex, les médicaments de première nécessité, les chewing-gums et les préservatifs, on a de quoi remplir une petite valise. Et on s'étonne du nombre de sacs à dos, des sacs de femme géants et des coffres de moto pleins à ras-bord. Tous ces objets familiers nous asservissent et nous conditionnent. Je rêve du jour où je leur dirai merde et où je sortirai de chez moi « en cheveux » comme on disait au XIXe siècle, c'est-à-dire sans rien dans les mains : sans cabas ni valise, sans papiers, sans cadenas, sans CB et sans chéquier, avec mon seul visage pour tout bagage.

La première « langue de chameau »

de Gwendoline Hamon

– **Gwendoline Hamon** : Je ne sais pas où est ce garçon, et s'il nous écoute… J'avais 13 ans. Il s'appelait Samuel Rosenberg et il était moitié américain ; très grand, très beau, et je n'avais jamais embrassé un garçon. Je me souviens que j'avais fait le mur chez ma grand-mère avec une amie, Vanessa. On a marché sur les quais, et puis voilà. Le lendemain, j'étais très, très fière parce qu'il m'avait fait un petit smack, et j'ai dit à mes copines : « J'ai un mec ! J'ai un petit copain ! » Sinon, c'est quand même des palots, et ce n'est pas très agréable, quand tu débutes. Tu ne sais pas ce que c'est, tu as le cœur qui bat, tu es paniquée…

– **Tous** : Pas encore… !

– **Gwendoline Hamon** : Elle est facile et vulgaire !

– **Jacques Mailhot** : À 13 ans, il faut garder un peu de tenue, tout de même !

– **Gwendoline Hamon** : C'est une drôle de chose un palot, quand même. À la base, c'est un gros machin… Quand tu vas embrasser un garçon ou une fille, tu ne sais pas ce qui se passe ! Tu te laisses faire, et ça dure longtemps… Il y en a pour dix minutes à ne pas respirer… Tu commences à avoir la moustache, là, qui transpire un petit peu… Tu te dis : « Ça va s'arrêter quand ? Il ne faut pas que j'aie l'air d'une idiote… Je le laisse faire… Je ne veux plus ta grosse langue de chameau dans ma bouche… »

– **Jean-Jacques Peroni** : Tu as l'impression d'avoir un caméléon qui lèche les mouches au fond ! Et c'est affreux !

– **Gwendoline Hamon** : J'ai préféré les smacks après.

– **Jacques Mailhot** : Je suis tombé sur une traductrice de l'ONU qui était trilingue !

– **Jean-Jacques Peroni** : Moi, j'avais une copine qu'on appelait « Unicef » parce qu'elle avait des dents creuses, et chaque fois qu'on lui roulait une pelle, on ramenait des grains de riz.

– **Éric Laugérias** : Moi, je suis sorti avec la fille d'un boucher. J'avais droit à un morceau d'onglet ou de steak.

– **Frédéric Diefenthal** : Pour moi, ce ne fut pas un mauvais moment du tout. Je me souviens surtout de sa taille : elle faisait 1,80 m, donc ça a été un flirt assis… qui a duré quelques semaines, mais toujours assis. Elle était sublimissime. Tout le monde la convoitait, et ça m'est tombé dessus. J'avais 11 ou 12 ans, complexé, et c'était toujours sur un banc. Je ne me suis jamais levé.

Citation

Qui a dit : « La femme est, selon la Bible, la dernière chose que Dieu ait faite. Il a dû la faire le samedi soir. On sent la fatigue. » ?

Alexandre Dumas fils.

Question du jour

Quel unique oscar a reçu Charlie Chaplin ?

L'oscar de la meilleure musique de film en 1952, pour Les Feux de la rampe.

Bouvardise

L'instruction ne remplace pas l'éducation, alors que l'inverse est possible quand la conversation dure moins d'un quart d'heure.

UNE HISTOIRE DRÔLE

Un homme rentre chez lui le vendredi soir, le visage défait, et dit à son épouse :

– J'ai des problèmes...

– Je sais, répond sa femme.

– Je me suis accroché avec mon boss...

– Je sais.

– Il m'a viré...

– Je sais.

– Mais comment tu le sais ?

– Il me l'a dit.

– Il te l'a dit ce fumier ! Qu'il aille se faire baiser !

– C'est fait. Tu reprends ton travail.

Citation

Qui a dit : « Je ne choisis pas des amants, mais des femmes avec un pénis ! » ?

Question du jour

Qu'est-ce qui est interdit dans la publicité en Autriche ?

Présentation des panélistes

Comme la princesse Mathilde, il a commencé beaucoup plus d'enfants qu'il n'en a fait.

Vincent Perrot

Sharon Stone.

La musique classique.

Minceur et séduction

– **Philippe Bouvard** : Êtes-vous certain que l'argent ôte aux hommes le souci de leur séduction physique ?
– **Jean-Michel Cohen** : Bien sûr que oui ! Il suffit de se promener dans tous les bistros de Paris à la mode pour voir combien de jeunes femmes anorexiques laissent des obèses manger leurs portions… Le gros mange la petite, c'est normal !
– **Philippe Bouvard** : Qu'en pensez-vous, monsieur Mabille ?
– **Bernard Mabille** : C'est joli : « Viens chérie que je te mange ta portion ! »
– **Jean-Michel Cohen** : J'espérais vous faire rebondir, Bernard ! Mais pas à ce point-là !
– **Chantal Ladesou** : Il rebondit très bien !
– **Bernard Mabille** : Il me regarde avec envie, en pensant : « Voilà un nouveau client ! »
– **Jean-Michel Cohen** : C'est vrai que je regarde toujours les gros en me disant : « Quand sera-t-il dans mon bureau, celui-là ? »
– **Philippe Bouvard** : Que répondez-vous à une femme qui vous demande quel âge vous lui donnez ?
– **Jean-Michel Cohen** : De la même façon que Sacha Guitry qui disait : « Madame, d'après vos yeux, 20 ans. D'après vos cheveux, 20 ans. D'après vos mains, 25… » Et elle protestait : « Mais non, maître, vraiment ! », et il disait : « Faites le total. »
– **Philippe Bouvard** : Surtout – et je ne sais pas si vous l'avez remarqué – que les femmes qui ont fait beaucoup de frais dans la chirurgie esthétique, qui leur a d'ailleurs ôté bon nombre de décennies sur le visage, ont des mains qui attestent de leur âge véritable.
– **Jean-Michel Cohen** : Le vrai danger du lifting, c'est autre chose : je vois certaines femmes liftées tentées de rire, et j'ai toujours peur qu'elles se scalpent !

UNE HISTOIRE DRÔLE

Deux Belges ayant un peu abusé de la bière marchent au bord d'une voie ferrée.
L'un d'eux dit :
– Je n'ai jamais vu un escalier aussi long, avec une rampe placée aussi bas !
– Tu as raison, Jef, je me faisais justement la même réflexion, une fois ! Enfin, heureusement, on est au bout de nos peines, voilà l'ascenseur qui arrive !

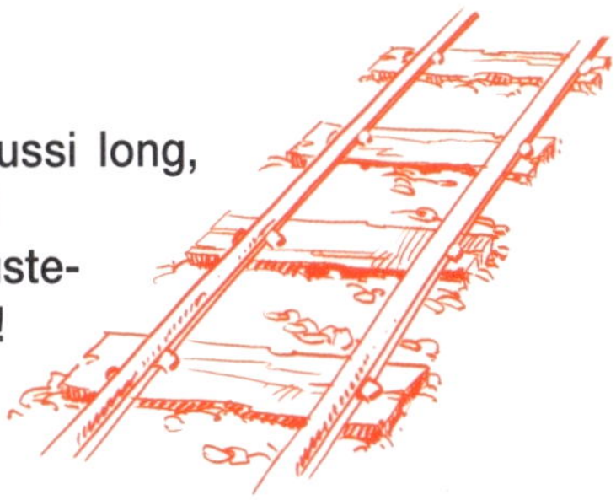

Citation

Qui a dit : « J'aime qu'on m'aime comme je m'aime. » ?

Alain Delon.

Question du jour

En 1998, qui, au festival de Cannes, étonné de recevoir un prix, sursauta sur son siège en entendant son nom et fait un numéro tout en excès, baisant les pieds du président du jury, Martin Scorsese ?

Roberto Benigni, pour La vie est belle.

Présentation des panélistes

Elle a eu tous les hommes à ses pieds, elle en a relevés quelques-uns.

Amanda Lear

Citation

Qui a dit : « La boussole, elle est con : elle indique le nord, alors que tout le monde préfère le sud ! » ?

Michèle Bernier.

Question du jour

1968 marque une date clef dans le domaine du tourisme, pourquoi ?

Les seins nus devinrent officiellement autorisés sur les plages.

Bouvardise

À chaque nouvelle mesure destinée à redonner courage aux cancres, je me dis que je suis né trop tôt.

Les vacances de charme de Michel Leeb

Après une grosse tournée, j'étais épuisé et je voulais absolument aller me reposer dans les îles Vierges, là-bas, dans les Caraïbes. J'ai pris un avion avec Béatrice : on allait au soleil, tout oublier… On décolle de New York et déjà le vol est assez secoué, pas très agréable. On atterrit sur une île où on nous apprend que l'hôtel est ailleurs. Il faut prendre un bateau pour aller sur une autre île. Il était 9 heures du soir, la nuit tombait, le temps changeait. Ce n'était plus le ciel bleu, le grain arrivait et le ciel s'obscurcissait. On me dit :

– Vous prenez le petit bateau qui est là.

Ce n'était qu'un petit bateau, une barquette, et je dis :

– C'est loin ?

– Non ! Il y en a pour un peu plus d'une heure de traversée.

– Mais on a des valises !

– Pas de souci, on va les mettre sur le bateau.

– Mais qui conduit le bateau ?

Et là, on voit arriver deux mecs ivres morts pour nous conduire dans l'île : « Montez dans le bateau. » On met les valises ; la mer commence à s'agiter. On quitte le port et on avance droit devant nous sur une mer qui se démonte de plus en plus, avec le vent et la pluie. Il y avait juste une petite tôle pour nous protéger, ainsi que le moteur central. Et vive les vacances ! Mais elles commençaient à être un peu spéciales, les vacances. Le vent a forci, la mer a commencé à se fâcher, avec des vagues de deux, trois mètres, des creux… Eux chantaient en gueulant et nous, nous étions terrorisés, assis sur notre petite banquette avec nos petits bagages, puis pout, pout,·pout et… pppout ! Plus de moteur, et nous étions à même pas dix minutes du départ. Il commence à lever le capot et à chercher.

– Il est cassé ! Ah ! Ah !

Je dis :

– Et nous, qu'est-ce qu'on fait ?

– On va essayer de réparer !

– Et évidemment, il se cassait la figure, parce que ça balançait de tous les côtés, et il ramassait son pote… Ils se débrouillent, je ne sais comment et pout, pout, ça repart ! Dans la mer démontée, on va droit devant nous, trempés jusqu'aux os, et au bout d'une bonne demi-heure, on voit l'île apparaître. Le vent se calme. On descend du bateau et les gars repartent dans la nuit noire. Là, on se retrouve sur un quai de la petite île où il n'y a personne. L'hôtel est au fond, il y avait marqué « Hôtel ». Avec Béatrice, on prend nos valises et on marche jusqu'au bout, dans la nuit noire. Arrivés à l'hôtel, on pose nos valises, on entre et on tombe sur une dame :

– C'est à quel sujet ?

– On vient de New York après sept heures de vol, une heure de bateau, trempés, fatigués et on pense que c'est ici l'hôtel où l'on doit rester.

– Oui, c'est bien ici.

La dame nous dit : « On vous a réservé une chambre, là-bas, tout droit, la porte au fond. » On reprend nos valises et là, dans la chambre, il n'y a rien qu'un lit, une table de nuit. Pas de téléphone, pas de télévision. Et nous sommes au bord de l'eau, au bord des rochers, c'est-à-dire avec le bruit des vagues toute la nuit. On avait demandé à être tranquilles… Mais il n'y avait aucun contact avec la civilisation. Finalement, ça a été une horreur pendant les dix jours de vacances, car on ne pouvait plus repartir.

Sur la liste des « tue-l'amour », il n'y a pas que la migraine

– **Philippe Bouvard** : On fait en ce moment des enquêtes sur les remèdes pour aider les couples lorsque se produit une panne sexuelle.
– **Jean-Jacques Peroni** : Il faut changer de bonne femme !
– **Philippe Chevallier** : Ben oui. « Changement d'herbage réjouit le veau ! »
– **Philippe Bouvard** : « Et les Français sont des veaux », disait le Général. Les prétextes qui sont invoqués sont la fatigue à 45 %, la proximité des enfants à 35 %…
– **Philippe Chevallier** : Et la matière grasse à 20 %…
– **Philippe Bouvard** : Les soucis d'argent à 33 %… et la migraine ne vient qu'en quatrième position, avec 28 %… chez les femmes. Les hommes, eux, n'ont pas la migraine.
– **Bernard Blier** : Si, on a la migraine, mais on ferme notre gueule… et on baise quand même.
– **Philippe Chevallier** : On se dit que ça va la faire passer, justement.
– **Jacques Mailhot** : Si vous avez la migraine et des ennuis d'argent, c'est mal barré !
– **Amanda Lear** : Donc, les mecs qui ont des soucis d'argent ne bandent plus !
– **Philippe Bouvard** : En tout cas, ils disent que ça leur ôte leurs moyens.
– **Amanda Lear** : Je ne sais pas. Je rencontre beaucoup de chômeurs, et…
– **Jean-Jacques Peroni** : C'est l'assistante sociale qui vous parle !
– **Amanda Lear** : Ça ne les empêche pas d'être actifs.
– **Bernard Mabille** : Tu les payes avant ?
– **Philippe Chevallier** : Ta spécialité, ce sont les chômeurs. Parce qu'ils ont du temps libre !
– **Bernard Mabille** : Et ils sont habitués à pointer.
– **Amanda Lear** : Les pauvres, ce sont des jeunes !

– **Philippe Bouvard** : Vous faites le jeune chômeur. Vous ne faites pas le senior sans emploi ?
– **Jean-Jacques Peroni** : Tu fais le trottoir devant l'ANPE ?
– **Philippe Bouvard** : Arrive-t-il que ces jeunes chômeurs ne rendent pas les services que vous attendez d'eux ?
– **Amanda Lear** : Non. Je n'ai pas de problème de ce côté-là.
– **Philippe Chevallier** : Ils ont le porte-monnaie à plat, mais les bourses pleines.
– **Philippe Bouvard** : En cas de panne, il y a quand même des remèdes…
– **Amanda Lear** : L'eau chaude ! Les femmes se dilatent…
– **Jacques Mailhot** : Je n'irai pas chez Amanda ! Je me ferais ébouillanter !
– **Bernard Mabille** : L'eau chaude raffermit les œufs… et ouvre les moules !
– **Philippe Bouvard** : Pour en terminer et, si possible, rendre service à ceux qui nous écoutent, en dehors des traitements médicamenteux pour la panne érectile, vous avez également la pompe que vous trouvez en pharmacie…
– **Amanda Lear** : C'est un peu comme les ventouses, ça fait du vide à l'intérieur.
– **Bernard Mabille** : Ah, tu connais bien !
– **Amanda Lear** : On en trouve dans les sex-shops.
– **Bernard Blier** : On ne parle que de cul, là-dedans !

Citation

Qui a dit : « L'air est plus pur à la campagne, parce que les paysans dorment les fenêtres fermées. » ?

Jules Renard.

Question du jour

Autrefois, quelle discipline était appelée « physique amusante » ?

La prestidigitation.

Bouvardise

Le ménage moderne est supérieur à l'être humain, puisque sa décomposition n'est jamais définitive, qui débouche statistiquement deux fois sur trois sur ces familles recomposées, où les enfants ont autant de pères que la maison de leur mère compte de lits.

Citation

Qui a dit : « Le critique est un parasite de la société qui n'a aucune influence ! Les critiques sont de vieux imbéciles, incapables de faire un autre métier, alors que la majorité des artistes sur le retour pourraient très bien devenir critiques ! » ?

Coluche.

Question du jour

Dans quelle œuvre y a-t-il éveil d'impressions joyeuses à l'arrivée à la campagne, scène au bord du ruisseau, joyeuse réunion de paysans, orage, chant de joie des pâtres ?

La Sixième Symphonie de Beethoven.

Bouvardise

Trop de choses se font en ce bas monde sans qu'on me demande mon avis.

Adoptons chacun un Belge !

par Jacques Mailhot

Plutôt que de papillonner dans tous les sens, les Français feraient mieux de regarder autour d'eux. Parce que les marchands d'émotion et de misérabilisme ne cessent de s'apitoyer sur les petits Thaïlandais, les petits Cambodgiens, les petits Hawaïens… alors qu'ils ont à leur porte un peuple et ses enfants qui sont entièrement livrés à eux-mêmes dans un abandon total : je veux parler des Belges.

Voilà des gens épatants, joviaux, qui vivent depuis plus d'un an sans gouvernement et dont personne ne s'occupe ! Hormis *Le Canard enchaîné* qui proposait récemment à l'armée française de reconquérir militairement la Belgique – mais c'est une solution belliqueuse que je n'approuve pas – je dois dire que la Belgique et les Belges souffrent d'une indifférence totale. Je propose donc solennellement – puisque c'est la mode d'être « solennel » en ce moment – à messieurs Besson et Hortefeux, les Dupont et Pondu des grandes aventures migratoires, de lancer une opération humanitaire afin que chaque foyer français adopte un Belge. Le Belge est un être aimable, prévenant, propre sur lui, rasé de près et de coutume sédentaire. Sa seule religion connue, c'est la BMF (bière, moules, frites). Certes, le Belge est un personnage à histoires mais, dans le bon sens du terme car sans les histoires belges, on n'aurait plus rien à raconter.

Alors en accueillant un Belge par foyer, les Français pourraient reconquérir le cœur des Belges, leur redonner une famille et surtout des institutions politiques beaucoup plus poilantes que les leurs. Car si les politiciens belges s'entredéchirent, ce n'est pas le cas chez nous. Quant aux hommes politiques belges, ils pourront venir enrichir avantageusement cette grande famille politique française et c'est ce que nous sommes en train de faire en important une Norvégienne à poils durs, Éva Joly, hier juge et aujourd'hui partie, qui adore tellement notre pays qu'elle contribue régulièrement à éponger ses excédents viticoles. Et puis, à force de virer les Roms, les sans-papiers, les repris de justesse et les milliardaires qui en ont marre de se faire raboter les miches, il va bien falloir repeupler la France, et les Belges arriveraient à point nommé pour relancer notre consommation intérieure et redorer enfin le fameux « moral des ménages ». Et puis, n'oublions jamais qu'il y a un peu plus de soixante ans, la France avait adopté un jeune Belge inconnu, du nom de Jean-Philippe Smet, et elle ne peut aujourd'hui que s'en féliciter. Car en quelques années, notre Johnny national est devenu le champion d'Europe du lancement de disque jusqu'à ce qu'il croise le docteur Delajoux qui lui aurait sérieusement rayé le dernier.

Alors, Françaises, Français, chers concitoyens, croyez-moi ! Français et Belges, nous sommes faits pour vivre ensemble. Adoptons les Belges !

Lelouch comme dans un de ses films !

– **Philippe Bouvard** : Comment avez-vous rencontré Valérie, votre dernière compagne ?

– **Claude Lelouch** : Comme dans un film de Claude Lelouch ! Il y a quatre ans, la ville de Deauville a eu la bonne idée de baptiser une place Claude Lelouch de mon vivant. Il y a eu une conférence de presse et on a glissé une petite lettre dans ma poche. J'ai lu cette lettre de trois pages le soir en rentrant chez moi. La femme qui écrivait s'appelait – et s'appelle toujours – Valérie, mais il n'y avait ni adresse, ni numéro de téléphone, rien du tout. Elle me parlait de mes films et, c'est curieux, j'ai cru voir dans ces trois pages qu'elle avait vu dans mes films ce que je croyais être le seul à avoir vu. J'ai eu envie d'appeler cette femme…

– **Philippe Bouvard** : Comment l'avez-vous retrouvée ?

– **Claude Lelouch** : Grâce à un copain à moi, Hervé, très dragueur qui avait demandé leur numéro de téléphone à trois ou quatre filles qui étaient à la conférence de presse parce qu'il les avait trouvées très jolies. À un moment donné, il est allé vers l'une d'elles et lui a demandé : « Qu'est-ce que vous faites là ? » « Je suis une fan de Lelouch. » Il lui a dit : « Je cherche la fille qui s'appelle Valérie et je n'arrive pas à la trouver. » « Je vais vous l'envoyer. Donnez-moi votre téléphone. »

– **Philippe Bouvard** : Miraculeux ! Et depuis, vous ne vous êtes plus quittés ?

– **Claude Lelouch** : On ne s'est plus quittés.

– **Philippe Bouvard** : Elle est même sur le plateau puisqu'elle a fait des photographies et un album. Mais pas d'enfant…

Citation

Qui a dit : « Le mot infarctus est le seul mot irrégulier de la langue française. On dit : "Un infarctus, des obsèques".

Francis Blanche.

Question du jour

Qu'a créé, en 1946, l'ancien ingénieur automobile Louis Réard ?

Le bikini.

Bouvardise

La prolifération des marques sur les objets de consommation courante crée un élitisme de bazar dont les jeunes, transformés en adolescents-sandwichs, sont les victimes ravies.

Citation

Qui a dit : « Le sexe masculin est ce qu'il y a de plus léger au monde, une simple pensée le soulève. » ?

Frédéric Dard.

Question du jour

Qu'est-ce que Victor Hugo désignait par « la fiente de l'esprit humain » ?

Le calembour.

Bouvardise

La *République des Lettres* est devenue bananière, dans les coulisses de laquelle s'activent des dizaines de nègres plus talentueux que les « auteurs » dont ils guident la plume.

C'est la douche vita

par Philippe Chevallier

Quand le design s'attaque à la chambre d'hôtel, c'est là qu'il est à son apogée. La baignoire par exemple : vue de l'extérieur, elle a l'air normal mais quand vous êtes dedans et que vous voulez prendre un bain, c'est une autre affaire. Si vous n'avez pas fait Polytechnique, vous êtes mal barré ! Il faut d'abord trouver les robinets et il n'y en a pas. Ils sont remplacés par d'imperceptibles petites manettes toutes de la même couleur qui vous empêchent de savoir si vous allez d'abord être réfrigéré ou ébouillanté. Quant au flexible de la douche, il m'est arrivé d'en trouver un à l'extérieur de la baignoire et derrière le rideau qui sert à protéger le sol des éclaboussures. Autrement dit : ou vous écartez le rideau pour prendre votre douche et vous en mettez partout ; ou vous fermez le rideau et vous ne prenez pas votre douche. Fallait y penser !

Vous vous retournez promptement d'un auguste mouvement de tout votre corps qui ne l'est pas moins. Attention ! Cette cascade envoie votre nez s'écraser sur la vitre infiniment transparente et dure comme du béton que l'ingénieux architecte a disposé entre l'abreuvoir et la baignoire uniquement pour vous faire chier. Le nez à moitié cassé et l'œil au beurre noir, vous décidez de vous coucher. Là au moins vous vous dites qu'allongé on vous fichera la paix. C'est sans compter la perversité du designer : le lit est juché sur une estrade et comporte au moins deux matelas. Si on n'a pas fait l'école du cirque, il faut du temps pour y grimper ! Le roupillon, ce n'est pas pour tout de suite. Il faut fermer les rideaux électriques et éteindre les lumières au moyen d'une télécommande que seul un pilote de chasse est capable d'utiliser. Pendant la manœuvre, attention au faisceau lumineux de la lampe de lecture individuelle au-dessus de votre tête. Ne la regardez pas en face, elle rend aveugle.

Une fois dans les bras de Morphée, je vous conseille d'y rester. Ne vous levez pas la nuit. En cas de besoin, faites sous vous, c'est plus sûr !

– **Philippe Bouvard** : Il y a aussi les hôtels où on ne parvient pas à trouver le bouton pour éteindre la lumière.

– **Bernard Mabille** : Il y en a un à Charleville-Mézières où tout est comme ça. Vous appuyez sur des boutons de télécommandes, ça ouvre les stores ! Il y a même un bras qui vous apporte le plateau pour le petit-déjeuner. J'ai passé la nuit, je n'ai pas trouvé la lumière. Pour aller pisser, impossible ! Car j'avais le truc (le bras du plateau) coincé sur le ventre…

– **Philippe Bouvard** : Je suppose qu'à la fin, avec le bras, vous avez passé un bon moment, non ?

– **Jacques Mailhot** : On lui avait proposé une chambre garnie mais il n'a pas trouvé la dame non plus !

– **Éric Laugérias** : Moi je suis un peu con. Mais vous savez, il y a la carte à mettre dans la fente et si vous ne mettez pas la carte magnétique il n'y a pas de lumière. Et j'ai cherché la fente pendant une demi-journée.

– **Bernard Mabille** : Ta femme m'a dit : « Il cherche la fente parce que ce n'est pas une lumière ! »

Chantal Ladesou se lâche

C'est une femme très belle qui arrive au paradis. Elle entend des cris et s'étonne auprès de saint Pierre :

– Que se passe-t-il ?

– C'est parce qu'on fait des trous dans le dos de quelqu'un qui vient d'arriver pour lui mettre des ailes.

– Ça a l'air de faire mal !

Et elle entend encore « Aïe ! Aïe ! »

– Là, on lui fait des trous dans la tête pour faire tenir une auréole. On va vous faire la même chose.

– Pas question ! Je préfère aller en enfer tout de suite. Pour le paradis, ce n'est pas possible.

– Mais en enfer vous allez souffrir ! On va vous sodomiser… par tous les trous…

– Oui ! Mais au moins, ceux-là, ils sont déjà faits !

UNE HISTOIRE DRÔLE

Dans la jungle, est organisé un match de bienfaisance de football entre une équipe d'éléphants et une équipe d'insectes en tout genre. À la mi-temps, les éléphants mènent 15 buts à 0, ce qui paraît logique. En deuxième mi-temps, l'avant-centre des insectes est remplacé par Joe le mille-pattes. Score final : 18 buts à 15 en faveur des insectes. Après le match, tout le monde se retrouve pour une collation et le capitaine des éléphants dit à celui des insectes :

– C'est dommage, vous auriez dû rentrer Joe le mille-pattes dès le début de la rencontre ; ça aurait été plus intéressant pour les spectateurs !

Et le capitaine des insectes lui répond :

– On aurait bien aimé mais il lui faut une mi-temps pour mettre ses chaussures !

Citation

Qui a dit : « Le surgelé est une invention remarquable, mais qui remplace difficilement une épouse charmante qui vous accueille dans une étreinte vorace. » ?

Question du jour

Dans la fameuse « affaire du collier », qui mena les tractations au nom de la reine Marie-Antoinette ?

Bouvardise

Le snobisme est mauvais conseiller, qui incite à confondre contemporains connus et gens recommandables.

Groucho Marx.

Le cardinal de Rohan.

Citation

Qui a dit : « L'emprise de l'homme sur la nature est devenue telle qu'elle comporte le risque de destruction de la nature elle-même. » ?

Georges Pompidou.

Question du jour

Qu'est-ce qu'Yvette Roudy, lorsqu'elle était ministre, souhaitait interdire dans la publicité ?

Le corps des femmes.

Bouvardise

Les bagatelles de la porte – « Après vous, je vous en prie, je n'en ferai rien… » – ont disparu, tandis que les fâcheux qui vous écrasent les pieds oublient de présenter leurs excuses en feignant de croire à un gonflement de l'asphalte.

Dans les pharmacies…

– **Philippe Bouvard** : L'acte d'achat qui pose problème, pour les hommes et pour certains produits, concerne les préservatifs par exemple. Vous avez dû connaître ça !

– **Jacques Mailhot** : J'avais un copain qui demandait autre chose avant, et, en queue, il rajoutait en baissant la voix : « Je voudrais un tube d'aspirine et des préservatifs. » « Pardon, monsieur ? » « Non… je n'ai rien dit ! » Il repartait bredouille à chaque fois, le pauvre vieux.

– **Jean-Jacques Peroni** : Nous, on déléguait à un copain qui faisait très bien le bègue. Il entrait dans la pharmacie où il y avait un peu de monde. Il faisait : « Mmmmaadame ! » « Oui, que voulez-vous ? » « Des cacacacaca… cachets d'aspirine ! »

– **Philippe Bouvard** : Aujourd'hui, l'achat s'est banalisé, mais dans le temps, il fallait d'abord savoir si dans la pharmacie il y avait d'autres clients ou pas. S'il y avait les mémères du quartier, c'était gênant.

– **Chantal Ladesou** : Moi, mon pharmacien me regarde d'une façon un peu lubrique, parce que quand mes garçons avaient 15-16 ans, je leur achetais moi-même des capotes et je leur mettais dans les poches. Et il croyait que c'était pour moi !

– **Jacques Mailhot** : Quand les préservatifs sont arrivés dans les supermarchés, c'était formidable. Les gens achetaient des préservatifs et glissaient ça au milieu du pain grillé. La caissière passait le pain grillé et s'arrêtait à la boîte de préservatifs : « Il n'y a pas le prix là-dessus ! Chantal, les préservatifs, c'est combien ? »

– **Éric Laugérias** : Ah ! Madame a aussi pris deux litres d'huile d'olive… Bonne soirée !

– **Jean-Jacques Peroni** : C'est pour vous aussi les six concombres ?

UNE HISTOIRE DRÔLE

Dans les autobus urbains, au-dessus de la place du conducteur, il y a toujours une petite pancarte. Mais le texte diffère selon les endroits.

En Allemagne, on peut lire : « Il est strictement interdit de parler au chauffeur. »

En Italie : « Il vaut mieux ne pas parler au chauffeur. »

En France : « Défense de parler au chauffeur. »

En Israël : « Il n'y a aucun intérêt à parler au chauffeur. »

Et à Marseille : « Il est défendu de répondre au chauffeur. »

Citation

Qui a dit : « Les deux mamelles du journalisme moderne sont l'information et le démenti. » ?

Question du jour

Qu'est-ce que le pénis de Shiva ?

Bouvardise

Transposition du crime parfait dans la presse : un journal qui serait entièrement et gratuitement rédigé par ses lecteurs.

Pierre Lazareff.

Le nom d'un des sommets de l'Himalaya, qui culmine à 6 543 m.

Vendredi

1er Juin

SAINT-JUSTIN

Citation

Qui a dit : « J'aime les femmes chaudes et le café froid, car ils me font gagner du temps. » ?

Lucien Guitry.

Question du jour

En France, quelle est la plus longue pièce de théâtre qui ait été jouée ?

Le Soulier de satin, de Paul Claudel (neuf heures quarante).

Présentation des panélistes

Les dames chez qui il bricole règlent ses prestations en nature.

Bernard Mabille

Mon curé chez les nudistes

– **Philippe Bouvard** : J'ai encore revu l'autre soir *Mon curé chez les Thaïlandaises.*

– **Tous** : Ah ! quel chef-d'œuvre !

– **Jacques Balutin** : N'empêche que si on vous appelle un jour en vous disant « Viens, on va tourner à Bangkok ! », et que vous vous retrouvez dans la forêt de Fontainebleau au mois de novembre… C'est déjà pas mal que j'aie fait le film !

– **Bernard Mabille** : Tu étais en kilt, alors ?

– **Jacques Balutin** : Oui ! Et avec une moustache qui n'arrêtait pas de se décoller à cause du froid !

– **Philippe Bouvard** : Qui était le réalisateur ?

– **Jacques Balutin** : C'était Robert Thomas.

– **Philippe Bouvard** : Mais vous étiez bien accompagné, quand même ? Vous aviez autour de vous toutes sortes de jolies filles ?

– **Jacques Balutin** : Oui, ravissantes ! Des filles qu'on était allé chercher dans le 13e. Mais elles n'étaient plus jaunes, les pauvres, elles étaient mauves, tellement elles avaient froid !

– **Philippe Chevallier** : Jacques, je vais vous faire une confidence. Je suis très solidaire, parce que notre première expérience cinématographique, à Laspalès et moi, c'est *Mon curé chez les nudistes,* où l'on nous voit de dos en train de pousser une voiture. Je me reconnais uniquement grâce à un pull-over rayé tricoté !

– **Philippe Bouvard** : Chez les nudistes, ce n'est pourtant pas la tenue !

– **Philippe Chevallier** : Ah ! j'étais à poil en bas, mais on ne voit que le haut.

– **Jacques Balutin** : Ce n'est pas mieux que *Mon curé chez les Thaïlandaises,* quoi !

– **Philippe Chevallier** : Il faut bien manger !

– **Philippe Bouvard** : Ils n'ont pas tourné *Mon curé sur la commode ?*

UNE HISTOIRE DRÔLE

C'est une femme qui va chez le dentiste. Au moment où il s'approche du fauteuil pour commencer son travail, elle lui attrape les testicules. Le dentiste lui dit :

– Wow ! Madame, vous êtes en train de me serrer les parties…

La femme lui répond :

– Oui. Et maintenant, nous allons tenter de ne pas nous faire mal ni l'un ni l'autre. D'accord ?

Line Renaud n'est pas frileuse

– **Philippe Bouvard** : Line Renaud, à partir de quelle température fermez-vous votre fenêtre avant de dormir ?
– **Line Renaud** : Peut-être à… zéro !
– **Philippe Bouvard** : À zéro ! Autrement, fenêtre ouverte ?
– **Line Renaud** : Oui, je m'endors la fenêtre ouverte.
– **Philippe Bouvard** : Ça aussi, ça fait partie de votre hygiène de vie ?
– **Line Renaud** : Et c'est terrible, personne ne vient jamais !

UNE HISTOIRE DRÔLE

C'est un patriarche corse qui va mourir. Il convoque son notaire.
– C'est en étant paresseux que j'ai réussi, dit le vieux. La paresse permet de s'enrichir en faisant travailler les autres. Je léguerai par conséquent l'ensemble de ma fortune au plus fainéant de mes trois fils, dit-il à celui qui est venu enregistrer son testament.
Sur ce, le notaire convoque le premier fils, tandis que les deux autres attendent en bas dans la cuisine :
– Ange, lui dit le père, si, achevant un long voyage à dos d'âne, tu n'as rien mangé pendant plusieurs jours, et qu'arrivant sur la place d'un village ton âne tombe raide mort à quelques mètres d'un restaurant, que fais-tu ?
– Je m'allonge sur le cadavre de l'animal et j'attends que le restaurateur m'apporte à manger, lui répond le fils.
– Très bien, dit le père au notaire, voyez comme il est paresseux !
– Au suivant, répond le notaire.
Emilio entre et le père lui pose la même question. Le fils répond pareil. Le notaire quant à lui commence à être abasourdi. Au troisième des fils, maintenant.
– Luciano !
– Oui, papa.
– Monte !
– Non, papa ! Toi, descends !

Citation

Qui a dit : « Les Italiens sont des Français de bonne humeur. » ?

Jean Cocteau.

Question du jour

À part les militaires, qui peut entrer armé à l'Élysée ?

Les académiciens.

Bouvardise

Le courage au travail constitue-t-il une vraie vertu civique, alors qu'il crée par définition davantage d'inégalités ?

Citation

Qui a dit : « L'humour, c'est de savoir que tout, absolument tout, est drôle ; dès l'instant que c'est aux autres que cela arrive. » ?

Marcel Achard.

Question du jour

À qui doit-on l'expression « métro-boulot-dodo » ?

À Jacques Prévert.

Présentation des panélistes

À des tas de secrétaires, il préfère un secrétaire d'État.

Jacques Mailhot

Le français tel qu'on le cause

par Jacques Mailhot

D'après les journaux les plus sérieux, notre première dame de France – la belle Carla – a souhaité que l'illettrisme soit déclaré cause nationale. En bon citoyen que je suis, je vais donc commencer à défendre cette belle cause avec les moyens qui sont les miens : en hurlant haut et fort : « Vive l'illettrisme, et tout ce qui va avec ! » C'est vrai, quoi ! Moi, je suis d'accord avec tout ça qu'elle a dit, la présidente ! Dans son discours, où c'est qu'elle réclamait que c'était un droit pour chacun des Français qu'ils ont de pouvoir accéder à la culture, qui qu'on est et d'où qu'on vient. Malgré qu'on n'a pas eu une cuillère d'argent dans le cul à la naissance.

Oui, battons-nous pour l'illettrisme, qui est devenu une grande cause nationale. Nous autres, en effet, les privilégiés de la planète, demandons ce qu'on a besoin au gouvernement ! Pour qu'on pallie les plus besogneux d'entre nous qui sont dans la crasse de l'ignorance, et qui manquent, sur Paris aussi bien que dans la capitale, cruellement d'effectifs d'enseignants et de bénévolement pour apprendre !

Oui ! Elle a raison, la femme au chef ; elle est responsable, elle est valable dans sa démarche cocitoyenne qui, si elle n'est pas avérée fausse, pourra redonner, un véritable envol au manque à gagner des structures socioculturelles qui sont souvent dirigées par des peigne-culs.

Oui ! C'est la condition signée Danone, sans quoi on n'arrive à rien, que si on s'y met à tous on peut faire bouger les choses, comme ma femme peut faire la vaisselle à condition qu'elle bouge ses fesses.

Oui ! Ne soyons pas égoïstes comme les si, les si égoïstes. Occupons-nous des petits, des obscurs, des centigrades. De ceux qui sont encore illétriques dans notre beau pays de France, où c'est quand même là qu'a commencé les droits de l'homme et que grâce à Ségolène on aura bientôt la féminitude. La grande cause de l'illettrisme, qui permettra aux incultes d'être enfin alphabêtifiés, doit être notre préoccupation de tous les instants. Cette dure lutte contre la pauvreté culturelle qui est la nôtre doit animer jour et nuit notre conduite et notre pain quotidien de chaque jour, même le dimanche, si on a décidé d'aller aux putes ou d'emmener Bobonne aux Guignols du Luxembourg. Je le dis donc tout net et sans jambage, pour la cause de l'illettrisme : « Hip ! Hip ! Hip ! Hourra ! » Carla, montre-nous ce que t'es capable ! On est tous derrière toi !

Mardi **5** **Juin**

SAINT-IGOR

UNE HISTOIRE DRÔLE

– Docteur, j'ai un gros problème : tous les matins, au réveil, j'ai une ligne noire à l'intérieur de la cuisse.

– Je suppose que vous prenez une douche chaque matin et que vous frottez bien au savon et à l'eau chaude ! Est-ce que ça disparaît ?

– Oui, vous savez ce que c'est ?

– Quel est le métier de votre mari ?

– Menuisier. Pourquoi ?

– Eh bien, vous direz à votre mari d'enlever le crayon de dessus son oreille avant d'aller au lit !

Citation

Qui a dit : « Je suis un maniaque de l'économie. Je ne suis pas radin, mais je déteste le gaspillage, notamment en matière d'électricité. » ?

Question du jour

De quel genre d'histoires Baudelaire fut-il le précurseur ?

Bouvardise

Kit et bricolage : faut-il faire soi-même ce qu'on fait moins bien que les autres ?

Les histoires belges, dans son ouvrage Pauvre Belgique.

Jacques Chirac.

Mercredi

6 Juin

SAINT-NORBERT

Citation

Qui a dit : « Les livres ont les mêmes ennemis que l'homme : le feu, l'humidité, les bêtes, le temps, et leur propre contenu. » ?

Paul Valéry.

Question du jour

Au Québec, quels sont les jeunes gens qui risquent de perdre la rondelle ?

Les joueurs de hockey sur glace, le palet étant appelé « rondelle ».

Présentation des panélistes

Elles est la petite sœur que tous les vieux bambins regrettent de ne pas avoir eu pour nourrice.

Marianne James

La position dangereuse

– **Père Guy Gilbert :** Un jour, deux sexagénaires à peu près, arrivent et me disent de façon insistante :

« Il faut que l'on vous voie, il faut que l'on vous voie ! ».

Je les invite alors à me parler. La femme me dit qu'à une certaine page de mon dernier livre, j'ai mentionné une position amoureuse pratiquée par les jeunes appelée le « saut du lapin », et qu'elle aimerait que je lui explique à quoi cela ressemble. Ne sachant trop quoi dire, j'invente. J'explique alors au monsieur que la position consiste à monter sur l'armoire et à sauter sur sa femme d'en haut !

Le soir, en allant me coucher, pris de remords, je m'imagine la scène avec le vieux monsieur monté tout en haut et expliquant à sa femme : « Chérie, il faut qu'on achète une armoire plus basse ! »

UNE HISTOIRE DRÔLE

Après une catastrophe, une centaine de couples se retrouvent au ciel devant saint Pierre. Il leur dit :

– Veuillez vous disposer en trois files. Une pour les femmes, une pour les hommes qui se sont toujours fait mener par le bout du nez par leur femme, et une pour les hommes qui ont su imposer leur volonté à leur femme.

Sur ce, trois files se forment. Un seul monsieur se retrouve dans la file des hommes qui ont su imposer leur volonté à leur femme. Saint Pierre s'approche de lui et demande :

– Monsieur, il y a des années que je n'ai vu personne dans cette file, êtes-vous sûr que vous êtes dans la bonne ?

– Je ne sais pas, c'est ma femme qui m'a dit de me mettre ici !

Les fonctionnaires multitâches

par Bernard Mabille

Je voudrais piquer un coup de sang contre Nicolas Sarkozy, qui vient d'avoir l'idée géniale, croit-il, de confier plusieurs boulots à un seul fonctionnaire. Autant demander à un cul-de-jatte de courir le marathon ! Je me suis procuré, grâce à Wikileaks, leur emploi du temps top secret :

– décroiser les bras : 3 heures ;
– rechercher des stylos à bille en état de marche : 2 heures ;
– pause « popo » : 4 heures ;
– ajuster son fauteuil, dépoussiérer son bureau, remettre en place la photo de famille : 5 heures.

Et je passe sur le vote à main levée de la prochaine grève, la lecture des programmes télé du soir, la narration par le menu du dîner chez Bob, les stand-up devant la machine à café, le recomptage des ponts de l'année prochaine, la lecture de nouvelles vannes sur Internet… Tout cela nous fait 34 heures. Il ne leur reste donc plus qu'une heure, une seule heure par semaine, pour s'occuper de nous. Et c'est à ces gens-là que vous demandez d'occuper plusieurs emplois ?

– Bonjour madame, je voudrais un carnet de timbres.

– Ah, je peux rien pour vous, monsieur. Moi, je vends des timbres, mais à l'unité seulement. Il faut voir avec ma collègue du guichet 5, elle va revenir.

– Quand ?

– Aaaah, là, je ne sais pas, maintenant qu'elle est multitâche ! Elle est partie accoucher la dame du cinquième, après elle doit passer à la poissonnerie faire la vendeuse, deux heures de baby-sitting chez les Grougnards, et puis remplacer la grande Lulu, aujourd'hui indisposée. Avec un peu de chance, le guichet sera ouvert dans trois jours. Si c'est urgent, mieux vaut aller porter votre lettre vous-même à son destinataire.

Citation

Qui a dit : « Les riches qui pensent que les pauvres sont heureux ne sont pas plus bêtes que les pauvres qui pensent que les riches le sont. » ?

Mark Twain.

Question du jour

Quels sont les comédiens dont les gains sont déposés à la Caisse des dépôts et consignations ?

Les mineurs, l'argent devant leur être remis à leur majorité.

Bouvardise

Il y a certains honneurs que j'ai envie d'avoir, seulement pour qu'on ne me demande plus pourquoi je ne les ai pas.

Vendredi

8 **Juin**

SAINT-MÉDARD

Citation

Qui a dit : « L'idée d'être un symbole me déplaît, mais si je dois être le symbole de quelque chose, je préfère que ce soit celui du sexe. » ?

Marilyn Monroe.

Question du jour

Quels sont les six animaux qui donnent de l'ivoire ?

L'éléphant, le morse, l'hippopotame, le mammouth, le mastodonte et le narval.

Présentation des panélistes

Elle regarde d'abord les chaussures des hommes avec lesquels elle envisage de prendre son pied.

Chantal Ladesou

Cahors n'est pas Prague

– **Jean-Jacques Aillagon** : C'est une honte ministérielle. J'étais ministre, j'avais dans la journée inauguré plusieurs expositions à travers la France. Les ministres, on les trimballe à faire des inaugurations – à mon sens beaucoup trop nombreuses –, et en fin de journée je m'étais retrouvé à Cahors, pour l'inauguration du Printemps de Cahors. J'arrive à Cahors, on me précipite sur la place de la Cathédrale où un podium avait été dressé. Là, des gens m'attendent : le préfet, les autorités locales, le public, et on me demande de faire un discours. Je me lance dans un discours, sans me rendre compte qu'à chaque fois que j'aurais dû dire « Printemps de Cahors », je disais « Printemps de Prague » ! Jusqu'au moment où, dans la foule, un type me crie (avec l'accent) : « Couillon, on est à Cahors ici, on n'est pas à Prague ! » Je regarde le préfet… Cet imbécile aurait dû m'avertir. Cette affaire m'a jeté dans une confusion extrême.

UNE HISTOIRE DRÔLE

Au retour d'une sortie en forêt, l'institutrice demande aux élèves de citer des noms de bois « durs ». Plusieurs mains se lèvent :
– Oui, mon petit Thomas !
– Du sapin, madame !
– Non ! Le sapin n'est pas un bois dur. À toi, Sophie.
– Du chêne !
– Oui, Sophie, c'est un bois très dur, mais il y a encore plus dur… Quelqu'un a une autre idée ?
Et là, il y a Philippe, tout au fond de la classe, près du radiateur, qui lève la main :
– Le cul de ma mère !
Habituée aux frasques de Philippe, l'institutrice ne s'énerve pas et répond :
– Encore une de tes bêtises, Philippe. Peux-tu m'expliquer ce qui te fait sortir de telles grossièretés ?
– C'est que madame, on a l'habitude de jouer à cache-cache avec ma sœur, et l'autre jour, j'étais caché sous le lit de mes parents. Ils sont entrés dans la chambre, et mon père, il a dit à ma mère : « Montre-moi ton cul, que je te le rabote. » Eh bien, je vous assure, madame, ça a duré une heure, et je n'ai pas vu tomber un seul copeau !

FACILITER LE TRAVAIL LE DIMANCHE

UNE HISTOIRE DRÔLE

Un gars a été invité à déjeuner chez un copain. Après le café, il lui dit :
– Faut que je me grouille de rentrer au bureau. Quelle heure est-il ?
L'autre se lève, il va à la fenêtre, il regarde la position du soleil et il déclare :
– Il est deux heures moins vingt-cinq !
– Comment ? bredouille son ami. Tu n'as pas de montre ?
– Non ! J'ai horreur des montres, question de principe !
– Et tu ne te trompes jamais sur l'heure qu'il est en regardant le soleil ?
– Jamais !
– Mais enfin, si tu te réveilles en pleine nuit et que tu veux savoir l'heure, comment fais-tu ?
– Ben, j'ai mon clairon !
– Quoi ? Qu'est-ce que tu dis ?
– Je te dis que j'ai mon clairon. Si je me réveille la nuit et que je veux savoir l'heure, je vais à la fenêtre, je l'ouvre et je joue du clairon.
– Et alors ?
– Ben alors, il y a toujours un voisin qui ouvre ses volets en hurlant : « Quel est l'enfoiré qui joue du clairon à 3 heures du matin ? »

Citation

Qui a dit : « Lorsqu'un humoriste déclenche des rires imprévus, sa première réaction est de vérifier si sa braguette n'est pas ouverte. » ?

Question du jour

Qui a commencé sa carrière de chanteuse sous le pseudonyme de Jacqueline Ray ?

Bouvardise

J'ai enfin trouvé une devise susceptible de fournir un alibi à ma boulimie de travail et de plaisir : avoir trop pour être certain d'avoir assez.

W. C. Fields.

Line Renaud.

UNE HISTOIRE DRÔLE

C'est un jeune couple timide qui va chez le sexologue pour que les choses du sexe leur soient plus familières, et pour apprendre le langage du corps. Après la première séance, les jeunes époux rentrent à la maison et passent à la pratique.
Le mari dit :
– Bon, maintenant, quand je voudrai faire l'amour, je te caresserai le sein droit... Et quand je ne voudrai pas, je te caresserai le gauche.
Sa femme lui répond :
– D'accord. Et moi, comment je procède ?
Le mari répond :
– C'est simple. Si tu veux faire l'amour, tu caresses mon pénis une fois... Et si tu ne veux pas faire l'amour, tu le caresses deux cents fois.

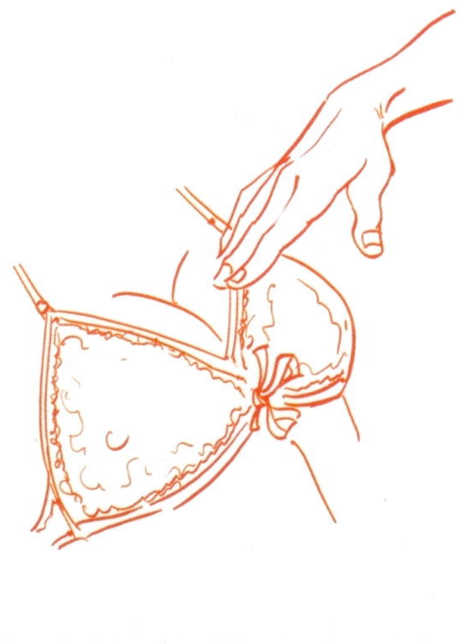

C'est la tournée de Françoise Laborde

– **Philippe Bouvard** : Françoise Laborde, vous souvenez-vous de votre bizutage à la radio ?
– **Françoise Laborde** : Je ne peux pas le raconter.
– **Chantal Ladesou** : Ah si ! T'es obligée, c'est marrant !
– **Françoise Laborde** : Je ne peux pas le raconter, mais enfin bon, je vais le raconter !
– **Jacques Balutin** : Ah ! Quand même !
– **Françoise Laborde** : Il y avait dans la grande salle de rédaction quelques journalistes qui se la jouaient un peu macho, et quand ils voyaient arriver de jeunes journalistes débutantes, ils les interrogeaient toujours de façon un peu spectaculaire : « Est-ce que tu veux bien me faire ceci, ou cela… » Je vous fais grâce des détails.
– **Chantal Ladesou** : Ben non, au contraire !
– **Françoise Laborde** : Toute la rédaction attendait de voir comment la victime allait réagir. Un matin, l'un dit, les pieds posés sur le bureau : « Dis-donc, là bas, t'es occupée ? » Je fais l'erreur de répondre non, il ajoute : « Tu ne voudrais pas venir me… ? » Je réponds que non et repars dans mon bureau. Là, je me dis que je vais être ridicule jusqu'à la fin de mes jours ! J'ouvre mon porte-monnaie, prends un billet, reviens vers lui et dis : « Tiens, il y a des professionnelles pour ça. Vas-y, c'est ma tournée ! » J'ai été applaudie par la rédaction !

Citation

Qui a dit : « Écrire est un métier… qui s'apprend en écrivant. » ?

Simone de Beauvoir.

Question du jour

Dans quel domaine la marque Lacoste fut-elle précurseur en 1930 ?

C'était la première marque à afficher son logo à l'extérieur du vêtement.

La braguette ouverte…

– **Pierre Bellemare** : Ce que je vais vous raconter m'est arrivé il y a exactement trois jours ! J'ai participé à une grande manifestation – c'était une dictée assez compliquée – qui se faisait à Périgueux.

– **Philippe Bouvard** : C'était, en fait, à Périqueue !

– **Pierre Bellemare** : J'ai donc commencé par faire la dictée ; après ça, il y a eu le corrigé, etc. Ensuite, je suis allé dans un salon pour dédicacer des livres, et à la fin de la journée, quand je m'en suis aperçu, il était trop tard : j'avais passé toute la journée avec la braguette largement ouverte !

– **Philippe Bouvard** : L'odeur ne vous a pas alerté ?

– **Jean-Jacques Peroni** : Tu n'as pas senti un petit courant d'air qui te passait à travers les burnes ?

– **Philippe Chevallier** : C'est parce qu'inconsciemment tu voulais sortir ton gros stylo !

– **Jacques Mailhot** : Les *Histoires extraordinaires* de Pierre Bellemare !

– **Pierre Bellemare** : C'est vrai qu'on ne s'en aperçoit pas, et tu te demandes si quelqu'un l'a vu, si tu as été ridicule.

– **Jean-Jacques Peroni** : Tu connais ce vieux proverbe : « Quand la cage est ouverte, c'est que le fauve n'est pas méchant ! »

– **Philippe Bouvard** : Il y a aussi le proverbe berrichon : « Il faut toujours laisser la fenêtre ouverte quand il y a un mort dans la maison ! »

UNE HISTOIRE DRÔLE

– Et ce diplodocus, dit le guide du Muséum d'histoire naturelle, tel que vous le voyez à l'état de squelette, il est âgé de 33 millions et 33 ans…
– Extraordinaire ! dit un visiteur. Comment pouvez-vous arriver à déterminer son âge avec une telle précision ?
– Ce n'est pas compliqué. Quand j'ai commencé à travailler ici, le paléontologue m'a dit : « Ce diplodocus, il a 33 millions d'années. » Et ça fait trente-trois ans que je suis dans la maison…

Citation

Qui a dit : « Pauvre langue française, où le mot tournure *s'applique également au derrière des femmes et à l'esprit des hommes. » ?*

Question du jour

Le 12 juin 1969, quel café-théâtre donna son premier spectacle dans une salle inachevée, avec pour slogan du lieu : « C'est moche, c'est sale, c'est dans le vent. » ?

Bouvardise

Trois formes très différentes de la pensée unique empêchent de nombreux individus d'affirmer leur fantaisie : le prêt-à-porter, le prêt-à-prier et le prêt-à-penser.

Jules Renard.

Le Café de la Gare.

UNE HISTOIRE DRÔLE

Une femme entre dans un magasin de lingerie et demande au vendeur s'il lui serait possible de faire broder un texte sur ses culottes et soutiens-gorge…
– Pas de problème, répond le vendeur, quel est le texte ?
– « Si vous pouvez lire ceci, c'est que vous êtes trop près. »
– Hum, oui, et… en minuscules ou en capitales ?
– Ni l'un ni l'autre… En braille !

Martyr de Claude François

– Didier Barbelivien : Claude François était coléreux, et ce qu'on ne sait pas de moi au premier abord, c'est que je n'ai pas toujours bon caractère. Je suis assez avenant au début, mais si la discussion dure, ça peut tourner au vinaigre. Je me tire et je rentre chez moi. Je le raconte à la fille avec qui j'étais à l'époque : « Je me suis cassé du studio, Claude François m'a promis qu'il allait dire partout du mal de moi. Ma carrière, côté variétés, allait s'arrêter vite fait ! » On dîne avec Delpech et d'autres, tout le monde s'en va, et le soir, j'ai un doute : c'est Claude François, et s'il dit que ce n'est pas bien, c'est que peut-être je devrais le refaire. À minuit et demi, je me remets donc au boulot, je prends mon magnéto… Le téléphone sonne à 1 heure du matin… « Allô, c'est Claude ! » (Avec sa voix.) « Tu as besoin de quelque chose ? » « Non, je travaille sur ton texte, j'essaye de le refaire. » « Je m'excuse pour tout à l'heure… Tu veux que je vienne t'aider ?… Tu veux des huîtres ? » (À 1 heure du matin, des huîtres !) « Non, je ne veux pas d'huîtres. » « Tu veux de l'alcool de poire ? » « Mais non, je ne veux rien. Je suis en train de bosser. » « Je vais venir t'aider ! » « Non, demain matin je te rapporte le texte. » En fait, c'était un type coléreux, exigeant, mais tellement drôle, tellement généreux, qui avait du cœur et qui était très sentimental. Il adorait ses collaborateurs. Il me faisait venir le soir chez Flèche, quand il avait vendu des disques – et Dieu sait qu'il en vendait beaucoup –, il offrait le champagne… Il faisait venir les filles de l'agence Absolu, et comme il savait que j'étais porté sur les jeunes filles, il me disait : « Barbelivien, tu regardes, mais tu ne touches pas ! »

Citation

Qui disait de lui-même : « Je suis un chanteur radio passif. » ?

Question du jour

Pour quelle raison Louis XVI fit-il appel à Turgot comme contrôleur général des finances ?

Bouvardise

Le nouvel équilibre mondial : plus de guerres ni de tués nulle part ; des explosions et des cadavres partout.

Turgot avait écrit des articles sur l'économie, dans L'Encyclopédie de Diderot et d'Alembert.

Boby Lapointe.

Quelle salade !
par Jacques Mailhot

Après Météo France, blâmée pour ses prévisions toutes relatives, après le ministre de l'Intérieur saqué pour ses excès d'optimisme, après la DDE dont les agents préfèrent se poivrer plutôt que de saler les routes, c'est au tour de Josiane, 76 ans, de porter plainte et de se retourner contre un supermarché de l'Hérault pour avoir « glissé sur une feuille de salade ». Est-ce bien raisonnable, Josiane ? Moi-même, j'ai glissé sur une Romaine, c'était dans un hôtel proche de la via Veneto. Mais pour en revenir à Josiane, sans vouloir être désagréable avec elle, il faut être franchement neuneu pour aller glisser dans un supermarché, alors qu'ils sont réputés comme tels. Ce n'est pas un hasard si la direction de ces grandes surfaces vous fournit dès votre arrivée un déambulateur, que l'on appelle pudiquement un « Caddie ». Caddie auquel s'accrochent les vieux clients arthritiques comme les dictateurs s'accrochent au pouvoir. Car si vous faites vos courses au bon moment, le sol des grandes surfaces, c'est Holiday On Ice ! Il suffit qu'une ou deux clientes parkinsoniennes débutantes ratent le fameux Caddie et fassent tomber une ou deux bouteilles d'huile d'olive, pour que vous alliez d'une traite du rayon yaourts au rayon produits d'entretien entièrement à l'horizontale, avec double axel à l'arrivée, sur une musique alimentaire mais destructurante de Richard Clayderman. Moi j'ai vu, il y a à peine deux ans, un retraité des chemins de fer faire justement trois fois le tour du rayon des conserves sur une seule jambe en extension, grâce à une barquette de petits pois frais qui s'était éventrée, et qui, chaque fois qu'on le croisait dans la position choucroute garnie, nous criait « Ça roule ! »

Il est donc urgent de cesser ces plaintes, ces jérémiades. Si notre société est de plus en plus déséquilibrée et se casse allégrement la binette, ce n'est pas de la faute de Météo France ou de la grande distribution. On ne peut tout de même pas mettre un assistant à la personne derrière chaque citoyen ou un météorologue derrière chaque automobiliste. Souvenons-nous, il y a deux ans, dans un fast-food de Reims, une demi-grosse avait glissé sur une frite. Alors, si toutes les personnes qui glissent, que ce soit sur une salade ou sur une frite, se mettent à porter plainte, on ne s'en sort plus ! Je rappelle que cela fait quarante ans que la grande Lulu glisse sur des asperges, et elle n'a jamais porté plainte !

Citation

Qui a dit : « Si les Anglais ont inventé beaucoup de sports, c'est que dès qu'ils se sentent dépassés dans l'un d'eux par une nation étrangère, ils en inventent un autre. » ?

Peter Ustinov.

Question du jour

Pourquoi ne peut-on pas voir *Arènes sanglantes*, film avec Rudolph Valentino ?

Ne se trouvant pas à son avantage, il a racheté toutes les copies du film.

Bouvardise

Situation privilégiée du littoral. Magie des côtes. La terre semble encore plus belle quand elle s'incline devant la suprématie de l'eau.

Citation

Quel comédien a dit : « Ôter un collant à une femme, c'est un peu comme peler une pomme de terre. » ?

Claude Brasseur.

Question du jour

Par qui fut inventé le Baby-foot ?

Par les frères Lumière, inventeurs du cinéma.

Bouvardise

Je revendique la vertu de reconnaître publiquement toutes mes faiblesses, même quand on me paie pour cela.

Macha allergique au Viagra

– **Philippe Bouvard** : Ça donne vraiment envie, le Viagra ?

– **Philippe Chevallier** : Moi, j'ai essayé une fois. J'ai pris un quart de comprimé, j'avais la tête toute rouge. J'avais les oreilles qui enflaient, mais pas le reste.

– **Bernard Mabille** : Tu l'avais avalé ou tu l'avais gardé sous la langue ?

– **Macha Méril** : Ça m'est arrivé une fois, il faut que je vous raconte. Il y a un vieux type, évidemment, qui rêvait de me sauter.

– **Bernard Mabille** : Forcément !

– **Macha Méril** : Il a donc pris du Viagra, et il ne débandait pas ! Moi, je n'avais aucune envie, car ce n'était pas mon œuvre. Donc, le pauvre est reparti bredouille.

– **Philippe Bouvard** : Et il a eu beaucoup de mal à tourner dans le couloir…

– **Bernard Mabille** : Je le connais, depuis il est pompe à essence dans Paris.

– **Philippe Bouvard** : On peut vous demander quel âge il a ? Enfin, quel âge il avait, parce que je suppose qu'il a succombé rapidement…

– **Macha Méril** : Oh… quelques années de plus que moi, seulement.

– **Philippe Chevallier** : 42 ans alors !

Samedi **16** SAINT-JEAN-FRANÇOIS-RÉGIS

Dimanche **17** **Juin** SAINT-HERVÉ, FÊTE DES PÈRES

Mabille voit le monde à travers sa lunette

J'ai raté – et je m'en veux – la journée mondiale des Toilettes ! Esprit d'à-propos, c'était le jour même où Nicolas Sarkozy réaménageait ses cabinets. Aussi, je me suis rattrapé ce week-end : étant chez des amis, je m'y suis enfermé quarante-huit heures durant, à déduire des 35 280 heures que l'on y passe durant sa vie.

Quarante-huit heures, c'est long ! Une fois que tu as fait ta grosse et ta petite affaires, dévoré les magazines people qui y trônent, lu les composants figurant sur les bombes désodorisantes, recompté les feuilles de PQ, joué avec la chasse d'eau, domestiqué le Canard-WC, tu t'emmerdes !

Heureusement, mes amis intellectuels avaient punaisé un petit poème sur la porte, je le connais par cœur :

« C'est ici que tombent en ruine / tous les déchets de la cuisine. / Dans un lieu aussi respectable, / il faut se tenir comme à table, / et garder le bord de la lunette / aussi propre que celui de son assiette. / Si vous venez sans papier ni paille, / léchez-vous les doigts au lieu de salir la muraille. »

Que c'est beau ! C'est quand même autre chose que ce que j'ai lu dans les wah-wah d'une station Total de l'autoroute A10 : « Chiez assis, chiez debout, chiez dur, chiez mou, mais chiez dans le trou ! »

Or visiblement, le mec auquel je succédais ne savait pas lire.

Citation

Qui a dit : « Une paire de lolos bien gonflés, c'est comme un ballon de foot, ça rebondit toujours mieux dans l'action. » ?

Thierry Roland.

Question du jour

Qui le maréchal Pétain a-t-il remplacé à la tête du gouvernement ?

Paul Reynaud.

Bouvardise

C'est dans les gares que les couples se bécotent le plus ardemment. Comme si les sentiments étaient exacerbés par les séparations. Quand elles ne constituent pas des ruptures…

UNE HISTOIRE DRÔLE

Un petit gamin se lève pendant la nuit pour aller aux toilettes. En passant devant la chambre de sa grande sœur, il entend du bruit. Il colle son oreille à la porte et entend sa sœur qui dit : « Ho ! C'est bon, c'est bon ! »

Le lendemain matin, pendant le petit déjeuner avec toute la famille, il demande au copain de sa sœur :

– Dis, Pierre, qu'est-ce que tu donnais à manger à Valérie pendant la nuit ? Elle disait que c'était bon.

Pierre, très embarrassé :

– Ah oui, c'était du chocolat.

– Hé, Hé !... C'est pas vrai, c'était du saucisson... J'ai retrouvé la peau sous le lit !

Chronique morbide

– **Philippe Chevallier** : À 17 ans, je suis allé assister à un procès aux assises de Nantes, dans une affaire assez sordide. Il s'agissait d'un malheureux qui s'était fait empaler par un autre homme. Celui-ci lui avait introduit un balai dans le derrière, afin de lui faire dire où étaient ses économies.

– **Pierre Bellemare** : Lui a-t-il répondu d'aller se brosser ?

– **Philippe Chevallier** : Comme le pauvre homme n'y était pas habitué, il est évidemment mort dans d'atroces souffrances. Au procès, toute une ribambelle a plaidé pour le tueur – je n'ose pas dire un ballet d'avocats…

– **Bernard Mabille** : Ce serait déplacé !

– **Philippe Chevallier** : Bref, le dernier était le remarquable Me Pollack, avec sa grande chevelure jaune et sa cigarette au bec. Il a fait une plaidoirie incroyable de beauté, de citations littéraires. Tout le monde y est passé : Racine, Shakespeare, Molière, mon beau-frère… C'était extraordinaire ! C'était un 24 décembre, et il a terminé en disant : « Mesdames et messieurs de la cour, mesdames et messieurs les jurés, n'oubliez pas que ce malheureux, lorsqu'il est né, n'a pas eu sur sa couche le souffle bienfaiteur de l'âne et du bœuf. » Hé bien, le gars… il a été condamné à mort !

Citation

Qui a dit : « Vous avez noté qu'on dit un steak de bœuf, une côte de bœuf, un rôti de bœuf… Mais dès que le bestiau semble suspect, c'est la vache qui devient folle ! » ?

Question du jour

Quelle condition fallait-il remplir pour entrer dans une maison de jeu à Venise au XVIIIe siècle, quand on n'était pas noble ?

Présentation des panélistes

La richesse de son vocabulaire est inversement proportionnelle au nombre de ses cheveux.

Philippe Chevalier

Guy Bedos.

Porter un masque.

Pour la semaine de quatre jours

par Philippe Chevallier

Réjouissons-nous ! On connaissait la semaine des quatre jeudis, la vingt-cinquième heure, la minute de vérité, les trente-cinq heures… Je viens d'apprendre que ça fait déjà deux ans que nos petits mioches de l'école primaire font la semaine de quatre jours. Je n'étais pas au courant ! Faut dire que j'ai quitté l'école primaire il y a déjà un certain temps, et que les seuls gamins que je côtoie régulièrement sont mes camarades des Grosses Têtes.

Apparemment, cette semaine de quatre jours est remise en question par les plus hautes instances de notre Administration qui, par le biais de commissions en tout genre, d'observatoires toutes catégories, d'académies de ceci ou cela, veille sur la santé de nos chères têtes blondes. Les chronobiologistes les plus affûtés – et vous savez que chez nous, on est drôlement affûté, sauf quand il y a de la neige – ont constaté après deux ans de cette expérience, je cite, que « si la semaine de travail était plus courte, à heures égales, la journée était forcément plus longue ! » Ça sert de faire des études pour en arriver là ! Donc les associations de parents d'élèves – qui ont compris depuis longtemps qu'il valait mieux se regrouper quand on n'avait rien à dire – opinent du chef avec le sérieux et la retenue qui caractérisent le crâne vide. Bien sûr, au départ, l'idée n'était pas mauvaise : supprimer le samedi permettait aux familles de partir en week-end dès le vendredi soir, voire, grâce à cette chère Martine, dès le milieu de l'après-midi, si on avait pris soin de demander une dispense de gymnastique pour son moutard.

L'industrie hôtelière et touristique se frottait les mains : deux jours et demi de vacances par semaine, vous pensez, même au mois de novembre, il y aurait du monde au Mont-Saint-Michel ! Toujours est-il qu'aujourd'hui, cette question du rythme scolaire « fait débat », comme on dit dans les milieux intellectuels et associatifs, et des chercheurs très inspirés ont leur avis sur la question. Par exemple, un groupe scolaire de Lille a élaboré un projet susceptible d'intéresser le nouveau ministre de l'Éducation : il s'agit d'alterner la classe avec des activités socioculturelles ou sportives. Ne me demandez pas ce qu'est une activité « socioculturelle », je n'en sais rien, et encore moins pour un mioche de 8 ans. C'est peut-être ce qu'on appelait autrefois les « travaux manuels »… Mais à l'heure de l'ordinateur, le panier en osier et le Père Noël en pâte à modeler ont été remplacés par la prise de conscience du moutard sur la place qu'il occupe dans le terrain de jeu social.

– Qu'est-ce qu'on étudie demain, madame, après la leçon de grammaire ?

– Demain, les enfants, après la relaxation au sol, vous aurez une « activité d'éveil interactif » suivie d'une discussion-débat sur la « notion de groupe en milieu collectif ».

– Et quand est-ce qu'on aura « activité d'évolution corporelle en milieu aqueux » ?

– Je te l'ai déjà dit, Kévin. Quand la piscine sera creusée !

En tout cas, le groupe scolaire sus-cité, celui de Lille, a des idées bien arrêtées sur la question, et j'en veux pour preuve l'une de ses déclarations – je cite : « Quand des séquences pédagogiques coûteuses cognitivement succèdent à d'autres qui le sont moins, les enfants sont capables d'être vigilants beaucoup plus longtemps qu'on ne le dit. »

Je vous révélerai la prochaine fois ce que ça veut dire, quand j'aurai la traduction en français.

Citation

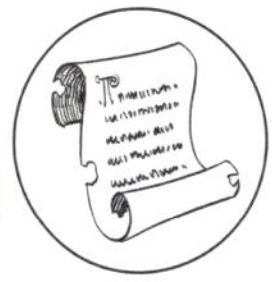

Qui a dit : « Vous savez certainement ce qu'est un quatuor, en URSS ? C'est un orchestre symphonique qui revient d'une tournée aux USA. » ?

Coluche.

Question du jour

Pourquoi les Compagnons du Tour de France attachent-ils symboliquement leur blouse par-derrière ?

Pour avoir besoin les uns des autres.

Bouvardise

Conversation avec un poivrot digne et distingué : j'ai su qu'il buvait par les confidences de son haleine.

UNE HISTOIRE DRÔLE

Mme Meyer n'est pas contente du tout ! Elle vient d'apprendre que sa fille Sandra, une jolie blonde écervelée, est enceinte.

– Mais bon sang, Sandra, comment est-ce possible ? gronde la maman. Je t'ai pourtant bien dit et répété de toujours dire non !

– Mais c'est ce que j'ai fait, maman, pleurniche la fille, mais est-ce que c'est de ma faute si Claude commence toutes ses phrases par « Ça ne te dérange pas, si... » ?

Coup de frein

– **Philippe Bouvard** : Les contribuables que nous sommes se réjouiront de voir que les organismes publics vont se mettre à la diète. Ça faisait longtemps qu'on en parlait, et notamment en ce qui concerne le parc automobile, qui mobilise des milliers de voitures. On va économiser (pour la France entière) 2 750 voitures de fonction.

– **Bernard Mabille** : Ils vont aller en Vélib' avec un chauffeur ? Ils vont s'asseoir dans le petit panier ?

– **Jean-Jacques Peroni** : Pourquoi on ne referait pas, comme pendant la guerre – ce serait écolo –, les pousse-pousse, les vélos-taxis...

– **Bernard Mabille** : Ça existe, il y en a à Paris. J'en ai pris un, l'autre jour, et je lui ai demandé de m'emmener en haut de la butte Montmartre. Il en a chié !

– **Jean-Jacques Peroni** : Et j'espère que tu ne lui as pas laissé de pourboire !

– **Jacques Mailhot** : Bah ! le mec, il en a profité pour se faire enterrer au cimetière de Montmartre !

Citation

Qui a dit : « L'amour, c'est comme le potage : les premières cuillerées sont trop chaudes, les dernières sont trop froides. » ?

Question du jour

Pourquoi le drapeau américain laissé sur la Lune comporte-t-il une barre horizontale ?

Bouvardise

Dans les entreprises, il existe trois sexes : hommes, femmes et dirigeants de très haut niveau.

Pour donner l'impression de flotter dans un univers sans vent.

Jeanne Moreau.

Jeudi

21 Juin

ÉTÉ

L'été, saison des amours

par Philippe Chevallier

Alors mes amis, tous les magazines féminins nous le disent, c'est bientôt l'été ! Et qu'est-ce qu'on fait en été ? On fait des nouvelles rencontres amoureuses ! Et oui, l'amour et le sexe, il n'y a que ça de vrai ! D'abord c'est bon pour la santé et puis ça nous change un peu de tout ce qu'on voit à la télé : l'affaire Strauss-Kahn et tutti quanti. C'est vrai, il n'y a pas de raison que ce soient toujours les mêmes qui profitent ! Il n'y a pas que dans les palaces qu'on a le droit d'avoir un coup de chaud ! Au camping aussi, on a des sentiments ! Mais pour mettre toutes les chances de son côté, il ne s'agit pas de partir le nez au vent. Il faut préparer le terrain, et là, toutes les journalistes, psychologues, esthéticiennes, pédicures qui tartinent des articles dans les périodiques sont formelles : il faut, pour séduire, une « compatibilité astrale » ! Pas une comptabilité, ça, c'est quand le voyant encaisse la monnaie ! Il faut, pour que l'alchimie opère entre deux êtres, qu'ils soient « astralement » convergents ! Autrement dit, et là je prends un exemple au hasard, si vous êtes Bigorneau ascendant Moule, vous n'aurez aucune chance avec une Vierge qui a sa maison dans la Lune ! Qui que vous soyez, que vous vous soyez fait couper les poils du nez, que vos dents cariées soit planquées dans le fond et que vous puissiez fièrement arborer votre livret A, si vous n'êtes pas compatible avec la salope en string qui va se baigner en vous disant bonjour avec ses fesses, ça n'est même pas la peine ! Ce n'est pas le torse velu agrémenté d'une dent de requin et le poignet orné d'une gourmette en plaqué or qui feront changer d'avis la prétentieuse. Si vous n'êtes pas compatibles, vous n'êtes pas compatibles !

Alors, me direz-vous, comment savoir ? C'est là que les conseils de la shampouineuse astrologue de chez Marie-Claire sont utiles ! Faites d'abord un test pour vous situez vous-même en introduisant dans votre profil des éléments d'astrologie occidentale mais aussi chinoise, tibétaine, voire celte pour être tout à fait complet… Essayez de savoir quel est votre arbre en fonction de votre date de naissance et du jour de la première diarrhée de votre beau-frère ! Êtes-vous chêne, pin, saule, arbousier, rosier de Corinthe ou baobab ? À quel fruit de la forêt appartenez-vous ? Pomme de pin, gland, girolle des marécages ? Une fois que vous vous êtes positionné, munissez-vous, où que vous soyez, d'un crayon à papier et d'un carnet afin de paraître moins con et de mener à bien votre enquête. Bien sûr, il ne faut pas éveiller les soupçons dès que vous aborderez la personne convoitée. Il s'agit de manœuvrer finement et avec doigté. Vous êtes sur la plage de Palavas, pas au Sofitel de New York ! Faites-vous passer pour un gars de la Sofres avec le sourire enjôleur et décontracté qui caractérise le statisticien moyen et si, au bout de deux bonnes heures d'entretien, la gonzesse est toujours allongée auprès de vous sur le sable, c'est que vous êtes « astralement » compatibles ! Et là, pas de quartier ! Elle est Mouche ascendant Perruche dans l'astrologie chinoise ? Montrez-lui que vous êtes Éléphant ascendant Cochon dans l'astrologie auvergnate ! Et là, vous passerez de bonnes vacances !

Citation

Qui a dit : « La popularité, c'est d'éternuer à l'écran et de recevoir le lendemain des centaines de cartes postales avec écrit : " À vos souhaits ". » ?

Léon Zitrone.

Question du jour

Jusqu'au XIXe siècle, quel moyen de contraception était le plus courant en France ?

Allaiter le plus longtemps possible.

Bouvardise

Le bon côté du surmenage chronique : on n'a jamais à tuer le temps.

Citation

Qui a dit : « Le prix Nobel, c'est une bouée de sauvetage lancée à un nageur qui a déjà atteint la rive. » ?

George Bernard Shaw.

Question du jour

À Versailles, quand Louis XIV était avec toute sa cour, à quel usage servaient les grands parapluies, quand il ne pleuvait pas ?

Pour traverser les cours, pour se protéger de ce qui pouvait tomber des fenêtres. Les cabinets n'existent pas, on vidait les récipients par les fenêtres.

Bouvardise

Il m'arrive de m'ennuyer avec moi-même. Faute de pouvoir me raconter des histoires que je ne connais pas.

La honte de Jean-Jacques Sempé

Un jour, il n'y avait pas très longtemps que j'étais à Paris, je reçois un télégramme d'une agence de publicité, avec qui j'avais pris contact pour essayer de placer mes dessins, qui disait : « Venez tout de suite. » Donc, j'y vais. C'était en banlieue très lointaine. Je commence par prendre le métro puis une micheline. Enfin j'arrive.
Là, le préposé qui devait me recevoir me dit tout naturellement, comme si ça allait de soi :
– Avez-vous trouvé une place pour vous garer ?
Moi, très intimidé et n'ayant pas de voiture, je réponds :
– Oui. Au parking !
– Ah ! Et qu'avez-vous comme voiture ?
Je m'enferre dans mon mensonge et je dis :
– Une 11 CV Citroën.
– Mon père avait la même, maintenant il n'y en a plus beaucoup ! Je viendrai la voir après.
J'étais absolument affolé. Et effectivement, après avoir discuté travail, il me dit :
– Je viens avec vous. Je vais voir votre 11 CV.

Il vient avec moi et on cherche sur le parking la 11 CV Citroën que, bien entendu, on ne trouve pas. Et je dis :
– C'est affreux ! Elle n'y est pas !
– On vous l'a volée ! Il faut aller au commissariat !
Donc, on va au commissariat – il était toujours là. On me demande mon permis de conduire. Je n'en avais pas, je ne savais pas conduire ! Je dis que je l'ai laissé dans la voiture. « Chose à ne pas faire », me dit le préposé. Ensuite, il me demande le numéro minéralogique et là, j'invente n'importe quoi, on rectifie cinq ou six fois. Il téléphone à la préfecture où on ne connaissait pas ça… Et à la fin, comme il était tard, j'ai dit : « Je vais prendre un taxi. » Vous pensez bien que je n'avais pas l'argent pour m'offrir un taxi sur cette distance ! Le bonhomme m'a accompagné jusqu'à la station de taxi, et je n'arrivais pas à le semer. Je prends le taxi. On tourne à droite à la première rue et là, j'arrête le taxi :
– Je vous paye ; je ne vais pas continuer. J'ai oublié quelque chose.
– Ah ! me dit le brave homme. Je vais vous ramener.
Sur le chemin du retour, je tombe sur mon type qui regagnait son bureau. Il me dit :
– Écoutez, je ne vais pas vous laisser comme ça.
Je ne pouvais pas lui dire…
– On va en prendre un autre ! Je vous accompagne.
De plus en plus affolé, je transpirais, ne sachant plus quoi faire. J'ai repris un taxi. Je l'ai fait rouler un certain temps, et je lui ai demandé d'arrêter. J'ai payé une somme qui m'a paru énorme, et je suis rentré à pied à Paris. Il y avait une trentaine de kilomètres.
Cela m'a valu d'interminables déclarations, d'inutiles et coûteux voyages en taxi, et je me suis toujours repenti du ridicule de cette situation, qui nous fait dire quelque chose que nous ne pensons pas, uniquement parce que ça nous arrange sur le moment.

Dette de jeu de Jules Berry

– **Philippe Bouvard** : Jules Berry était un comédien des plus doués, des plus séduisants et pittoresques de son époque. C'était un joueur invétéré et il perdait au jeu tout ce qu'il avait gagné sur scène.

– **Olivier Barrot** : Berry, c'était vraiment la fantaisie, une démarche, une gestuelle… C'était un acteur très paresseux, et en même temps génial. Il savait très bien qu'il ne foutait rien, il passait son temps sur les champs de courses, dans les salles de jeu, etc. Il est mort ruiné, entretenu à l'hôtel Lutétia, parce que le directeur de l'hôtel l'appréciait et l'admirait. Il n'apprenait jamais son texte, ce qui faisait qu'il était toujours en train d'improviser, et c'était épuisant pour ses partenaires. Il jouait de grands succès sur le Boulevard. Avec sa deuxième compagne, Jeanne Marken, ils reprenaient leurs scènes de ménage sur scène, improvisant des engueulades qu'ils ajoutaient au texte ! Il était par ailleurs d'une infidélité chronique. On rapporte ce mot de Jeanne Marken, formidable actrice – souvenez-vous des *Enfants du paradis,* où elle est la logeuse de Pierre Brasseur. Un jour, excédée, elle est partie et lui a laissé un simple bristol sur lequel était écrit : « J'ai assez ri ! »

– **Philippe Bouvard** : Sur Jules Berry, j'ai une anecdote à ajouter, racontée par François André, qui fut le patron des casinos et l'ami de Jules Berry. Un jour, Jules Berry, encore plus aux abois que d'habitude, lui avait envoyé un petit mot disant : « Mon cher François, envoie-moi 1 000 francs, et je le dirai à tout le monde. » Et François André avait répondu : « Je t'envoie 100 francs, et n'en parle à personne ! »

UNE HISTOIRE DRÔLE

Un flic surprend un homme qui creuse un trou au bois de Boulogne :

– Mais pourquoi creusez-vous un trou ici ? demande le flic d'un ton soupçonneux.

– C'est pour ma copine, lui répond le gars.

– Pourquoi, elle est morte ?

– Non, non, elle est bossue. C'est plus pratique pour faire l'amour.

Citation

Qui a dit : « Le problème, avec les gens intelligents, c'est qu'ils ne sont jamais assez intelligents pour ne pas dire qu'ils sont les plus intelligents. » ?

Question du jour

Au cinéma, qu'est-ce qu'un plan américain ?

Bouvardise

J'aime les idées de gauche et les tribuns de droite. Je suis donc condamné à n'être jamais politiquement heureux.

Quand le héros est filmé de la tête jusqu'à mi-cuisse.

Boris Vian.

Lundi **25** **Juin**

SAINT-PROSPER

Citation

Qui a dit : « On ne m'a jamais rien donné, même pas mon âge. » ?

Charles Aznavour.

Question du jour

Quelle est l'origine du surnom « poulet », donné aux policiers depuis 1871 ?

La préfecture de police s'est installée sur l'emplacement de l'ancien marché aux volailles de Paris.

Bouvardise

On le sait avec certitude, grâce à Bergson : quand quelqu'un tombe, tout le monde rit. Mais il convient d'ajouter : sauf celui qui tombe.

La tambouille médiatique

par Jacques Mailhot

Je crois qu'ici on est tous d'accord : on aime beaucoup les chefs cuisiniers – surtout quand à leur talent ils ajoutent une grande générosité –, ils sont en général joyeux, festifs et leur compagnie est souvent réjouissante. C'est pourquoi on se sent franchement attristé de voir certains d'entre eux se prêter à cette avalanche de plus en plus indigeste d'émissions et de concours de cuisine. Les voir ainsi érigés en procureurs gustatifs, avec le pouvoir de lever ou de baisser le pouce devant quelques malheureux gladiateurs de la gamelle, est d'une tristesse à vous rendre végétarien. On sait depuis longtemps que la télévision n'a pas l'habitude de faire dans la diététique et que lorsque elle tient un citron, elle le presse jusqu'au dernier pépin, mais de là à nous infliger ses concours de pitance à la « mords-moi le ris de veau », il y a une surcharge calorique qu'on a de plus en plus de mal à supporter. La tambouille médiatique n'a jamais été très ragoûtante, mais lorsque elle jette son dévolu sur le ragoût d'artichauts ou la blanquette de flageolets pour faire péter l'audimat et le téléspectateur en même temps – je dirais même de concert –, ça vous gonfle carrément les tripes. C'est qu'il faut les voir, quand même, les chantres de l'effeuillage d'oignons face aux bourreaux du rata : « Alors, Ghislaine, on a raté sa duxelles de champignons ? C'est du propre ! » Terrible ! « Dis donc, Jérôme, qui t'a appris à battre les œufs comme ça ? » Gigantesque ! Pour l'occasion – car ce n'est pas du neuf, tant les émissions se succèdent et se marchent sur les plats –, TF1 a installé une immense cuisine dans un hangar. On connaissait les vins de garage, il y a désormais la cuisine de hangar, et ce n'est pas mieux. Le pire est que TF1 est allé chercher le concept de son *Master Chef* en Angleterre – un pays réputé, on le sait, pour l'excellence de sa cuisine, où l'on mélange avec délicatesse la confiture d'abricots avec le bœuf bouilli à la vinaigrette vanillée ! Une pure merveille ! La grande différence entre la version anglaise et la version française, c'est que la version anglaise est animée par le chef anglais très mode, Gordon Ramsay, dont le minois a de quoi faire chavirer les ménagères de moins de 18 ans et qui est une sorte de Leonardo di Caprio de la sauteuse ! Or quand on voit le jury de la version française, c'est un peu comme si on avait adapté le film *L'Arnaque* en remplaçant Paul Newman et Robert Redford par Gérard Larcher et Éric Woerth. Et puis, le hachage d'oignons en gros plan pendant des heures, ça peut faire pleurer dans les chaumières, mais ce n'est pas non plus immortel. Au quatre-vingt-dix-huitième oignon, on a compris l'intrigue et on connaît depuis longtemps le coupable. On a donc tendance à s'ennuyer lourdement, car il n'y a pas que la mayonnaise qui tourne en rond… l'émission aussi. Ajoutez à tout ça que le concept et les règles du jeu sont discriminatoires, puisque pour participer à l'émission, il ne faut jamais avoir travaillé dans un métier de bouche. Ainsi, notre copine la grande Lulu, qui fait admirablement les bouchées à la reine, ne peut prétendre y participer.

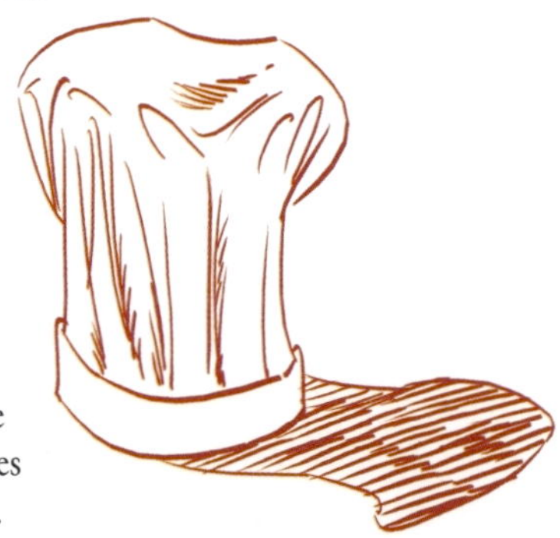

Les statistiques de Peroni

– D'après la revue *Horlogerie et sexualité*, chez 20 % des exhibitionnistes suisses qui ouvrent leur imperméable à la sortie des écoles, la quéquette s'incline d'avant en arrière en faisant : « Coucou ! Coucou ! »
– 70 % des gens qui ont la diarrhée n'osent pas tousser.
– 30 % des pauvres sont obèses. On se demande où ils trouvent le fric !
– En Iran, 100 % des réparateurs de vélo ne touchent pas aux roues voilées.
– 20 % des gens croient au proverbe : « L'avenir appartient à ceux qui se lèvent tôt ». Les 80 % de feignasses qui restent répondent : « Se lever tôt, oui. Mais à quelle heure ? »
– 70 % des enfants ont peur et mangent leur soupe quand leurs parents leur disent : « Si tu ne fous rien à l'école, tu finiras au parti socialiste. »
– 30 % des réalisateurs de films ont des pellicules.
– 40 % des femmes qui portent la burka ne supportent pas les oiseaux en cage.
– 100 % des gens qui ne croient pas au Père Noël vont quand même voter. Étonnant, non ?
– 30 % des auditeurs des Grosses Têtes pensent que Philippe Chevallier a eu une aventure avec la jeune fille un peu enveloppée de la Matmut.
– 20 % des électriciens ne sont pas des lumières.
– 30 % des habitants de Condom ne mettent pas de préservatif, alors qu'à Saint-Claude, 40 % des femmes ont des aphtes.
– En Australie, 100 % des kangourous ne mettent pas de slip. C'est pour ça qu'avec leur femelle, l'affaire est vite dans la poche.

UNE HISTOIRE DRÔLE

Une superbe blonde arrive dans un commissariat, tout essoufflée. Un agent de police lui demande :
– Que se passe-t-il ?
– Je vous en supplie, dit la belle enfant, aidez-moi, je viens d'être violée dans une rue déserte par un Belge.
– Mais, s'étonne l'agent, comment savez-vous que c'était un Belge ?
– Il a fallu que je lui montre comment s'y prendre !

Citation

Qui a dit : « On dit que le ridicule tue. Est-ce vrai ? Pas du tout ! Regardez autour de vous, il n'y a que des gens bien portants. » ?

Raymond Devos.

Question du jour

Quelle est la particularité anatomique de l'anguille ?

Son cœur est situé dans sa queue.

Bouvardise

Dommage qu'on obtienne le même réflexe d'hilarité en chatouillant les pieds qu'en titillant le cerveau…

Citation

Qui a dit : « L'automobiliste manque de civilité. Personne n'a encore eu l'idée d'installer, les jours de départ en vacances, un poste de télévision sur la plage arrière, afin que celui qui le suit puisse se détendre pendant les longues heures d'attente. » ?

Jean Yanne.

Question du jour

En quoi consiste l'évagination ?

C'est lorsqu'un organe intérieur sort du corps, comme une hernie par exemple.

Bouvardise

Pourquoi les gendarmes sont-ils des notables dans les villages, et des épouvantails au bord des routes ?

Une demande à la con

par Bernard Mabille

Que faire un dimanche, quand Michel Drucker n'est pas encore de retour sur France 2 ? Eh bien, trouver des idées pour tuer le temps ! J'ai eu hier la plus con du monde, un invité m'ayant karchérisé les gogues : il avait pris deux fois de la fameuse tarte aux pruneaux de mon épouse. J'ai voulu acheter une balayette à chiottes – en fait, une brosse pour toilettes pour les plus distingués d'entre nous –, et ce dans le seul magasin ouvert sept jours sur sept, une grande surface de meubles en kit suédoise *Made in China*. D'abord c'est loin, très loin ! Si loin que tu as l'impression d'aller chercher ta balayette à la maison mère, à Stockholm. Deux heures de bouchon plus tard, car curieusement tout le monde a eu la même idée – ou le même invité, peut-être –, je rejoins l'éden de la consommation dominicale, la zone commerciale. Quarante-trois ronds-points, quinze feux rouges, et de feu rouge en feu rouge, en refusant obstinément qu'on te lave ton pare-brise, tu te fais arracher tour à tour l'essuie-glace, le rétro, les pare-chocs… des collectionneurs, sans doute. Au dernier feu, n'en pouvant plus, tu balances ta monnaie au quêteur ; en remerciement immédiat, il te jette un seau d'eau usée, cinq centimètres de boue jaunâtre sur la vitre, le Paris-Dakar à Franconville. Impossible à nettoyer, puisque tu n'as plus l'essuie-glace ! C'est en aveugle que tu gares ton épave sur le parking. Ici, des milliers de clients grouillent. On t'injurie, te bouscule, te marche dessus. Il faut être le premier à caresser du regard les tables basses et les tabourets de cuisine, des pièces uniques fabriquées à des millions d'exemplaires. Enfoncé Beaubourg, le Louvre ! La nouvelle culture n'est plus au musée, mais là, dans ces temples de la consommation compulsive. J'ai vu des familles entières, émues, pleurer devant la finition d'un tapis de bain à 2,86 euros. Sur la photo, dans le catalogue, il faisait déjà envie, mais de le regarder là, en vrai, « on est obligé de craquer », me dit un père effondré. Tu te demandes pourquoi le bon Léonard s'est cassé le cul à peindre *La Joconde* ! Par-dessus un troupeau d'épaules anonymes, j'ai aperçu des canapés, des lits, des chaises, mais toujours pas de balayette. Normal, pour atteindre le rayon « petit coin », tu dois te farcir trois kilomètres d'un itinéraire fléché. Un peu comme si pour aller de Neuilly à la place Charles-de-Gaulle on t'obligeait à passer par la porte de Bagnolet. Tant pis pour la balayette, les pieds en sang, je fonds pour une bibliothèque, une *Fransteigrasgrund*. Car ici, tout est en version originale. Si tu n'as pas fait suédois première langue, tu es baisé. La bibliothèque à plat dans son carton, je dois la caser dans la bagnole : démontage obligatoire du siège avant et de la banquette arrière ; je laisse mon gosse sur le parking. Après cinq étages à pied, le colis de douze kilos ne rentrant pas dans l'ascenseur, treize heures de montage, dont trois à traduire le mode d'emploi en pékinois ancien et cinq à récupérer à quatre pattes les vis A, les clous B, et les écrous D éparpillés sous les meubles, kit, kit, hourrah !, la bibliothèque est bancale, mais montée.

Premier dico posé sur l'étagère et crac, douze kilos de petit bois redescendent à la poubelle. Et c'est là que, totalement crevé, assis sur la cuvette de mes toilettes, cet endroit où j'aime à me relaxer, j'aperçois, vous n'allez pas me croire, une balayette. « Mais où l'as-tu dénichée ? » hurlé-je à ma femme à travers la porte ! Les couples ont des conversations toujours passionnantes. « Chez Ali-trouve-tout, le bazar du coin de la rue, celui qui ne ferme jamais. »

Depuis, je hais la grande consommation.

Un procès pour viol de chèvre

– **Philippe Bouvard** : Voici l'issue judiciaire d'un fait divers dont nous vous avions parlé ici. C'était ce paysan qui avait été surpris dans une étable avec le pantalon sur les chevilles…
– **Bernard Mabille** : Et qui honorait ses chèvres !
– **Philippe Bouvard** : Non, une chèvre qui ne lui appartenait pas. Il a été condamné à mort… non, à Niort… dans le département des Deux-Chèvres, au motif qu'elle n'était pas consentante.
– **Éric Laugérias** : Il a été condamné à une amende ?
– **Philippe Bouvard** : Non, il a cinq mois de prison avec sursis.
– **Jacques Mailhot** : Il paraît que ça leur fait tourner le lait.
– **Pierre Bellemare** : Des travaux d'intérêt public ?
– **Philippe Bouvard** : Non, interdiction de posséder un animal…
– **Jean-Jacques Peroni** : Même un poisson rouge ? Le poisson rouge dans le bocal…
– **Philippe Bouvard** : Et le canari, je ne vous dis pas !
– **Jacques Mailhot** : Et le canard, dans le tiroir de la commode !
– **Jean-Jacques Peroni** : Et on dit que les tribunaux sont encombrés !
– **Philippe Bouvard** : Il a écopé d'une petite amende, qu'il payera à l'éleveur de la chèvre. Il a d'ailleurs plaidé coupable, il a expliqué qu'il avait été quitté par sa compagne…
– **Jacques Mailhot** : Si c'est un chagrin d'amour, ce n'est plus la même chose.
– **Bernard Mabille** : Si chaque fois qu'on est plaqué, on doit se taper une chèvre, il va y avoir foule dans le Larzac !

UNE HISTOIRE DRÔLE

Un matin, un homme va voir sa femme et lui pince les fesses en lui disant :
– Si tu raffermissais ça un peu, on pourrait se débarrasser de tes culottes de soutien.
Le lendemain matin, il la réveille en lui pinçant les seins, et lui dit :
– Si tu raffermissais ça, on pourrait se débarrasser de ton soutien-gorge.
Alors elle se retourne, l'agrippe par son zizi et lui dit :
– Si tu raffermissais ça, on pourrait se débarrasser du jardinier, du facteur, du laveur de piscine et de ton frère !

Citation

Qui a dit, en parlant du football : « J'ai longtemps cru que jouer à l'extérieur, c'était jouer en plein air. » ?

Question du jour

Qui succéda à Pierre Corneille en 1684 à l'Académie française ?

Bouvardise

Plus on se regarde le nombril, plus on a mal au ventre.

Christine Ockrent.

Thomas Corneille, son frère.

Citation

Qui a dit : « Quand on joue dans un western, on peut embrasser le cheval, mais pas l'actrice. » ?

Gary Cooper.

Question du jour

Quand un vol commis sans effraction est-il sanctionné comme vol avec effraction ?

Lorsqu'on a brisé les scellés d'une porte.

Bouvardise

Je n'essaye pas de faire partager mes idées, mais ma jubilation de pouvoir enfin tout dire.

Libérez nos corps !

par Macha Méril

Mes amis, je suis en pétard contre les fermetures. Non pas les fermetures des bureaux entre les fêtes, ni des magasins à 19 heures, ni des restaurants qui éteignent les fourneaux à 22 heures. Les fermetures qui nous rendent la vie difficile, ce sont les fermetures Éclair, les Zip, les scratchs, les boutonnages, les boucles, les ceintures et toutes les fermetures variées. Nous sommes encerclés par ces petits instruments de torture qui irritent la patience et sapent le moral !

Commençons par les fermetures Éclair. Elles se tordent, on passe des minutes exaspérantes à trouver les deux bouts qui ne s'enfilent pas bien, elles se déchaussent, elles se coincent dans le tissu de la doublure, et alors là, il faut une pince, une clé à molette et de l'huile pour réussir à tout démêler ! Au final, elles se cassent et la réparation est plus chère que l'habit lui-même ; sans parler du fait que le temps qu'on vous la répare, le printemps est déjà arrivé…

Ensuite, et à la demande des garçons des Grosses Têtes, je veux émettre un lamento spécial pour les braguettes. Elles resteront à jamais un problème insoluble, à tel point que certains s'en passent et ne prennent même plus la peine de les fermer. Quel que soit le système utilisé – fermeture Éclair, petits boutons, fermeture à pont, barboteuse ou élastique de survêtement –, il n'est pas fiable ! Les fermetures sont même quelquefois dangereuses, quand on s'y prend les poils ! Et elles font perdre un temps précieux à l'habillage et au déshabillage.

Que dire des autres attaches ? Les crochets de soutien-gorge, par exemple. Vous avez sûrement déjà vu vos femmes se tortiller longuement, les mains dans le dos, avant d'arriver à vaincre ces sales petits crochets mâles qui plongent dans le tissu à l'aveugle, ne se mettent jamais dans leurs alvéoles femelles, et nous font commencer la journée en jurant !

Et les fermetures originales ? Les petits nœuds, les passants à l'indienne, les cravates coulissantes, les ceintures doubles ou même triples, les boucles, les languettes, les lacets… La liste est longue ! On n'en finit pas de se harnacher !

Je rêve d'une vie sans fermetures. Des toges enroulées autour de nos corps, des voiles et des tuniques qui flotteraient sans contraintes. Aux pieds, des mules ou des tongs. On enlèverait tout ça d'un geste aisé et romantique, libre et détaché ! Sauf pour moi, qui resterais accrochée à un homme.

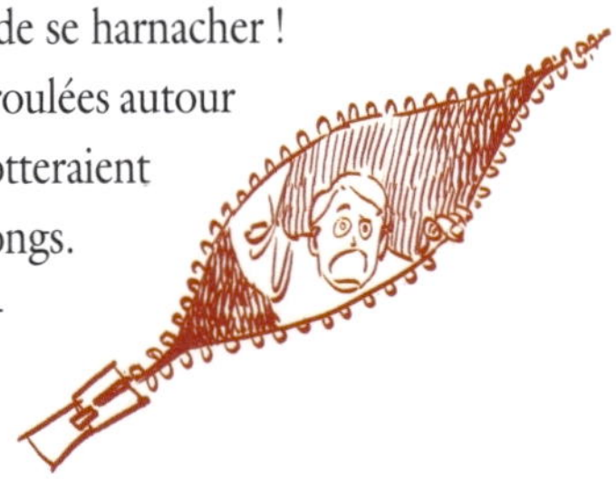

UNE HISTOIRE DRÔLE

Un vieux Corse vit depuis plus de cinquante ans dans la montagne. Il aimerait bien planter des pommes de terre dans son jardin, mais il est tout seul, vieux et faible. Il a eu la chance de participer à des séances d'initiation à l'informatique. Il envoie alors un mail à son fils qui étudie à Paris pour lui faire part de son problème :

« Cher Doumé, Je suis très triste car je ne peux pas planter des pommes de terre dans mon jardin. Je suis sûr que si tu étais ici avec moi, tu aurais pu m'aider à retourner la terre. Ton père qui t'aime. »

Le lendemain, le vieil homme reçoit cette réponse :

« Cher Père, S'il te plaît, ne touche surtout pas au jardin ! J'y ai caché ce que tu sais. Moi aussi je t'aime. Ton fils Doumé. »

À 4 heures du matin arrivent chez le vieillard : la brigade antiterroriste, le GIGN, les RG, et même la presse écrite, TF1, France 2 et France 3. Ils fouillent tout le jardin, millimètre par millimètre, et repartent bredouilles. Quelques heures plus tard, le vieil homme reçoit un nouveau mail de son fils :

« Cher Père, Je suis certain que la terre de tout le jardin est désormais retournée et que tu peux planter tes pommes de terre. Je ne pouvais pas faire mieux. Ton fils qui t'aime, Doumé. »

Citation

Qui a dit : « Les familles, l'été venu, se dirigent vers la mer en y emmènent leurs enfants, dans l'espoir souvent déçu de noyer les plus laids. » ?

Alphonse Allais.

Question du jour

Au début du roman *Le Comte de Monte-Cristo*, quel est le nom du navire sur lequel Edmond Dantès est marin ?

Le Pharaon.

Présentation des panélistes

Dans les salles de spectacles où elle se produit, on l'appelle « Mémé Viagra ».

Chantal Ladesou

Lundi

2 Juillet

SAINT-MARTINIEN

Citation

Qui a dit : « Tu sais ce qu'il faut pour faire un bon flic ? Un jeu de cartes et un décapsuleur. » ?

Coluche.

Question du jour

Quels sont les quatre instruments dont jouait Jean-Sébastien Bach ?

Le violon, l'alto, le clavecin et l'orgue.

Bouvardise

Il a tenu à se faire enterrer à huit heures du matin, comme si son après-midi était encore surchargé…

Conseils pour la télé d'été

par Jean-Jacques Peroni

France 2 va nous proposer l'émission *Partez tranquille, on s'occupe de tout*. Des animateurs de France Télévisions vont remplacer des anonymes dans leur travail. Ainsi va-t-on pouvoir rencontrer Patrice Laffont dans la peau d'un maire, Nelson Monfort en boulanger, je n'invente rien. Mais là, je vais inventer. Pourquoi pas Patrick Sabatier en croque-mort ? Chaque fois qu'il parle, on dirait qu'il demande aux candidats s'ils veulent revoir le corps une dernière fois… Laurent Romejko pourrait faire le videur de bassin dans un hospice de vieux, ça lui rappellerait *Des chiffres et les lettres* !

Ce n'est pas fini !

France 2, toujours, va nous infliger *Le Jour où tout a basculé*, animé par notre camarade Julien Courbet. Durant vingt-deux minutes, des acteurs reconstitueront une histoire ou un fait divers. Imaginez l'affaire Émile Louis, avec Régis Laspalès dans le rôle titre du chauffeur de car lubrique… Et Philippe Chevallier, en perruque blonde peroxydée dans le rôle de la première victime… qui hurle, en tapant à la vitre : « Mais ce n'est pas là que je veux descendre, moi je vais à Pau ! »

France 3 va nous balancer *Connaissez-vous bien la France ?* Un quizz sur les régions françaises, la gastronomie, la géographie, les traditions ou encore les célébrités locales. Dans les traditions, on peut parler de ce joli petit village de Méat-sur-le-Gland où, tous les 11 juillet, les culs-de-jatte organisent une course en sac sur les mains. Question célébrités locales, mentionnons le Festival des Vieilles Morues à Gono-sur-Chibre, lors duquel toutes les vieilles putes du département défilent dans la rue déguisées en majorette, tout en s'occupant gratuitement des bâtons des spectateurs… Ce n'est pas fini…

Toujours France 3, qui va nous bassiner avec *Au P'tit bonheur la France…* On part à la rencontre de Français fantaisistes, festifs et de bonne humeur. On peut donc s'attendre à une bonne soirée au camping des Étrons d'or avec la famille Burnemauve, qui reçoit sous son auvent la famille Morvaunez. Après le concours de celui qui boira le plus de pastis, une fois que les femmes auront nettoyé le vomi de leurs époux respectifs le plus vite possible, elles devront, au-dessus du barbecue, tripoter les chipolatas pour essayer de les faire grossir. De jolies surprises ! Des pare-brise étoilés, des fractures du crâne… Et peut-être même un début d'incendie, si un des mâles a décidé de pisser dans le barbecue pour l'éteindre ! Qu'est-ce qu'on va se poiler !

Une bonne blague
de Vincent Perrot

Pour résoudre le problème de l'adultère, il y a plusieurs solutions. Il y a le mariage et il y a aussi l'histoire de ce monsieur qui est cocu et qui le sait. Il a des intuitions, il sent que sa femme lui ment et chaque matin en partant au boulot, il va sur le toit de l'immeuble d'en face et regarde la fenêtre de sa chambre. Il se rend compte effectivement qu'un quart d'heure après son départ, il y a un coquin qui vient et tagada ! tagada ! Il n'en peut plus, ça lui pose un problème psychologique énorme. Il se dit : « Je vais péter les plombs, ça va mal se passer ! » Et un jour où vraiment trop c'est trop, il décide d'engager un tueur à gages pour la solution radicale : il veut supprimer sa femme et l'amant en même temps. Le tueur à gages vient avec sa carabine ; il l'emmène sur le toit de l'immeuble d'en face et lui dit : «Vous êtes venu avec votre carabine et vos cartouches ? Regardez ! Je suis parti depuis à peu près un quart d'heure, et voilà ce qui va se passer. » Ils observent la fenêtre ; le monsieur entre, madame se déshabille tranquillement, et c'est parti. Il dit au tueur :

– On va faire deux choses. Vous allez prendre une première cartouche que vous allez loger dans la tête de ma femme. Vous allez prendre une deuxième cartouche que vous allez loger dans le sexe du monsieur, et je vais enfin retrouver ma sérénité.

Le tueur prend sa carabine, une, deux cartouches, et regarde. Il vise, attend un petit peu et enlève une cartouche ! Le mari jaloux demande :

– Pourquoi enlevez-vous une cartouche ? Je vous ai dit une dans la tête de ma femme, une dans le sexe du monsieur !

– Visiblement, si je vise bien, une seule cartouche suffira !

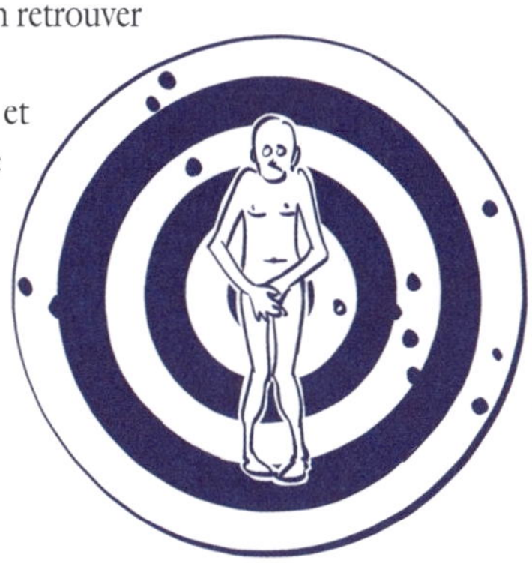

UNE HISTOIRE DRÔLE

Un instituteur demande à ses élèves :
– Qu'est-ce qu'une belle mort ?
Ce à quoi une petite fille au fond de la classe répond :
– C'est mourir comme mon grand-père.
– Ah bon, réplique le maître. Et comment est mort ton grand-père ?
– Il s'est endormi.
Là-dessus, le maître demande alors :
– Et quelle serait alors selon vous une mort atroce ?
La même petite fille répond :
– Ce serait mourir comme le copain de mon grand-père.
Le maître, intrigué, demande alors à la petite fille :
– Et comment est-il mort, le copain de ton grand-père ?
– Il était dans la voiture de mon grand-père quand il s'est endormi…

Citation

Qui a dit : « J'ai bonne conscience : je roule dans une voiture allemande, mais mon tailleur est juif. » ?

Jean Yanne.

Question du jour

Dans les années 1960, quel futur acteur italien est venu travailler à Paris pour faire les entractes de l'Olympia avec son groupe, le quatuor Les Brutos ?

Aldo Maccione.

Présentation des panélistes

Lorsqu'il torée dans l'arène politique, il se contente de réclamer l'oreille des ministres.

Bernard Mabille

Citation

Qui a dit : « Monsieur Mitterrand a installé Édith Cresson à Matignon, un peu comme l'empereur Caligula avait nommé son cheval ministre. » ?

Jean Dutourd.

Question du jour

Quel futur acteur âgé de 12 ans fut recruté par le Football club de Nantes ?

Lorànt Deutsch.

Présentation des panélistes

Il abandonnera le vélo le jour où on lui supprimera la retrait des cadres.

Macha Méril

Mes femmes et Monfils

par Bernard Mabille

Je vais piquer un coup de sang contre Laury Thilleman, la première de notre paire de miss, Miss Endemol (nom mal choisi pour qui l'a vue en Bikini). Laury, qui tout juste élue, n'a pas eu un seul mot pour son fiancé, enivrée sans doute par les confidences d'un Alain Delon aussi marrant ce soir-là qu'un Michel Sardou très en forme ! Du coup, son petit fiancé se lamente déjà dans les médias : « J'ai peur ! Elle va me quitter, je suis perdu ! »

Pauvre Julien, qui à 21 ans semble découvrir la nature de la femme, volage et toujours intéressée ! (Pardonnez-moi ce double pléonasme !) Je peux vous en parler, Julien, moi qui malgré un physique avantageux et une très grosse situation pourrais être président à vie du club des Cocus ! Et ce n'était pas Miss France, croyez-moi ! Tout juste aurait-elle fait trente-deuxième dauphine à l'élection de Miss Cageot à Rungis, face à un jury présidé par Gilbert Montagné !

Un autre coup de sang contre le chauvinisme des commentateurs de la coupe Davis sur France 2 ! On allait voir ce que l'on allait voir, pour la France, la victoire était déjà dans le saladier ! Morceaux choisis : Monfils en superforme, Djokovic va en baver. Monfils sûr de lui, Djokovic mal à l'aise ; Monfils en garde avec sa raquette, Djokovic obligé de puiser dans ses réserves ; Monfils vient de placer une bonne balle ; Djokovic semble douter… Au deuxième set, gagné facilement par « la Bulgarie » (…la Serbie !), le journaliste trouve enfin l'explication de cette branlée : « C'est la faute de la surface très lente, qui ne convient pas à la rapidité du jeu d'attaque de Monfils », avant de conclure : « Un Monfils imbattable, cet après-midi, qui a eu la malchance de jouer contre un adversaire plus fort que lui ! »

Quant au dernier match entre Llodra et Troicki, je n'ai rien vu. Le temps d'aller chercher une bière au frigo, le Français était déjà éliminé.

Tous ces gens-là vivant à Genève, ce n'est pas l'équipe de France. C'est l'équipe de Suisse qui a été battue par la Bulgarie (… Serbie !). On se console comme on peut !

Et enfin, un coup de sang contre la météo. Ils vont être malheureux, les journaux télévisés qui viennent de perdre leur sujet majeur : la neige. Vingt minutes le midi, vingt minutes le soir ! La fête à Delarue ! Et l'on ne fait pas dans le détail : « La neige c'est blanc ; la neige, c'est froid ; la neige, c'est humide ; la neige, ça fond… » Ça, c'est de l'information essentielle ! Pour nous l'apprendre, on avait dépêché des envoyés spéciaux par dizaines, déguisés en Esquimaux. Ils partaient dénicher les scoops : voitures patinant sur le verglas, piétons cramponnés aux réverbères, concours de fractures du col du fémur, batailles de boules, rupture de stock de pneus neige, avec ce témoignage d'un garagiste : « Vous seriez venus au mois d'août, j'en avais ! » Le tout ponctué de réflexions bien senties : « Fait pas chaud ! », « Fait froid ! », « Ça gèle ! », « On caille ! »

Et après la neige, les inondations ! C'est reparti pour un tour ; et déjà on nous apprend une exclusivité : l'eau, ça mouille !

Éric-Emmanuel Schmitt en dédicaces

– **Philippe Bouvard** : Vous arrive-t-il, lorsqu'on vous demande une dédicace sur un livre, de refuser une formule ?
– **Éric-Emmanuel Schmitt** : Cela m'arrive souvent. Des gens me disent : « C'est pour ma mère ! » « Quel est son prénom ? » « Mettez “ maman ” ! » Je ne peux pas, puisque ce n'est pas la mienne ! Le pire : un jour un homme est venu, et en se penchant vers moi, a proposé : « Pour ma femme, Marguerite, et est-ce que vous pouvez mettre la date d'hier ? » J'ai pensé qu'il était en recherche d'alibi ; si c'est par rapport à sa maîtresse, ce n'est pas grave, mais peut-être qu'il l'a tuée, sa femme ? Peut-être qu'il voulait prouver qu'il était là, donc j'ai refusé et j'ai mis la date du jour.
– **Bernard Mabille** : Cela aurait pu être le point de départ d'un bouquin, ça ne vous a pas inspiré ?
– **Jacques Mailhot** : Celui qui vous dit : « C'est pour ma grand-mère, elle vous adore ! » Cela vous en met un vieux coup.
– **Philippe Bouvard** : J'ai refusé une fois à un gars qui voulait me faire écrire : « Pour ma petite femme chérie. » « Mais “ ma petite femme chérie ”, c'est la vôtre, ce n'est pas la mienne ! » « Vous ne voulez pas l'écrire ? » « Mais non, je ne peux pas ! » « Alors, je n'achète pas votre bouquin ! »
– **Philippe Chevallier** : Il y a aussi ceux qui vous disent : « C'est pour moi ! » C'est idiot, bien évidemment.
– **Jacques Mailhot** : Tu écris : « À monsieur Pourmoi » !
– **Philippe Chevallier** : Tu avais compris Bruno !
– **Philippe Bouvard** : Ce qui est terrible, dans les séances de dédicace, si on n'adopte pas la facilité de se contenter du prénom, ce sont les noms de famille. Je leur dis : « Le prénom seulement, ce sera plus amical ! »
– **Éric-Emmanuel Schmitt** : Ce qui est terrible aussi, c'est la première personne, qui a attendu une heure et demie que le stand ouvre : elle a la dédicace, mais se trouve dans un tel état d'émotion qu'elle est incapable de dire son nom, de dire ce qu'elle veut, et même pourquoi elle est là ! Elle est complètement tétanisée.
– **Bernard Mabille** : L'autre jour, j'avais mal signé, et j'ai dit : « Je vais vous la refaire ! » Elle m'a rassuré : « Ce n'est pas grave, je les recopie à la maison. » Il y a des gens bizarres…

Citation

Qui a dit : « Les fonctionnaires sont un petit peu comme les livres d'une bibliothèque. Ce sont les plus hauts placés qui servent le moins… » ?

Georges Clémenceau.

Question du jour

Pourquoi Jean Renoir a-t-il dû vendre les tableaux qui lui venaient de son père ?

Après l'échec de son film Nana, il était couvert de dettes.

Bouvardise

Si l'activité pédestre, érigée en sport par les adeptes de la randonnée, ne sauve pas le monde d'une apocalypse annoncée bien avant l'apparition des progrès technologiques, elle aura au moins eu le mérite de redonner du travail aux cordonniers.

UNE HISTOIRE DRÔLE

Un homme de 30 ans va voir son médecin et lui confie qu'il est très stressé et que ça nuit beaucoup à son travail. Le docteur, très amical, lui répond qu'il avait, jadis, le même problème et qu'il a demandé à sa femme de lui faire une pipe deux fois par jour et depuis lors, il n'éprouve plus de stress. Il lui conseille de l'imiter et de revenir le voir un mois plus tard. L'homme revient comme prévu et le docteur lui demande comment ça s'est passé. L'homme répond :

– Ça n'a pas marché, mais laissez-moi vous dire que vous avez une belle maison !

Citation

Qui a dit : « Les hommes mettent dans leur voiture autant d'amour-propre que d'essence. » ?

Question du jour

Quel homme politique fut vingt-trois fois ministre, onze fois président du Conseil et prix Nobel de la paix en 1926 ?

Bouvardise

La vieillesse commence le jour où l'on ne s'intéresse plus à la jeunesse.

Pierre Daninos.

Aristide Briand.

Régimes à la con !

par Chantal Ladesou

Ça y est, l'été est là ! Les magazines féminins nous refourguent leurs régimes à la con ! Alors, je vous vois venir, vous allez me dire « mais pourquoi tu nous parles de ce sujet, Chantal, t'es gaulée comme une abeille ? Ça fout le bourdon, hein ? Ton corps est un symbole de fertilité en Chine, tu donnes une photo de toi en jupe aux habitants du Soleil Levant, ils ont tous envie de regarder Ladesou... » C'est vrai que rentrer dans un 38 à mon âge relève de l'exploit sportif homologué dans le Guiness des records. J'ai de la chance, c'est tout, ne soyez pas jalouses ! Pendant que certaines tentent de se glisser dans leur jean tel un dentifrice qu'on veut remettre dans son tube, moi je rentre direct dans n'importe quel tailleur de haute couture comme DSK dans une femme de chambre. Remuez-vous, mesdames, réveillez-vous et prenez en pleine tronche tous les titres qu'on vous balance dans la presse. « Maigrir du haut, du bas, des solutions qui marchent ! » Ouais, mais qu'est-ce qu'on fait du gras qui reste au milieu ?... Faites-vous le maillot et perdez des kilos ! Ne sautez pas de repas, sautez tout court ! Mangez cru, perdez du cul ! Ou alors les conseils d'amis de ces journalistes chéris : «Vous êtes feignasses, commandez-vous cette ceinture magique au télé-achat qui vous fera trembloter les chaires molles ! » Et si vous croyez que ça va vous muscler quoi que ce soit en écoutant *Les Grosses Têtes* affalée dans le canapé : bon courage ! Ou alors faites-vous une cure de jeun. Non, pas de d'jeun, de jeun. Vous pissez du bouillon pendant une semaine... Si vous avez vraiment trop faim, on vous balance des graines dans votre chambre que vous recueillez dans les rainures du parquet. Trois mille cinq cents euros la semaine. Ou alors essayez la crème miracle ! Je l'ai testée pour vous ! Qui réduit le ventre et qui fait ressortir les seins ! Là, y'a une dame au premier rang qui fait le contraire... Faut lire la notice. Ou alors, la solution de la dernière chance : régime bactéries teutonnes, concombres, tomates, viande hachée et graines germées ! Et là, vous pouvez vous lâcher !

Mais non, restez-vous même ! De toute façon, quand on est moche, on est moche, alors voilà ! N'allez pas à la plage, cet été, c'est tout ! Gardez votre maillot à moustache ! Conservez vos bourrelets, ils vous tiendront chaud en Bretagne ! Et puis la djellaba est à la mode, cet été, en France. Alors, pas de stress, les filles, et bonnes vacances !

Citation

Qui a dit : « Pourquoi contredire une femme ? Il est tellement plus simple d'attendre qu'elle change d'avis ! » ?

Jean Anouilh.

Question du jour

Selon les statistiques, avec qui couchent 18 % des hommes mariés ?

Avec la femme de leur meilleur ami.

Présentation des panélistes

Il se sera beaucoup moins interrogé sur l'existence de Dieu que sur la fermeture de son compteur de gaz.

Bernard Mabille

Citation

Qui a dit : « On ne souffre plus de ses engelures quand on a mal aux dents. » ?

Gustave Flaubert.

Question du jour

À quelle catégorie de personnes la firme BMW ne vend-elle pas de voiture ?

Aux chauffeurs de taxi.

Bouvardise

Il existe un moyen très sûr de réduire la pollution automobile : c'est de permettre aux véhicules de débarrasser l'asphalte le plus rapidement possible, au lieu de les immobiliser, moteur tournant, dans les embouteillages.

Offrez-vous des toilettes portables

– **Philippe Bouvard** : Voici venues – on les attendait depuis longtemps – les premières toilettes portables.
– **Philippe Chevallier** : Oh ! Les toilettes portables… Des toilettes qu'on porte sur soi ?
– **Bernard Mabille** : On appelle ça une couche.
– **Jean-Jacques Peroni** : On a les cabinets sous le bras, comme si on allait au bureau avec un attaché-case ?
– **Bernard Mabille** : Tu as intérêt à avoir de l'eau de toilette.
– **Philippe Chevallier** : Tu peux avoir à la fois les lunettes sur le nez et la lunette sous le cul.

– **Philippe Bouvard** : C'est haut de 40 centimètres… C'est beaucoup, j'aurais mes petites jambes qui battraient dans le vide, mais tant pis…
– **Bernard Mabille** : Ce n'est pas si haut que ça !
– **Philippe Bouvard** : … Ça pèse 4 kilos !
– **Bernard Mabille** : Vide ou plein ?
– **Philippe Bouvard** : Vide.
– **Bernard Mabille** : Plein, ça en pèse 8 ! Le mec qui se trimballe avec ses chiottes de 4 kilos…
– **Philippe Chevallier** : Où est-ce qu'on les vide ?
– **Philippe Bouvard** : Il y a un sanibroyeur incorporé. Vous pouvez aller travailler avec.
– **Bernard Mabille** : Est-ce qu'on peut faire des pizzas avec ça ?
– **Évelyne Leclercq** : Non ! C'est après la pizza. Tu manges d'abord ta pizza.
– **Philippe Bouvard** : Vous pouvez même l'emporter, quand vous faites une balade dans la rue. C'est monté sur roulettes…
– **Évelyne Leclercq** : Ils ont pensé à tout.
– **Philippe Chevallier** : Est-ce qu'ils ont prévu l'isoloir, pour qu'on fasse ça sur le trottoir ?
– **Bernard Mabille** : Le mec qui donne un coup de pied dedans… sur roulettes !
– **Jean-Jacques Peroni** : Sur roulettes dans une rue en pente, je ne te raconte pas !
– **Philippe Bouvard** : Comme c'est monté sur roulettes, avant de s'en servir, il faut l'adosser à un mur, sinon je ne vous dis pas ce qui peut se passer.
– **Jacques Mailhot** : Le type qui fait ça en haut de la butte Montmartre, avec un truc à roulettes, il accroche le rouleau de papier au Sacré-Cœur, il se torche à Porte d'Orléans !
– **Bernard Mabille** : Mais comment on le vide ?
– **Philippe Chevallier** : Déjà, comment on le remplit ? Tu vas dîner chez des amis : « Ne vous inquiétez pas, j'ai mes toilettes privées, comme ça je ne salirai pas les vôtres. »
– **Bernard Mabille** : Tu les mets carrément sur ta chaise, ça t'évite de sortir de table.
– **Philippe Chevallier** : Le gars qui est vidangeur, qui part avec ça au travail…
– **Jean-Jacques Peroni** : Cela lui rappelle le boulot !
– **Philippe Chevallier** : Il peut rapporter du travail à faire à la maison.
– **Philippe Bouvard** : Je pensais que ça vous intéresserait, je ne suis pas déçu !

Mardi **10** Juillet

SAINT-ULRICH

Des orgasmes pour les seniors

– **Macha Méril** : Messieurs, accrochez-vous, je vais vous parler d'amour ! L'amour, le vrai, commence après la cinquantaine – même peut-être après la soixantaine. Rien à voir avec la retraite, ce n'est pas parce qu'on travaille moins qu'on baise plus ! Mais j'affirme que la félicité orgasmique, le septième ciel, l'extase, ne sont sincères que dans la deuxième partie de la vie. On s'aime pour s'aimer, pour être heureux, pour rigoler, pour partager des passions, pour manger ensemble si on est gourmand, pour faire des balades à pied si on aime marcher, pour visiter le Groenland si on aime le froid, le Sahel si on aime le chaud… bref, pour prendre son pied ensemble !

– **Philippe Bouvard** : Faire l'amour en marchant, ce n'est pas facile !

– **Macha Méril** : … Sans rendre compte ni à Dieu ni aux hommes de ce qu'on fait ensemble. D'où des orgasmes de bonne qualité. On a souvent envie de s'aventurer dans des relations exotiques, transgressives, briser la barrière de l'âge, des origines, du milieu…

– **Philippe Chevallier** : La barrière de l'âge, oui !

– **Bernard Mabille** : Il faut que t'arrêtes de fumer quand t'écris, hein !

– **Macha Méril** : … Être séduit par les personnes que l'on n'aurait jamais approchées en d'autres temps. Youpi, tralala, bonne chance à tous !

– **Philippe Bouvard** : Surtout qu'à partir d'un certain âge, on a un argument très fort. Il faut dire à la femme : « C'est maintenant ou jamais. » Mais c'est plein de philosophie : « L'amour chez les seniors », on n'en parle pas assez.

– **Jean-Jacques Peroni** : Et on ne peut pas dire que « ça ne fait pas un pli » !

– **Philippe Bouvard** : Le fait de ne plus avoir à procréer, ça change tout.

– **Macha Méril** : Ça change tout et ça rend les choses beaucoup plus pures. Il y a des sexualités qui se réveillent, au contraire, dès qu'il n'y a plus cette…

– **Philippe Bouvard** : Comment réveillez-vous la sexualité après une longue sieste ?

– **Macha Méril** : Vous avez raison. On peut considérer une certaine époque de la vie très active comme une longue sieste sexuelle. Et tout se réveille après, d'un coup, parce qu'on a le temps d'y penser, de s'en occuper, de chercher… Évidemment, vous avez un tout petit problème, mais ce n'est pas grave. J'ai vu que maintenant, avec des petits robots, on pouvait réanimer les membres qui sont défectueux…

– **Bernard Mabille** : Elle baise avec RoboCop !

– **Macha Méril** : Bien sûr, qu'on va y arriver ! Il y a bien des robots pour les jambes et les bras ! Pourquoi pas la zézette ?

Citation

Qui a dit : « Une fois cuite, l'écrevisse se fout éperdument de savoir qui lui suce la queue. » ?

José Artur.

Question du jour

Dans quelle chanson trouve-t-on le couplet suivant : « Tous les enfants qui t'aiment / et vénèrent tes ans / à ton appel suprême / ont répondu présents » ?

C'est la fin du premier couplet de Maréchal, nous voilà !

Bouvardise

Je ne comprends rien au présent, sinon qu'en une décennie, il nous aura éloigné définitivement de tous les millénaires passés.

Citation

Qui a dit : « Un bon truc pour paraître dix ans plus jeune. C'est de te vieillir de dix ans quand tu dis ton âge. » ?

Jean-Claude Van Damme.

Question du jour

Qu'est-ce que les sexologues nomment la desmophilie ?

Le fait d'attacher son partenaire.

Bouvardise

Ne sous-estimons pas la capacité de sérieux des rieurs. Ayant extériorisé les raisons de se réjouir, ils conservent intacts en eux les motifs d'angoisse.

Tasha et les goujats

– **Philippe Bouvard** : Parmi les goujats, vous citez le prince Andrew d'Angleterre.
– **Tasha de Vasconcelos** : Oui, malheureusement ! Il ne faut pas l'envoyer en mission avec un rôle d'ambassadeur.
– **Philippe Bouvard** : Pourquoi ? Que vous a-t-il fait ?
– **Philippe Chevallier** : Il est mal élevé ?
– **Tasha de Vasconcelos** : Il n'est pas poli. Il m'a demandé si j'étais toujours vierge devant un parterre de trente personnes. Ce sont des choses qu'on ne demande pas !
– **Bernard Mabille** : Vous avez dit « oui » ou « non » ? Cela ne se fait pas, jamais un Français…
– **Tasha de Vasconcelos** : On ne répond pas. Je suis restée bouche bée. J'ai dit : « Je pense, Andrew, qu'un gentleman ne pose jamais une telle question à une jeune femme. »
– **Philippe Chevallier** : Surtout en public.
– **Tasha de Vasconcelos** : Il ne savait plus quoi dire !
– **Jean-Jacques Peroni** : Je lui aurais répondu : « Et ta mère ? Elle est toujours morte ? »
– **Philippe Bouvard** : En revanche, vous trouvez son frère, le prince Charles, très séduisant ?
– **Tasha de Vasconcelos** : Il faut que j'explique pourquoi. Pour un Anglo-Saxon, le joueur de polo en Angleterre est comparable au rugbyman du XV de France pour les Français. C'est un sport viril, dangereux… J'ai rencontré le prince Charles sur un terrain de polo. Et j'ai pensé : « Ça, c'est un homme ! »
– **Philippe Chevallier** : Moi, je fais du polo aux waters.
– **Philippe Bouvard** : Vous, vous ne faites pas des championnats de polo, mais des championnats de marcel !
– **Jacques Mailhot** : Tu es en train d'égarer notre amie.
– **Philippe Bouvard** : Il ne vous a pas proposé la botte, parce que Camilla n'était pas loin.
– **Tasha de Vasconcelos** : Elle n'était pas là, parce que la rencontre a eu lieu en 1999 ; j'étais célibataire et lui aussi.
– **Philippe Chevallier** : Vous étiez une enfant.
– **Tasha de Vasconcelos** : Il m'a demandé avec un sourire si charmant si je voulais faire un défilé pour lui !
– **Bernard Mabille** : Seule ?
– **Tasha de Vasconcelos** : C'était le moment le plus embarrassant, et je n'ai pas accepté. Sur le moment, je n'ai dit ni oui ni non.
– **Jacques Mailhot** : Il sait parler aux femmes !
– **Philippe Chevallier** : Vous avez regretté ?
– **Tasha de Vasconcelos** : Je n'ai pas répondu.

– **Bernard Mabille** : Si vous aviez accepté, vous seriez peut-être princesse ?
– **Tasha de Vasconcelos** : Ce qui me reste, c'est qu'il est mon type d'homme idéal.
– **Bernard Mabille** : Alors je vais me faire pousser les oreilles.
– **Tasha de Vasconcelos** : Il parlait aussi beaucoup d'Afrique, car il aimait ce continent. Je parlais beaucoup de ça, moi aussi, et on avait cela en commun, le côté humanitaire.
– **Philippe Chevallier** : Moi aussi, j'aime bien l'Afrique.
– **Philippe Bouvard** : Et vous êtes incontinent !

Quel plaisir de voyager !

par Macha Méril

– **Macha Méril** : Vous revenez peut-être de vos vacances et vous avez pu goûter, comme moi, aux joies des voyages en avion. Tu parles d'une joie, c'est devenu le parcours du combattant ! Cela commence par le taxi que vous prenez pour rejoindre le lointain aéroport : un coup de bambou majoré par les tarifs extra-urbains, avec un chauffeur qui refuse de soulever vos bagages et qui vous facture leur stockage dans le coffre. Ne parlons pas des autobus collectifs : il faut aller les attraper au diable, ce n'est pas donné, et ils rajoutent deux bonnes heures à votre voyage. Le plus raisonnable à Paris serait le RER – quand il fonctionne –, mais il faut traîner ses valises et franchement, si vous partez en voyage flirt, ce n'est pas très érotique. « Viens, ma chérie, on va prendre le RER pour Louxor, je te l'offre ! » On vous largue sur le trottoir. Allez donc trouver un chariot ! Heureusement que les valises roulent, maintenant ! On se fraye un chemin dans une foule hébétée, le nez tourné vers les panneaux illisibles à contre-jour. Votre avion est annoncé. Chic ! Avec vingt-cinq minutes de retard. Encore une chance, car celui d'en dessous est carrément annulé. Après une longue queue à l'embarquement, on ne vous autorise qu'un seul bagage : 20 kilos, pas un gramme de plus. Enfin on vous lâche, après vous avoir palpé les parties parce que vous avez fait sonner la machine…

– **Jacques Mailhot** : On t'a palpé les parties ?

– **Macha Méril** : C'est pour vous, ça, pour raconter votre sort. Mais les bonnes femmes nous tripotent aussi !

– **Marianne James** : On se fait toucher maintenant, ah oui !

– **Philippe Chevallier** : Je vais faire ce métier-là, tiens !

– **Macha Méril** : On se rhabille sur un banc surpeuplé, on se reboutonne tant bien que mal. Certains en sortent tout chiffonnés, en caleçon. Enfin, on trouve la porte d'embarquement, au bout d'un kilomètre de couloir qui sent la Javel et l'angoisse. On va enfin monter dans l'avion ! Mais le flicage n'est pas fini ! Gardez bien vos papiers à la main, à tout moment il faut les exhiber et supporter le regard soupçonneux des hôtesses successives à l'entrée du boudin tremblotant qui conduit à l'appareil. On est à peine assis qu'il faut se relever pour laisser passer le passager du hublot d'après, qui vous a écrasé la tête pour ranger un bagage à la limite de la grandeur autorisée, et qui se plaint que vous avez mis votre imper au fond. Ne parlons pas de la taille des sièges ! Il vaut mieux ne pas tousser, on serait projeté contre le dossier du passager devant, lequel s'est empressé de le pencher vers vous pour allonger ses jambes. Quant à la petite fiancée que vous emmenez dans un lieu de rêve, elle est à l'autre bout de l'avion, parce que la machine place les gens sans appel et ne les consulte pas.

Mais vous avez oublié d'éteindre la clim qui a soufflé sur votre cou pendant tout le parcours et vous vous réveillez avec un torticolis d'enfer qui vous empêche de tenir la tête droite. Ça va être commode pour les conversations, sans parler du reste ! Bref, on arrive à destination amoindri, épuisé et d'une humeur de chien. Il faudrait plusieurs jours pour s'en remettre, mais pas de chance, dans trois jours il faudra repartir reprendre un avion, se taper les queues, les attentes et revenir plus fatigué qu'au départ ! Vive les vacances, vive les voyages en avion ! Faites comme moi, restez chez vous ! Avec un bon DVD sur la vallée des Rois, et votre gentille épouse qui vous masse le cou quand vous avez un torticolis !

Citation

Qui a dit : « On souffrira moins des aléas de la météo en été le jour où l'on cessera de prendre le soleil pour une lampe à bronzer géante. » ?

Jean Yanne.

Question du jour

À qui doit-on la devise française : « Liberté, égalité, fraternité » ?

Au peintre David.

Bouvardise

L'augmentation de l'espérance de vie : davantage de temps pour répéter qu'on est vieux et pour se voir mourir.

Citation

Qui a dit, en parlant des prêtres : « Quand on joue une pièce depuis si longtemps, on devrait savoir son rôle par cœur et ne pas tourner le dos au public. » ?

Sacha Guitry.

Question du jour

Pour quelle raison George Sand s'habillait-elle souvent en homme ?

Pour aller à l'opéra ou au théâtre, dans les parterres bon marché, où les femmes convenables n'étaient pas admises.

Bouvardise

Naguère, le collège était un établissement où les élèves dormaient le soir. Aujourd'hui, le collège unique est un lieu où les apprenants dorment pendant la journée.

L'amour en plein air

– **Philippe Bouvard** : Avez-vous eu des aventures amoureuses rurales dans des meules de foin ?
– **Macha Méril** : Oui, tous les week-ends.
– **Marianne James** : Il faut qu'il y ait un plaid dans le foin, car le foin gratte.
– **Philippe Chevallier** : Il ne faut pas avoir le rhume des foins, sinon tu as la goutte au nœud, ce n'est pas agréable.
– **Macha Méril** : Faire l'amour en plein air, c'est un des plus grands fantasmes…
– **Jacques Mailhot** : Dans le foin, on s'enrhume.
– **Bernard Mabille** : Dans le Gers, nous avons un ciel magnifique, il n'y a pas un poil de pollution.
– **Philippe Bouvard** : Il y en a un qui ne peut pas regarder le ciel, quand même !
– **Marianne James** : C'est à tour de rôle.
– **Philippe Chevallier** : On peut se mettre aussi sur le côté, mais il ne se passe pas grand chose.
– **Bernard Mabille** : Pourquoi dites-vous un des deux ? Ça peut être un des quatre, un des cinq ! Pourquoi cette restriction ?
– **Philippe Bouvard** : C'est l'histoire de la fille complètement bourrée après un bal de campagne. Le jour va se lever et elle voudrait bien rentrer chez elle. On la retrouve sous une vache, en train de titiller un pis, disant : « Il y a bien un de ces messieurs qui me raccompagnera chez moi ? »

UNE HISTOIRE DRÔLE

La veille de son mariage, la future épouse discute avec sa maman :
– Maman, je voudrais que tu m'enseignes comment on rend un homme heureux !
La mère pousse un énorme soupir, puis commence :
– Eh bien, ma chérie, quand deux personnes s'aiment, se désirent et se respectent l'une l'autre, l'amour est toujours une très belle chose…
– Je t'arrête tout de suite, maman, je sais très bien me débrouiller au lit ; je voulais juste que tu m'apprennes à bien cuisiner les lasagnes !

UNE HISTOIRE DRÔLE

Défilé du 14 Juillet sur les Champs-Élysées à Paris : le général de l'ONU, Mac Allister, inspecte les troupes en compagnie du président de la République.
Il commence par les troupes américaines. Les GI sont alignés, au garde-à-vous. Le général salue les hommes et s'approche d'un soldat. Il défouraille le colt du soldat et lui met un grand coup de crosse sur la tempe. Le soldat reste stoïque, toujours au garde-à-vous.
Mac Allister lui demande :
– Boy, as-tu ressenti quelque chose ?
– No ! Sorry, mon général !
– Pourquoi n'as-tu rien ressenti ?
– Parce que les GI ne ressentent pas la douleur, mon général !
Il inspecte alors les troupes russes situées à côté des Américains.
Il fixe un soldat, lui retire sa kalachnikov et lui assène un grand coup dans le ventre. Tout comme le GI, le Russe reste figé.
– Camarade, as-tu ressenti quelque chose ?
– Niet, camarade Mac Allister !
– Et pourquoi n'as-tu rien ressenti, camarade soldat ?
– Parce que grande Russie apprendre aux soldats à ne pas avoir souffrance !
Le général continue son inspection et s'approche alors du régiment français.
Il s'approche du soldat Dupont, saisit son fusil à baïonnette et lui plante la lame dans le pied. Le soldat reste immobile et sans voix.
– As-tu ressenti quelque chose, soldat ?
– Non, mon général !
– Et pourquoi n'as-tu rien ressenti ?
– Parce que je chausse du 38, et que ces abrutis de l'intendance m'ont refilé du 43 !

Citation

Qui a dit : « Macadam a supprimé les révolutions : plus moyen de faire des barricades ! » ?

Question du jour

En juin 1988 et en juillet 1990, qui s'installa pour quinze jours dans une cage du zoo de la Palmyre, sous l'étiquette *Homo sapiens*, pour y observer les humains avec les yeux des animaux ?

Gustave Flaubert.

Georges de Caunes.

Citation

Qui a dit : « La vie n'est ni longue ni courte. Mais elle a des longueurs… » ?

Pierre Doris.

Question du jour

Quelle est la particularité d'un couple matrilocal ?

C'est lorsque le mari vient habiter dans la famille de la femme.

Présentation des panélistes

C'est sa voix éraillée par l'alcool, le tabac, la drogue et les nuits de débauche qui nous a séduits.

Chantal Ladesou

Internet n'est pas net

par Philippe Chevallier

Mes chers frères, que ceux qui n'ont pas Internet se jettent la première pierre, mais « qu'on leur pardonne, car ils ne savent pas ce qu'ils font », et surtout, ils ne savent pas ce qu'ils perdent. C'est formidable, Internet. On communique avec le monde entier – avec mon dentiste aussi –, tout le monde peut s'exprimer et le temps qu'on passe à lire les avis, les commentaires et les opinions de tout un chacun, on ne le passe plus à lire les bons auteurs. Heureusement pour Stendhal et Balzac, il nous reste les toilettes, transformées pour le coup en cabinet de lecture parce qu'un livre de poche est plus facile à trimballer qu'un ordinateur et qu'il offre plus de ressources quand on est au bout du rouleau avant terme. Mais ce qui n'aurait pas retenu l'attention des journalistes il y a quelques années est aujourd'hui immédiatement relaté dans les gazettes informatiques, pour le plus grand plaisir des petits et des grands.

C'est comme ça que j'ai appris, par exemple, que notre ami Jamel Debbouze ne savait pas encore pour quel candidat de gauche il allait voter en 2012. J'ai donc tout de suite appelé mon beau-frère pour que l'univers sache qu'il ne savait pas encore pour quel candidat de droite il irait voter lui aussi, à moins que ce jour-là il n'aille à la pêche, s'il fait beau. Un peu plus loin, j'apprenais – c'est bien, Internet – que notre présidente, notre belle Carla transalpine, n'avait jamais voté pour la gauche en France. C'est sûr, elle ne va quand même pas cracher dans le bouillon, maintenant qu'elle est aux premières loges.

L'autre intérêt d'Internet est la lecture simultanée plus ou moins imposée. Pendant que vous vous apprêtez après moult recherches à dévorer la documentation relative à la statuaire religieuse médiévale dans le Haut Quercy, votre écran s'agite sur le côté pour vous proposer la dernière exposition du photographe japonais Himatoumi au Grand Palais, qui pratique l'art du ligotage sur les femmes adultes de moins de 20 ans. Dans ces conditions, difficile de résister à la tentation du savoir. Le Japon vaut bien une messe.

Avec Internet, il y a surtout Facebook. Laspalès, lui, a une face de bouc, ça lui suffit. C'est le pompon. On y collectionne des têtes de gland qu'on ne rencontrera jamais et qui sont des amis d'amis d'amis. Le dessein inavoué – mais tout à fait légitime – de beaucoup de membres du club étant de faire la rencontre amoureuse de leur vie. Le problème, c'est qu'avant de tomber sur une photo de nymphette appétissante, on doit se coltiner la galerie complète des anciens du club Mickey de Lunéville. Quant à la perle rare qui a bien voulu vous montrer son doux minois parce que vous étiez un camarade d'école de son tonton, elle vous explique, après avoir fait part de ses références en matière de piercing et de rave-party, qu'elle est en stage de communication en Australie jusqu'à l'année prochaine.

Alors c'est décidé, cette année je lis tout Hugo et tout Zola ! Si je ne trouve pas les bouquins chez mon libraire, je m'en fous, je les aurai sur Internet !

– **Philippe Bouvard** : Merci pour ce couplet, cet hymne à la modernité.

Mardi **17** **Juillet**

SAINTE-CHARLOTTE

Mabille marche au vibreur

– **Philippe Bouvard** : On vend maintenant des iPhones qui possèdent une petite case pour ranger son préservatif. Les fabricants se sont enfin avisés de la gêne de l'homme qui est obligé de prendre son portefeuille, de l'ouvrir et de chercher…

– **Macha Méril** : Pourquoi il ne le met pas derrière l'oreille ?

– **Philippe Chevallier** : Pourquoi il ne le met pas directement sur le sexe ?

– **Bernard Mabille** : Moi je l'installe le matin, je le retire le soir !

– **Philippe Chevallier** : Naturellement, il faut être en flux tendu en permanence.

– **Bernard Mabille** : Je l'installe le matin, je le retire le soir et je mets l'Iphone en vibreur dans mon slip.

– **Marianne James** : Il en est capable, il ne déconne pas, je pense que c'est vrai.

– **Jacques Mailhot** : Je me suis fait arrêter l'autre jour en bas des Champs-Élysées par une charmante fliquette. Elle m'a demandé mes papiers, j'ai ouvert le portefeuille et un préservatif est tombé. Elle m'a dit : « Pas pendant le service, s'il vous plaît ! »

– **Bernard Mabille** : Les fliquettes ne me font pas envie.

– **Philippe Chevallier** : Il y en a de très jolies.

– **Philippe Bouvard** : Il y en a une très belle sur la place de l'Étoile ; elle est subventionnée par le syndicat des carrossiers car la plupart des conducteurs tournent la tête pour la regarder, et au lieu de rentrer dans la fliquette, ils rentrent dans la bagnole qui les précède.

– **Philippe Chevallier** : Il y en avait une ravissante place Beauvau, il y a quelques années, avec une natte blonde… On avait envie de tirer dessus !

– **Bernard Mabille** : Elle s'appelait Alliot-Marie.

– **Jacques Mailhot** : Elle chantait : « Fais-moi du couscous… »

– **Bernard Mabille** : C'est parce que vous passez par les quartiers chics. En banlieue, elles ne sont pas terribles.

– **Marianne James** : Tu vas souvent en banlieue, toi, avec l'iPhone dans la culotte !

Citation

Qui a dit : « "L'Hymne à l'amour", c'est une belle chanson française. Je suis très fière de la chanter en espagnol. »

Mireille Mathieu.

Question du jour

Au théâtre, à quelle occasion un machiniste touche-t-il « un feu » ?

C'est une prime perçue lorsqu'il apparaît sur scène, à la vue du public, suivant les besoins de la mise en scène.

Bouvardise

Il est devenu plus facile de se séparer d'un conjoint que d'un salarié, et moins onéreux d'entretenir une danseuse non déclarée qu'un cadre moyen avec charges. C'est pour ces deux raisons que je me sens plus confiant sur l'avenir du mariage que sur celui du monde du travail.

Citation

Qui a dit : « La politique, c'est un des rares métiers du spectacle où l'on voit toujours les mêmes acteurs, le même scénario, les mêmes décors et les mêmes costumes, et où personne ne proteste. » ?

Jacques Dutronc.

Question du jour

Comment s'appelait la mère de Victor Hugo ?

Sophie Trébuchet.

Bouvardise

La foule : tous ces visages inconnus, et pourtant déjà mille fois vus. Comme s'il n'existait pas plus de variété dans les morphologies que dans les caractères…

À peu près et pataquès

– **Philippe Bouvard** : Il existe un langage spécial dans la télé-réalité, c'est-à-dire chez des gens qui n'ont pas tous accédé au langage articulé.
– **Bernard Mabille** : Le célèbre « j'ai pété » ou « qui qu'a pété ? ».
– **Jacques Mailhot** : C'est vachement « simple et sympa » !
– **Bernard Mabille** : Et « je suis têtu comme une moule ». Ça a de la gueule, ça !
– **Philippe Bouvard** : J'avais entendu l'autre jour, non pas dans une émission de télé-réalité… C'était un type qui avait assisté à une épreuve de Formule 1, et qui disait : « Il roulait comme un bol vide ! »
– **Évelyne Leclercq** : Il a peut-être dit ça exprès ?
– **Philippe Bouvard** : Moi, je riais « à gorge d'employé » !
– **Philippe Chevallier** : C'est amusant. Il n'y a pas longtemps, j'ai appris un truc qui m'a fait beaucoup rire : au lieu de dire « la condition sine qua non », dire « la condition signée Danone ».
– **Jacques Mailhot** : Il est allé à « Perros direct » !
– **Jean-Jacques Peroni** : « Sauter du coq à l'âne », au lieu de « sauter du Coca light » !
– **Jacques Mailhot** : Il est « fier comme un bar tabac » !
– **Philippe Chevallier** : Au lieu de dire « dans mon for intérieur », dire « dans ma Ford intérieure » !
– **Philippe Bouvard** : On peut aussi évoquer le langage bêtifiant des amoureux !
– **Jacques Mailhot** : L'autre jour, je suis allé chez Midas, j'ai dit : «vous pouvez regarder mon potpot» ? Il s'est fichu de ma tête.
– **Bernard Mabille** : Les amoureux de Peynet !

À suivre

UNE HISTOIRE DRÔLE

Un mec rencontre dans la rue une fille superbe avec des seins magnifiques. Il s'approche d'elle et lui dit :
– Est-ce que pour 1 000 euros vous accepteriez que je vous morde les seins ?
La femme, outrée, le rejette et continue sa route… Le mec fait le tour du pâté de maisons de façon à retomber sur elle :
– Est-ce que pour 10 000 euros vous accepteriez de vous faire mordre les seins ?
Même réaction, elle le rejette… Il s'arrange pour la rencontrer une troisième fois :
– Est-ce que pour 100 000 euros vous accepteriez que je vous morde les seins ?
La femme, devant l'insistance et la somme coquette, réfléchit et lui donne son accord. Il l'emmène alors à l'abri des regards et elle enlève ses vêtements et son soutien-gorge. L'homme n'en revient pas, il n'a jamais vu d'aussi beaux seins et il commence à les toucher, les embrasser, les malaxer, met la tête dedans… Au bout d'un quart d'heure, la femme lui demande :
– Mais… Vous ne les mordez pas ?
Et l'homme :
– Houlà ! Non, c'est trop cher…

Jeudi **19** Juillet

SAINT-ARSÈNE

À peu près et pataquès (SUITE ET FIN)

– **Jean-Jacques Peroni** : L'amour rend crétin… « Tu m'aimes, mamour ? »
– **Évelyne Leclercq** : Ça agace, ça m'énerve.
– **Chantal Ladesou** : Moi, c'est la jalousie qui parle, c'est autre chose.
– **Jean-Jacques Peroni** : Ils sont crétins. Ce n'est pas pour rien si on les compare aux pigeons, il n'y a pas plus con qu'un pigeon. « Rououou », « Tu m'aimes mamour ? », « Oui, je t'aime ». Il y a un jeu lamentable sur France 2, c'est pitoyable… Dès qu'ils donnent une bonne réponse, ils se roulent un patin ! En général, ils sont vulgaires : elle, elle est laide et grosse, lui, il a du gel sur les cheveux, on dirait qu'il a fait la vidange de la bagnole…
– **Philippe Chevallier** : Mais il y a de la tendresse.
– **Jean-Jacques Peroni** : Mais non, mais non !
– **Évelyne Leclercq** : Tout le monde a droit à l'amour, en fait.
– **Jean-Jacques Peroni** : Non, il y en a qui ne devraient pas y avoir droit !
– **Philippe Bouvard** : Les petits mots gentils participent à l'harmonie du couple !
– **Philippe Chevallier** : « Mon petit chaton ! » Ta femme ne t'appelle pas comme ça ?
– **Jean-Jacques Peroni** : Il ne manquerait plus que ça !
– **Philippe Bouvard** : Que dites-vous, Chevallier, aux innombrables filles qui traversent votre appartement ?
– **Philippe Chevallier** : J'aime bien les petits mots : « mon petit cœur », « mon petit chat »…
– **Bernard Mabille** : Ce n'est pas démodé, ça ?
– **Jean-Jacques Peroni** : Je te vois bien…
– **Philippe Chevallier** : Ou bien « Ma grosse salope » !
– **Jean-Jacques Peroni** : Je préfère t'entendre dire ça !
– **Jacques Mailhot** : Je leur dis : « On fait une belote ? On joue à l'écarté ? »
– **Philippe Chevallier** : Les petits mots sont gentils, mais il ne faut pas bêtifier parce qu'on perd un peu de sa superbe, si tant est qu'on en ait !
– **Bernard Mabille** : « Je vais te montrer ma bibite »…
– **Philippe Bouvard** : Ça l'allonge un peu… il y a une syllabe de plus !
– **Jacques Mailhot** : C'est toujours ça de gagné !
– **Philippe Bouvard** : Ce qui est bien, c'est l'examen corporel : « À qui c'est ce petit pied ? À qui c'est ce beau genou ? »
– **Évelyne Leclercq** : « Passe-moi ta petite mimine ! »
– **Jean-Jacques Peroni** : C'était Henri IV qui appelait les seins de Gabrielle d'Estrées « mes amours » : « Comment vont mes amours, ce matin ? »
– **Philippe Bouvard** : Voltaire les appelait « les grands pendards ».
– **Bernard Mabille** : C'est ça… « Qu'est-ce que j'attrape, là ? Tes petits pieds ! Et qu'est-ce que j'ai attrapé là ? La petite main !… Qu'est-ce que je vais attraper là ? Une chaude-pisse ! »

Citation

Qui a dit : « Académie française : la dénigrer, mais tâcher d'en faire partie, si l'on peut. » ?

Gustave Flaubert.

Question du jour

Pour quelle raison Marie-Anne Chazel est la seule de l'équipe du Splendid à ne pas jouer dans *Papy fait de la résistance* ?

Car elle était enceinte.

Bouvardise

Les ravages de la météo : le temps qu'il fait ou qu'il va faire est devenu plus important que les problèmes de notre temps.

Citation

Qui a dit : « Au milieu d'une salle qui éclate de rire, je ne vois que le spectateur qui ne rit pas. » ?

Fernand Raynaud.

Question du jour

Qu'appelle-t-on les « frivolités de la Villette » ?

Ce sont les testicules du taureau et du bélier.

Bouvardise

De l'État de droit à l'état de grève : la France est composée pour un tiers de gens qui cherchent un travail, pour un tiers de gens qui ne pensent qu'à arrêter le travail, et pour un tiers de gens qui continuent à travailler en se demandant s'ils ne manquent pas de caractère.

Le sexologue, l'alcool et l'amour

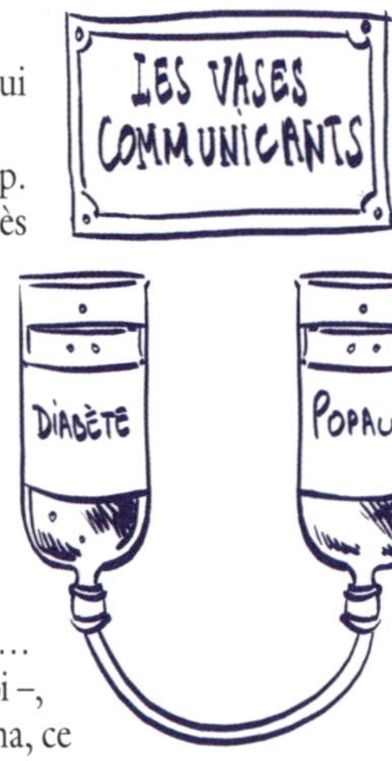

– **Philippe Bouvard** : Est-ce que le diabète qui monte, qui monte, peut faire baisser Popaul ?
– **Dr Virag** : Oui, très nettement ! Et le diabète monte beaucoup. Ça devient une maladie endémique, et 50 % des diabétiques après dix ans d'évolution ont des troubles de l'érection. Et je profite de cette tribune magnifique pour dire que les diabétologues s'en fichent complètement.
– **Philippe Bouvard** : Si le diabétique n'est plus amoureux, les dames ne font plus ça par gourmandise !... Là, peut-être que M. Peroni va rire jaune : est-ce que l'alcoolisme est aussi une cause d'impuissance ? Est-ce que ça ne s'appelle pas la « maladie de Lapeyronie » ?
– **Dr Virag** : Non, vous confondez avec la « maladie de l'apéro »... En petite quantité – Shakespeare l'a dit beaucoup mieux que moi –, l'alcool stimule. En grandes quantités, faire l'amour dans le coma, ce n'est pas terrible...
– **Philippe Bouvard** : Il ne voit pas gros, il voit double... donc ça l'encourage !
– **Jean-Jacques Peroni** : Qu'est-ce que vous en savez ? Le seul problème, c'est que ma femme ne peut pas me faire de gâteries bucco-pharyngées sinon elle repart bourrée !
– **Dr Virag** : Il y a quand même un fait curieux avec l'alcool, et qui est contre le sevrage, c'est que les types sevrés commencent très souvent une impuissance à ce moment-là.
– **Philippe Bouvard** : En quoi le sexe de l'homme est-il, comme vous l'écrivez, « encombrant » ?
– **Dr Virag** : Il est « encombrant » pour le cerveau, mais pas physiquement.
– **Évelyne Leclercq** : Ça dépend pour qui. J'en ai connu qui ne savaient pas où la mettre !
– **Bernard Mabille** : Avoir ça sans arrêt devant les yeux...
– **Jacques Mailhot** : Et puis ça indique toujours le nord. Ça fait boussole !
– **Philippe Bouvard** : Quand on est sur la plage, ça empêche de voir la mer !
– **Évelyne Leclercq** : Ça fait parasol ! Avec une petite serviette dessus !
– **Jean-Jacques Peroni** : Imaginez qu'un sexe vous pousse sur le front ! Quand est-ce que vous pourrez en voir le bout ? À votre avis ? Jamais, parce que y a la paire de testicules qui masque tout !
– **Philippe Bouvard** : Sur quelles confidences vous êtes-vous appuyé, docteur, pour affirmer que la longueur du sexe n'a pas d'importance, mais que le diamètre en a une ?
– **Dr Virag** : Sur les consultantes, sur les romans... sur beaucoup de choses.
– **Philippe Chevallier** : Il vaut mieux une petite épaisse qu'une longue fine !
– **Bernard Mabille** : J'en ai une petite, mais je la barde... et ça marche bien !
– **Philippe Bouvard** : Et ça devient le morceau du boucher !
– **Évelyne Leclercq** : Vous pourriez quand même me demander mon avis sur cette question. Je suis la mieux placée pour répondre, finalement !
– **Philippe Chevallier** : Oui, madame Labitte... pardon, madame l'arbitre !
– **Évelyne Leclercq** : Je suis d'accord avec le docteur : à mon avis, c'est effectivement le diamètre qui compte !

Ras la terrasse !

par Bernard Mabille

J'ai déjeuné ce dimanche en « bord de mer » sans jamais voir la mer, ni même le bord, à cheval sur trottoir et caniveau, coincé entre le pare-buffle d'un 4 x 4 japonais et le double pot d'échappement d'une Clio quatre soupapes customisée grand sport. Ah, les terrasses et leur air pur fleurant bon fromage et dessert, l'urine et la crotte de chien, l'essence et l'huile de vidange ! Elles vous offrent une vue imprenable sur un flux ininterrompu de bagnoles où s'entassent des familles entières qui vous dévisagent – elles ont le temps, vu les embouteillages – comme on regarde les derniers éléphants du parc de Thoiry. Les gosses te tirent la langue, maman te balance d'une pichenette – fenêtre ouverte – les dernières productions de ses fosses nasales, pendant que papa, fier de pouvoir foutre un coup d'accélérateur, te vaporise dans la tronche un nuage de CO_2 au cas où ton saumon ne serait pas assez fumé. Et je vous passe les commentaires. « Ginette, ce ne serait pas le gros con que l'on voit sur les *Grosses têtes* dans *Paris Première* ? » « Tu veux parler de Gérard Mabitte ? Non, il est mort ! » « Qu'est-ce qu'il est moche ! Déjà à la télé mais là, en vrai, c'est pire ! Et sa pouf ! On sait pourquoi elle est avec lui, ce n'est sûrement pas pour sa sale tronche ! » (C'était ma fille !)

Ah ! Les terrasses, avec la table que tu as réservée qui est si loin, encastrée contre la vitre, que tu ne peux l'atteindre qu'en marchant sur les genoux de tes voisins. Avec ces bataillons de malchanceux geignards arrivés après toi, qui attendent que tu te casses en commentant bruyamment ce que tu as dans ton assiette : « Tu as vu, Riri, le monsieur mange des rognons ! Tu te souviens, quand tata Germaine nous en avait fait ? C'était plein de pisse et j'ai gerbé partout. » « Riri, ne me dis pas que ce nase va prendre un café ! Je crève de faim ! » Ah ! Les terrasses et ces plats servis froids, la cuisine étant en sous-sol, au fond du resto ! Il faut au plus rapide des garçons pas moins de vingt-trois minutes pour aller des fourneaux à la table ! Des plats servis froids et du rosé servi chaud, car tu te pointes toujours après la panne de la machine à glaçons ; ou alors tu tombes sur le seul garçon qui a oublié le tirebouchon sur le comptoir : aller-retour, quarante minutes. Un garçon que tu ne reverras que pour l'addition, vite réglée, à condition que la zapette à carte Bleue ne réclame pas à cor et à cri son retour à la base.

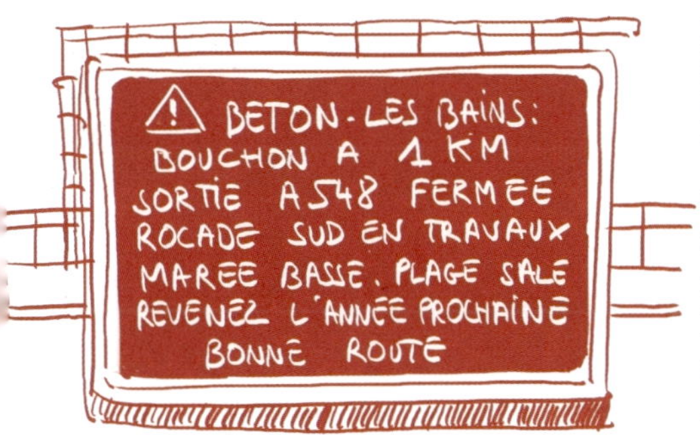

Dimanche prochain, sur une table pliante sortie de mon coffre, le vin à température dans une Thermos, les sandwichs faits de bon pain, bon beurre et bon jambon, je piqueniquerai en bord d'autoroute, moqué par tous ces automobilistes qui se diront : » Regarde ce connard. Nous, au moins, on va déjeuner en terrasse ! »

C'était dimanche, à Trouville.

Citation

Qui a dit : « Avec mes gains au casino, je me suis acheté une casquette de yachtman ; avec mes pertes, j'aurais pu me payer le bateau. » ?

Tristan Bernard.

Question du jour

Au Brésil, pourquoi donne-t-on un petit coup de rhum aux poulets avant de les tuer ?

Cela les détend et la viande est plus tendre lorsqu'on les tue.

Présentation des panélistes

Sa palette est toujours aussi riche mais elle use moins des pinceaux péniens.

Amanda Lear

Lundi

23 Juillet

SAINTE-BRIGITTE

Citation

Qui a dit : « Cacher son âge, c'est renier ses souvenirs. » ?

Arletty.

Question du jour

En 1759, les spectateurs du Théâtre-Français firent l'objet d'une interdiction. Laquelle ?

Celle de monter sur scène. Et de ce fait, on supprima les quatre rangées de bancs disposées autour des acteurs.

Bouvardise

Les auteurs à gros tirages se privent de la confortable possibilité de se répéter ou de se contredire qu'offre la certitude de n'avoir pas été lus précédemment.

Quand Francis Blanche faisait trempette

– **Christian Morin :** À propos des publicités en direct à la radio, une histoire est arrivée en direct avec Francis Blanche, sur les petites éponges Spontex. On a mis du temps à pouvoir la raconter, d'ailleurs.

Pour cette publicité qui passe sur une antenne concurrente, Robert Vilar lisait le texte à l'antenne : « Madame, une révolution dans votre cuisine ! Prenez-la dans la main, elle tient dans la main. Trempez-la dans l'eau, elle gonfle, elle gonfle, la petite éponge Spontex ! » Et à chaque fois qu'il disait : « Trempez-la dans l'eau, elle gonfle, elle gonfle », Francis Blanche ne disait rien, mais il était en face de Robert Vilar dans le studio, sa quéquette dans un verre d'eau, et il faisait signe que non, que ça ne gonflait pas du tout ! Ce qui fait que Robert Vilar, pendant des années, a fait une pub qui, au lieu de durer trente secondes, durait une minute trente voire deux minutes, sans jamais pouvoir dire ce qui se passait vraiment. L'annonceur était ravi, bien sûr !

UNE HISTOIRE DRÔLE

Une famille est en voiture. Le fils dit au père :
– Papa ! Papa ! Écrase la poule !
Et le père écrase la poule.
Plus loin, le fils dit :
– Papa ! Papa ! Écrase la vieille dame !
Et le père l'écrase. La famille s'arrête près d'une falaise. Le fils chuchote à son père :
– Papa ! Papa ! Pousse maman dans le fossé !
– Non. Après tu n'auras plus de mère et tu vas pleurer.
– Mais non, vas-y, pousse-la !
Et le père pousse la mère. Le fils commence à pleurer.
– Tu vois ! Je t'avais dit que tu allais être triste !
– Mais non, c'est parce que je l'ai pas vue tomber !

Mardi

24 Juillet

SAINTE-CHRISTINE

Un cunnilingus cinq étoiles

– **Philippe Bouvard** : L'expression est de vous, elle figure dans votre livre consacré à la sexualité. Qu'appelez-vous un « cunnilingus cinq étoiles » ?

– **Catherine Solano** : Un homme qui a une éjaculation trop rapide se dit : « Je ne suis pas très bon à ce niveau-là, il faut que je compense. », et donc il soigne les préliminaires ; il devient un expert. Il fait un cunnilingus méritant cinq étoiles.

– **Philippe Bouvard** : Il ne faut pas confondre sexe et restaurant !

– **Amanda Lear** : C'est vrai, ceux qui ne sont pas très sûrs de leur engin se montrent experts avec la langue, avec les doigts.

– **Philippe Chevallier** : Ils sont meilleurs dans le vestibule que dans le salon.

– **Bernard Mabille** : Ils prennent leur temps, quoi ! Ils comptent les poils ! Quand il y en a encore…

– **Philippe Bouvard** : C'est Sacha Guitry qui disait : « Il n'y a pas de femme frigide, il n'y a que de mauvaises langues. »

– **Catherine Solano** : On dit aussi : « Il n'y a pas d'homme impuissant, il n'y a que des femmes paresseuses. »

– **Philippe Bouvard** : À quoi recommandez-vous de penser pour retarder l'arrivée du plaisir masculin ? À une autre femme, qui leur plaît moins ?

– **Catherine Solano** : Non, je prends un exemple. Beaucoup d'hommes disent : « J'éjacule quand je vois sur son visage que ma partenaire a du plaisir. » Il faut soit fermer les yeux, soit regarder vers un autre endroit.

– **Bernard Mabille** : Vous voyez l'avantage de la burka !

– **Philippe Bouvard** : Ça manque de galanterie de faire l'amour avec une femme en pensant à autre chose !

– **Philippe Chevallier** : On peut se demander si l'amour est un art ou un sport !

– **Catherine Solano** : Personnellement, je dirais que c'est un art. Quand on le pratique comme du sport, ce n'est pas génial.

– **Philippe Bouvard** : On nous avait dit un jour, toujours au sujet de l'éjaculation précoce, qu'il fallait imaginer que l'on était dans un grand restaurant, le maître d'hôtel posté devant vous, et que vous lui détailliez très calmement la commande que vous vouliez passer. « Je voudrais des hors-d'œuvre, après une bonne entrée, et si possible un trou normand – facultatif –, puis un cassoulet… » Mais ensuite, ça se refroidit : « … Puis le fromage, le dessert et l'addition ! »

Citation

Qui a dit : « C'est en buvant à la santé des autres que nous ruinons la nôtre. » ?

Jerome K. Jerome.

Question du jour

Qui détient le record du nombre d'entrées, tous spectacles confondus, au Palais des Congrès de Paris ?

Chantal Goya.

Bouvardise

La femme ajoute chaque année un rang à son collier de perles, pour masquer les rides des douze derniers mois.

Citation

Qui a dit : « J'ai invité une petite à dîner. On va aller au bord de la mer. Elle ne risque pas d'attraper froid, mon sexe est devenu une écharpe. » ?

Henri Salvador.

Question du jour

Quel département français a été créé en Italie le 17 mai 1809, par Napoléon ?

Le département des Bouches-du-Tibre, avec comme chef-lieu Rome.

Bouvardise

Il y a pire que de n'avoir pas d'idées générales : c'est de n'avoir que cela…

Secret-défense

par Jacques Mailhot

Que les Chinois rachètent la dette des USA et d'une grande partie de l'Europe, passe encore. Que les Chinois mettent la main sur tous les bistros, nous apprenant à touiller notre café matinal avec des baguettes et remplacent les viennoiseries par des beignets à l'ananas et du riz cantonais, pourquoi pas. Que les Chinois inondent nos magasins de meubles avec des canapés qui nous crament le cul, je m'en tape ! Mais qu'ils osent espionner Renault, alors là, je ris jaune !

Mais qu'est-ce qu'ils veulent, les Chinois ? Nous gauler les plans de la Juva 4, de la Dauphine, de la R5, derniers modèles révolutionnaires de la marque ? Pour savoir ce que Renault prépare pour l'avenir, pas besoin d'espionner : je vais vous le dire ! Ils préparent des bagnoles qui, de toute façon, auront trente ans de retard sur leurs concurrentes allemandes, coréennes ou japonaises !

Aux dernières nouvelles, ils nous espionneraient pour obtenir les secrets de Zoé, la première auto française tout électrique : 100 km d'autonomie, à condition de couper la clim, le chauffage, les lumières, les essuie-glaces, l'autoradio, l'allume-cigare, de ne pas dépasser les 35 km/h et de passer dix heures à glander pour recharger les batteries. Quand tu sais que pour aller d'un bout à l'autre de la Chine, le Pékinois moyen doit parcourir 5 000 km, un mec roulant à bord d'une Zoé Renault devra s'arrêter cinquante fois et passer cinquante fois dix heures à recharger sa caisse, ne supposant qu'il trouve une prise électrique dans un pays où les paysans s'éclairent encore à la bougie. Il devra donc, tout confondu, passer 86 heures à conduire, plus 500 heures de recharge, soit 586 heures, donc 25 jours et 6 heures pour faire le trajet, à condition de ne pas boire, ni manger, ni pisser, ni dormir ! De quoi jurer contre la Terre entière en arrivant, même si le Chinois est poli… Essayer de nous faire gober ça, de claquer du fric pour un truc révolutionnaire moins rapide que le traditionnel pousse-pousse, on nous prend pour des cons. Mais puisque les Chinois se veulent des James Bond – crevettes sautées aux champignons noirs sur plaque chauffante, correspondant au numéro 007 sur le menu plastifié du resto *Le Dragon céleste* que je fréquente –, j'invite nos industriels à mettre leurs études au coffre-fort. Ne vois-tu pas qu'ils nous piquent aussi les secrets de fabrication du TGV, qui met vingt-trois heures à faire Strasbourg-Port-Bou, de la saleuse qui ne démarre pas quand il neige, de l'avion pour Toulouse qui te dépose à Belfort, du portique d'aéroport qui ne détecte pas les armes, du *Charles-de-Gaulle* qui ne sort pas de la rade de Toulon, du Vélib' à roue voilée, du prochain disque de Mireille Mathieu, du synopsis de *Qui veut épouser mon fils 2 ?*, du Médiator, des maisons Borloo et du programme de Ségolène Royal. Bref, tout ce qui fait la gloire de la France… Un point positif, tout de même, avec tout ça : après s'être réveillée, la Chine se rendormira pour un bon moment.

Enfin, je voudrais pousser un petit coup de cœur pour François Mitterrand, disparu il y a quinze ans et deux jours. Né à Jarnac, enterré à Jarnac, il n'eut qu'un mot à la bouche « j'arnaque ». Quand tu fais le bilan de sa présidence, tu te dis que si un bled s'était appelé « j'entube », Mitterrand serait né là-bas.

UNE HISTOIRE DRÔLE

Un couple part en vacances pour la première fois en camp de naturistes, avec leur jeune garçon, le petit Nicolas. À la fin de la première journée « sans textile », petit Nicolas demande à sa mère :

– Dis maman, pourquoi il y a des dames avec des gros seins et d'autres avec des petits seins ?

La maman embarrassée répond :

– Et bien... celles qui ont des gros seins sont très riches !

Quelques instants plus tard :

– Dis maman, pourquoi des hommes ont un gros zizi et d'autres un petit ?

– Euh... ceux qui ont un gros zizi sont plus intelligents.

Le petit Nicolas se tait à nouveau. La maman semble soulagée, quand soudain :

– Alors maman, j'ai vu papa qui parlait avec une dame très riche et lui il devenait de plus en plus intelligent !

Citation

Qui a dit : « Si je ne suis pas devenu prêtre, c'est à cause des vœux de chasteté. » ?

Michel Serrault.

Question du jour

Autrefois, quelle était la punition de la femme adultère en Chine ?

Elle était piétinée par un éléphant.

Bouvardise

Il faut savoir se montrer de mauvaise foi quand la bonne foi n'est pas drôle.

Citation

Qui a dit : « Le comble de l'inattention : se perdre dans la foule et aller à la police donner son signalement. » ?

Alphonse Allais.

Question du jour

Qui remporta la médaille d'or de boxe aux jeux Olympiques de 1932 ?

L'acteur Errol Flynn.

Présentation des panélistes

Il a fait carrière à la radio grâce à un organe qui lui a valu plus d'émissions que d'enfants.

Pierre Bellemare

À la recherche du point G

– **Chantal Ladesou** : Le point G, est-ce que ça existe ? Chez moi il est partout, le point G ! Mabille m'embrasse, ça y est, je me ruine un slip !

– **Philippe Bouvard** : Vous voulez dire que si quelqu'un vous frôle dans le métro, c'est parti ?

– **Chantal Ladesou** : Ben oui, tellement je suis une obsédée sexuelle… Vous l'avez ressenti vous-mêmes, non ?

– **Jean-Jacques Peroni** : Moi, il y en a certaines, je ne sais pas si j'ai trouvé le point G, mais j'ai bien trouvé le point Q.

– **Vincent Perrot** : Il faut quand même faire attention, parce que parfois, la fille a tellement de maquillage qu'on dirait qu'elle est en travaux et on a plus vite fait de trouver le point P !

– **Bernard Mabille** : Moi, je ne fais jamais l'amour sans GPS.

– **Jacques Mailhot** : Je n'ai pas spécialement trouvé le point G. Je cherche toujours. Il y a l'écho radar, mais c'est tout.

UNE HISTOIRE DRÔLE

Un gars entre chez un coiffeur et demande un conseil :

– J'ai plein de pellicules dans les cheveux. Qu'est-ce que je peux faire ?

– J'ai ce qu'il vous faut, dit le coiffeur. C'est compliqué, mais c'est souverain. Il y a sept bouteilles, une pour chaque jour de la semaine. Vous vous frictionnez le lundi avec la lotion rouge, le mardi avec la lotion verte, le mercredi avec la lotion jaune, le jeudi avec la lotion bleue, le vendredi avec la lotion brune, et ainsi de suite, en suivant les instructions du prospectus.

Quinze jours plus tard, le client revient et le coiffeur lui demande des nouvelles :

– Alors ? Je parie que vous n'avez plus de pellicules ?

– Non, dit le gars. Maintenant, j'ai des confettis… !

Pourquoi pas moi ?

par Évelyne Leclercq

Pourquoi ? Pourquoi, chaque fois que je prends l'avion ou le train, suis-je toujours assise à côté d'un vieux gros moche, et, qui plus est, sent parfois mauvais ? Pourquoi tant de malheurs ? Alors que Meryl Streep, dans *Falling in love*, prend le métro assise face à Robert de Niro, qui, lui, fatalement, doit sentir très bon !

Pourquoi, lorsque je rentre dans une librairie, je ne me cogne pas dans Hugh Grant, un verre de jus d'orange à la main, comme Julia Roberts dans *Coup de foudre à Nothing Hill* ? Alors moi, je garde toujours une bouteille d'Orangina débouchée dans mon sac à main, au cas où !

Pourquoi, lorsque je décide de faire du shopping, toujours comme Julia Roberts – c'est mon modèle, vous l'aurez compris, j'ai toujours mis la barre très haut – je ne croise jamais Richard Gere, sa carte Gold à la main, prêt à m'offrir toute la boutique au son d'une musique inoubliable ? Ben non ! Moi, je m'achète un pull en solde sur du Richard Clayderman ! N'est pas *Pretty Woman* qui veut. Quant à cette actrice américaine qui joue une aveugle dans un vieux western, et qui finalement recouvre la vue, qui est le médecin sauveur à son chevet ? Je vous le donne en mille, en dix mille, même : Gregory Peck ! Alors là, je dis non ! Stop, trop c'est trop ! Quand j'ai la grippe et que j'appelle SOS médecins, le médecin n'a jamais la tête de Gregory Peck. Le toubib, ce serait plutôt Sim ou Paul Préboist !

Pourquoi, chaque fois que je vais au cinéma, suis-je systématiquement assise aux côtés de jeunes adolescents pré-pubères mangeant du pop-corn à pleines mains ? Ça fait crouch, crouch, crouch tout le long du film ! Tout en se bécotant à bouche que veux-tu toutes les trente secondes. Ça fait sglop, sglop, sglop ! Ça m'agace, ça m'excite, ça me donne envie de sucer une glace.

Pourquoi, enfin, lorsque je prends huit jours de vacances aux Antilles, pleut-il des cordes pendant sept jours ? Pourquoi, chaque fois que le téléphone sonne, n'est-ce jamais lui qui appelle, mais : « Allo, madame Leclercq ! C'est au sujet de votre abonnement France Telecom ! » Alors je grogne : « Non, elle n'est pas là ! » et je raccroche en grognant. Je grogne de plus en plus. Est-ce grave, docteur ? Si je continue de grogner, je finirai par plaire à un ours. Finalement, il y en a plein les rues, des ours !

Citation

Qui a dit : « Ce qui distingue les adultes des enfants, c'est la taille de leurs jouets. » ?

Françoise Giroud.

Question du jour

Quelle consigne devait observer le chauffeur du général de Gaulle, lorsque celui-ci se déplaçait dans Londres ?

De ne jamais passer par Trafalgar Square.

Bouvardise

Alors qu'on jette désormais les chaussettes trouées, les bas de laine n'espèrent toujours qu'en la reprise.

Citation

Qui a dit : « Certaines comédiennes font désormais sur scène ce qu'elles faisaient jusqu'alors dans les coulisses dans l'espoir de monter sur scène. » ?

François Périer.

Question du jour

Dans la pièce *Chantecler*, d'Edmond Rostand, quel secret le coq détient-il ?

En chantant, il peut faire se lever le soleil.

Bouvardise

Les jeunes : de l'avenir sans passé. Les vieux : du passé sans avenir. Seuls les très grands écrivains, ressuscités par la postérité, ont à la fois un brillant passé et un long avenir.

Antoine Duléry et le dauphin

– **Philippe Bouvard** : Votre femme a-t-elle été informée que vous aviez failli être violé par un dauphin ?

– **Antoine Duléry** : Oui, j'étais parti dans « mon île » et je me suis baigné avec un dauphin, très connu au large de Bréhat, qui depuis quelques années fait le tour d'une bouée ; c'est l'attraction. On vient en bateau pour voir ce dauphin. Là, un copain se baignait avec lui et depuis le bateau, je vois ce dauphin collé à mon copain comme jamais je ne l'avais vu. Cela me donne envie d'y aller ; je plonge, j'avais de toutes petites lunettes, pas de masque ni de tuba, et l'eau était assez froide. Je nage, je nage avec ce copain. Et le dauphin se colle à nous, avec une espèce d'érection magnifique ; on sent qu'il est excité sexuellement.

– **Macha Méril** : Ils sont équipés comme vous ?

– **Antoine Duléry** : Pas comme moi ! Faut pas abuser ! Mais ça y ressemble ! C'est un petit appendice. Le dauphin est vraiment collé à nous. On le repousse, mais il revient. Mon copain me dit : « Il s'énerve, je vais rentrer. » Je lui dis : « Tu as raison. » C'est quand même une bête de 250 kilos. Comme mon copain avait des palmes, un masque et un tuba, en deux minutes il est sur le bateau, alors que moi je n'avais que des petites lunettes de piscine, et j'étais obligé de sortir la tête de l'eau. Le dauphin vient vers moi, je le repousse, il revient et je ne peux plus avancer. Je sors la tête et je crie : « Viens m'aider ! » J'appelle mon copain, et en même temps je commence à boire la tasse… Je vois le moment où je ne vais pas pouvoir regagner le bateau. Mon copain, qui sait que je fais le con tout le temps, se marre, et je le vois qui rigole ! Je crie : « Viens m'aider ! » J'ai sans arrêt ce dauphin qui se colle à moi et je ne peux plus avancer. J'ai eu cinq minutes pendant lesquelles j'ai vraiment flippé…

– **Philippe Chevallier** : C'était Flipper votre dauphine ?

– **Antoine Duléry** : Mon copain s'est rendu compte que je ne rigolais pas, il a plongé. Le dauphin, évidemment, a pris peur et il est parti !

– **Philippe Bouvard** : Cinq minutes, ce n'est pas un éjaculateur précoce !

– **Philippe Chevallier** : Cinq minutes, cétacé !

– **Antoine Duléry** : À propos, vous savez pourquoi les Portugaises se laissent pousser la moustache ?

– **Philippe Bouvard** : Pour ressembler à leur maman ?

– **Antoine Duléry** : Bravo ! Vous savez pourquoi les Belges font de la moto en pyjama ? Pour pouvoir se coucher dans les virages !

Mardi

31 Juillet

SAINT-IGNACE-DE-LOYOLA

Un lapsus révélateur

par Philippe Chevallier

Que n'a-t-on fait comme gorges chaudes, chers amis, à propos du lapsus de Mme Rachida Dati, qui a confondu l'augmentation du coût de la vie et le grossissement du vit tout seul ! C'était pourtant une maladresse bien anodine qui a eu le mérite d'amuser les petits et les grands, et qui donne à la politique, d'habitude si ennuyeuse, un petit goût de fraîcheur.

Ce qui est gênant dans le lapsus, pour celui qui le commet, c'est qu'il a presque toujours une connotation sexuelle. Si vous dites à une jeune femme qu'elle est très « jolie » alors que vous vouliez dire « charmante », ça ne portera pas à conséquence. Mais si, au lieu de dire à votre collaboratrice que vous appréciez beaucoup son travail, vous lui dites que vous l'appréciez « beaucu », vous risquez de passer pour un obsédé. Parce que c'est ça le problème, et c'est ce que nous a appris papa Freud.

Le lapsus n'est pas le fruit du hasard, c'est l'inconscient qui parle, c'est votre « moi profond » qui s'exprime et vous révèle tel que vous êtes au fond de vous, un pauvre malade du sexe qui ne pense qu'à ça. Mais soyons indulgents avec ceux – ou celles – qui se font piéger par les méandres de notre belle langue, car cela peut nous arriver à tout moment ! Qui n'a pas une fois dans sa vie demandé à sa boulangère : « Une braguette, s'il vous plaît, bien moulée ! » Qui n'a pas remercié un ami complaisant en lui disant avec des trémolos dans la voix : « Merci Marcel, tu m'as retiré une grosse pine du pied ! »

Il y a des tas d'expressions dangereuses qui peuvent provoquer le glissement. « Se serrer les coudes », par exemple, peut vite se terminer en « se serrer les couilles », et ça fait désordre lors d'un discours officiel sur la solidarité nationale.

Il y a aussi des expressions où les mots à double sens sont à l'affût. La secrétaire du dentiste qui dit qu'« elle a un trou vendredi et que vous pouvez venir » ! La poissonnière qui a une belle raie, ou le guide du château qui vous montre les « trous de balles de la dernière guerre sur sa façade arrière ».

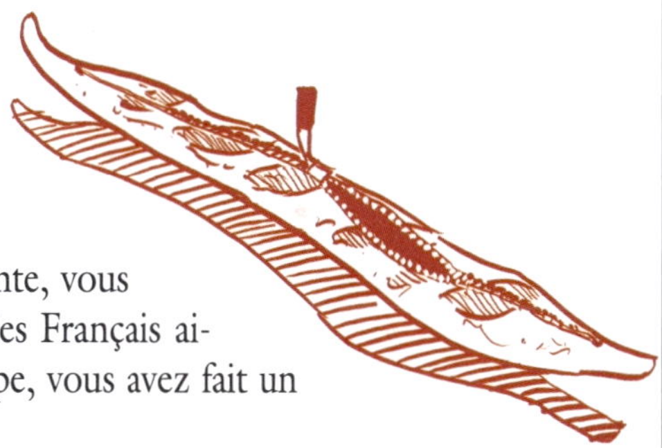

Donc, Rachida, soyez sans crainte, vous êtes pardonnée, d'autant que les Français aiment bien rigoler, et avec la pipe, vous avez fait un tabac !

Citation

Quel comédien a dit : « Je gagne autant d'argent qu'un bon gynécologue. » ?

Fabrice Luchini.

Question du jour

Où faut-il naître pour avoir le choix entre 191 nationalités ?

À l'ONU à New York, qui a un statut particulier d'extra-territorialité et appartient aux 191 pays qui y siègent.

Bouvardise

Performance de la dernière Ferrari : elle va si vite qu'il faut désormais moins d'un quart d'heure pour aller du péage à la prison.

Mercredi

1er Août

SAINT-ALPHONSE

Citation

Qui a dit : « À la télé, jusqu'à cinquante ans, on fait des émissions. Après, on fait des archives. » ?

Guy Bedos.

Question du jour

Quel était le rôle du grand hâteur à Versailles ?

C'était le cuisinier responsable des viandes rôties.

Présentation des panélistes

Il a acheté une forêt de chênes pour avoir le droit de jouer avec les glands.

Jacques Mailhot

Faut-il se faire le maillot ?

– **Philippe Bouvard** : Faut-il se faire Mailhot… non, le maillot ?
– **Jacques Mailhot** : Les deux me conviennent !
– **Amanda Lear** : Oui, il faut se faire le maillot. Le persil qui dépasse du cabas, ce n'est pas joli.
– **Bernard Mabille** : Le maillot, c'est le ticket de métro ou c'est…
– **Amanda Lear** : C'est tout ce qui dépasse du Bikini !
– **Chantal Ladesou** : Sinon, tu as un maillot à moustaches.
– **Jacques Mailhot** : Si c'est du persil plat qui dépasse, ça va !
– **Amanda Lear** : Il faut tout enlever, le poil ne sert à rien.
– **Philippe Bouvard** : Si la nature l'a mis là…
– **Jacques Mailhot** : C'est pour faciliter la sudation.
– **Amanda Lear** : Rien du tout ! Ça sent mauvais, ça ne sert à rien.
– **Philippe Bouvard** : La preuve que ça sent mauvais, c'est qu'on dit que c'est un endroit « pue bien » !
– **Amanda Lear** : En revanche, chez les messieurs, les mecs qui s'épilaient beaucoup – la période où ils ressemblaient à une poupée Barbie, ils étaient tous comme en chimio, il n'y avait plus un poil – eh bien, il y a un retour du poil chez les jeunes !
– **Chantal Ladesou** : Le poil est important !
– **Amanda Lear** : Les sportifs, maintenant, s'appellent des nounours ! Ils ont plein de poils partout ; plus il y a de poils, plus…
– **Philippe Bouvard** : Vous aimez le poil sur la poitrine ?
– **Chantal Ladesou** : Oui, oui.
– **Bernard Mabille** : Surtout quand il y a la chaîne en or…
– **Amanda Lear** : Le bling-bling ! Ça revient !
– **Jacques Mailhot** : Toi qui aimes les nageurs, ils ne doivent pas avoir de poils, parce que ça ralentit dans l'eau.
– **Chantal Ladesou** : Ça revient ? Mais ce n'est jamais parti ! Il y a une population de femmes qui aime le poil.
– **Amanda Lear** : Les filles commencent à regarder les mecs poilus.
– **Jacques Mailhot** : Puis avec l'hiver, on se rapproche du poêle !
– **Philippe Bouvard** : C'est notre cher et regretté Jean Yanne qui était extraordinairement poilu. Il en avait partout et je me souviens qu'une année, sur une plage de Saint-Tropez, il avait été élu Monsieur Angora !

Rouland se souvient de Deschanel

– **Philippe Bouvard :** Vous racontez l'épisode complètement farfelu du président Deschanel à l'Élysée, qui a été élu alors qu'il n'était pas complètement sain d'esprit, et qui a terminé franchement fou !
– **Jean-Paul Rouland :** Oui, et il a été élu à la place de Clemenceau !
– **Philippe Bouvard :** Les exemples de sa folie publique abondent !
– **Jean-Paul Rouland :** Par exemple, quand il était à Cannes, il ramassait les fleurs qu'on lui envoyait et il les jetait à la tête des notables ! Un jour, il a fait un discours, et comme il a été bien applaudi, après avoir salué, il l'a prononcé une seconde fois !
– **Philippe Bouvard :** Il était tombé du train…
– **Jean-Paul Rouland :** Ça, c'est le fleuron ! Il a sauté par la fenêtre du train et il s'est retrouvé en pyjama sur le ballast.
– **Philippe Bouvard :** Il a trouvé abri chez une garde-barrière, qui ne l'a pas reconnu, mais qui a dit ensuite aux enquêteurs : « Comme il était en pyjama, j'ai tout de suite vu que c'était quelqu'un d'important, parce qu'il avait les pieds propres. »
– **Jean-Paul Rouland :** C'est exact.
– **Philippe Bouvard :** Il grimpait aussi aux arbres ?
– **Jean-Paul Rouland :** Un jour qu'il était à l'Élysée, il a quitté ses invités alors qu'ils étaient en train de déjeuner. « Excusez-moi ! », et il est parti dans le parc ; on l'a vu au sommet d'un platane, d'où il criait « Coucou ! ». C'était un vrai fêlé. Un autre jour, il passait à Compiègne ; il voit un gars en train de nettoyer le bassin, et il y est entré tout habillé jusqu'à la taille ! Il a fallu aller chercher un bateau pour le ramener sur le bord.
– **Philippe Bouvard :** On pourrait croire qu'il a fini ses jours dans un asile, mais pas du tout. Après l'Élysée, qu'il avait dû quitter un peu précipitamment, il a été élu sénateur. Il a fini ses jours dans la Haute Assemblée.

UNE HISTOIRE DRÔLE

Un homme passe un examen pour devenir policier.
On lui demande :
– Quelle était la couleur du cheval blanc d'Henri IV ?
– Eh ben… Aucune idée.
Alors, l'examinateur lui dit :
– Écoutez, je ne vais pas être sévère, rentrez chez vous, réfléchissez et revenez demain, on en reparlera.
Celui-ci rentre chez lui et sa femme lui demande :
– Alors, ça s'est bien passé ?
– Je veux ! On m'a déjà confié une enquête !

Citation

Qui a dit : « Lorsque j'ai fini de composer une chanson, j'ai le sourire de l'imbécile après l'amour. » ?

Michel Berger.

Question du jour

Autrefois, en religion, quels étaient les trois interdits signifiés aux comédiens ?

Être enterré en terre chrétienne, recevoir la communion, être parrain ou marraine.

Bouvardise

Les coiffeurs, simples jardiniers du système pileux supérieur, sont devenus les phares d'un État-bigoudi soumis à la dictature du peigne et placé sous la souveraineté du séchoir.

Citation

Qui a dit : « Comme je n'aime pas ouvrir les huîtres, je les pose devant la télévision, et elles se mettent tout de suite à bâiller. » ?

Pierre Doris.

Question du jour

Que signifie le verbe « bornoyer » ?

Fermer un œil pour viser, au tir.

Présentation des panélistes

Auteur d'un essai intitulé *Responsabilités du 421 dans le développement de la cirrhose.*

Jean-Jacques Peroni

Les statistiques de Peroni

– 17 % des habitantes du Mans s'appellent Henriette… Henriette du Mans ! C'est la poilante, ça démarre fort !
– 20 % des obsédés sexuels veulent habiter dans les rues qui comportent un numéro 69 !
– 45 % des mouches à merde du Vaucluse vont prendre leurs repas au Quick d'Avignon !
– 20 % des femmes frigides vont dans les pays sujets aux tremblements de terre, dans l'espoir de prendre une bonne secousse !
– 30 % des rugbymen pètent pendant la mêlée !
– Durant la période de l'accouplement, 100 % des seiches mouillent !
– 20 % des lycéens pensent que *Les Mémoires d'un âne* sont le dernier livre de François Bayrou !
– Les jours de tempête, quand les marins-pêcheurs disent à leurs enfants que la mer est grosse, 20 % des gosses pensent que leur mère est enceinte !
– À Lyon, 30 % des femmes dont le prénom est Rosette se donnent de la joie avec un saucisson !
– 40 % des horlogers décédés n'ont pas vu leur dernière heure arriver !
– 50 % des apprentis déménageurs lâchent des caisses en montant les escaliers !
– Enfin, 20 % des maris jaloux ne veulent pas que leur femme chômeuse fréquente Paul Emploi !

UNE HISTOIRE DRÔLE

Georges rencontre Jean-François. Ce sont des amis d'enfance, mais ils ne se sont pas vus depuis plus de cinq ans. Georges demande à Jean-François :
– T'es toujours marié avec Murielle ?
– Non !
– Et tu as toujours ta superbe Jaguar ?
– Non !
Alors, Georges demande à Jean-François ce qu'il s'est passé dans sa vie pour qu'il n'ait plus ni l'une ni l'autre.
Jean-François répond simplement :
– L'une suçait trop, et l'autre pas assez !

Bouvard en bonne fortune

– **Philippe Bouvard :** Il m'est arrivé une fois de trouver quelqu'un dans mon lit. C'était à un festival de Cannes – j'étais tout jeune journaliste – et un des principaux organisateurs m'avait dit : « J'ai rencontré une fille charmante, une des starlettes de service. Elle a un petit faible pour toi. Est-ce que tu me permets de lui donner le numéro de ta chambre, et éventuellement ta clef ? Elle t'attendra ce soir après la projection. » Et moi, toujours friand de contact humain, je dis : « Pourquoi pas ! »

– **Philippe Chevallier :** C'est normal aussi ! Des occasions comme celle-là ne se refusent pas.

– **Philippe Bouvard :** Il ajoute simplement : « C'est une fille qui a un tempérament de feu, mais elle est extrêmement timide. Alors, elle demande que tu n'allumes pas la lumière ! »

– **Jean-Jacques Peroni :** Ça sentait un peu l'embrouille !

– **Philippe Bouvard :** Oui, mais quand on est sûr de sa séduction, on ne se méfie pas ! Après la projection, je monte dans ma chambre avec une autre clef ; j'ouvre, je n'allume pas, je me déshabille, je me glisse dans le lit où il y avait effectivement quelqu'un tout nu. C'était un confrère à qui on avait fait la même blague, en lui demandant d'aller dans la « chambre de la fille » !

UNE HISTOIRE DRÔLE

Un journaliste se présente pour interviewer un centenaire à son domicile :

– Quel est le secret de votre longue vie ?

– Ben j'chais pas, moi, p'tit gars.

– La nourriture ?

– Beaucoup de légumes et pas de graisse !

– Et côté femmes ?

– J'ai toujours eu une seule femme dans ma vie. Malheureusement, elle est morte y a vingt ans.

– Les cigarettes ?

– Jamais une cigarette !

– L'alcool ? Êtes-vous sobre ?

– Ah ça, jamais touché. Pas une goutte de ma vie !

– Voilà donc votre secret : une hygiène de vie irréprochable. Je vais de ce pas rédiger ma chronique.

À ce moment, un grand bruit de meubles bousculés retentit dans la cuisine.

– Ne vous inquiétez pas, dit le centenaire, c'est papa qui rentre encore bourré de son gueuleton en ville !

Citation

Qui a dit : « Dans la bonne société anglaise, le talent le plus utile est de savoir bâiller la bouche fermée. » ?

Question du jour

Dans la chanson *À bicyclette*, interprétée par Montand, quels étaient les quatre copains de Paulette ?

Bouvardise

Seul le prix que nous attachons à notre propre vie garantit le respect de la vie des autres.

Oscar Wilde.

Fernand, Firmin, Francis et Sébastien.

Citation

Qui a dit : « Tu sais pourquoi les producteurs de films ont tous des Rolls-Royce ? C'est parce que dans le métro, il faut payer comptant. » ?

Michel Audiard.

Question du jour

Qu'a créé l'architecte Charles Adda, en 1923 ?

Les célèbres planches de Deauville, superbe promenade sur le front de mer de la cité normande, d'une longueur de 643 mètres.

Bouvardise

Dans la vie, j'aurai tout pris au sérieux. Sauf la vie.

Canicule

par Bernard Mabille

Voici quelques conseils pour vous permettre de mieux supporter la canicule annoncée : ne me remerciez pas, c'est pas moi qui les ai trouvés mais ceux qui nous gouvernent. Voyez donc si c'est sérieux… Alors, d'abord, qu'est-ce que la canicule ? Je lis : « C'est quand il fait plus chaud que d'ordinaire pour la saison. » Comme dirait Peroni, c'est quand t'as les patates qui collent au filet, et l'oignon qui rissole avant même de l'avoir passé à la poêle…

Premier conseil gouvernemental – je n'invente rien : « Pour lutter contre la canicule, le mieux est encore de se protéger de la chaleur. » Je ne sais pas combien l'intellectuel du ministère a été payé pour trouver ça, mais déjà, tu sens qu'on fout l'argent de tes impôts par les fenêtres…

Parlons de fenêtre, justement. Deuxième conseil gouvernemental : « Gardez vos fenêtres et vos volets fermés. Éteignez vos lumières, sources de chaleur. » Si t'as pas piqué le chien à Gilbert Montagné, bonjour le col du fémur !

Troisième conseil : « Cachez-vous du soleil, sortez à la tombée du jour… » « Pensez au ventilateur… » Ils ajoutent : « si vous en avez un » ! Et là, on nous prend vraiment pour des buses ! « Sortez-le du carton d'emballage… » – je n'invente rien – « et branchez-le ». Des fois qu'un type aurait l'idée de souffler très fort sur les pales… « Ne le dirigez pas face au mur, dirigez le souffle vers vous ! » Si vous n'avez pas écouté les discours de Martine Aubry… Elle brasse de l'air tout en nous le pompant !

Quatrième conseil : « Buvez, buvez, buvez ! Doublez votre consommation ordinaire. » Le gérant du Nicolas de Peroni peut déjà se commander une Ferrari. « Arrêtez-vous quand vous voyez votre ventre gonfler anormalement. » Dès qu'on te demande « Robert, t'attends un garçon ou une fille ? », vous stoppez ! Le saviez-vous ? Le gouvernement nous l'apprend : un homme de 70 kilos contient pas moins de 45 litres d'eau. Et la femme, 10 litres de plus. C'est pour ça qu'on peut les appeler des gourdes ou des cruches ! « Installez-vous dans l'endroit le plus frais de votre logement. » J'ai essayé : c'est mon congélateur. J'y ai passé la nuit dernière, en zig zag… Ce matin, j'ai pissé des glaçons !

Cinquième conseil : « Mangez léger ! » Des fruits, des fruits, des fruits. Melons, oranges et pastèques. Mais attention, nous dit-on, aux maux de ventre et aux coliques. En un mot, si t'es pas emporté par la chaleur, tu te suicides à la gastro !

Alors, je vais vous le dire. Pour éviter de vous faire caniculer par surprise, ce qui n'est jamais très agréable, partez chez Peroni en vacances, en Bretagne ! Vous ne risquez rien ! Tout au plus un week-end à 30 degrés : 15 le samedi, 15 le dimanche !

Ladesou sens dessus dessous

– **Chantal Ladesou :** J'étais chez Ardisson, dans une émission où je faisais la maquilleuse de plateau. Je devais donc mettre un petit coup de poudre sur le nez des gens avant qu'ils ne soient interviewés. Un jour, Jean-Pierre Mocky était là. Je lui dis : « Monsieur Mocky, c'est incroyable, vous faites des films sans arrêt alors que ça ne marche jamais, mais vous arrivez toujours à faire un nouveau film ! Comment vous faites ? » Il était furieux ! Il l'a super mal pris. Un an après, les affiches sortent, je fais mon spectacle, il me convoque. Mon producteur me dit : « Chantal c'est génial ! Mocky va te donner un rôle dans son prochain film ! » Moi j'y vais, super contente ; j'attends dans l'entrée de sa production et l'assistant finit par venir me chercher. Je m'assois, il me reçoit très gentiment, et là il me dit : « Chantal Ladesou, je viens vous dire que je vais faire un film et que je n'ai pas de rôle pour vous ! »

– **Bernard Mabille :** Ça, c'est bien envoyé !

– **Philippe Chevallier :** C'est de la vengeance surgelée !

– **Chantal Ladesou :** J'étais tellement contente, et finalement rien du tout ! Dernièrement, je l'ai croisé dans une émission de télé, et j'ai senti qu'il m'en voulait encore. Il a été extrêmement choqué ! Si tu m'entends, cher Jean-Pierre, sache que je tourne quand tu veux avec toi ! Tes films marchent très bien et j'adore !

UNE HISTOIRE DRÔLE

Un catholique pratiquant se vante auprès d'un ami d'observer à la lettre les dix commandements que Dieu a dictés à Moïse :

– Lorsque mes parents viennent chez moi, je les installe toujours dans la pièce la plus froide de la maison.

– Dieu n'a jamais dit qu'il fallait installer ses parents dans la pièce la plus froide de la maison ! Ça va pas, dans ta tête ?

– Désolé, mon ami, mais Monsieur le curé nous l'a encore lu dimanche à l'office, et c'est on ne peut plus clair : « Au nord, ton père et ta mère... »

Citation

Qui a dit : « Dire que je suis l'un des rares acteurs à séduire en jouant les cocus ! » ?

Question du jour

Quel écrivain refusait de faire l'amour par crainte d'épuiser ses capacités intellectuelles ?

Bouvardise

La nécessité croissante d'occuper artificiellement les gens pendant leurs loisirs atteste de leur inutilité sur terre dès lors qu'ils n'ont plus d'activité professionnelle ou associative.

Pierre Arditi.

Honoré de Balzac.

UNE HISTOIRE DRÔLE

Belzébuth vient proposer un marché à un tout jeune avocat :

– J'ai un truc à te proposer pour que ta carrière soit fulgurante : en moins d'un an, tu seras plus connu que Collard ou Vergès. Tes revenus aussi suivront cette ascension. En plus de tout ça, tu pourras prendre toutes les vacances que tu voudras, sans que ta clientèle n'aille voir ailleurs. Et pour couronner le tout, tu pourras vivre aussi longtemps que Jeanne Calment. En contrepartie, je ne te demanderai que l'âme de ta femme, celle de tes enfants et celle des enfants de tes enfants. Leurs âmes brûleront en enfer pour l'éternité.

L'avocat réfléchit deux secondes, puis il dit :

– D'accord… Mais où est le piège ?

Conseils amusants

– **Philippe Bouvard :** Cela peut arriver en France, où il y a beaucoup de touristes. Quand un étranger vous demande son chemin et que vous ne parlez pas sa langue, comment réagissez-vous ?

– **Philippe Chevallier :** En anglais : « *Straight on, and you turn on the left…* » et puis débrouille-toi, mon gars !

– **Macha Méril :** Il y a des pays où les gens ont honte de ne pas savoir, et vous donnent de fausses informations.

– **Philippe Bouvard :** S'ils n'aiment pas le pays auquel ils croient que vous appartenez, ils vous envoient dans la direction opposée. J'ai joué également à un petit jeu qui consistait à prendre en main un jeune étranger sympathique, pour lui apprendre des expressions qui pourraient lui servir dans la vie sociale française. Par exemple, je lui disais : « Si vous marchez sur les pieds de quelqu'un, vous vous excusez, vous lui dites : "sale con !" ».

– **Bernard Mabille :** Vous étiez tout jeune ?

– **Philippe Bouvard :** Non !

– **Macha Méril :** C'était la semaine dernière…

– **Éric Laugérias :** J'avais des correspondantes allemandes qui venaient nous voir, et on leur avait dit que l'endroit où l'on devait se rendre s'appelait « Lèchemoil'trou ». Elles parcouraient les rues de Cognac et d'Angoulême en demandant aux gens où était Lèchemoil'trou.

Citation

Qui a dit : « En Angleterre, tout est permis, sauf ce qui est interdit. En Allemagne, tout est interdit, sauf ce qui est permis. En France, tout est permis, même ce qui est interdit. » ?

Question du jour

Qu'a introduit Berlioz dans les orchestres symphoniques ?

Bouvardise

Surbooking : escroquerie minable des transporteurs aériens, sublimée par la démonstration d'une bonne gestion.

Winston Churchill.

Il a introduit les cymbales.

Jeudi 9 Août

SAINT-AMOUR

Fignolez vos scènes de ménage

– **Philippe Bouvard :** Comment vous comportez-vous pendant une scène de ménage ?
– **Jean-Jacques Peroni :** J'aide le mari ! Je lui passe les cendriers, les assiettes, j'affûte les couteaux.
– **Philippe Chevallier :** Mais si c'est une scène de ménage chez toi ?
– **Jean-Jacques Peroni :** J'avoine, j'avoine ! La giroflée ! Mémère, elle sort avec les cinq pétales !
– **Bernard Mabille :** Plus les mecs te disent ça, plus ils sont à plat ventre à la maison ! « Jean-Jacques tu sors la poubelle ? » « Oui chérie ! » « Jean-Jacques tu fais le ménage ? » « Oui chérie ! »
– **Jean-Jacques Peroni :** Ça va pas, non ?
– **Philippe Bouvard :** Il prend les patins pour ne pas salir le salon !
– **Jean-Jacques Peroni :** J'ai de la moquette !
– **Philippe Chevallier :** Ah oui ! Ça devient moins facile, tout de suite !
– **Philippe Bouvard :** La scène de ménage, ça relève de l'art dramatique.
– **Chantal Ladesou :** Moi, j'adore ça ! Gueuler et tout ça, c'est génial !
– **Jean-Jacques Peroni :** Au lieu de me chambrer, demande à Philippe Chevallier, qui est déjà venu dîner à la maison. Est-ce que tu m'as vu aider ma femme une seule fois ?
– **Philippe Chevallier :** Ah non, jamais ! Ça, je t'en sais gré, parce que quand je suis invité, je n'aide pas non plus ! Sinon, à quoi bon être invité ? Idem pour les fleurs, pourquoi en apporter ? Ça ne sert à rien !
– **Jean-Jacques Peroni :** Quand tu es venu en Bretagne avec Laspallès, est-ce qu'on a fait une seule fois les courses ensemble ?

– **Philippe Chevallier :** Jamais ! On s'est gobergés, on s'est mis les pieds sous la table et on a consommé ! La pauvre Marie-Yvonne trimait, elle allait au marché, elle faisait la bouffe…
– **Jean-Jacques Peroni :** On était au bistro – au comptoir – et on la voyait passer dans les allées du supermarché avec les cabas !
– **Bernard Mabille :** Ta femme fait ça ? Il faut que tu me la passes ! Tu vas me la louer un moment ?
– **Jean-Jacques Peroni :** Si tu veux ! Tu mettras l'argent dans la table de nuit.
– **Philippe Bouvard** : Et vous, Amanda Lear, comment se passent les ruptures ?
– **Amanda Lear :** Très mal, très mal ! C'est rédhibitoire, parce que j'ai beaucoup de mal à pardonner ! Une trahison, c'est pour moi impardonnable, donc je m'en vais. Je laisse un mot et je m'en vais. Après, lui, il essaye de revenir, de se faire pardonner, de faire passer ça pour un malentendu. Mais pour moi, c'est fini !
– **Bernard Mabille :** Mais en fait, il est bien content ! « Il essaye de revenir »…, mais tu rêves, ma pauvre chérie !
– **Philippe Chevallier :** Tu parles ! Bon débarras, oui !
– **Jean-Jacques Peroni :** Après, il est bien content d'avoir claqué la porte de la maison à la sorcière !

Citation

Qui a dit : « Gagner sa vie en jouant du piano, c'est savoir compter sur ses doigts. » ?

Darry Cowl.

Question du jour

Que faisait le Dr Schweitzer au cours de ses voyages à travers le monde pour recueillir des fonds destinés à son hôpital ?

Il donnait des récitals d'orgue.

Présentation des panélistes

Revenue hier de sa Provence et depuis très longtemps des hommes.

Amanda Lear

Citation

Qui a dit : « Heureux soient les fêlés, car ils laisseront passer la lumière. » ?

Michel Audiard.

Question du jour

Quel moyen utilisa Christophe Colomb, en 1493, pour tenter de prévenir la reine Isabelle Ire de Castille de sa découverte ?

Il jeta une bouteille à la mer (laquelle fut repêchée trois cent cinquante ans plus tard, au large du Maroc, par un capitaine américain qui la remit à Isabelle II d'Espagne).

Bouvardise

Les gens qui finissent vos phrases n'ont jamais terminé une seule de leurs idées.

Trop de muscles tuent les muscles

par Macha Méril

– **Macha Méril :** Mes amis, je voudrais exprimer – et je ne vais pas me faire que des amis, je le sais – mon ras le bol du sport ! On ne peut plus ouvrir un journal, la télé ou la radio sans que l'on nous parle des entorses, claquages, indigestions, chagrins d'amour, dépressions et penchants pour les substances illicites, les prostituées ou le pognon de tous ces nouveaux dieux du stade, véritables héros de notre époque, les sportifs ! Voilà des hommes qui font un bon usage de leurs corps, comme les jongleurs, les funambules, les avaleurs de sabres et autres tireurs d'élite. On les admire, et on fait bien de les admirer ! Mais de là à ce qu'ils occupent tous les médias, toutes les heures d'écoute, toutes les pubs, ne trouvez-vous pas que c'est un peu beaucoup ?

– **Jean-Jacques Peroni :** Moi, je ne suis pas tireur d'élite, mais tireur des litres !

– **Philippe Chevallier :** Et surtout, le sport et toi, ça fait trois !

– **Macha Méril :** En plus, quand les beaux jours arrivent, la passion du sport gagne tous nos concitoyens à tout âge. On se bouscule sur les courts de tennis pendant Roland-Garros, on vend des chaussures de golf à la pelle, des tee-shirts rayés aux couleurs des clubs de foot envahissent les magasins… Bref, la folie du sport a rattrapé tout le monde, sans parler des enfants qui s'abonnent aux blogs de leurs idoles : Zidane, Yannick Noah, Tony Parker… Quoi qu'ils soient assez beaux gosses, je m'inscrirais bien, moi aussi, à leurs blogs. Enfin, c'est la moindre des choses qu'un sportif soit bien foutu, quand même ! Moi, je veux admirer d'autres types ! Les « ventrus », les « tordus », les « bossus » « aux biceps faiblards », « aux réflexes incertains » qui ont su vaincre tous ces défauts pour devenir des professeurs, des médecins, des humoristes, des chercheurs, des chirurgiens, des musiciens, des écrivains, des hommes d'État, des chefs d'armée, des chefs d'orchestre, des hommes et des femmes à qui on ne donnerait pas deux sous sur leur photo, mais qui éblouissent par leur intelligence, leur science, leur mémoire, leur humour !

– **Bernard Mabille :** Retire ta culotte, j'arrive !

– **Macha Méril :** Les travailleurs de la tête plutôt que des mollets, du cerveau plutôt que du muscle !

– **Philippe Chevallier :** Quel beau portrait de ma personne !

– **Macha Méril :** Il paraît que pour faire de la politique, maintenant, il faut avoir un physique de sportif ? Et pour obtenir un job dans la banque, il faut être avenant. Si le modèle futur de l'homme idéal est celui du footballeur ou du champion de natation, de quelles variétés de physiques nous privons-nous ? Tenez bon ! Philippe, mon cher Philippe, Bernard Mabille, Jean-Jacques Peroni, Philippe Chevallier… non, vous n'êtes pas périmés !

– **Pierre Bellemare :** Tu m'oublies ?

– **Bernard Mabille :** Elle t'oublie pas : périmé, tu l'es, toi !

– **Pierre Bellemare :** J'aimerais quand même bien être cité dans cette émission !

– **Philippe Chevallier :** Attends ! Elle te garde pour la fin !

– **Macha Méril :** Ne perdez pas confiance, on vous aime comme vous êtes tout de traviole ! Ne changez rien !

– **Pierre Bellemare :** Finalement, j'aime autant ne pas être cité !

– **Macha Méril :** Ne laissez pas le sport vous esquinter !

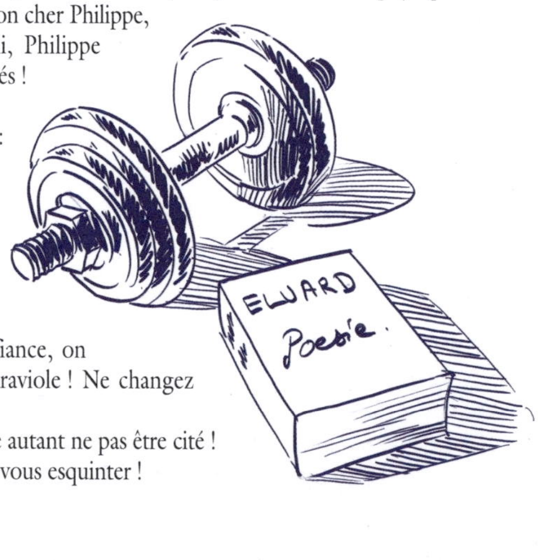

L'érotisme de la langue

– **Philippe Bouvard :** Trouvez-vous l'accent québécois érotique ?

– **Macha Méril :** Vraiment pas. Alors que je tournais une série au Québec, je me suis fait draguer un jour par un type qui avait un faible pour moi. Il me disait des choses tellement ridicules…

– **Bernard Mabille :** C'était Garou, qui disait : « Est-ce que tu veux voir le loup ? »

– **Jacques Mailhot :** Il te disait : « Je vais t'chauffer jusqu'à ton hôtel ! »

– **Philippe Chevallier :** Et alors, qu'est-ce qu'il t'a dit ?

– **Macha Méril :** « Ma blonde… »

– **Bernard Mabille :** « Tu vas voir, je vais prendre de l'élan ! »

– **Philippe Bouvard :** Il y a à la fois l'accent et les mots !

– **Philippe Chevallier :** Alors, ça t'a coupé l'appétit ?

– **Macha Méril :** Complètement.

– **Bernard Mabille :** La blonde québécoise, il faut la bâillonner !

– **Philippe Chevallier :** Oui, ça fait assez peur. Il paraît qu'elle dit : « Tape-moi bien dans le fond, que j'éclabousse ! »

– **Bernard Mabille :** C'est agréable de fourrer une Canadienne, mais il faut la faire taire.

– **Macha Méril :** Comme quoi l'érotisme passe aussi par la langue.

– **Jacques Mailhot :** C'est le problème des Tahitiennes, qui sont parfois ravissantes, mais qui ont un accent proche de celui des Québécoises.

– **Bernard Mabille :** Elles sont ravissantes… jeunes ! Faut pas perdre de temps.

UNE HISTOIRE DRÔLE

La maîtresse demande à Toto, lors d'une leçon sur les rimes, de donner un exemple. Toto dit alors :

– Dimanche, je suis allé à la chasse aux grenouilles, et dans le ruisseau j'avais de l'eau jusqu'aux… genoux.

– Mais Toto, ça ne rime pas du tout !

– C'est pas ma faute, y avait pas assez d'eau !

Citation

Qui a dit : « Il faut améliorer la condition féminine : par exemple agrandir les cuisines, baisser les éviers ou mieux isoler les manches des casseroles. » ?

Question du jour

Quel record du monde a été établi en août 2007 par l'anglais Chris Hughff ?

Présentation des panélistes

En s'encanaillant avec nous, cette princesse nous a anoblis.

Macha Méril

Le lancer de portable, à une distance de 95,83 mètres.

Georges Wolinski.

Citation

Qui a dit : « Je n'ai jamais dit que les acteurs étaient des animaux ; ce que j'ai dit, c'est que les acteurs devraient être traités comme du bétail. » ?

Alfred Hitchcock.

Question du jour

Comment le chat prévient-il sa compagne qu'il atteint l'orgasme ?

Il lui mord le cou.

Présentation des panélistes

Ceux qui lui marchent sur le pieds n'ont même pas le temps de le regretter.

Bernard Mabille

Le bonheur est sur l'autoroute

par Bernard Mabille

Alors là, les amis, je vous le dis tout net : on a bien tort de se plaindre ! Quoi qu'en disent les actualités avec tout leur cortège de drames, de crises, de catastrophes… Il y a tout lieu, dans notre beau pays de France, de se réjouir en profitant pleinement de la vie ! Ce n'est pas moi qui le dis, c'est écrit en toutes lettres sur le prospectus posé sur votre plateau-repas, quand vous prenez un sandwich sur l'autoroute. Eh oui ! Les sociétés d'autoroute pensent à votre bonheur. « C'est la pause », est-il écrit sur le papier déjà taché par le beurre chauffé qui dégouline. « Et faire une pause, c'est tellement bon. » Ah ! Ça travaille, dans les cabinets de communication chargés de vanter les mérites de la « pause pipi »… Vous êtes déprimé, votre femme vous a quitté ? Ou à l'inverse, elle veut rester avec vous ? Vous venez de perdre votre emploi ? Une seule solution, prenez votre voiture et allez sur l'autoroute ! Arrêtez-vous sur la première aire de restauration rapide et suivez les conseils marqués sur le bout de papier ! On connaissait déjà, dans ce genre d'espace-détente pour personne en transit, le fauteuil relaxant qui vous permettait, sous l'œil inspiré du routier buvant sa bière, d'apprécier les bienfaits de la station assise après cinq heures derrière un volant. Mais maintenant, chers amis, on va beaucoup plus loin : on vous propose un véritable vade-mecum de la conduite psychologique, pour votre bonheur et celui des autres : « Profitez de cette pause pour en faire un moment léger et enrichi de tout ce que vous aimez ! » Et là, on vous propose une liste de ce que vous pouvez faire pendant cette pause. Vous vous rendez compte ? On a des idées pour vous, on pense à votre place ; elle n'est pas belle, la vie ? Bande de gâtés, va ! Je continue la lecture du prospectus, voilà les suggestions : d'abord, « appeler des amis ». Ça commence fort : « Salut, Dédé, je pensais à toi, je fais une pause. » « Ah ! Vous êtes déjà arrivés en Toscane ? » « Non, non. On est sur l'aire de repos de Melun sud. Mais je voulais te dire qu'on est bien et qu'on a beau temps ! » Si après ça vous ne passez pas pour un demeuré auprès de vos amis, c'est que ce sont vraiment des amis ! Autre conseil : « Vous mettre sérieusement à l'anglais. » Je n'invente rien ! Alors là, je dois avouer que l'idée force le respect. « Dis donc, Simone, si ça ne te dérange pas, on va s'arrêter à la prochaine station. » « Ah ? Plus d'essence ? » « Si, mais je voudrais apprendre l'anglais. Et plus sérieusement qu'à l'école, cette fois. » Si Simone reste avec vous tout le voyage, c'est qu'elle est vraiment amoureuse ! Troisième suggestion : « Filer voir cette expo dont tout le monde parle. » Oui, je sais, ça laisse sans voix… Vous partez avec armes et bagages avec toute la famille, dans l'Espace bétaillère qui vous permet d'en transporter le maximum à la Grande-Motte, et là, en mordant dans le casse-croûte, la révélation – touché par la grâce ! Claudel à Chartres, le coup de buis ! Nom de Dieu, on n'a pas vu l'exposition Monet au Grand Palais ! Et hop ! Retour à la case départ. Adieu, le camping et les pizzas ! La culture, bordel, il y a que ça de vrai ! Certes, vous ferez des malheureux, mais tant pis ! Suivez vos envies, c'est un conseil du psychologue des sandwichs. Et enfin, le dernier, mais pas le moins idiot : « Prendre le temps d'y aller à pied. » Où ça ? On ne le dit pas. À mon avis, ils vous invitent à laisser votre voiture sur l'aire de repos. Ils ont peut-être raison, après tout, ces conseilleurs : s'il n'y a que des piétons sur l'autoroute, il y aura peut-être moins d'accidents de voiture !

C'est la reprise !

– **Amanda Lear :** Je ne suis pas tout à fait célibataire.
– **Bernard Mabille :** T'en as retrouvé un ?
– **Amanda Lear :** Il y a eu la reprise.
– **Philippe Chevallier :** Un nécessiteux ?
– **Amanda Lear :** Pas du tout !
– **Philippe Bouvard :** Moi, je pense que vous ne serez jamais seule. Avec le chômage des jeunes qu'il y a…
– **Bernard Mabille :** Oh oui !
– **Philippe Bouvard :** Vous trouverez toujours un compagnon.
– **Amanda Lear :** C'est curieux, effectivement. En même temps, ce n'est pas moi qui vais les chercher ! C'est eux qui…
– **Philippe Bouvard :** Il est plus facile de trouver une femme qu'un emploi.
– **Bernard Mabille :** Et il fait quoi, votre intellectuel, alors ?
– **Philippe Chevallier :** Il n'est peut-être pas intellectuel.
– **Amanda Lear :** Non, il ne l'est pas.
– **Jean-Jacques Peroni :** Mais il est bien membré ?
– **Bernard Mabille :** Un policier ? Un sportif ?
– **Chantal Ladesou :** Bon, je crois qu'on va passer à autre chose…
– **Philippe Chevallier :** C'est quand même délicat. Tu poses de ces questions, Bernard.
– **Amanda Lear :** C'est très personnel. Ça ne vous regarde pas !
– **Philippe Chevallier :** C'est un gars taillé en force ?
– **Amanda Lear :** Plutôt, oui.
– **Jean-Jacques Peroni :** C'est un brun ?
– **Amanda Lear :** C'est un brun, je suis plutôt pour les bruns.
– **Philippe Chevallier :** Ah ! bah j'ai toutes mes chances !
– **Philippe Bouvard :** Il est quoi ?
– **Amanda Lear :** Il est rien du tout !
– **Jean-Jacques Peroni :** Alors tu as effectivement toutes tes chances !
– **Bernard Mabille :** Il est français ?
– **Amanda Lear :** Mais qu'est-ce ça peut te foutre ? Est-ce que je vais rechercher dans ton slip ce qu'il s'y passe, moi ?
– **Bernard Mabille :** Mais viens voir, viens, viens !
– **Philippe Chevallier :** Pour trouver une grosse limace ? Ce n'est pas la peine !
– **Philippe Bouvard :** Mais nous, si on furète un peu dans votre petite culotte…
– **Amanda Lear :** Beaucoup trop !
– **Philippe Bouvard :** … c'est uniquement pour se faire des relations !

Citation

Qui a dit : « Il le sait bien, le chef d'orchestre, qu'il finira dans la fosse ! » ?

Michel Galabru.

Question du jour

Pour quelle raison la nuit de noces entre Louis XIV et Marie-Thérèse d'Autriche fut-elle contraire à l'usage ?

Il n'y eut aucun témoin pour assister à cette nuit.

Présentation des panélistes

Garçon manqué, femme réussie.

Amanda Lear

Mercredi 15 Août

ASSOMPTION

Citation

Qui a dit : « Il n'existe pratiquement aucune différence entre un Anglais en érection et un Italien impuissant. » ?

Frédéric Dard.

Question du jour

Lorsqu'il avait une scène d'amour avec une actrice qui ne l'inspirait pas, à quoi Clark Gable pensait-il pour avoir du désir dans son regard ?

Il pensait à un bon steak.

Présentation des panélistes

À ses conquêtes, il ne se présente jamais sous son vrai nom mais sous celui de Popaul, qui le précède toujours.

Vincent Perrot

UNE HISTOIRE DRÔLE

Un homme faisant une étude de marché pour la compagnie Vaseline frappe à une porte et se fait accueillir par une jeune femme ayant trois jeunes enfants accrochés à ses jupes. L'homme se présente :

– Je fais des recherches pour la compagnie Vaseline. Avez-vous déjà utilisé le produit ?

– Bien sûr, mon mari et moi l'utilisons toujours !

– Si ce n'est pas indiscret, j'aimerais savoir pourquoi vous l'utilisez ?

– Nous l'utilisons pour faire l'amour.

– Habituellement, les gens me mentent et me disent qu'ils l'utilisent pour les chaînes de bicyclette ou pour graisser une poulie. Je sais en revanche que la majorité des gens l'utilisent dans la chambre à coucher. J'admire votre honnêteté. Vu votre franchise, pouvez-vous me dire exactement comment vous l'utilisez pour faire l'amour ?

– Ça ne me dérange pas de vous le dire : moi et mon mari en enduisons la poignée de la porte de notre chambre, ça empêche les enfants d'entrer !

Le premier baiser de Jean-Jacques Aillagon

– **Philippe Bouvard** : Le premier baiser ! Parallèlement aux débuts de la vie professionnelle, il y a le début de la vie sentimentale.

– **Jean-Jacques Aillagon** : C'est une affaire importante dont on conserve des souvenirs délicieux. Mon premier baiser ? Vous voulez savoir ? Le premier baiser a eu lieu lors d'un pèlerinage. Ma grand-mère pyrénéenne, qui habitait la vallée d'Aspe, m'avait envoyé dans un petit pèlerinage des Pyrénées, dans un village qu'on appelle Sarrance. L'après-midi, il y avait une procession à laquelle je me suis joint tout naturellement. Et au cours de la procession, une dame qui me semblait âgée, parce qu'elle avait dix ans de plus que moi – elle devait avoir 24-25 ans –, m'a entraîné dans un bosquet et s'est jetée sur moi pour m'embrasser violemment. Ensuite, elle a été plus entreprenante encore, ce qui m'a plongé dans une confusion plus grande. Cette affaire m'a rendu extrêmement honteux car le soir, quand je suis rentré chez moi, ma grand-mère m'a dit : « Alors, Jean-Jacques, est-ce que tu as bien fait tes dévotions à la Vierge Marie ? »

– **Éric Laugérias** : Oui, grand-mère, il y a même eu un miracle !

– **Philippe Bouvard** : C'est un souvenir de procession tout à fait original.

– **Jean-Jacques Aillagon** : C'était pendant l'été, pour le 15 août très exactement. La douceur du temps, la chaleur, l'odeur des foins, cette irruption de l'amour dans une session de prière a été un éblouissement.

UNE HISTOIRE DRÔLE

Un jour de grand vent, une dame qui étrenne un nouveau chapeau sort de chez elle sans le moindre sous-vêtement.

À la première rafale, sa jupe se soulève, découvrant son intimité aux passants, tandis qu'elle se cramponne à son chapeau pour éviter qu'il ne s'envole.

Un agent témoin de la scène l'emmène au commissariat, et la dame est entendue pour outrage public à la pudeur. L'officier de police lui demande alors :

– Pourquoi, quand le vent a soulevé votre jupe, n'avez-vous pas eu l'idée de rabattre celle-ci plutôt que de retenir votre chapeau ?

– C'est pourtant simple : tout ce qui se trouve sous ma jupe a plus de cinquante ans, alors que mon chapeau, lui, il est neuf !

Citation

Qui a dit : « Il n'y a que les clowns qui ne sont jamais ridicules. Et il sera toujours moins ridicule de se mettre un nez rouge que de s'habiller comme le pape ou comme un juge. » ?

Question du jour

Que font les êtres humains atteints de latéralité ?

Présentation des panélistes

Sa vie se divise en deux périodes : avant la téléréalité et «afterchèvre».

Pierre Bellemare

Jean Yanne.

Ils confondent la droite et la gauche.

Vendredi

17 Août

SAINTE-HYACINTHE

Citation

Qui a dit : « Il vaut mieux être une bonne chanteuse populaire qu'une mauvaise chanteuse d'opéra. » ?

Maria Callas.

Question du jour

Que veut dire, au théâtre, « craquer la ceinture de Melpomène » ?

Introduire des passages ou des éléments comiques dans une tragédie.

Présentation des panélistes

Il a monté moins souvent le mont Ventoux qu'il n'a descendu le mont de Vénus.

Jacques Balutin

Conseils pour la vie associative

par Jean-Jacques Peroni

Nous vivons dans un pays étrange, dans lequel on ne sait pas quoi faire pour emmerder le citoyen. Quand ce ne sont pas les syndicats qui nous les brisent, ce sont les associations qui nous les cassent. Je ne sais pas si vous avez remarqué, mais nous avons des associations pour tout. Vous avez un pet de travers ? Pan ! Il y a une association. Vous pissez bleu ? Pan, une association ! Aussi, partant de ce principe, j'ai inventé quelques associations qui, j'en suis sûr, verront bientôt le jour, tellement elles sont débiles. Nous avons par exemple l'association « Au cul la vieille, c'est le printemps ! », qui s'occupe des femmes nonagénaires qui veulent une dernière petite secousse avant de dévisser de leur billard. Il est à noter que c'est Mme Bellancourt qui fournit les fonds et les gigolos ; parce qu'elle aussi, à son âge, « un petit coup », elle le vaut bien… et surtout avec une grosse enveloppe. On peut aussi parler de l'association « Nous sommes toutes des bouchots ». Là, ce sont des femmes au nom de famille Bouchot et qui luttent contre le fait qu'on les insulte et qu'on les humilie avec vulgarité en parlant sans arrêt de la moule de Bouchot. Vous avez aussi « Étudiants sans savoir », association qui a pour but de donner des cours de français aux énarques, de façon à ce que les gens normaux puissent les comprendre. « Hamburger sans piment », une association d'hémorroïdaires furieux qui lutte contre le fait que quand il y a trop de piment dans un hamburger tex-mex, c'est trop relevé, et que le lendemain matin, ils ont l'impression d'expulser de la vaisselle cassée. Nous avons également les « Trop, c'est trop », association féministe qui propose aux femmes enceintes de quintuplés trop petitement logées, des congélateurs gratuits pour mettre au frais le trop-plein en attendant un appartement plus vaste. L'association des « Bouffeurs de crottes de nez ». Ils sont très stricts sur le sujet. On fait des boulettes et on les met à sécher dans des boîtes de Cachou pour faire une surprise aux enfants trop gourmands. Mais dans les périodes de rhume, on se fouille les narines en retirant une grande morve que l'on peut sucer comme un spaghetti devant ses collègues de bureau.

Nous avons enfin l'association des « Femmes qui pètent au lit dès le premier soir où elles couchent », et ici, à RTL, nous avons l'association des Grosses Têtes, dont nous vénérons le président, et, bien sûr, c'est la seule à laquelle nous adhérons !

Les hontes
de Maaïke Jansen et de Roland Giraud

– **Maaïke Jansen :** J'en ai une qui dure depuis quarante-quatre ans, ce sont les slips de Roland ! Désolée, Roland, mais tu sais que je hais tes slibards ! D'abord, ils sont moches, ils arrivent à la hauteur de ma poitrine. Et comme après avoir été lavés à 90 degrés, l'élastique lâche, ça descend un petit peu là, une grosse coquille là… Mais Roland, ne sois pas fâché !

– **Roland Giraud :** Très honnêtement, je ne m'y attendais pas.

– **Maaïke Jansen :** Ce qui me gêne énormément, c'est que quand on joue au théâtre, il adore se balader dans les loges des filles et il montre son slip. Il adore montrer ses slips… On est au courant dans tout le métier !

– **Philippe Bouvard :** Un conseil très simple, quand il va chez les filles, qu'il ôte son slip !

– **Maaïke Jansen :** Non, il les garde, il les montre… Tes slips, Roland, c'est une honte !

– **Roland Giraud :** C'est vrai que j'aime les vieux slips à poche. Le kangourou vous demande de l'exercice car, pour l'enfiler, il faut faire le mouvement de l'escargot à l'endroit et ensuite à l'envers. C'est ce qui amusait les copines quand on était au Splendid, où on avait la même loge.

– **Philippe Bouvard :** Si c'est vraiment un escargot, mettez plutôt une coquille !

– **Roland Giraud :** Balasko, Chazel, me disaient : « Tes slips sont des remèdes contre l'amour, mais c'est très sympathique ! »

– **Philippe Bouvard :** Votre honte à vous, Roland ?

– **Roland Giraud :** Ce n'est pas très vieux, mais il y a quand même un petit moment. J'étais en tournée et on était souvent invités par les municipalités ou par le Conseil général. L'épouse du représentant en question était assise à côté de moi et un jour on mangeait un très bon couscous – ce qui n'avait rien à voir avec la région –, et à la fin j'avais les mains un peu huileuses, et je m'essuyais discrètement. Le dessin de la robe de la dame à côté de moi était semblable à celui de ma serviette – des petits carreaux rouges et blancs –, et je m'essuyais sur ma serviette qui était devenue très tachée. Au bout d'un moment, je me suis essuyé sur la robe de la dame. Quand elle s'est levée pour partir, j'ai vu l'horreur, l'énorme tache sur sa robe, je me suis un peu collé à elle pour la cacher, et je suis vite parti, car je me suis dit : « quand elle rentrera chez elle et que son mari verra cette tache… » C'est épouvantable comme malentendu. En plus, j'étais fait comme un rat. Et je suis parti comme un lâche.

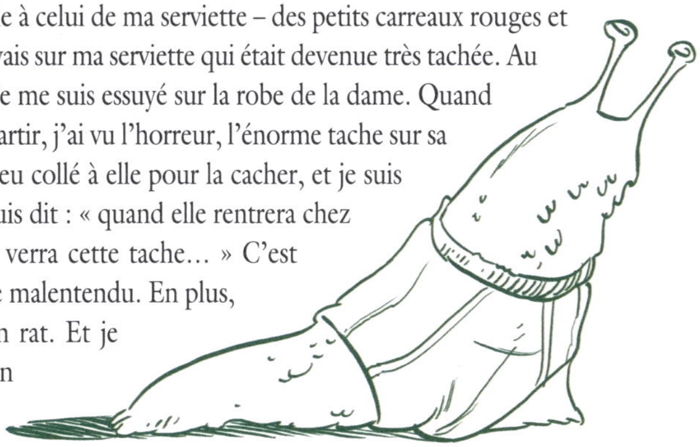

Citation

Qui a dit : « Il y a deux choses difficiles à faire dans la vie : vivre à deux et avoir des enfants. Le reste est relativement facile. » ?

Jean Reno.

Question du jour

En 2007, lors des trois derniers concerts de la tournée de Vincent Delerm sur la scène de l'Olympia, qui interpréta la chanson de Fernandel *Félicie aussi* ?

Jean Rochefort.

Présentation des panélistes

Elle est le rêve jamais impossible des hommes de qualité.

Macha Méril

Lundi

20 Août

SAINT-BERNARD

UNE HISTOIRE DRÔLE

Au tribunal, on juge un nain accusé d'avoir violé une femme de grande taille. Le procureur rappelle que l'agresseur s'est servi d'un seau. La plaignante confirme.

– J'aimerais avoir des éclaircissements, dit le président. Accusé, expliquez-nous de quelle manière vous vous y êtes pris ?

– C'est simple, je lui ai mis le seau sur la tête et je me suis suspendu à l'anse !

Rire ou faire l'amour, il faut choisir

– **Amanda Lear :** Il vaut mieux éviter de me faire rire au lit.

– **Philippe Bouvard :** Ah oui, l'humour quand on fait l'amour, ce n'est pas approprié.

– **Amanda Lear :** Avant, oui, mais pas pendant…

– **Chantal Ladesou :** Ah non ! Ce n'est pas sexy ! Quand je rigole tout le temps, il se la met souvent sous le bras.

– **Philippe Chevallier :** J'ai horreur des femmes qui rigolent au lit !

– **Jean-Jacques Peroni :** Pareil pour moi.

– **Chantal Ladesou :** Ça coupe les effets.

– **Philippe Bouvard :** Mais il y a une façon pour éviter de faire rire les femmes, ne pas se déshabiller devant elles…

– **Philippe Chevallier :** C'est sûr que la nana qui te dit : « Ah, mais tu as une toute petite bite ! », ce n'est pas très agréable !

– **Amanda Lear :** De toute façon il ne faut pas dire ça, parce que les mecs se vexent.

– **Philippe Bouvard :** Si elle dit ça, ce n'est pas terrible, si elle dit : « Elle est plus petite que les autres », alors là, c'est qu'elle en a vu d'autres…

– **Amanda Lear :** Non, il faut éviter de les vexer. Il faut mettre des formes et dire : « Tiens, c'est mignon, un sexe d'enfant sur un corps d'athlète…

– **Bernard Mabille :** Moi qui croyais que c'était un compliment ! Je me suis fait avoir, alors.

– **Philippe Bouvard :** Pour savoir si une femme est aussi chaste et éventuellement vierge qu'on le souhaite…

– **Jean-Jacques Peroni :** Tu rêves, là !

– **Philippe Bouvard :** … vous savez ce qu'il faut faire ? Il faut se la peindre en vert, et si elle vous dit : « Mais pourquoi elle est verte ? », c'est qu'elle en a vu d'autres.

– **Tous :** Logique.

– **Jean-Jacques Peroni :** Moi, en général, je lui fais écarter les jambes et j'allume le feu devant sa bouche, s'il y a du tirage par en bas, c'est qu'elle n'est pas vierge !

Citation

Qui a dit : « Il y a toujours, dans une carrière, un film qu'on ne se souvient pas d'avoir tourné. Mais que les autres savent vous remémorer. » ?

Question du jour

Qui a dû voler dans un avion décoré d'une immense photo d'Adriana Karembeu en petite tenue ?

Présentation des panélistes

Mal nommée puisqu'elle a toujours le dessus.

Chantal Ladesou

Michel Galabru.

Jean-Paul II, lors d'un voyage en Slovaquie en 2003.

Mieux vaut sortir seul que trop bien accompagné

– **Roland Dumas :** Je vais vous raconter une histoire qui n'est pas dans mon livre. Un jour, Mitterrand décida de revenir dans la Nièvre, dont il était l'élu. Il avait amené toute sa suite, tout le gouvernement, et aussi Bernard Tapie, qui n'était plus ministre. Il y avait toute la foule de la Nièvre dont il avait été député, et tout le monde criait : « Tapie ! Vive Tapie ! Bravo Tapie ! » Il n'y en avait que pour Tapie ! Du coup, Mitterrand me fait signe, j'approche, et il me dit alors : « Vous devriez amener Tapie en fin de cortège… » Alors je suis allé chercher Tapie, je lui ai dit de venir avec moi et on a quitté le cortège officiel, parce que ça faisait de l'ombre au président de la République. À ce moment seulement, les bruits ont cessé et la foule a crié : « Vive Mitterrand ! »

– **Jean-Jacques Peroni :** Il paraît qu'il a eu le même problème avec Coluche, à l'époque des Restaurants du cœur, quand il a lancé Les Enfoirés. Quand le président arrivait en compagnie de Coluche, tout le monde criait des « Enfoirés ! Enfoirés ! » d'admiration pour Coluche. Du coup, comme le président ne voulait pas les entendre, ils se sont séparés.

– **Philippe Bouvard :** Comme quoi, quand on est à la tête de l'État, il vaut mieux sortir seul !

UNE HISTOIRE DRÔLE

Fidel Castro se promène en voiture sur les routes de son beau pays, quand soudain un bruit sourd venant de sous la voiture le fait sursauter. Le chauffeur descend, jette un coup d'œil et s'approche de la vitre arrière :

– On a écrasé un cochon...

Fidel est embêté, lui qui promet la prospérité à son peuple.

– Écoute, dit-il au chauffeur, le cochon doit venir de la ferme derrière ce petit bosquet, vas-y, explique-leur le problème et fais pour le mieux.

Deux heures passent, Castro est de plus en plus nerveux, et le chauffeur revient finalement, la casquette de travers et les boutons défaits.

– Qu'est-ce qui s'est passé ?

– J'ai rien compris... Ils m'ont offert à boire, à manger, ils ont appelé les voisins et leur fille a tenu à faire l'amour avec moi...

– Mais, qu'est-ce que tu leur as dit ?

– Ben... que je suis le chauffeur de Castro et que je viens de tuer le porc...

Citation

Qui a dit « L'Uruguay est un patelin inimportant, connu seulement des joueurs de Scrabble à cause de ses trois U. » ?

Question du jour

Qu'est-ce qui précède la principale session du congrès américain ?

Présentation des panélistes

Nous l'avons choisie pour être notre veuve.

Amanda Lear

La prière, une minute de silence et la lecture du testament de Washington.

Frédéric Dard.

Mercredi

22 Août

SAINT-FABRICE

UNE HISTOIRE DRÔLE

Un paysan béarnais part avec son fils acheter une vache à un ancien copain de régiment. Celui-ci, qui habite dans les Landes, lui vend la vache un peu cher.

Dans le camion lors du retour, le paysan dit à son fils :

– Vu le prix qu'on l'a payée, dès qu'on arrive à la ferme, on la met directement à saillir.

Ils présentent donc la vache au taureau, et celle-ci se met à faire gauche-droite, gauche-droite de l'arrière-train, empêchant le taureau de faire son travail.

Le voisin, qui passe par là, dit au paysan :

– Ta vache, tu ne l'aurais pas achetée dans les Landes ?

Étonné, le paysan lui dit :

– Oui, comment l'as-tu deviné ?

Et le voisin lui répond :

– Ma femme aussi est de là-bas !

Itinéraire sentimental

– **Philippe Bouvard :** Où vous êtes-vous rencontrés ?

– **Macha Méril :** Chez moi, où il est venu dîner, amené par des gens.

– **Bernard Mabille :** Donc il ne marche pas tout seul ?

– **Jean-Jacques Peroni :** D'où le voyage à Lourdes !

– **Jacques Mailhot :** Ils te l'ont livré sur un fauteuil.

– **Bernard Mabille :** Tu es tranquille, il ne peut pas se tirer.

– **Macha Méril :** Il faut de la santé pour avoir une affaire avec moi, donc il est très énergique.

– **Philippe Bouvard :** Il est donc arrivé avec des amis pour un dîner. Ça a tellement bien marché qu'il n'est pas reparti le soir ; les amis sont rentrés et lui est resté.

– **Macha Méril :** Non, ça ne se passe pas comme ça, Philippe.

– **Éric Laugérias :** Tu ne couches pas le premier soir ?

– **Philippe Bouvard :** Alors, ça ne nous intéresse pas.

– **Macha Méril :** Il faut faire durer. Il n'y a rien de plus délicieux que l'attente.

– **Jacques Mailhot :** Il faut patienter combien de temps ? Quinze jours ?

– **Macha Méril :** Cela dépend des sujets…

– **Bernard Mabille :** Quand tu l'as vu, tu le connaissais, tu savais qui c'était ? Riche ?

– **Macha Méril :** C'est quelqu'un d'assez connu, oui, et moyennement riche.

– **Philippe Bouvard :** Le fait qu'il s'exprime en patois ne vous gêne pas ?

– **Bernard Mabille :** Il marche à la garbure ?

– **Jean-Jacques Peroni :** Il vient la chercher avec son tracteur pour l'emmener au pack Kronenbourg.

– **Bernard Mabille :** Je vais appeler mes copains du Gers et je vous dirai qui c'est très prochainement.

– **Macha Méril :** Il y a des gens du monde entier dans le Gers, et beaucoup de gens de qualité.

– **Jacques Mailhot :** C'est les RG, les renseignements gersois !

À suivre

Citation

Qui a dit : « Je devais être fusillé ce matin à 6 heures. Mais comme j'avais un bon avocat, le peloton n'arrivera qu'à 6 h 30. » ?

Question du jour

Au théâtre, qu'est-ce qui fut introduit pour la première fois à Venise en 1637 ?

Présentation des panélistes

En parfaite santé malgré son extrême-onction.

Jacques Mailhot

Woody Allen.

La fosse d'orchestre.

Itinéraire sentimental (SUITE ET FIN)

– **Philippe Bouvard :** Macha, où en êtes-vous sentimentalement ?
– **Macha Méril :** Nous sommes dans le moment délicieux où chacun croit que ça n'est pas très important, alors que ça grandit, ça grandit.
– **Bernard Mabille :** Monsieur est en forme !
– **Jacques Mailhot :** Mes compliments, Macha, bravo !
– **Bernard Mabille :** Je vais me mettre aux nouilles.

– **Macha Méril :** Les amours seniors – j'en suis –, c'est formidable, parce que c'est tout du bonus. C'est tout en plus. On ne compte pas faire une vie, on ne fait pas de projets, on vit au jour le jour, et c'est merveilleux.
– **Philippe Bouvard :** Et à « la nuit la nuit ».
– **Macha Méril :** Aussi.
– **Philippe Bouvard :** C'est fou car ce n'est pas la première fois, c'est peut-être la centième et elle est aussi enthousiaste qu'au premier jour.
– **Jacques Mailhot :** C'est une vraie jouvencelle.
– **Bernard Mabille :** C'est un jeune ?
– **Macha Méril :** Mais ça ne finit jamais, c'est ça qui est formidable !
– **Philippe Bouvard :** Si ça ne finit jamais, c'est embêtant, parce que vous êtes fatiguée le matin !
– **Macha Méril :** C'est le seul sport qui ne fatigue pas. C'est le contraire.
– **Bernard Mabille :** C'est un Gersois ? Un paysan ? Un laboureur ?
– **Macha Méril :** Je ne suis pas lady Chatterley !
– **Jacques Mailhot :** Tu es enthousiaste comme une lycéenne.
– **Jean-Jacques Peroni :** Ce ne serait pas Pierre Bellemare ?
– **Philippe Bouvard :** Vous vivez ensemble ou le soir il rentre à l'hospice ?
– **Bernard Mabille :** Elle l'a emmené à Lourdes le week-end dernier.
– **Macha Méril :** Il est très occupé, mais je me suis aperçue que les hommes très occupés ont toujours le temps pour ça.
– **Philippe Bouvard :** Simplement, ils n'ont pas le temps de se déshabiller ; mais ils font ce qu'ils ont à faire.
– **Jacques Mailhot :** Tu l'as connu dans le Gers ?
– **Bernard Mabille :** Il habite le Gers ? Je le connais ?
– **Macha Méril :** Non. Mais il est très connu.
– **Jean-Jacques Peroni :** Il a un béret ?
– **Philippe Bouvard :** Connu dans son immeuble ou connu vraiment ?
– **Bernard Mabille :** Si vous croisez Macha avec son jules, envoyez-nous des photos sur votre portable…

Citation

Qui a dit : « Je composerai jusqu'à la décomposition. » ?

Serge Gainsbourg.

Question du jour

Qu'est-ce que la sémination ?

La dispersion naturelle des graines d'une plante.

Présentation des panélistes

Faite pour la comédie, pour la cuisine et pour l'amour.

Macha Méril

Citation

Qui a dit : « J'ai décidé d'être heureux, parce que c'est bon pour la santé. » ?

Voltaire.

Question du jour

Quelle est la première utilisation du bitume, citée dans la Bible ?

L'arche de Noé a été recouverte de bitume.

Présentation des panélistes

De gauche avec les bourges,
de droite avec les cocos,
plutôt centriste avec les dames.

Bernard Mabille

Harcèlement touristique

par Bernard Mabille

Je voudrais piquer un coup de sang contre les tour-opérateurs new-yorkais qui ont ajouté l'étape Strauss-Kahn à leurs circuits ; et le tour-opérateur de se transformer alors en « vautour operator ». Le pire, c'est que l'opération marche ! Il faut les voir, nos touristes français en goguette, et les entendre, surtout : « Hier, je me suis fait la rue où furent dézinguées les nonnes, le site où Ben Laden fit sauter les tours, et on ne rentrera pas en France sans aller camper devant l'hôtel particulier de DSK ! » Il faut les voir, agglutinés comme des morpions sur une paire de burettes allergiques au bidet, piétinant le trottoir d'en face, le sandwich au sauciflard d'une main, le caméscope de l'autre. Attention ! C'est qu'il ne faut rien rater ! Des fois que l'autre gros vicelard sauterait sur la factrice pour en lui foutre un coup dans la boîte aux lettres ! L'œil vissé sur l'écran de contrôle de leur caméra numérique achetée grâce au « trois fois sans frais », formule révolutionnaire qui permit à son créateur – l'excellent Pierre Bellemare, célèbre défonceur… euh, pardon… défenseur des chèvres – de se construire Versailles en plus grand dans le Périgord, et d'élever plus de bêtes à paires de cornes que la malheureuse Anne Sinclair – pourtant bien pourvue – ne pourra en porter durant toute une vie d'épouse bafouée. Il faut les voir, ces « Mimile » en action, heureux malgré la crise. Ben oui, pour eux, la vie est belle, depuis que grâce aux pubs télé, monsieur a découvert la « fosse tranquille », et madame les serviettes qui peuvent faire plusieurs fois le tour du grand huit du parc Astérix sans se décrocher. Et que je te zoome sur la porte d'entrée, et que je te flashe sur les volets, et que je te « téléobjective » sur les baies vitrées. Des fois que l'ex-futur et plus jamais candidat à la présidence, sortant de ses cinq salles de bains très en forme, laisserait entrevoir un bout de bidoche pointant vers l'Empire State Building. Car le paparazzi rêve de devenir avant tout « paparazzizi » ! Ici, on cherche à immortaliser le train de vie de rappeur d'un mec pour qui tout est râpé. Ah ! Ça va en faire des souvenirs à raconter aux copains de bureau, des vidéos à balancer sur Internet, sur groscon.com. Regardez-les, ces gens-là, ces bouffeurs de dégringolade sociale, ces redresseurs de torts et à travers. Ce sont les mêmes qui gueulent contre la corrida, mais qui ralentissent aux accidents de la route pour contempler la barbaque éparpillée. Les mêmes qui hurlent contre les alcoolos devant leur troisième verre de pastaga, et qui plaident pour le retour à l'ordre moral tout en matant le cul de la serveuse. Mais, me direz-vous, pourquoi aller jusqu'à New York, alors que sur toutes les télés, c'est New York qui vient à nous ? Chacune dépêchant sur le macadam de Manhattan ses envoyés spéciaux dénicheurs de scoops. Et quels scoops !

– Robert, pour LCI, vous m'entendez ? Que voit-on actuellement ?
– Pas grand-chose.
– Alain, pour I-Télé, vous m'entendez ? Que se passe-t-il exactement ?
– Bah je sais pas !
– Avez-vous vu Anne Sinclair ?
– Pas du tout !
– Dans quel état est-elle ?
– Je vous le dirai si je la vois, pauvre con !

Toutes les télés étaient là aux aguets, mais toutes ont raté le *non guilty* en direct, car elles passaient de la pub. La « fosse tranquille » et la « serviette cascadeuse » ont eu raison des maux de DSK. « Fric oblige, il faut bien que ça rentre », comme l'aurait dit, selon la défense, la femme de ménage consentante au séducteur dénudé. Flattant nos plus bas instincts, l'affaire fait exploser l'audimat ! Le coup est juteux, si j'ose dire… La France, de Landru à Strauss-Kahn, aime ses satyres, et avec DSK, *no problem*, ça tire, mais ça tire vraiment dans tous les coins !

Conseils à Sophie Davant

par Jean-Jacques Peroni

Après avoir conseillé Jean-Pierre Pernaut quant à ses sujets du JT de 13 heures, à la demande de mon chef vénéré Philippe Bouvard, je propose aujourd'hui à Sophie Davant, pour son émission *Toute une histoire*, quelques sujets croquignolets qui ne feront pas mouche dans le nez dans une émission produite par Jean-Luc Delarue.

« Je m'appelle Josiane, mon père a abusé de moi avec une chaussette en guise de préservatif. Ma fille serait-elle ma sœur ? »

« Je suis un berger landais unijambiste, et je ne trouve pas de béquille à ma taille pour marcher avec des échasses. Je redoute que mon entourage me prenne pour un fainéant. »

« Daltonien de naissance, dès que je veux voter vert, je vote rouge. Pouvez-vous m'aider à faire mon devoir électoral ? »

« Mon mari est très pieux. Il a ses habitudes à chaque saint du calendrier : à la Saint-Valentin il me roule un patin, à la Saint-Émilion il me la fout dans le… et à la Sainte-Ursule, je ne vous raconte pas ! Que faire ? »

« Je m'appelle Nadège, j'ai 13 ans. Mon père fume, ma mère fume, et mon petit copain voudrait que je me mette à la pipe. J'ai peur du regard des autres ! »

« Je me coupe les ongles des pieds, et après je me cure les dents avec l'ongle du gros orteil. Suis-je normale ? »

Voilà, chère Sophie ! On va passer un bon moment, et je reste à votre disposition !

UNE HISTOIRE DRÔLE

C'est un mec à la tronche amochée, qui rencontre un copain :

– Qu'est-ce qui t'est arrivé ? T'es drôlement amoché !

– J'me suis pris un coup de gigot congelé dans la gueule…

– Bah merde ! Comment ça t'est arrivé ?

– C'est hier, y a ma femme qu'était en minijupe, elle se penchait dans le congélateur pour prendre quelque chose, alors chais pas c'qui m'a pris, j'ai pas pu résister, je l'ai prise par derrière…

– Merde alors !

– Ouais, elle gueulait comme une vache, alors je continuais de plus belle…

– Merde alors !

– Ouais, et plus elle se débattait, plus ça m'excitait !

– Tu m'étonnes !

– Puis, à un moment, elle a attrapé un gigot congelé et elle m'en a foutu un coup sur la gueule…

– Merde alors, elle aime pas le sexe, ta femme ?

– Si, mais pas à Auchan…

Citation

Qui a dit : « J'ai essayé la fécondation in vitro, le curé m'a chassé de l'église. » ?

Question du jour

Qui est le fondateur de la Société des premiers médecins de Paris, qui est l'ancêtre de l'actuelle Académie de médecine ?

Présentation des panélistes

EAvant l'invention de la radio, il travaillait déjà rue Bayard mais au porte-voix.

Pierre Bellemare

Jean Yanne.

Joseph Guillotin.

Citation

Qui a dit : « Je me suis marié, parce que ça donnait le droit à un costume pur laine et des chaussures en cuir : voilà où ça mène, l'élégance. » ?

Michel Audiard.

Question du jour

Pour quelle pièce Jean-Paul Sartre s'est-il vu refuser le droit d'affichage dans le métro ?

La Putain respectueuse.

Présentation des panélistes

Au bois de Boulogne, tous les buissons le saluent par son prénom.

Jacques Balutin

UNE BONNE BLAGUE

de Jacques Mailhot

C'est un retraité qui fait son marché et qui s'arrête devant l'étal d'un petit fermier qui vend des œufs :

– Y sont-y frais vos œufs ? demande le retraité.

Le fermier lui répond :

– Ah ben ça pour sûr qu'y sont frais. En tout cas, y sont toujours plus frais qu'les vôtres !

Et il part d'un grand éclat de rire. Alors le retraité reprend la balle au bond et dit :

– Ça m'étonnerait, parce que les miens étaient encore au cul d'une poule y a pas une heure !

La preuve par l'œuf

– **Philippe Bouvard :** Une enseignante a été virée par le ministère par SMS. Elle n'a pas eu de courrier, pas de coup de téléphone…
– **Éric Laugérias :** Est-ce légal ?
– **Philippe Bouvard :** Il y a pire. On a fait des études et on a établi que l'abus de SMS finissait par endommager les jeunes cerveaux. Il y a des ondes nocives qui se répandent. On n'en était pas sûr, mais ça commence à être démontré.
– **Éric Laugérias :** Les SMS, ou les appels ?
– **Philippe Bouvard :** Les SMS et certainement l'usage du portable.
– **Bernard Mabille :** Je n'y crois pas !
– **Philippe Bouvard :** Regardez, on n'est pas intacts !
– **Philippe Chevallier :** Il paraît que quand on met deux portables autour d'un œuf cru, il finit par cuire.
– **Bernard Mabille :** Parce que tu téléphones avec ton micro-ondes, toi ? C'est le syndicat des pigeons voyageurs qui remet le truc à la mode.
– **Philippe Bouvard :** Vous avez tout mélangé, il faut faire le 9 !
– **Philippe Chevallier :** Ah oui, j'ai confondu avec l'œuf !
– **Jean-Jacques Peroni :** Arrives-tu à faire un huit avec ta bouche ?
– **Philippe Chevallier :** Non !
– **Jean-Jacques Peroni :** Tu es plus con qu'une poule qui fait « un neuf » avec son cul !

UNE HISTOIRE DRÔLE

Trois sportifs sont dans un vestiaire. Il y a un Anglais, un Allemand et un Marseillais. Ils se vantent – parce que les sportifs, ça se vante, ça raconte ses performances et tout ça.
L'Anglais dit :
– Moi, avec une perche de 3 mètres, je saute une barre de 8 mètres de haut.
Et l'Allemand dit :
– Moi, avec une perche de 2 mètres, je saute une barre de 10 mètres.
Et le Marseillais dit :
– Moi, avec ma perche de 20 centimètres, eh ! con, je saute ma voisine qui fait 1,80 mètres !

Citation

Qui a dit : « L'homme n'est que poussière, la femme est aspirateur. » ?

Woody Allen.

Question du jour

À partir de 1865, quelle fut la tenue habituelle de Franz Liszt ?

La soutane de l'ordre des Franciscains.

Présentation des panélistes

Chez nous, ce lanceur de flèches empoisonnées est le seul à prôner le curare.

Bernard Mabille

Citation

Qui a dit : « Quand Dieu a créé le dindon, il était soûl. » ?

Michèle Bernier.

Question du jour

Qu'est-ce qui a un pénis pourpre et un scrotum bleu ?

Le babouin.

Présentation des panélistes

Son don des langues lui a ouvert toutes les bouches.

Amanda Lear

Marche bruyante

– **Roland Dumas** : En pleine affaire Elf et de mocassins achetés très cher par Christine Deviers-Joncour, je rentrais chez moi le soir, très tard dans la nuit, et dans un quartier un peu désert. Je marchais dans la rue, suivi par un monsieur très agréable. Et j'avais une chaussure qui faisait du bruit, une sur deux seulement. À un moment, le monsieur a hâté le pas, il est arrivé à ma hauteur, m'a dépassé sur ma gauche et, sans tourner la tête, il m'a dit : « Monsieur, vous avez des chaussures qui font du bruit. »

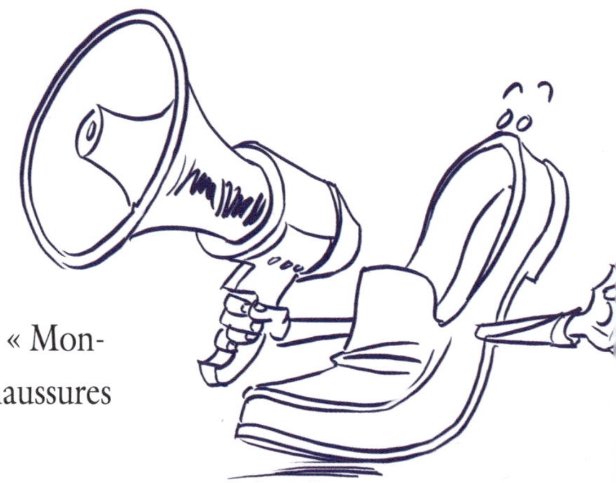

UNE HISTOIRE DRÔLE

Deux dames du club du troisième âge prennent le thé devant des petits gâteaux.
– Alors, quoi de neuf depuis la dernière fois qu'on s'est vues ?
– Oh, tu sais ce M. Martin qui vient tout juste d'emménager à côté de chez moi et qui s'est inscrit tout de suite à notre club ? Eh bien hier soir, nous sommes sortis ensemble. Il est arrivé sur le pas de ma porte avec un bouquet de roses à la main. Ensuite, comme un vrai gentleman, il m'a emmenée au restaurant et nous avons pris un plateau de fruits de mer. Puis, toujours en gentleman, il m'a invitée à prendre un verre au piano-bar. Sur le coup de minuit, il m'a raccompagnée jusque chez moi, toujours avec la manière. Là, je n'ai pas voulu le laisser repartir comme ça, alors je l'ai invité à rentrer prendre un dernier verre. À ce moment-là, il s'est approché de moi et m'a arraché tous mes vêtements, il m'a tirée de force sur le lit et m'a fait subir les pires outrages !
– Oh ! Mon Dieu, répond l'autre. Et dire qu'il m'a donné rendez-vous ce soir ! Qu'est-ce que tu crois que je dois faire ?
– Ben, si j'étais toi, je mettrais des vieux vêtements… !

Jeudi **30** **Août**

SAINT-FIACRE

Gerra lit Giscard

– Philippe Bouvard : Pourquoi la princesse et le priapique ont-ils fait davantage rire que lire ? C'était le livre *La Princesse et le Président*, on en a vendu très peu, mais on a beaucoup rigolé. Je vais vous demander de lire, pour notre plus grand plaisir, le passage le plus marquant.

– Laurent Gerra (avec la voix de Valéry Giscard d'Estaing) : Je vous avais laissés au moment où j'étais sur le point de me procurer à moi-même le plaisir que m'avait refusé la princesse. Vous vous souvenez : alors qu'à genoux je m'apprêtais à lui donner, par l'entrebâillement de sa culotte fendue, toutes les preuves de mon amour, la jeune femme s'est soudain rebiffée, après avoir comprimé mon crâne en peau de fesse entre ses cuisses musclées. Elle m'avait congédié en me traitant de « vieux cochon libidineux ». Le maître d'hôtel m'a reconduit jusqu'au perron, là même où tout à l'heure je caressais si ardemment l'espoir de combler la princesse des cajoleries les plus intimes, dont je sais qu'elle est privée par son gérontophile de mari, qui préfère frotter son vieux cuir à cette vieille peau de Camilla, plutôt que d'effleurer l'épiderme de velours d'une jeunesse en fleur.

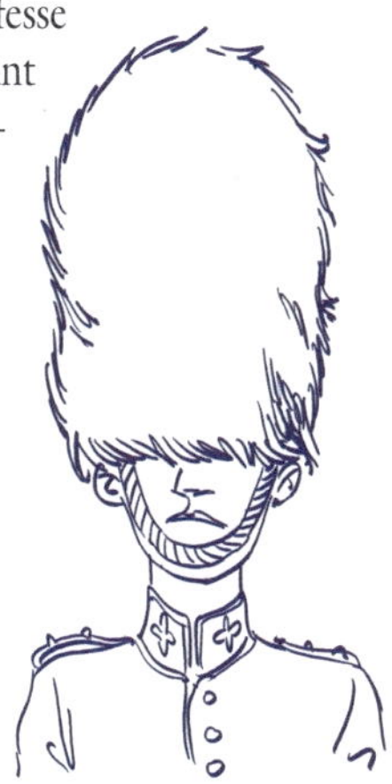

En soupirant, je me suis glissé à l'arrière de la Bentley où, d'un geste fébrile, j'ai ouvert à la fois ma braguette et un numéro de *Point de vue* et *Images du monde*. Mon esprit et mon bas-ventre étaient encore tellement enflammés par ce que j'avais aperçu par l'entrebâillement de la culotte fendue de la princesse, que mon désir a été plus rapide que mon poignet. C'est en hurlant le prénom de ma bien-aimée que j'ai balancé sans retenue la purée présidentielle qui, manque de chance, est venue engluer d'un nuage laiteux le bonnet à poils du *horseguard* photographié aux côtés de la princesse.

UNE HISTOIRE DRÔLE

Une vieille dame prend un ascenseur dans un building chic de Paris... Une belle jeune femme entre dans l'ascenseur et dégage une forte odeur de parfum. Elle regarde la vieille dame d'un air arrogant et lui dit :

– Romance, de Ralph Lauren, 150 euros le millilitre.

À l'étage suivant, une autre belle jeune femme entre dans l'ascenseur et dégage elle aussi une forte odeur de parfum. Elle regarde les deux autres femmes d'un air condescendant et leur dit :

– Numéro 5, de Chanel, 300 euros le millilitre.

Trois étages plus loin, la vieille femme descend. Avant de sortir, elle regarde les deux jolies filles, flatule un gros coup et dit :

– Brocolis, de Lidl, 49 centimes d'euros la pièce !

Citation

Qui a dit : « Avec son regard, Dalida donnait l'impression, à la télé, d'être sur deux chaînes à la fois. » ?

Question du jour

Qui peut s'inscrire ou être inscrit à l'ANPR, fichier que détient le ministère de l'Intérieur ?

Présentation des panélistes

Plus porté sur l'Alexandra que sur l'alexandrin, et sur la chopine que sur Chopin.

Jean-Jacques Peroni

José Artur.

Les personnes qui demandent à être interdites de jeu, à être exclues des casinos. ANPR : « À ne plus recevoir. »

UNE HISTOIRE DRÔLE

Un petit garçon fait ses devoirs à l'étude du soir et n'arrête pas de lécher sa main et de la passer ensuite sur son front. Le surveillant, qui l'observe depuis un moment, lui demande :
– Pourquoi fais-tu cela ?
– Ben, j'apprends mes leçons.
– C'est bien, lui dit le surveillant, mais arrête donc de te barbouiller le front de salive !
– Mais c'est maman, hier, je l'ai entendue dire à papa que quand on mouille la tête, ça rentre mieux !

Sonneries de portable

– **Philippe Bouvard :** Quelle sonnerie avez-vous choisie pour votre mobile ?
– **Philippe Chevallier :** Je n'ai pas choisi, j'ai pris celle que l'on m'avait donnée. Je sais que je peux la changer, mais c'est trop compliqué.
– **Jean-Jacques Peroni :** Je me la suis fait mettre par mon fils la…
– **Éric Laugérias :** Tu te l'es fait mettre par ton fils ? Mais quelle famille !
– **Jean-Jacques Peroni :** On ne peut rien dire, ici ; tout est déformé !
– **Bernard Mabille :** Cela veut dire que ce vieil anar que tu es est rentré dans les ordres ?
– **Jean-Jacques Peroni :** Comme sonnerie, j'ai la bande originale du *Gendarme de Saint-Tropez.*
– **Bernard Mabille :** J'ai la sonnerie normale que l'on vous file avec le téléphone. Quand je suis dans le bus et que ça sonne, tout le monde sort son téléphone.
– **Jean-Jacques Peroni :** Il y a des sonneries qui sont des « pets », j'ai vu ça à la télé.
– **Bernard Mabille :** Je sais, j'ai ça aussi.
– **Philippe Chevallier :** C'est toujours plaisant.
– **Chantal Ladesou :** Je n'ai pas besoin de sonnerie. Je pète quand je veux.
– **Bernard Mabille :** Tu as la sonnerie, mais pas le téléphone !
– **Philippe Bouvard :** J'ai d'abord mis un sac à rire, puis des aboiements de chien.
– **Éric Laugérias :** Oui, c'est bien ; et la vache aussi, qui fait « meeuuh » ?
– **Philippe Bouvard :** Il y a pire. Finalement, mes petits-enfants m'ont fait enregistrer une chanson de Michael Jackson qui s'appelle *Plus jeune.*
– **Bernard Mabille :** Vous faites le *moonwalk*, quand vous recevez un appel ?
– **Philippe Bouvard :** Quand je reçois un appel dans le train, tout le monde commence à danser.
– **Éric Laugérias :** Ça met de la joie, c'est DJ Phiphi !
– **Bernard Mabille :** Le David Guetta du TGV.

Citation

Qui a dit : « Si les hommes devaient accoucher, aucun ne dépasserait jamais le premier enfant. » ?

Question du jour

Quelle ancienne mesure de capacité valant 12,5 centilitres sert toujours à définir une quantité de liquide dans certaines régions ?

Présentation des panélistes

On connaît sa fière devise : « boire vite et longtemps ».

Jean-Jacques Peroni

Lady Diana.

Le canon.

Samedi

1er

SAINT-GILLES

Dimanche

2

Septembre

SAINTE-INGRID

Enjolivez vos vacances

par Philippe Chevallier

C'est la fin des vacances, les amis, il faut s'y faire. Adieu, les plages de sable fin de Copacabana, de la Tranche-sur-Mer, le string dans les fesses ou les chaussures de randonnée qui vous ont éclairé les arpions avec de belles ampoules ; les nymphettes dorées au soleil que vous pouviez toucher avec les yeux ; les cousins de province et le rosé de Provence… Tout ça, c'est bâché, c'est la rentrée. La seule consolation devant vos collègues de bureau, c'est de les épater en enjolivant le descriptif de votre villégiature. D'abord, le climat ! Si vous avez passé vos vacances au Crotoy, ne dites pas que le soleil commençait à poindre à 7 heures du soir, une fois dissipées les brumes matinales de l'après-midi. Invoquez le microclimat ! À 10 kilomètres il faisait un temps de chiotte, mais chez nous il y a un microclimat. C'est pour ça qu'on a ce bronzage maronnasse, moins spectaculaire que celui du Midi, mais qui dure plus longtemps. Ensuite, l'hébergement. Si vous étiez dans un camping deux étoiles les pieds dans la mare, entre la station d'épuration de Sainte-nous-les-Bouses et le barrage de Cérèsse-en-Montagne, n'hésitez pas à parler d'un séjour écocitoyen dans une campagne sauvage et pure éloignée des compromissions du monde néolibéral. Les croûtes que vous avez sur le visage, ne dites pas qu'il s'agit des piqûres d'un mauvais moustique ou d'une surconsommation de boîtes de conserves avariées. Invoquez plutôt votre courage, quand il a fallu sauver votre fiancée des griffes d'un puma sauvage qui a attaqué votre campement dans le Larzac.

Enfin, les rencontres. Cet été, sur la Promenade des Anglais, vous avez cru apercevoir Sharon Stone. Mais vous étiez distrait, et vous n'avez pas répondu à son charmant sourire. Dommage, mais ne vous croyez pas obligé de préciser que la Promenade des Anglais n'est pas celle de Nice, mais se situe à Fos-sur-Mer. Quand à la jeune fille au pair chargée de garder vos enfants sur la plage, sélectionnée par votre épouse, vous n'êtes pas obligé de dévoiler son poids véritable. Dites qu'elle était Suédoise, âgée de 18 ans, et que si vous aviez voulu…

C'est avec ces petites astuces bien anodines que vous pourrez affronter, le cœur léger, la monotonie des jours ordinaires. En faisant pâlir d'envie vos collègues de bureau, vous vous sentirez plus fort pour reprendre le feuilleton des aventures du Petit Nicolas et de son ministre Woerth, de la vieille dame et du vilain photographe, de la nouvelle équipe de football et de tout ce petit monde qui nous a lâché les baskets pendant quelques semaines.

Citation

Qui a dit : « Je suis un anticlérical modéré : j'adore les églises vides. » ?

Guy Bedos.

Question du jour

Qu'appelait-on autrefois les « balançoires à Mickey » ?

Les serviettes périodiques.

Bouvardise

Il était vraiment génial, le monarque qui, le premier, eut l'idée que le passé d'un homme pouvait se lire sur sa boutonnière.

UNE HISTOIRE DRÔLE

La mère supérieure du couvent s'est réveillée de bonne humeur et décide de faire le tour des cellules.
– Bonjour, sœur Marie-Josèphe, je vous trouve très bien aujourd'hui.
– Merci, ma mère, vous aussi vous êtes très bien, mais il semblerait que vous vous soyez levée du mauvais côté du lit.
Elle continue ses visites de cellule en cellule.
– Bonjour, sœur Maria, je vous trouve très bien aujourd'hui.
– Merci, ma mère, vous aussi vous êtes très bien, mais il semblerait que vous vous soyez levée du mauvais côté du lit.
La supérieure se mord les lèvres et continue son inspection, mais toutes les nonnes lui font la même réponse. Quand elle arrive à la quinzième nonne, elle est à bout de nerfs et, les dents serrées, elle dit :
– Bonjour, sœur Noëlla, soyez sincère... Croyez-vous que je me sois levée du mauvais côté du lit, ce matin ?
– Oui, ma mère.
– Et qu'est-ce qui vous permet de dire ça ?
– Vous avez mis les sandales du père Émile !

Les statistiques de Peroni

– 80 % des touristes qui vont sur la mer Morte cherchent le père grabataire.
– Paradoxalement, quand ils sont en colère, 20 % des eunuques déclarent avoir les boules !
– 30 % des poissonnières n'aiment pas quand on leur demande si leurs moules sont fraîches…
– Depuis les récentes intoxications, 20 % des gendres inviteraient bien leurs belles-mères à déjeuner chez Quick.
– 10 % des visiteuses de la pinacothèque de Paris demandent à voir M. Cothèque.
– 30 % des personnes qui ont un cabinet équipé d'un Sanibroyeur répugnent à se servir d'un mixeur…
– 80 % des pèlerins mariés ne croient plus au miracle : ils ont été à Lourdes avec leur femme, ils en sont revenus avec.
– 90 % des spécialistes de la mode sont d'accord : le col Danton est mort, le col Claudine est désuet, le col Mao se porte très mal… Le seul qui tienne encore le coup, c'est le col de l'utérus.
– 10 % des joueurs de dominos qui sont aussi des pochtrons ont un faible pour le double blanc.
– 30 % des lépreux qui ont fait un bras d'honneur… n'ont plus de bras.
– Et enfin, 80 % des pêcheurs à pied vous le confirmeront : quand on voit un crabe qui marche droit, c'est qu'il est… bourré !

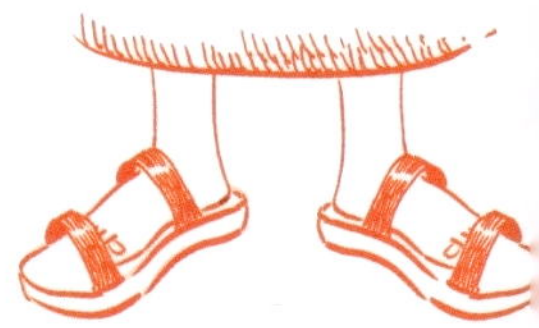

Citation

Qui a dit : « La musique d'aujourd'hui adoucit les mœurs et rend sourd. » ?

Question du jour

Quelle est la particularité du registre d'état civil du Vatican ?

Bouvardise

Le livre est, avec la religion, la seule façon de faire de l'argent avec la morale.

L'état civil n'indique que des décès et aucune naissance, puisqu'il n'y a pas de maternité au Vatican.

Frédéric Dard.

Du nouveau dans les airs

– **Philippe Bouvard** : Il y a du nouveau dans le transport aérien. Air France a pris des mesures antipédophilie. Qu'ont-elles pondu, les têtes d'œuf de notre compagnie nationale ? De ne plus asseoir des adultes à côté des enfants qui voyagent seuls.

– **Jacques Mailhot** : J'étais à côté d'une vieille dame l'autre jour, j'ai eu peur pendant tout le voyage.

– **Philippe Bouvard** : Ça ne tient pas debout, parce que si des enfants voyagent seuls et qu'il y a, par exemple, une dépressurisation ou un petit problème pendant le vol, c'est quand même mieux qu'il y ait un adulte qui puisse s'en occuper !

– **Pierre Bellemare** : J'ai toujours vu faire ça : les hôtesses les placent ensemble, toujours, à un rang très précis, et elles s'en occupent d'une manière extrêmement active pendant tout le vol… Les hôtesses ne s'occupent pas de moi ; j'ai beau sucer mon pouce…

– **Bernard Mabille** : On devient gâteux à quel âge ?

– **Jacques Mailhot** : Ce n'est plus du low cost, c'est du old cost !

– **Philippe Bouvard** : Si vous mettiez les Pampers que vous portez habituellement chez vous, elles seraient toutes à vos pieds ! Ça prouve quand même que pendant certains déplacements, il se produisait des actes répréhensibles. Ce qu'ils ont aussi dit, et ça appelle notre attention, c'est que c'étaient les hommes qui étaient visés par cette mesure, parce que les femmes sont très rarement pédophiles.

– **Bernard Mabille** : Déjà, les obèses vont payer double tarif… ça devient infernal.

Citation

Qui a dit : « L'accordéon est un instrument politique par excellence. Quand vous tirez à droite, ça pousse à gauche, quand vous poussez à gauche, ça tire à droite, et au milieu il n'y a que du vent. » ?

Raymond Devos.

Question du jour

Quelle comédienne voulait se faire greffer une queue de tigre au bas des reins ?

Sarah Bernhardt.

Présentation des panélistes

S'il avait été sumo, Peroni l'aurait massé à la bière.

Bernard Mabille

Mercredi

5 Septembre

SAINTE-RAÏSSA

Citation

Qui a dit : « La fumée conserve la viande, et l'alcool les fruits. » ?

Serge Gainsbourg.

Question du jour

Pourquoi les pneus des taxis de Bangkok sont-ils plus petits que ceux des autres voitures ?

Parce que le prix de la course est calculé au nombre de tours de roue.

Présentation des panélistes

Fine mouche et taille de guêpe.

Évelyne Leclercq

Marseillaise, ministres et président

– **Philippe Bouvard** : Est-ce que vous vous levez automatiquement quand vous entendez notre hymne national ?
– **Jean-Jacques Peroni** : Ah non ! moi j'pète un coup.
– **Philippe Bouvard** : Monsieur Peroni, pensez qu'il y a des jeunes qui nous écoutent, et en plus c'est un hymne de guerre, pas une chanson de pets…
– **Jacques Mailhot** : Dès qu'il écoute *La Marseillaise*, Popaul se met au garde à vous !
– **Philippe Bouvard** : Repos !
– **Bernard Mabille** : Je l'ai jamais entendue en public, *La Marseillaise*, finalement, si je réfléchis bien…
– **Philippe Bouvard** : Ah si, on l'entend souvent…
– **Évelyne Leclercq** : Même au feu d'artifice l'été à Cannes, ils jouent *La Marseillaise*.
– **Jacques Mailhot** : Dans les cérémonies officielles…
– **Philippe Bouvard** : Même dans les événements sportifs où la France vient de gagner !
– **Bernard Mabille** : C'est une fois tous les dix ans, alors…
– **Évelyne Leclercq** : Mais pourquoi ne change-t-on pas les paroles de cette *Marseillaise* ?
– **Jean-Jacques Peroni** : Ah ! non, non ! Il faut les garder !
– **Évelyne Leclercq** : Ah ! C'est violent !
– **Jean-Jacques Peroni** : Tant mieux, tant mieux ! Que l'étranger sache qu'on va lui faire la peau !
– **Évelyne Leclercq** : Chaque fois, ça m'interpelle…
– **Philippe Bouvard** : Mais attendez, vous ne connaissez que le premier couplet !
– **Évelyne Leclercq** : Ah ! non, non, non. Je la connais par cœur !
– **Jacques Mailhot** : Ah, tu la connais par cœur ?
– **Bernard Mabille** : Tous les couplets ?
– **Jacques Mailhot** : Les sept ?
– **Évelyne Leclercq** : Ah, y en a sept ?
– **Jacques Mailhot** : C'est comme les sept nains ! *Allons, enfants de la patrie…*
– **Bernard Mabille** : *Le jour de gloire est arrivé…*
– **Évelyne Leclercq** : *Contre nous de la tyrannie…*
– **Tous ensemble** : *L'étendard sanglant est levé.*
– **Évelyne Leclercq** : Déjà, ça commence bien…
– **Bernard Mabille** : Bah, s'il est sans gland, déjà, ce n'est pas comme nous… C'est pas français, comme truc !
– **Jacques Mailhot** : Parce que nous, on est montés, contrairement à l'étendard !

– **Bernard Mabille** : Quand on est sans gland, abreuver le sillon, c'est pas possible…
– **Jean-Jacques Peroni** : *Entendez-vous dans nos campagnes…* Qu'est-ce qu'il y a, Maurice ? (Avec l'accent campagnard.) *Dans nos campagnes*, t'entends, Maurice ?
– **Bernard Mabille** : *Muuugir nos féroces soldats…*
– **Jacques Mailhot** : « Rugir », pas « mugir » ! *Rugir ces féroces soldats* !
– **Évelyne Leclercq** : (Rires.) Ah, ils la connaissent, *La Marseillaise* !
– **Jean-Jacques Peroni** : *Qui viennent jusque dans nos bras, égorger nos fils et nos compagnes* !
– **Évelyne Leclercq** : Hein ? c'est charmant, ces paroles !
– **Jacques Mailhot** : Comment est-ce qu'on peut égorger une campagne ?
– **Tous** : Compagne !

À suivre

Marseillaise, ministres et président (SUITE ET FIN)

– **Jacques Mailhot** : Moi, j'pense qu'on devrait avoir un hymne national beaucoup plus sympa. (En chantonnant.) *Quand nous jouions à la marelle, cerisier rose et pommier blanc…*
– **Philippe Bouvard** : Vous souveniez-vous qu'on avait demandé à Henri Salvador d'écrire l'hymne d'une république lointaine, et je crois africaine, hein ? Et qu'il avait fait la chanson…
– **Jacques Mailhot** : Ah oui, *le travail c'est la santé, ne rien faire c'est la conserver.*
– **Philippe Bouvard** : Les hommes politiques, nous les connaissons un peu, et parfois nous les approchons beaucoup. Et naturellement, ben, comme on est très conservateurs, au moins sur le plan des documents sonores, on garde toujours une trace de ce qu'ils ont dit. Et par exemple, Charles Pasqua, qui a, entre autres, la qualité ou le défaut du sens de l'humour, nous avait ici détaillé plaisamment les petites perversions qui pouvaient saisir un ministre de l'Intérieur.
– **Charles Pasqua** : Au début, quand j'étais ministre de l'Intérieur, je dois dire que je me suis arrêté assez vite de faire ce genre de blague. Mais c'était plus fort que moi. Et alors, les mêmes gens qui ne vous disent pas bonjour parce qu'ils ne vous connaissent pas… Le jour où vous êtes ministre, il faut qu'ils vous connaissent ! Sinon, ils auraient l'air de cloches. Donc c'était plus fort que moi : quand j'en voyais certains qui étaient au mieux de leur forme, qui étaient pleins de morgue, et qui venaient vers moi en me disant : « Mon cher, comment allez-vous ? » Je leur répondais : « Depuis que j'ai lu votre fiche, je ne peux plus vous serrer la main… » Un jour, il y en a un qui m'a dit : « Mais vous savez… euh, ce n'est pas vrai, tout ce qu'il y a dessus. »
– **Jacques Mailhot** : Il est rigolo, hein, il est facétieux…
– **Philippe Bouvard** : Ah, très, oui. Quel comportement avez-vous, monsieur Mailhot, avec les ministres ou avec le Président ? Vous êtes plein de respect ?
– **Jacques Mailhot** : Oh, ben le président de la République, je le respecte, oui, c'est normal, c'est le président de la République…
– **Bernard Mabille** : Et puis il te fait vivre !
– **Philippe Bouvard** : Oui, oui !
– **Bernard Mabille** : Il nous fait bien vivre quand même…
– **Philippe Bouvard** : Bon, je suppose que Peroni, les marques de respect, il ne sait même pas ce que c'est…
– **Jean-Jacques Peroni** : On était à l'Élysée ensemble l'autre jour, et je ne lui ai pas tapé sur le ventre, au Président. Hein, rappelle-toi…
– **Jacques Mailhot** : Non, non.
– **Philippe Bouvard** : Vous étiez tous les deux à l'Élysée ? C'était une visite de groupe ?

– **Philippe Chevallier** : Non, c'était la remise de la Légion d'honneur de Jean Amadou.
– **Jean-Jacques Peroni** : On a vu M. le Président !
– **Jacques Mailhot** : Jean-Jacques lui a juste dit : « De temps en temps, tâchez de faire coulisser l'andouillette. » Ça l'a bien détendu !
– **Philippe Chevallier** : Il lui a dit : « C'est dommage que vous soyez là, on aurait préféré que ce soit Carla qui vienne. »

Citation

Qui a dit : « Quand j'étais jeune, je voulais être ministre ou clown. J'ai choisi la seconde option, car je suis un garçon sérieux. » ?

Sim.

Question du jour

Quelle indication sous-entendait la mention « Monseigneur sera des nôtres » portée sur un carton d'invitation ?

Pas de décolleté pour les femmes.

Bouvardise

C'est la grandeur du journalisme que d'apprendre juste avant d'enseigner, puis de tout oublier.

Vendredi
7 Septembre
SAINTE-REINE

Citation

Qui a dit : « Le théâtre, c'est la vie, ses moments d'ennui en moins. » ?

Alfred Hitchcock.

Question du jour

Pourquoi, alors qu'il était intact, le foie de Bernadette Soubirous a-t-il été découpé en morceaux lorsqu'elle a été exhumée ?

Pour en faire des reliques.

Bouvardise

Dans quelle bulle administrative gonflée par le farniente du week-end les technocrates des Ponts et Chaussées et les ingénieurs de la météo nationale vivent-ils pour être « surpris » par la neige en plein hiver ?

Les faux procès

C'était durant les années un peu dingues, 1970-1980. Il y avait une ambiance générale qui faisait que Paris était moins ennuyeux qu'il ne l'est aujourd'hui, et les flics étaient un peu plus allumés, les voyous aussi, et tout ça. Il y avait toute une équipe de la Mondaine… Vous savez, on entrait par une porte au 36 quai des Orfèvres, qui menait aussi au Palais de Justice. Ils avaient cassé la porte, fracturé les armoires des avocats, et ils leur piquaient leurs robes. Et le soir, la nuit, après quelques nuits festives, ils reconstituaient les procès avec certaines « têtes de con »… Ils plaçaient les bureaux comme dans un tribunal, et je répartissais les robes et les rôles : avocat général, greffiers… Et ils amenaient le mec choisi parmi mes clients les plus odieux. En principe, ils le faisaient un peu picoler avant. Il se retrouvait donc en pleine nuit avec des magistrats complètement allumés. Mon copain faisait l'avocat général, et on lui demandait : « Quel est votre verdict, pour l'accusé ? » Et il disait : « La mort, monsieur le président ! » Alors, les types étaient complètement paniqués, et en principe, on obtenait quelques aveux… C'étaient les méthodes à l'ancienne, sans violence ! Je rêve de tourner une scène comme ça un jour.

Ce qui était très drôle aussi, c'est que juste à côté du 36 quai des Orfèvres, il y avait un couvent, et le grand truc, quand on traitait une affaire de cul, c'était de récupérer tous les godemichets, tout ça, et de les balancer dans le jardin des bonnes sœurs… Et là, tout le 36 était aux fenêtres, en train de regarder les bonnes sœurs courir dans tous les sens pour ramasser les godemichets.

UNE HISTOIRE DRÔLE

Une jeune femme, vêtue seulement d'un petit short et d'un tout petit corsage, entre dans une église de campagne et se dirige vers le bénitier. Le curé s'approche d'elle et lui glisse : « Si c'est pour y tremper seulement le doigt, ce n'était pas la peine de vous déshabiller ! »

UNE HISTOIRE DRÔLE

En Corse, un berger et son épouse ont créé une table d'hôtes avec gîte attenant. Après un séjour de trois jours où la maîtresse de maison l'a choyé tant au point de vue nourriture que petit confort, un client parisien demande au berger :

– Comment faites-vous, en Corse, pour avoir des femmes aussi chaleureuses, douces et bien élevées ? Chez nous à Paris, on ne peut rien leur demander. Elles sont agressives et stressées... Enfin, rien à voir avec les femmes d'ici !

Là, le berger lui répond tout naturellement, avec un bon accent :

– On les élève bio, comme les sangliers, « au gland et à la châtaigne » !

Citation

Qui a dit : « La radio n'a pas rendu les hommes plus sots. Mais la bêtise est plus sonore. » ?

Question du jour

Qui fut le premier ministre chargé de l'Environnement, en 1971 ?

Bouvardise

Tant de livres paraissent chaque jour, écrits ou non par ceux qui les signent, qu'ils démythifient l'acte préalable et déconsidèrent l'objet final.

Jean Rostand.

Robert Poujade.

Lundi

10 Septembre

SAINTE-INÈS

Citation

Qui a dit : « L'eau est un liquide si pernicieux qu'une seule goutte suffit à troubler un verre de l'absinthe la plus pure. » ?

Henri de Toulouse-Lautrec.

Question du jour

Pourquoi le fuel domestique est-il rose ?

Pour éviter les fraudes car, comme il est moins cher, certains l'utiliseraient dans leur voiture.

Présentation des panélistes

Incollable sur le septième art et sur l'anatomie comparée.

Vincent Perrot

Slip ou caleçon ?

– **Philippe Bouvard** : Une nouvelle recette de séduction, c'est celle qui concerne le choix des sous-vêtements masculins.

– **Macha Méril** : Ah oui, parce que c'est vraiment moche, les slibards !

– **Philippe Bouvard** : On déconseille le noir.

– **Jean-Jacques Peroni** : Et pourtant, le noir, ça va avec tout ! Moi, j'ai des slips longue durée !

– **Philippe Chevallier** : Réversibles ?

– **Jean-Jacques Peroni** : Réversibles ! Et je prends des Téfal, car les poils n'attachent pas !

– **Philippe Bouvard** : Alors, il y a aussi le slip kangourou qui est… qui n'est pas jugé très érotique.

– **Macha Méril** : C'est orthopédique, ce truc-là.

– **Jean-Jacques Peroni** : Mais c'est pas mal, le kangourou, parce qu'on peut mettre une boule dans chaque poche !

– **Macha Méril** : Non, un joli caleçon…

– **Philippe Chevallier** : Mais c'est pas très facile à mettre sous un pantalon !

– **Bernard Mabille** : T'aimes bien les caleçons longs ?

– **Macha Méril** : Non, pas les caleçons longs… Les boxer-shorts !

– **Philippe Chevallier** : Mais si vous avez un caleçon long, où est-ce que vous mettez vos fines chaussettes ?

– **Pierre Bellemare** : Par-dessus le caleçon long !

– **Jean-Jacques Peroni** : Lui, il fait Superman, Pierre Bellemare il met le slip par-dessus le pantalon ! Super Pierrot ! Tatatata !

– **Pierre Bellemare** : Tu vas voir, je vais m'envoler en partant du studio !

– **Philippe Bouvard** : On peut reprocher au caleçon de moins bien fermer que le slip…

– **Philippe Chevallier** : Et le caleçon ne maintient pas !

– **Macha Méril** : Mais le caleçon, il a une fantaisie. Il y a toutes sortes de tissus…

– **Philippe Bouvard** : Il y a une fantaisie et il y a une fente !

– **Macha Méril** : Eh oui, il y a une fente… Donc on y accède plus facilement, aussi bien nous que vous !

– **Philippe Chevallier** : Ah, tu aimes bien accéder par cet endroit-là ?

– **Macha Méril** : Oui.

– **Philippe Chevallier** : Tu ne prends pas l'autoroute, tu prends les chemins vicinaux.

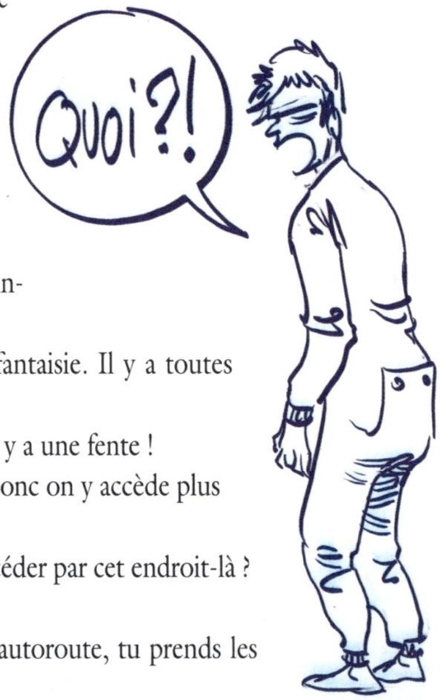

À suivre

Mardi
11 Septembre
SAINT-ADELPHE

Slip ou caleçon ? (SUITE ET FIN)

– **Macha Méril** : Y a rien de plus amusant que d'ouvrir la braguette d'un homme et de passer sa main…
– **Philippe Chevallier** : Bah moi, sachez que ça ne m'est jamais arrivé !
– **Philippe Bouvard** : Sachez qu'à toute heure, vous aurez vos entrées chez Macha…
– **Bernard Mabille** : Y'a rien de plus excitant que… tu as dit… rentrer la main dans la braguette ?
– **Macha Méril** : Oh oui…
– **Philippe Bouvard** : Et surtout l'étonnement, quand il n'y a rien !
– **Jean-Jacques Peroni** : Oh, l'horreur !
– **Philippe Chevallier** : L'étonnement, quand il y a du mou de veau à l'intérieur…
– **Jean-Jacques Peroni** : Tu peux lui dire, comme au clébard : « Cherche, cherche, cherche ! »
– **Philippe Chevallier** : Où c'est qu'il est, le petit oiseau ?
– **Macha Méril** : Non, ce qui est très amusant, c'est quand il est en voiture, quand il conduit.
– **Jean-Jacques Peroni** : Ah, parce qu'il conduit en caleçon ?
– **Macha Méril** : Non, mais justement, tu cherches ton chemin…
– **Philippe Chevallier** : Oh, bah dis donc, suivez la flèche !
– **Bernard Mabille** : Ah, tu lui fais une gâterie en bagnole ?
– **Macha Méril** : Oh, ça, c'est formidable, ça !
– **Philippe Chevallier** : Quand il roule ou à l'arrêt ?
– **Macha Méril** : Pendant qu'il roule !
– **Bernard Mabille** : Pendant qu'il roule, c'est tellement plus marrant !
– **Philippe Chevallier** : Attention, hein, ça peut provoquer des accidents !
– **Jean-Jacques Peroni** : On appelle ça un tête-à-queue !
– **Philippe Bouvard** : À l'arrêt, c'est quand même plus érotique !
– **Pierre Bellemare** : Je te conseille les gorges du Verdon, tu vas voir, c'est formidable !
– **Philippe Bouvard** : Et dites, se faire faire une gâterie dans les Bouches-du-Rhône…

L'AMOUR DANS LE NOIR
de Vincent Perrot

C'est l'histoire du mec qui faisait toujours l'amour dans le noir. C'était vraiment une manie, un toc complètement obsessionnel ; vingt ans de mariage, et toujours l'amour dans le noir. Sa femme, qui est un peu longue à la détente, au bout de vingt ans se dit : « Ça doit bien cacher quelque chose. Ce soir, je vais lui faire un coup. » Ils sont en train de s'ébattre, tout se passe très bien, elle est ravie ; elle allume la lumière à l'improviste, et là, que voit-elle ? Son mari avec une espèce de ceinture, et, à la place de son sexe, il y a un vibromasseur. Elle se rend compte que depuis vingt ans, il lui fait l'amour avec le sex-toy ! Furieuse, elle lui dit : « Tu te fous de ma gueule ? Cela fait vingt ans que tu me mens ! » Il est gêné : « Oui, cela fait vingt ans que je te mens. Mais maintenant que tu sais la vérité, tu vas m'expliquer nos deux enfants ? »

Citation

Qui a dit : « La mégalomanie est la silicose de l'artiste. » ?

Question du jour

Dans un procès, quand dit-on d'un jugement qu'il est rendu sur le siège ?

Bouvardise

La tendance est au manque de rigueur rigoureusement ordonné : vêtements vendus froissés ou troués et bien décidés à le demeurer ; chevelures ébouriffées sans qu'on puisse démêler la part du coiffeur et celle du vent.

Guy Bedos.

Quand il n'est pas mis en délibéré et qu'il est rendu dès la fin de la plaidoirie.

L'allaitement au bureau

Citation

Qui a dit : « Nous sommes dans une société où les pizzas arrivent plus vite que la police. » ?

Claude Chabrol.

Question du jour

Quelle était la première spectatrice des pièces de Molière ?

Sa cuisinière.

Bouvardise

Aucun mot n'est plus choquant que le verbe « déniaiser » dans son acception sexuelle : est-ce qu'on est plus idiot parce qu'on est vierge ?

– **Philippe Bouvard** : Pour vous, j'ai découpé une grande enquête dans *Marie Claire* : « Faut-il allaiter au bureau ? »

– **Philippe Chevallier** : C'est sympa, ça peut donner des idées aux collègues.
– **Philippe Bouvard** : Des femmes sont autorisées à amener leur nouveau-né au bureau…
– **Bernard Mabille** : J'en ai vu allaiter dans le bus.
– **Chantal Ladesou** : C'est mignon. Je trouve ça très charmant.
– **Philippe Bouvard** : On le voit souvent dans les jardins publics.
– **Jean-Jacques Peroni** : C'est normal, dans un bus : « Qui a bus boira ! »
– **Philippe Bouvard** : Ils ont fait un reportage authentifié par des photographies. On voit d'abord au bureau – derrière l'ordinateur, ce n'est pas un environnement familial – une dame en train d'allaiter son nouveau-né, et une autre qui a des bouteilles avec un tire-lait.
– **Bernard Mabille** : C'est comme le vin chez Miniprix, il y a la tireuse.
– **Philippe Chevallier** : Cela passe dans un bidon, mais le bébé est où ?
– **Philippe Bouvard** : Il est à la maison et elle lui rapporte le lait le soir.
– **Jean-Jacques Peroni** : Dans le fond du bureau, il n'y a pas un gars qui se pignole, en train de mater tout ça ?
– **Philippe Bouvard** : Vous avez mis le doigt dessus, c'est le danger !
– **Chantal Ladesou** : Quand j'ai accouché de ma fille, je suis retournée très vite répéter une pièce, et évidemment, je l'allaitais. Quand j'arrivais sur scène pour la répétition, j'étais Jane Birkin, et une heure après, j'étais May West ! Cela fait très mal, et il faut vider le lait.
– **Jacques Mailhot** : J'ai trouvé en Irlande une grande dame habillée tout en rouge, mais ce n'était pas le sein qu'il donnait !
– **Bernard Mabille** : C'était un cardinal ?
– **Jacques Mailhot** : C'est ça.
– **Philippe Bouvard** : C'est pour ça que pendant très longtemps, dans les trains français, il y avait des wagons réservés aux dames seules, et en particulier interdits aux militaires.
– **Bernard Mabille** : C'est joli, je l'ai vu aussi au restaurant, on le voit de temps en temps. Au restaurant, je me mets à côté, des fois qu'il y aurait du rab !
– **Philippe Bouvard** : Si vous vous approchiez avec une biscotte…
– **Jacques Mailhot** : Je suis tombé sur une dame un peu sèche : elle avait du lait en poudre !

Pourquoi ferme-t-on les yeux en s'embrassant ?

– **Philippe Bouvard** : 48 % des hommes pensent à une autre femme au moment même où ils déclarent leur flamme à la suivante. Et souvent à leur ex.
– **Macha Méril** : Non, ils pensent à leur mère.
– **Philippe Bouvard** : Non, non, non. C'est un flash, donc on ne maîtrise pas.
– **Macha Méril** : Mais comment on sait ça ?… Non, ils pensent à la femme qu'ils trompent, donc ils ont un complexe de culpabilité.
– **Jean-Jacques Peroni** : Bah, ils pensent peut-être à Julia Roberts ?
– **Philippe Bouvard** : De la même façon, il paraît que les femmes, quand elles font l'amour avec leur mari, pensent à quelqu'un d'autre…
– **Bernard Mabille** : Ouais, elles pensent à moi, en général.
– **Macha Méril** : Mais ce n'est pas vrai, mais non. On a déjà assez de mal pour attraper celui-là qu'on ne va pas penser à un autre…
– **Jean-Jacques Peroni** : Moi, chaque fois que je fais l'amour avec une gonzesse, elle pense à une saucisse de Morteau !
– **Philippe Bouvard** : Ce serait pas plutôt à un petit Jésus ?…
– **Macha Méril** : C'est triste…
– **Pierre Bellemare** : Un radis rose !
– **Macha Méril** : Non, mais qu'on sublime la personne en face de soi et qu'on la voie sous les atours d'une très grande star, pourquoi pas ?
– **Philippe Bouvard** : Pourquoi les femmes et les hommes ferment-ils les yeux, généralement, en s'embrassant ?

– **Macha Méril** : Aaah, ça c'est une bonne question !
– **Philippe Chevallier** : C'est pour profiter de l'instant ! Et pour jouir totalement de cette bénédiction…
– **Macha Méril** : Attendez, je vais vous dire ! C'est parce que le toucher est un sens assez faible et qu'il faut occulter les autres sens.
– **Jean-Jacques Peroni** : C'est de la concentration !
– **Philippe Bouvard** : Et si le partenaire n'est pas très beau, c'est du laid concentré…
– **Philippe Chevallier** : Quand on ferme les yeux, on sent moins la mauvaise haleine du partenaire.
– **Pierre Bellemarre** : Ça te coupe le nez, toi, de fermer les yeux ? C'est curieux !
– **Jean-Jacques Peroni** : Mais c'est comme chez le dentiste : tu fermes les yeux, c'est pour éviter la douleur…
– **Philippe Chevallier** : Non, mais je pense que c'est un moment de réflexion intérieure, d'introspection, de retour sur soi…
– **Jean-Jacques Peroni** : C'est à dire que oui, quand on est en train de s'embrasser, on se dit : « C'est une langue de bœuf, y a des câpres autour… »
– **Philippe Chevallier** : C'est un peu intra-utérin, aussi. Tiens, j'ai connu une terrine qui était servante, qui était drôlement bonne.
– **Macha Méril** : Mais non… On s'oublie, on s'abandonne…
– **Philippe Chevallier** : Alors si on s'oublie, bonjour ! Il vaut mieux se boucher le nez, à ce moment-là !

Citation

Qui a dit : « La seule différence entre un fou rire et un rire fou, c'est la camisole ! » ?

Pierre Doris.

Question du jour

D'après une directive française de 1979, à quelle sorte de fruits peut-on appliquer le terme de « marmelade » ?

Seulement aux agrumes.

Présentation des panélistes

Quand vous lui êtes sympathique, elle vous embrasse comme naguère les postières léchaient les timbres.

Marianne James

Citation

Qui a dit : « Regardez Jésus, il prenait des mots simples, et quand ça se compliquait, il faisait des paraboles. C'est ça, un bon animateur télé ! » ?

Jacques Martin.

Question du jour

Qui composa et interpréta la musique du film *Les Valseuses*, de Bertrand Blier ?

Stéphane Grappelli.

Bouvardise

À trente ans, j'étais persuadé de faire une carrière littéraire et de mourir jeune. J'aurai tout raté.

Les niches fiscales

par Jacques Mailhot

Décidément, on a un peu de peine, je dois l'avouer, à suivre la politique fiscale du gouvernement. Selon François Baroin, on devrait supprimer les avantages fiscaux liés au mariage ; donc on rabote les niches, on aplatit les miches, c'est effrayant. Que je sache pourtant, les avantages fiscaux ont pour but d'inciter le citoyen, je le rappelle, à faire quelque chose qu'il n'a pas forcément envie de faire. C'est précisément le cas du mariage. Qui, en 2011, au siècle de la permissivité totale et absolue, a encore envie d'aller se faire saucissonner la libido par un contrat ? Rappelons-nous ce sketch admirable de Fernand Raynaud, dans lequel il expliquait qu'on faisait les messes de mariage en latin afin d'éviter aux futurs mariés de comprendre les conditions de l'engagement conjugal ? Imaginez, disait Fernand, qu'on dise à ce brave type : « Monsieur, vous acceptez de prendre cette femme pour épouse, vous acceptez de garder cette femme durant toute votre vie, vous acceptez de la garder tout le temps, toujours, pour tout le temps, pour toute votre vie, tout le temps, toute votre vie jusqu'à la fin de vos jours ? » Le malheureux se hasardait : « De temps en temps, je n'aurais pas droit à une petite entorse, un petit chouia ? » « Non ! monsieur, pas de chouia, jamais de chouia ! » Ce type serait parti en courant. Cette décision n'est pas très fair-play, car le Français est plutôt bon prince. Il veut bien accepter de faire coulisser l'andouillette, comme dirait mon camarade Jean-Jacques Peroni avec ce romantisme nuptial qui le caractérise, de bomber la guérite de la dame, de supporter ensuite des mouflets brailleurs avec de la morve dégoulinante au nez pour assurer la pérennité de nos retraites, encore faut-il lui donner un nonosse à sucer. Or celui que le monsieur offre à sa promise au début de leur romance ne dure pas éternellement. On se lasse de tout, on commence par saliver, puis on finit par avoir les lèvres gercées. Le mariage demeure en effet l'un des contrats les plus drastiques qui soient, que beaucoup de célibataires refusent catégoriquement de signer, car le devoir conjugal est une contrainte énorme, surtout quand on n'a plus faim. Et je ne parle pas des plus courageux d'entre nous, ceux qui épousent au péril de leur vice une plus âgée qu'eux. Ceux-là mériteraient de bénéficier des avantages de la loi Malraux sur la restauration des vieux édifices et la réhabilitation des vieux quartiers. Il faut savoir que, pour honorer leur contrat, ces hommes-là ont des frais de Viagra qui sont de moins en moins remboursés.

Même chose pour ces jeunes femmes dévouées qui acceptent de faire don de leur corps à de vieux chercheurs cacochymes pour leur redonner vigueur, joie de vivre, tachycardie et infarctus si affinités. Ces infirmières à domicile, ces accompagnatrices de fin de vie méritent largement un abattement, en plus de celui qu'elles provoquent en principe après deux ou trois années de mariage. Il faut les encourager.

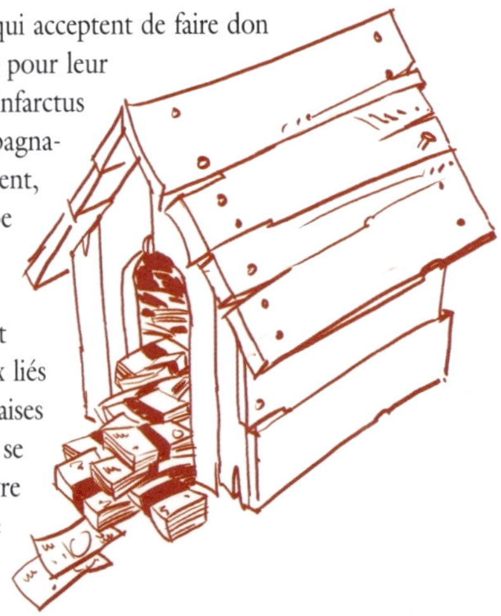

Moralité : s'il y a une niche à laquelle on ne devrait pas toucher, c'est bien celle des avantages fiscaux liés au mariage. Faute de quoi, croyez-moi, les Françaises et les Français se marieront de moins en moins et se remettront – comme Philippe Chevallier – à vivre dans le péché. Et cela, quand on croit comme nous en la Vierge Marie, c'est absolument inadmissible !

Samedi **15** SAINT-ROLAND

Dimanche **16** SAINTE-ÉDITH

Septembre

Mabille jalouse Perrot

– **Vincent Perrot** : Est-ce qu'une liaison durable ne peut pas vite se transformer en liaison dangereuse ?

– **Philippe Bouvard** : C'est notre grand séducteur qui parle !

– **Bernard Mabille** : Avoir fini par se créer une réputation comme ça, c'est exceptionnel ! Dès qu'une dame, une copine nous parle, c'est pour demander : « Alors, Vincent Perrot, il est comment ? Il doit y aller ! »

– **Pierre Bellemarre** : Quand il est arrivé ce matin, je l'ai trouvé maigre. Je comprends pourquoi. Ses nuits sont forcément agitées.

– **Philippe Bouvard** : L'autre jour, vous êtes venu, Vincent, me voir avec une assistante. Comment elle vous assiste ?

– **Vincent Perrot** : Elle m'assiste… en conduite assistée.

– **Philippe Bouvard** : C'est votre main gauche ou votre bras droit ?

– **Bernard Mabille** : Mais écoutez ça ! C'est Vincent-je-me-la-pète, alors !

– **Vincent Perrot** : Vous n'avez pas d'assistante, vous ? Philippe, vous avez bien une assistante ?

– **Philippe Bouvard** : Oui, mais je ne l'emmène pas en week-end.

– **Vincent Perrot** : Faire une photo chez vous, je n'appelle pas ça « emmener en week-end ».

– **Philippe Chevallier** : Moi, j'ai une assistante : c'est celle qui mange la soupe, et c'est ma main droite que je trouve parfois avec ma main gauche !

UNE HISTOIRE DRÔLE

Le petit Nicolas va voir son papa :

– Papa ?

– Oui, mon chéri.

– C'est quoi, la richesse ?

Le père referme son journal et prend un ton docte :

– Mon fils, la richesse, c'est le champagne, le foie gras et les belles femmes.

– Ah…

Le fils réfléchit deux minutes et ajoute :

– Et c'est quoi, la pauvreté ?

– La pauvreté, c'est la bière, le saucisson et ta mère !

Citation

Qui a dit : « L'habit, ça flatte toujours ; et ce n'est pas moi qui suis élégant, c'est mon costume. » ?

Marcel Pagnol.

Question du jour

Quelle règle Hitler imposa-t-il au cinéma nazi ?

Toute femme qui commettait l'adultère dans un film devait mourir avant la fin de celui-ci.

Bouvardise

Puisque nous ne pouvons rien changer au principal, soignons l'accessoire.

Lundi
17 Septembre
SAINT-RENAUD

Citation

Qui a dit : « La télévision ne produit pas de stars. Elle porte momentanément au pinacle de la notoriété des journalistes et des animateurs. Que ces vedettes quittent leur emploi, elles sont vite oubliées. » ?

Bernard Pivot.

Question du jour

De quel instrument de musique se sert-on en le frappant avec les poings ?

Le carillon.

Bouvardise

Ceux qui n'ont rien à dire ou qui feraient mieux de garder le silence réclament une liberté d'expression dont ils ont déjà, par définition, abusé.

Libérons-nous !

– **Philippe Bouvard** : Saluons l'apparition d'une firme qui s'appelle Mad City Zen dans la région parisienne. En fait, c'est une société qui propose des activités libératoires ou des créations d'œuvres collectives. Je m'explique : « libératoire », c'est le fait de pouvoir casser la vaisselle dans un stand qui a été aménagé pour ça, c'est de pouvoir apporter la photo de son conjoint et la fixer au mur, et tirer dessus avec un pistolet fourni par la société. Il paraît que ça fait beaucoup de bien !

– **Bernard Mabille** : Il y en a qui font ça avec les patrons.

– **Philippe Chevallier** : Au Japon, ils font ça depuis des années.

– **Philippe Bouvard** : Ça, ce sont les studios de « défoulement ». Mais alors là, en plus, vous avez l'organisation de batailles de polochons. C'est vrai qu'on n'est pas formés à ça.

– **Bernard Mabille** : Il y a plus beaucoup de polochons, non plus.

– **Philippe Chevallier** : Ce n'est pas très agréable de se prendre un coup de polochon sur la tête !

– **Jacques Mailhot** : J'ai des souvenirs de colonie de vacances et de pensionnat, les batailles de polochons, c'était formidable.

– **Philippe Chevallier** : Ça va quand on a 12 ans…

– **Chantal Ladesou** : Moi, j'aime bien encore le polochon.

– **Jacques Mailhot** : Quand il y en avait un qui crevait, il y avait des plumes partout !

– **Bernard Mabille** : Au conseil général de l'Ile-de-France, il y a des batailles de Jean-Paul Huchon !

– **Jean-Jacques Peroni** : C'est marrant, je la cherchais, celle-là !

– **Philippe Chevallier** : Ah ! Mais Mabille est un rapide !

– **Bernard Mabille** : C'est ce que me reproche ma femme…

– **Philippe Bouvard** : C'est bien, le truc de « ma femme me le reproche ». Moi, je l'emploie aussi, quand on me dit : « Vous ne bougez pas ! »

– **Bernard Mabille** : Vous auriez dû être dentiste, les femmes vous auraient dit : « Je n'ai rien senti ! »

UNE HISTOIRE DRÔLE

Dans un compartiment, un couple de jeunes mariés, un autre frisant la cinquantaine. Après avoir contemplé le manège des tourtereaux, la dame se penche vers son mari et lui dit à l'oreille :

– Regarde ! Il ne cesse de l'embrasser. Pourquoi n'en fais-tu pas autant ?

Le mari lève les yeux de son journal, regarde le couple et dit :

– Mais je ne la connais pas, moi, cette jeune femme !

Mardi **18** **Septembre**

SAINTE-NADÈGE

Bises à tout bout de champ

par Philippe Chevallier

Chers amis, il y a une mode à laquelle on n'échappe pas depuis quelques années en France, que ce soit à l'atelier, au bureau, à l'usine, dans les comités de quartier, les associations pluriculturelles, les clubs de sport ou les maisons de retraite, c'est… la bise ! Qu'elle soit à deux temps dans les villes (gauche, droite), à trois temps dans les campagnes (gauche, droite, gauche), elle est aujourd'hui omniprésente. Que l'on soit ou non du même sexe, que l'on se voie tous les jours ou que l'on se connaisse depuis la veille au soir, il faut que l'on se lèche le museau absolument, qu'on se papouille le tarbouif et qu'on renifle l'oreille du voisin, si on ne veut pas passer pour bégueule. Cette coutume de l'embrassade systématique qui nous vient du show-biz où, c'est bien connu, on appartient tous à une grande famille, a gagné du terrain dans tous les milieux. Là où l'apprenti n'avait en contact humain avec son patron qu'un coup de pied au cul de temps en temps, la bise quotidienne est censée apporter un peu de douceur dans les rapports sociaux. Je veux bien que le chef d'entreprise ait envie d'embrasser sa ravissante secrétaire blonde et pulpeuse, mais qu'il fasse un bisou au chef d'atelier me laisse perplexe. Sur les plateaux de télé, tout le monde s'embrasse. Dans les coulisses d'un théâtre, la jeune première doit se taper tous les machinos, les gros, les barbus, ceux qui sentent la bière et la transpiration… et ça, à l'aller comme au retour : deux bécots pour dire bonjour, deux bécots pour dire au revoir, et cela six jours par semaine, plus le dimanche en matinée. Les gars, pareil. Et pas question de faire de la discrimination ! Si on embrasse Rébecca, il faut embrasser Robert. Tout le monde a droit à sa part de bonheur. Autrefois, entre hommes, on se serrait la paluche, on se disait à deux mètres de distance : « Salut Marcel ! Ça va ? » Maintenant, ça ne suffit plus. Il faut aller au contact. Il faut savoir ce que l'autre a bouffé la veille, faire un état des lieux. Je suis sûr que le mercredi, à l'Élysée, le Président fait la bise à tout le monde pour montrer qu'il les aime tous pareil, ses collaborateurs. Et Fillon doit faire la bise à Éric Woerth, qui doit aussi faire la bise à Baroin, qui la fait à Kouchner, qui la fait à Borloo, qui la fait à Lagarde, qui fait un mimi à Alliot-Marie, qui fait un gros poutou à Hortefeu, qui roule un palot à Pécresse en lui mettant, pour la rime, la main aux fesses… Ça doit être un joyeux boxon, le conseil des ministres ! Cela dit, chez nous, à RTL, c'est pareil, on s'embrasse tous. Moi, il n'y a que Mabille et Peroni que je n'embrasse pas. Mon médecin m'a donné une dispense : il paraît qu'ils sont porteurs de la grippe A. Pour remédier à ça, il y a la technique du joue contre joue. Vous embrassez de profil, en quelque sorte, en faisant un smack sonore et dans le vide.

Compte tenu de l'évolution des mœurs je ne désespère pas de voir un jour la bise remplacée par la baise. On se rencontrera le matin au travail ou sur un trottoir, et on dira : « Alors, Marcel ! Ça va ? » « Ça va. Et toi ? » « Attends, j'enlève mon pantalon et je vais t'en mettre un petit coup ! » Évidemment, on n'en est pas encore là, et il faudra avoir une sacré santé ! Mais si ça peut éviter les guerres et les conflits sociaux, pourquoi pas ?

Citation

Qui a dit : « Le cachet de la poste fait toujours foi. Celui du comédien fait souvent pitié. » ?

Michel Galabru.

Question du jour

Quel est le document qui peut être délivré par la mairie, mais qui n'a pas d'existence légale ?

Le certificat de concubinage.

Bouvardise

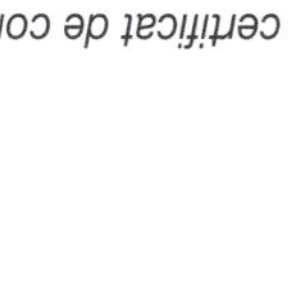

La postérité a des raisons que, sur le moment, l'actualité ne connaît point.

UNE HISTOIRE DRÔLE

Un type en voyage va dans une maison close. Il est accueilli par l'hôtesse, qui lui présente un catalogue, et il choisit une très belle rousse à 20 dollars. Il se dirige vers la chambre, trouve la dame, passe une demi-heure avec elle et redescend. Il va pour sortir, quand l'hôtesse l'appelle et lui rend ses 20 dollars. Il se demande si c'est réel. Mais il prend l'argent quand même et il sort. Deux jours plus tard, il revient encore, parce que c'est une bonne maison ! Il choisit une superbe brune à 100 dollars. Il passe une heure avec elle. Il s'apprête à sortir, et l'hôtesse lui tend une enveloppe avec ses 100 dollars.

Alors là, il finit par demander :

– Écoutez, madame. Voilà !... Chez moi, il faut payer, mais on ne vous rembourse jamais ! Jamais ! Ici, on me donne de l'argent. C'est inouï. Pourquoi ?

Alors, l'hôtesse en souriant lui dévoile la méthode américaine :

– C'est simple ! La première fois, vous aviez trois voyeurs, et aujourd'hui, vous êtes passé à la télé !

Des annonces faites en avion

– **Philippe Bouvard :** Dans ce livre, ce sont généralement des annonces qui sont faites en avion au micro du bord. Par exemple, cette annonce : « Veuillez nous excuser du retard pris au décollage, mais il a fallu d'abord que le pilote se familiarise avec ce type d'appareil… »

– **Vincent Perrot :** Évidemment, c'est pas très rassurant…

– **Philippe Bouvard :** Ça donne envie, hein ? Moi, la dernière fois que j'ai pris l'avion…

– **Jean-Jacques Peroni :** C'était avec Mermoz ?

– **Philippe Bouvard :** La dernière fois, je n'étais pas rassuré, parce que j'avais vu, quand le pilote regagnait sa cabine, une flasque de gnôle dépasser de sa poche revolver. Ça avait l'air d'être du whisky… Et alors, qu'est-ce que j'entends ? « Mesdames et messieurs, nous allons tenter de décoller, mais je vous promets rien. »

– **Bernard Mabille :** Y a un truc qu'il faut faire de temps en temps, pour rigoler… Quand le pilote dit son nom, il faut crier « Ah non, pas lui ! »

Citation

Qui a dit : « Ne cherche pas à décrocher la lune pour l'offrir à une femme, va plutôt chez Cartier ! » ?

Frédéric Dard.

Question du jour

De quelle forfaiture fut accusé le roi Philippe Le Bel ?

Il fut accusé de faire de la fausse monnaie.

Bouvardise

Il n'y a aucune raison de priver de son record un cycliste qui roule aux amphétamines, alors qu'on publie sans sourciller les œuvres d'un poète qui puise notoirement son inspiration dans les spiritueux.

Citation

Qui a dit : « Le cinéma n'est pas un art. C'est une opération industrielle qui consiste à transformer d'abord de l'argent en spectacle, puis du spectacle en argent. » ?

Jean Yanne.

Question du jour

Comment sait-on qu'une cour d'assises est réunie dans un tribunal ?

Le drapeau tricolore est hissé sur le bâtiment.

UNE HISTOIRE DRÔLE

Un type rend visite à sa grand-mère en compagnie d'un de ses potes. Pendant tout le temps que le petit-fils parle à son aïeule, l'autre mange des cacahuètes, jusqu'à ce qu'il n'y en ait plus. À leur départ, le copain remercie la grand-mère pour les cacahuètes. « Mangez-en tant que vous voulez, répond la grand-mère. À mon âge je ne peux plus que sucer le chocolat qu'il y a autour ! »

Bouvardise

Les palaces consolent de ne pas avoir connu les palais.

Vendredi

21 Septembre

SAINT-MATTHIEU

Citation

Qui a dit : « Le comble de la politesse : refermer la fenêtre derrière soi après s'être jeté dans le vide. » ?

Alphonse Allais.

Question du jour

Qu'est-ce que les Belges mettent derrière, là où les Français le mettent devant ?

Le numéro de la rue dans le libellé d'une adresse.

Bouvardise

La haine du client est en train de remplacer la lutte des classes.

Mailhot chez Giscard

– **Philippe Bouvard** : Les grands de ce monde sont assez abordables quand même, non ?

– **Jacques Mailhot** : Ah oui ! Moi, je me souviens être allé chez lui dans le XVIe. À l'époque, je faisais une émission sur une autre chaîne de radio, et on avait rendez-vous avec lui pour la préparer. Un majordome nous accueille et nous fait entrer dans une grande salle. Il y avait une très jolie table, avec dessus un tapis vert, un peu comme un billard. On s'installe et Giscard arrive. Et au milieu de ce tapis vert, il y avait une sorte de petite boîte, et je la regardais en conversant avec lui. Il me racontait ses histoires drôles, du genre : « Vous connaissez la différence entre une poule et un chapon ? Une poule, cha pond, et un chapon, cha pond pas. » Je regardais ce coffret, et à un moment, il me dit : « Vous pouvez l'ouvrir, ce ne sont pas les diamants de Bokassa qui sont à l'intérieur. » Là, il m'a cloué !

– **Philippe Bouvard** : Il vous a offert quelque chose à boire ? Parce qu'il avait une réputation de pingre…

– **Jacques Mailhot** : Jamais ! Pas un verre, pas une goutte !

– **Philippe Bouvard** : Sauf quand il allait dîner chez les Français, il paraît qu'Anémone apportait des confitures qu'elle avait faites.

– **Jacques Mailhot** : Oui, et ce jour-là, je me rappelle qu'il avait envoyé Anémone dans le jardin, parce qu'…

– **Bernard Mabille** : Parce que c'est la place d'une anémone !

– **Jacques Mailhot** : Il avait dit « Je parle avec ces messieurs », et hop ! il l'avait envoyée dans le jardin !

UNE HISTOIRE DRÔLE

Une vieille fille appelle son vétérinaire en pleine nuit :

– Docteur, venez vite ! Il y a deux chiens qui font des choses dégoûtantes sous ma fenêtre.

– Mais madame, c'est la nature !

– Oui, mais c'est intolérable sous ma fenêtre. Il faut que ça cesse.

– Écoutez, je ne peux pas me déplacer en pleine nuit pour ça, mais si vous voulez un conseil, ouvrez votre fenêtre et dites-leur qu'on les demande au téléphone.

– Et vous pensez qu'ils vont arrêter de copuler ?

– En tout cas, avec moi, ça a marché !

Peroni et Matignon

– **Philippe Bouvard** : Avez-vous remarqué que les premiers ministrables ont, quand on essaie de les faire parler de leurs ambitions politiques, un bœuf sur la langue ? Souvenez-vous que trois mois avant d'être nommé à Matignon, Jean-Pierre Raffarin nous avait dit que c'était hors de question.

« Jean-Pierre Raffarin : Vous croyez que Matignon c'est un job, vous avez vu cette pression ? Avoir envie de Matignon, c'est un peu une pathologie ! Si ça arrive, on verra bien ce qui se passe, mais un job où tous les problèmes vous remontent… Les infirmières ne sont pas contentes ? Les gendarmes ne sont pas contents ? C'est la faute à Matignon. Tout remonte là-bas. »

– **Philippe Bouvard** : Une autre pièce, dans ce dossier précis : plus tard, Xavier Bertrand, donné comme premier ministrable, ne se montre pas volontaire du tout !

« Xavier Bertrand : Écoutez, pour être franc, c'est que, et je l'ai déjà dit, un parcours à la Laurent Fabius ne m'a jamais fait rêver. Aujourd'hui, j'ai du mal à rentrer dans les cases qu'on fabrique. J'ai été élu local, je n'aurais jamais un jour imaginé être nommé ministre et je sais que ça s'arrêtera un jour. »

– **Philippe Bouvard** : La pirouette était pas mal, hein ? Est-ce que, quand vous êtes conviés dans un palais national, à un cocktail, vous avez l'impression en vous approchant du buffet de récupérer une partie de votre tiers-provisionnel ?

– **Tous ensemble** : Ah bah oui !

– **Bernard Mabille** : Je ne sais pas, moi, j'y vais jamais…

– **Jean-Jacques Peroni** : Ah moi, tout ce qui est gratuit, j'y vais !

– **Philippe Bouvard** : Ce sont les petits fours de la République !

– **Évelyne Leclercq** : Moi, j'ai été invité il y a quelques années chez un ministre de gauche avec son épouse et d'autres invités. Et donc, en entrée, nous avions du caviar à la louche. Et – je vous jure que c'est vrai – l'épouse de ce ministre me l'a dit textuellement : « Vous voyez, Évelyne, c'est ce qu'on appelle la "gauche caviar". » J'en ai repris trois fois, du coup.

– **Jean-Jacques Peroni** : Oui, mais moi, il m'est arrivé un truc, j'avais été invité à Matignon ; c'était Villepin qui était Premier ministre à l'époque, c'était pour la remise de la Légion d'honneur à Jean-Paul Belmondo. Il était temps de s'en aller, et je demande au fils Villepin, avec qui je discutais : « Est-ce qu'il y a une station de taxi dans le coin ? Il me dit : « Vous ne conduisez pas ? Bah attendez, je vais demander à mon père. » « M. Peroni cherche un taxi. » « Bah attendez, on va vous ramener », qu'il me dit. Et là, un grand type arrive et… j'ai été ramené dans le XIIIe, chez moi, dans la bagnole du Premier ministre.

– **Philippe Bouvard** : Ça change du panier à salade habituel !

– **Bernard Mabille** : Mais il s'est pas arrêté devant les bistrots ?

– **Jacques Mailhot** : Non, mais ils ont dû nettoyer les coussins, après !

Citation

Qui a dit : « Le journaliste, lui, peut écrire n'importe quoi et se tromper sur tout, cela ne change rien, ses journaux se vendent toujours aussi bien ou aussi mal. » ?

François Mitterrand.

Question du jour

Qui est-ce qui fit son apparition au journal télévisé français en 1954 ?

Le premier présentateur visible à l'écran.

Bouvardise

Je n'admire pas la jeunesse pour la brutalité de ses certitudes, mais pour la sincérité de ses angoisses.

Citation

Qui a dit : « Les Anglais ont le sexe dans la tête, et ce n'est pas le bon endroit. » ?

Françoise Giroud.

Question du jour

Autrefois, les maris cocus pouvaient confier leur femme à un couvent. Mais généralement, pour quelle raison, au bout de deux ans, la récupéraient-ils ?

Car cela devenait payant au bout de ce délai.

Bouvardise

Les agonisants célèbres sont priés de ne pas lambiner, et de trépasser de préférence avant le mardi à midi, s'ils souhaitent obtenir une couverture en couleur en guise de suaire.

Vive les manif' !

par Bernard Mabille

Ça a manifesté hier. Et sur Internet, ce matin, les journaux s'en font l'écho à la une : « Beaucoup plus de monde que prévu » pour Libération ; « Beaucoup moins de monde que prévu » pour Le Figaro. J'adore les jours de manif' à Paris, je peux faire toutes les conneries du monde et il n'y a pas un flic pour me choper. Où ils sont, nos flics ? Entre Bastille et République, à compter les gueux battant le macadam : un, deux, trois… C'est combien, après « trois », chef ? Résultat des courses : 2 700 000 manifestants selon les organisateurs, 1 100 000 selon la police, soit un écart de 1 600 000. En prenant une mage d'erreur de 50 % d'un côté et de l'autre, ça fait 800 000 mecs que la police n'a pas vu passer. Ils ont fait disparaître la population de Marseille et de sa banlieue ; ça fait beaucoup, quand même ! Faudrait peut-être y aller mollo sur le pastaga ! À moins d'avoir recruté Gilbert Montagné et Andrea Boccelli aux RG, c'est grave. Car, je vous le rappelle, ce sont les mêmes qui sont chargés d'ouvrir l'œil sur nos villes et nos familles.

Ils sont quand même curieux, nos flics, non ? Ils repèrent à 500 mètres un défaut de vignette-assurance sur un pare-brise, une beurette sans casque à scooter perdue au milieu des embouteillages… Mais 800 000 mecs armés de tambours et de vuvuzuelas, de banderoles gigantesques où s'exprime toute la poésie populaire faisant sa fête à la rime riche… Ah, la rime riche ! « Pécresse, gare à tes fesses ! », « Fillon, planque ton fion ! », « Oh, la, la ! Nicolas, tu l'as dans le baba ! », « Apparu, tu l'auras dans le cul ! » Bref, 800 000 mecs fleurant bon la merguez grasse et entonnant L'Internationale, nos flics ne les voient pas, ne les entendent pas. Alors, ont-ils vu, au moins, la star de cette manif, François-Marie Banier ? Banier chez les pauvres ! Incroyable ! Banier, dont la fortune équivaut au salaire de la vie de tous les manifestants réunis, venait-il leur proposer de la partager pour payer leur retraite ?

Non ! Il est venu les photographier, comme d'autres les girafes lors d'un safari à Thoiry. Le Nicolas Hulot du rassemblement populaire était là pour préparer – c'est un scoop – la prochaine soirée diapos de mamie Bettencourt et de ses amis du CAC 40.

– Mamie, j'ai réussi à shooter des pauvres !

– C'est quoi, des pauvres ?

– Des gens qui vivent avec 1 200 euros par mois.

– Par moi ? Je ne m'en souviens pas !

– Non, pas par vous ! Par mois de quatre semaines !

– J'espère qu'ils placent ce qui leur reste chez L'Oréal !

Et pendant ce temps, que faisait Roselyne Bachelot ? Elle inaugurait le train de l'Alzheimer. Elle était toute seule : les invités ayant oublié la date, l'heure et le lieu de la cérémonie officielle. Après le train de l'Infarctus, le train de l'Hypertension, le train de l'Alzheimer… La SNCF, se spécialisant dans les bobos, prépare le TGV de l'Hémorroïde, et ça, c'est normal : elle est toujours inséparable du train.

Zazou or not zazou ?

– **Philippe Bouvard** : Les zazous. C'étaient les jeunes d'une époque. Comment s'habillaient-ils ?
– **Jean-Claude Lamy** : Les zazous, ils avaient des grosses chaussures, des vestes à carreaux, des pantalons presque comme des culottes de golf, heu…
– **Philippe Bouvard** : Ah ! Écoutez, moi j'ai été un zazou ; ils ne s'habillaient pas comme Zavatta.
– **Tous** : Aaahhh ! Ooohhh, ça devait être joli ! C'est l'heure des révélations !
– **Philippe Bouvard** : Alors je peux vous dire que ce n'était pas tout à fait ça, la panoplie du zazou. Vous avez été un zazou, vous, monsieur Bellemare ?
– **Pierre Bellemare** : Pas du tout.
– **Philippe Chevallier** : Il n'est jamais trop tard !
– **Tous** : Mais vous étiez habillés comment, alors ? Vous aviez une coiffure ?
– **Philippe Bouvard** : On avait des petits chapeaux comme celui de Trénet. Et on le portait en arrière. Autour du cou – puisque vous avez bien voulu commencer par le haut –, il y avait une cravate qui était une sorte de lanière, pas une vraie cravate.
– **Jean-Jacques Peroni** : Tu vas voir, quand on en sera au pantalon de golf, on va rire.
– **Philippe Bouvard** : Alors non, pas des pantalons de golf : c'étaient des pantalons qui étaient de véritables tuyaux, qui avaient juste la forme du mollet.
– **Bernard Mabille** : Des slim, alors !
– **Philippe Bouvard** : Voilà. Alors les chaussures, non, ce n'étaient pas des grosses chaussures, non. Je vous accorde que les vestes à carreaux étaient à la mode.
– **Philippe Chevallier** : Et plutôt larges, plutôt amples.
– **Jean-Jacques Peroni** : Avec des épaulettes.
– **Philippe Bouvard** : Et les chaussures…
– **Jean-Claude Lamy** : Avec des semelles en crêpe ! La semelle en crêpe était assez portée, à ce moment-là !
– **Jean-Jacques Peroni** : Oui, parce que ça venait de Bretagne ! La semelle crêpe.
– **Jean-Claude Lamy** : Non, c'était au Moulin de la Galette qu'on les voyait !
– **Philippe Bouvard** : C'était parce qu'il y avait une pénurie de cuir à l'époque… D'ailleurs, le garçon qui portait des semelles en crêpe marchait à côté d'une fille qui avait des semelles compensées.
– **Jacques Mailhot** : Qu'on pensait bonnes d'ailleurs, car elles duraient longtemps.
– **Pierre Bellemare** : Et vous écoutiez de la musique jazz, alors ?
– **Philippe Bouvard** : Eh oui, et on allait danser dans les caves.
– **Jean-Jacques Peroni** : Au Tabou !
– **Philippe Bouvard** : Oui, oui.
– **Philippe Chevallier** : Et là, ça emballait sec !
– **Jean-Jacques Peroni** : Même dans la cave, il se cognait au plafond, pépère !
– **Pierre Bellemare** : Mais j'ai fréquenté le Tabou comme lui ; on n'était pas obligatoirement zazou. On pouvait aller au Tabou sans être zazou, ça n'avait rien à voir !

Citation

Qui a dit : « Le principal défaut de la braguette à fermeture Éclair, c'est que ça fait du bruit au cinéma. » ?

Léon Zitrone.

Question du jour

Quel « événement » fortement médiatisé, mais ne faisant pas l'unanimité, eut lieu à Paris le 25 septembre 1985 ?

Le « mariage » de Coluche et de Thierry Le Luron.

Bouvardise

Dans un monde où l'on est capable de tout prévoir sauf le trépas, la longévité possède un caractère ludique.

Mercredi

26 Septembre

SAINTS-CÔME-ET-DAMIEN

UNE HISTOIRE DRÔLE

Ça se passe dans un village qui vit du tourisme, sauf qu'à cause de la crise, il n'y a plus de touristes. Tout le monde emprunte à tout le monde pour survivre. Plusieurs mois passent, misérables. Arrive enfin un touriste, qui prend une chambre. Il la paie avec un billet de cent euros. Le touriste n'est pas plutôt monté à sa chambre que l'hôtelier court porter le billet chez le boucher, à qui il doit justement cent euros. Le boucher va aussitôt porter le même billet au paysan qui l'approvisionne en viande. Le paysan à son tour se dépêche d'aller payer sa dette à la prostituée, à laquelle il doit quelques passes. La prostituée boucle la boucle en se rendant à l'hôtel pour rembourser l'hôtelier, qu'elle ne payait plus quand elle prenait une chambre à l'heure. Comme elle dépose le billet de cent euros sur le comptoir, le touriste, qui venait dire à l'hôtelier qu'il n'aimait pas sa chambre et n'en voulait plus, ramasse son billet et disparaît. Rien n'a été dépensé, ni gagné, ni perdu. N'empêche que plus personne dans le village n'a de dettes. N'est-ce pas ainsi qu'on est en train de résoudre la crise mondiale ?

Guy Bedos, franco de porc

– **Philippe Bouvard** : Pourquoi avez-vous cessé d'accompagner votre femme au supermarché ?

– **Guy Bedos** : Parce que moi, je viens pour l'aider. Je ne peux pas dire que j'adore être au supermarché. Mais chaque fois, il y a des gens qui me reconnaissent, ils sont très affectueux et moi-même, je les accueille bien. C'est la grande différence qu'il y a entre Richard Berry et moi, par exemple. Non, mais je le trouve admirable, parce qu'il travaille l'antipathie comme moi je travaille la sympathie, parce que très franchement, je n'en rajoute pas vraiment.

– **Philippe Bouvard** : Ça demande plus de courage dans son cas que dans le vôtre ! Mais parce que dans les supermarchés, on n'est pas trop sollicité ?

– **Guy Bedos** : On est autour de moi. Un jour, je me suis retrouvé en train de signer un autographe sur un rôti de porc, alors j'ai dit à ma femme : « J'arrête ! »

Citation

Qui a dit : « Si vous êtes à une table de poker et que vous n'arrivez pas à savoir lequel de vos adversaires va être le pigeon de la soirée, c'est qu'il y a de bonnes chances pour que ce soit vous. » ?

Question du jour

En France, qui appelle-t-on Monsieur le Premier ?

Bouvardise

Dans le sport automobile, le pilote doit d'abord trouver la clé qui établit le contact avec les sponsors.

Paul Newman.

Le président de la Cour de cassation.

Le premier baiser de Frédéric Mitterrand

– **Philippe Bouvard** : À quel âge, le bécot inaugural ?

– **Frédéric Mitterrand** : 13 ans.

– **Philippe Bouvard** : Avec qui ?

– **Frédéric Mitterrand** : Anita Ekberg. Elle est arrivée, et mon oncle m'a dit : « Regarde, il y a du monde au balcon. » C'était quand même impressionnant ! Elle était chez un de mes oncles – pas François, un oncle d'un autre côté –, et elle était là…

– **Éric Laugerias** : Il était de gauche ? Il était de l'autre côté, alors…

– **Frédéric Mitterrand** : Il me cherche, il me cherche ! Enfin voilà, je devais être gentil, poli et mignon.

– **Philippe Bouvard** : C'était un baiser sur la joue, quand même ?

– **Frédéric Mitterrand** : Oui, c'était un baiser sur la joue. Mais comme je l'avais vue se faire embrasser plus tendrement dans un film, je lui ai demandé comment c'était d'embrasser des hommes avec qui on ne vivait pas, avec qui on faisait des films, et à ce moment-là, elle m'a dit : « Eh bien, ça fait… comme ça ! »

– **Éric Laugerias** : Une pelle ?

– **Frédéric Mitterrand** : Bah, c'était un french kiss, un vrai !

– **Philippe Chevallier** : Et vous avez dû sentir les deux obus sur les oreilles ?

– **Frédéric Mitterrand** : C'était un peu comme la guerre de 1914, c'est vrai, j'étais dans les tranchées, mais c'était bien quand même ! Je peux vous dire que ce souvenir n'est pas donné à tout le monde !

UNE HISTOIRE DRÔLE

Un type entre chez un marchand d'animaux :

– Bonjour, je voudrais une dizaine de souris, une quinzaine d'araignées, quelques rats et des cafards.

– Monsieur fait des expériences ?

– Non, je déménage et je dois laisser mon appartement dans l'état où je l'ai trouvé en arrivant.

Citation

Qui a dit : « Le gouvernement sème des fonctionnaires, et le contribuable récolte des impôts. » ?

Georges Clemenceau.

Question du jour

Quels sont les élus qui portent une écharpe bicolore au lieu de la tricolore ?

Les maires d'arrondissement de Paris (bleue et rouge).

Présentation des panélistes

Elle laissera un nom dans l'histoire du cinéma et des pâtes alimentaires.

Macha Méril

Citation

Qui a dit : « Le cinéma ne m'a jamais plu. Pour être très franche, je trouve que c'est un métier de cons. » ?

Brigitte Bardot.

Question du jour

Pourquoi les voitures Porsche, contrairement à toutes les autres voitures, ont-elles la clé de contact à gauche du volant ?

Cette particularité vient des 24 Heures du Mans. Les conducteurs devaient courir vers leurs véhicules pour le départ. Les pilotes de Porsche avaient l'avantage de pouvoir démarrer la voiture de la main gauche pendant qu'ils passaient la première vitesse de la main droite.

Bouvardise

Que ceux qui n'attendent rien de moi sachent qu'ils seront comblés.

Les stages obligatoires

par Jacques Mailhot

Je voudrais aujourd'hui saluer la dernière mesure pour sanctionner les délinquants mineurs. Cette nouvelle idée lumineuse consiste à permettre à ces jeunes malfrats de suivre, en guise de peine, les policiers dans leur travail pendant six mois. Car selon le professeur Bègue, qui n'est pas un cousin de François Bayrou, il faut, paraît-il, une sanction sur mesure. Astucieux ! Vous imaginez la chance, pour ces jeunes en déshérence sociale, de pouvoir vivre pendant six mois avec une escouade d'esprits brillants et dévoués comme on en trouve dans tous les bons commissariats de police ? En voilà bien une grande idée, qu'elle est jolie, comme l'Eva du même nom sortant de l'onde après son bain de Jouvence matinal dans les eaux cristallines d'un ruisseau norvégien purifié et lavé de la honteuse pollution générée par des industriels à l'âme aussi sèche que la petite culotte d'une écologiste immaculée.

C'est du Cécile Duflos, mais… sans les fautes de français. Revenons-en à nos mineurs. Afin également de préserver l'anonymat et de jeter l'opprobre, parce qu'elle n'a pas servi, les penseurs de la P.P. – je précise que la PP n'est pas une dame qui travaille plus ou moins régulièrement dans un hôtel Accor, la PP, c'est la préfecture de police – eh bien, les penseurs de la PP ont en plus eu la subtilité d'attribuer un pseudonyme à chacun de ces heureux bénéficiaires. Alors, afin qu'il nous explique lui-même tous les bienfaits que lui a apportés ce nouveau concept pénal, j'ai donc rencontré l'un d'entre eux. Il s'agit de Jean-Édouard de la Tour du Pin. Son témoignage est éloquent.

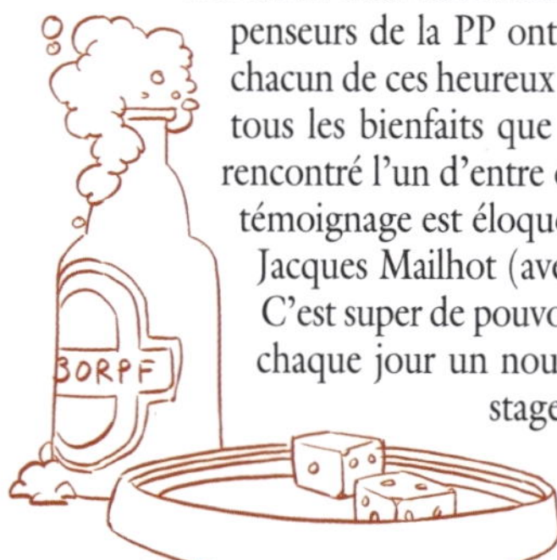

Jacques Mailhot (avec l'accent racaille) : C'est vachement super, m'sieur. C'est super de pouvoir vivre pendant six mois avec des celipos. On apprend chaque jour un nouveau truc pour mieux se débrouiller dans la vie. Le stage, il commence avec une leçon sur le matériel indispensable à tout bon policier. On a le choix entre tire-bouchon et décapsuleur. Moi, j'ai pris décapsuleur, ça me rappelle une copine de ma sœur. Et puis, comme m'a dit le brigadier Romilleut, qui a un humour rabâcheur, le tire-bouchon, c'est une vis sans fin, comme la drogue. Elle est bonne ! Le lendemain, on nous apprend comment tricher à la belote et comment retenir les dés dans une partie de 421. Ça c'est la base. Une fois qu'on sait ça, après, le sous-chef Boulard nous a montré comment faire des fautes d'orthographe avec des mots simples. Par exemple, comment écrire stationnement sans « s » au début, avec un « s » au milieu et en trois mots. Ca fait : « se-ta-sionnement ». C'est super. Il nous a dit : « Ç'est ce qui permet de distinguer une vraie contravention, écrite par un vrai policier, d'une fausse, comme on en fait dans la cité pour se faire de la tune. » Au bout du deuxième mois de stage, ou du second, je m'en rappelle plus, on part en patrouille. Alors là, je dis respect. Respect pour la patrouille. On nous apprend comment intercepter, au péril de notre vie, un automobiliste qui n'a pas mis son clignotant ou qui est passé à l'orange. Ils nous ont expliqué qu'il faut exclusivement arrêter ceux-là, car en général ils ne sont pas méchants et ils sont solvables. Alors que les autres, ils sont dangereux. Mais le super pied, c'est la nuit. Alors la nuit, quand on va sur les boulevards extérieurs, on s'arrête devant les meufs qu'ont pas leurs papiers en règle – ou leurs règles sans le papier, je sais plus – et là, le brigadier Latrique, le chef de patrouille, il leur dit « Alors, ma p'tite Ruby, on n'a pas ses papiers ? Il va falloir être gentil avec la patrouille, hein ? Non, moi je vous dis, le stage de réinsertion dans la police, c'est super magique. C'est comme si on était directeur du FMI, sauf que c'est nous qu'on dit à la femme de chambre où il faut mettre les menottes, c'est super, non ?

Conseils à Laurent Boyer

par Jean-Jacques Peroni

Voici quelques conseils que je donne à Laurent Boyer pour sa nouvelle émission. Tout d'abord, le chroniqueur Vincent Ferniot devrait nous proposer des recettes de cuisine plus rigolotes. Je propose donc les spaghettis au vin rouge ! S'ils sont bien présentés dans une assiette creuse, les bambins émerveillés diront, avec des sanglots dans la voix : « Oh ! Comme c'est beau, maman ! On dirait le vomi de papa, le samedi soir. » Vous avez aussi embauché Évelyne Thomas. Alors, il faut qu'elle revienne à ses fondamentaux, avec des sujets qui ont fait sa gloire à la télévision populaire de qualité. Voici quelques sujets qu'elle pourrait aborder :

– Je sens de la touffe, et c'est mon choix.

– Ma femme travaille à la sécu ; tous les soirs, je lui comble le trou, et c'est mon choix !

– Je mange des asperges pour pisser mauvais et des champignons pour péter lourd, et c'est mon choix !

– Tous les samedis soirs, pendant que ma femme et sa sœur font la vaisselle, je me tape mon beau-frère, et c'est mon choix !

Vous avez aussi ressorti Pierre Bonte du saloir. Alors, que lui aussi donne dans la chronique rurale rigolote : à Broutons-le-Gazon dans l'Aisne, M. Adrien du Trou fabrique des lunettes de W.-C. à verre correcteur, qui évitent de pisser à côté.

Voilà, cher Laurent. Si vous voulez d'autres conseils, n'hésitez pas ! À bientôt.

UNE HISTOIRE DRÔLE

Un homme rentre de son travail avec un robot détecteur de mensonges. Son fils de 12 ans rentre avec deux heures de retard de l'école.

– Où étais-tu tout ce temps ? demande le père.

– J'étais à la bibliothèque pour préparer un devoir !

Le robot se dirige vers le fils et lui assène une claque... Le père explique :

– Mon fils, ce robot est un détecteur de mensonges ! Tu ferais mieux de dire la vérité...

– OK... J'étais chez un copain et nous avons regardé un film : *Les Dix commandements*.

Et paf ! Le robot assène de nouveau une claque au fils...

– Aïe ! Bah oui ! En fait, c'était un film porno...

– J'ai honte de toi ! À ton âge, je ne mentais jamais à mes parents !

Et paf ! Le robot assène une baffe au père... La mère se marre :

– Décidément, c'est bien ton fils...

Et paf ! Une baffe à la mère !

Citation

Qui a dit : « Le rire, comme les essuie-glaces, permet d'avancer, même s'il n'arrête pas la pluie. » ?

Question du jour

En Chine, qu'appelle-t-on « l'homme au bol de riz brisé » ?

Gérard Jugnot.

Un homme qui vient de perdre son emploi.

Citation

Qui a dit : « J'aime la télévision comme un aveugle aime son chien. » ?

Pierre Sabbagh.

Question du jour

Dans le jargon des gendarmes et des policiers, qu'est-ce qui est appelé la « viande à pneus » ?

Un piéton circulant hors des passages protégés.

Présentation des panélistes

Au Moyen-Age, il eut pratiqué l'amour courtois ; aujourd'hui, il culbute Bobonne.

Jacques Mailhot

Si vous étiez ministre…

– **Philippe Bouvard** : (Question de Mme Cassagne.) À quel homme politique, de Gaulle aurait-il dit : « Votre nom ne fait pas sérieux, si vous voulez arriver à quelque chose, il faudra en changer. » ?
– **Bernard Mabille** : Couve de Murville ?
– **Philippe Bouvard** : Non, oh, c'est facile !
– **Bernard Mabille** : Pompidou.
– **Philippe Bouvard** : C'est vrai que ça fait ne pas sérieux…
– **Évelyne Leclercq** : Pompompidou, wouah !
– **Jacques Mailhot** : Ça fait chanson, ça fait Marylin Monroe. C'est vrai que Pompidou, c'est un nom très rigolo ! On dirait un nom de comique…
– **Bernard Mabille** : C'est joli. Il y a eu aussi Pompadour.
– **Jean-Jacques Peroni** : Pompadour, c'est un nom de suceuse, ça.
– **Bernard Mabille** : Bon, bah j'ai bien répondu…
– **Philippe Bouvard** : Eh bien oui, c'est M. Mabille, comme d'habitude…
– **Jacques Mailhot** : C'est un nom amusant aussi, Mabille.
– **Philippe Bouvard** : Je ne sais pas si vous avez vu, mais nous parlions de l'Élysée, et aujourd'hui, il y a un afflux de candidats à la présidentielle et on a imaginé les interroger, ces prétendants au trône républicain, dans un décor qui évoque le palais de l'Élysée. D'ailleurs, l'émission s'intitule « Bonsoir, monsieur le Président. » Et on leur dit : « Voilà, vous êtes le chef de l'État, vous venez d'être élu. Alors qu'est-ce que vous faites ? » C'est une bonne idée, ça, hein ?
– **Jean-Jacques Peroni** : Et on ne vient pas nous demander, à nous ?
– **Jacques Mailhot** : Bah non, uniquement à ceux qui se présentent, aux candidats.
– **Philippe Bouvard** : Si vous aviez des ambitions ministérielles, de quel portefeuille rêveriez-vous ?
– **Jean-Jacques Peroni** : L'Agriculture, moi… pour inaugurer les foires au vin !
– **Philippe Chevalier** : Pour toucher le cul des vaches !
– **Jean-Jacques Peroni** : Non, non, non.
– **Philippe Chevalier** : Non, uniquement boire un p'tit coup, quoi ?
– **Jean-Jacques Peroni** : Boire un p'tit coup, bouffer de la charcuterie…

– **Philippe Bouvard** : Et vous, Évelyne ?
– **Évelyne Leclercq** : Ministre de la Santé ! Y a tellement à faire…
– **Bernard Mabille** : La prison ?
– **Évelyne Leclercq** : Non.
– **Philippe Bouvard** : C'est vrai que quand on est le compagnon d'Évelyne, faut avoir la santé…
– **Évelyne Leclercq** : Exactement, vous ne croyez pas si bien dire !
– **Philippe Bouvard** : C'est une croqueuse de santé !
– **Bernard Mabille** : J'te verrais bien ministre d'ouverture…
– **Philippe Chevallier** : Moi, je n'aimerais pas être ministre, moi : j'aimerais être le patron ! Ah oui, oui, j'aimerais être le taulier ! Parce que si j'étais dictateur, ça irait autrement, je peux vous le dire !

À suivre

Mardi **2** **Octobre**

SAINT-LÉGER

Si vous étiez ministre… (SUITE ET FIN)

– **Bernard Mabille** : Bah, il va y a voir une place en Égypte, tu n'en voudrais pas ?
– **Philippe Bouvard** : Et messieurs Mailhot et Mabille ?
– **Jacques Mailhot** : Je ne sais pas. Peut-être les Affaires étrangères…
– **Jean-Jacques Peroni** : Ah, ça t'irait bien !
– **Philippe Chevallier** : Ah ! Oui, et puis comme ça tu ne serais pas concerné. Parce qu'elles te seraient étrangères !
– **Philippe Bouvard** : C'est-à-dire que si on le rebaptisait, ce serait un ministre étranger aux affaires.
– **Jacques Mailhot** : Ouais, voilà, comme ça je serais peinard, je me baladerais…
– **Bernard Mabille** : Ouais, moi j'aimerais bien le Tourisme, tu te balades aussi, mais il y a moins de… vous voyez… ? La Tunisie, l'Égypte…
– **Philippe Bouvard** : On parlait à l'instant, et on le faisait parler de Charles Pasqua, qui a été beaucoup imité, et qui l'est encore, bien qu'il ne soit plus au pouvoir. Il a même été imité ici-même par un ami politique, Roger Karoutchi, qui l'avait approché au ministère de l'Intérieur :
« Roger Karoutchi : Pasqua, c'est l'un de ceux qui m'ont fait démarrer dans les Hauts-de-Seine. À l'époque, c'était son premier poste de ministre de l'Intérieur, en 1986. Il m'avait reçu et m'avait dit : “Viens ici, petit.” Alors petit, d'accord, mais bon… costaud quand même ! Je m'assois, et il me fait : “Bon, tu es prévenu, ici je ne fais pas que terroriser les terroristes, je terrorise aussi les candidats”. Alors, je commence à lui dire que je ne suis candidat à rien, que je suis un gentil garçon, et il me fait : “C'est ce qu'on dit quand on arrive. Et après, on a plein d'ambitions… et on me regarde différemment.” »
– **Philippe Bouvard** : Ah, ce sont de bons conseils, hein ? Très bons conseils !

UNE HISTOIRE DRÔLE

– Moi, j'ai une mémoire fantastique, dit un centenaire à un autre vieillard. Je me souviens même des seins de ma mère à l'heure de la tétée…
– Moi, c'est encore mieux, dit le second, je me souviens d'un après-midi torride dans un buisson du bois de Boulogne. J'étais parti avec papa, et je suis revenu avec maman…

Citation

Qui a dit : « Le rire est à l'homme ce que la pression est à la bière. » ?

Question du jour

Quelle est la particularité de George Washington, le premier président des États-Unis, par rapport à ses successeurs ?

Présentation des panélistes

Son foie tient encore le coup, mais son ego se dilate quand il est ivre de lui-même.

Jean-Jacques Peroni

Ce fut le seul président à être élu deux fois à l'unanimité, car il n'avait aucun opposant.

Pierre Dac.

UNE HISTOIRE DRÔLE

C'est un jeune couple dont la femme pense être enceinte. Le mari est mécanicien.
– Au fait, chéri, ce matin je vais voir mon gynécologue pour savoir si je suis enceinte.
– Bien. Alors, tu me téléphoneras au garage pour me dire ce qu'il en est.
Déception ! Le docteur lui dit qu'elle n'est pas enceinte, mais qu'elle souffre d'aérophagie. De retour à la maison, elle téléphone au garage :
– Allô ? Bonjour monsieur, je voudrais faire faire une commission à mon mari Jean. Ne le dérangez pas, dites-lui simplement que je ne suis pas enceinte, mais que je fais de l'aérophagie.
Le soir, le mari rentre du travail très en colère. Il s'adresse à son épouse :
– Dis donc, qu'est-ce que tu es allée leur raconter, au garage ? Toute la journée, mes collègues m'ont dit : –
– Hé, Jeannot ! Amène ta biroute, on a un pneu à regonfler !

Citation

Qui a dit : « Le seul sport que j'aie jamais pratiqué, c'est la marche à pied, quand je suivais les enterrements de mes amis sportifs. » ?

Question du jour

Le boswellia est un arbre poussant en Afrique intertropicale. Que produit-il ?

Bouvardise

Le cœur ne bat pas de la même façon derrière une cravate que sous un tee-shirt.

George Bernard Shaw.

De l'encens.

Jeudi 4 **Octobre**

SAINT-FRANÇOIS-D'ASSISE

Trop poli pour être honnête

par Macha Méril

S'il y a une chose qui m'agace, c'est bien la nouvelle politesse artificielle et systématique dont nos concitoyens sont affectés depuis quelques années.
Dès le matin, on attaque avec des « bonne matinée », « bonne fin de matinée », « bon début d'après-midi », « bonne fin d'après-midi », « bonne fin de journée », « bon début de soirée », et ainsi de suite. Les perfectionnistes vont bientôt nous souhaiter un « bon milieu d'après-midi », ou un bon « trois quarts de matinée », ou peut-être les « bonnes heures de transport en commun », ou les « bons moments passés aux chiottes », ou les « bon roupillons dans le TGV ». Mais où est la vraie politesse ? Celle du cœur, celle de la stratégie affective ? Chaque jour, un mot plus doux, plus tendre, pas du premier coup, pas d'office, les silences et les pudeurs parlent autant que les accolades et les embrassades forcées.
« Comme vous avez un joli regard, aujourd'hui ! », « Je vous sens rieuse » ou « Je vous sens amoureuse », ou « nostalgique », ou « rêveuse » ou « distante ».
« Que puis-je pour vous ? Vous savez que je vous observe, que je ne suis pas indifférent à votre humeur, à votre sourire intérieur. »
« Que vous sentez fort aujourd'hui, je vous sens péteuse ! »
Hélas, je rêve ! Je n'entends que des « Excusez-moi, j'étais avant vous ! » que l'on profère en me piquant le dernier siège dans l'autobus, et des « Je n'ai que deux mains ! » aux caisses des magasins. Tout ça avec un beau sourire commercial, bien hypocrite, un sourire qui dit : « Je suis poli, vous ne pouvez rien me reprocher, je vous emmerde ! »
La fausse politesse qui sert d'emballage à la grossièreté et à l'indifférence. Vive les rustres et les mal peignés ! Vive Peroni et Mabille ! Au moins, on sait ce qu'ils pensent, et avec eux, on ne peut avoir que de bonnes surprises !

UNE HISTOIRE DRÔLE

C'est une blonde qui postule pour un emploi de secrétaire de direction. Au cours de l'entretien d'embauche, le patron lui demande :
– Si vous deviez passer la nuit avec un homme célèbre, mort ou vivant, lequel choisiriez-vous ?
La blonde, sans hésiter :
– Le vivant !

Citation

Qui a dit : « Le sexe c'est comme la belote : si tu n'as pas un bon partenaire, tu as intérêt à avoir une bonne main ! » ?

Jean-Claude Van Damme.

Question du jour

Que jette de son balcon le maire de Dunkerque durant le carnaval ?

Des harengs fumés.

Bouvardise

Le conducteur qui respecte les limitations routières est récompensé par le maintien de la valeur vénale de son véhicule, puisqu'au moment de le revendre, il peut arguer d'une dernière vitesse toute neuve.

Citation

Qui a dit : « Les citations sont les pilotis de l'écrivain fantôme : sans elles, il s'enfoncerait doucement dans le néant. » ?

Erik Orsenna.

Question du jour

En octobre 1971, sur les recommandation de Jacques Martin, qui présenta pendant seulement cinq jours l'émission Midi Magazine avec Danièle Gilbert ?

Coluche.

Bouvardise

On a tort de se moquer des militaires, car lorsqu'ils organisent, comme les couturiers, des défilés, ils n'exhibent, eux, que des modèles conçus pour le terrain.

Le fantôme de Jack Lang

– **Philippe Bouvard :** Est-il exact que certaines nuits, le fantôme de Jack Lang revient hanter votre bureau ?

– **Frédéric Mitterrand :** Ce n'est pas certaines nuits, c'est nuit et jour !

– **Philippe Chevallier :** Et ce n'est pas le fantôme ! C'est Jack Lang en personne !

– **Frédéric Mitterrand :** Chaque fois que l'on m'appelle « monsieur le ministre », je me retourne, parce que j'ai l'impression qu'il est derrière moi. Et vous savez qu'en plus, il est derrière moi ! Cela dit, il a été un très grand ministre. Et il a fait des choses formidables.

UNE HISTOIRE DRÔLE

Gilbert va dîner avec les dix plus belles filles de la côte. Il entre dans sa voiture, une Lamborghini, et il passe la première, la seconde… Il va à 150 km/h, il prend un virage à 180 degrés, et là, en plein milieu de la route, il y a un hérisson qui traverse sans regarder. Gilbert freine trop tard. Le hérisson est transformé en pizza routière, et Gilbert en statue de César. Gilbert monte au ciel, et devant lui, saint Pierre dort, son auréole sur le nez.

Saint Pierre se réveille :

– Vous êtes qui, vous ?

– Ben je suis Gilbert.

– Aïe, aïe ! Ben vous ne deviez pas mourir aujourd'hui.

– Comment ça, pas aujourd'hui ?

– C'est une erreur, on va vous renvoyer sur la Terre.

– Attendez, attendez, monsieur saint Pierre, vous venez de me faire rater un rendez-vous avec les dix plus belles filles de la côte. Vous venez de me casser ma Lamborghini à 150 briques et vous venez me dire que c'est une erreur et qu'on va me renvoyer sur la Terre avec la gueule que j'ai ? En plus, j'ai perdu plus de la moitié de mes dents. Haaaaaaa ! Mon sexe ! Mon sexe est arraché ! Vous avez intérêt à me rendre mes 32 dents et mon sexe, sinon je fais un scandale !

– D'accord, d'accord, Gilbert. Je fais un miracle. Préparez-vous !

Abracadabra, pouf ! Un gros nuage de fumée. Saint Pierre regarde les dégâts : au lieu de lui rendre 32 dents et un sexe, il lui a donné 32 sexes et une dent.

– Halala ! Alors ça, c'est le bouquet !

– Ne vous inquiétez pas, je refais un miracle.

– Mais vous ne comprenez pas, dit Gilbert, vous avez réalisé mon rêve !

Il redescend sur la Terre.

– Les filles, c'est Gilbert qui revient avec 32 bites !

Et à ce moment, saint Pierre intervient et dit :

– Hé, Gilbert. Ta caisse de roubignoles, c'est moi qui la descends ?

Samedi **6** SAINT-BRUNO | Dimanche **7** SAINT-SERGE | **Octobre**

Quand Laura Bush se prenait pour Damidot

– **Frédéric Saldman :** C'est une histoire incroyable, qui m'est arrivée alors que j'étais aux États-Unis. Je suis à New York, et je rencontre un vieux copain qui a fait ses études avec le président Bush junior. Il m'en parle et m'explique qu'ils se voient toujours. Je lui dis que je suis comme un môme, et que j'adorerais aller à la Maison Blanche, il me répond : « Écoute, ça tombe bien ! On va y aller, il y a un petit dîner, je t'invite ! » Je me retrouve donc chez le président des États-Unis, et je n'en revenais pas d'aller chez le genre de personne que l'on voit dans tous les médias. Et puis, c'était justement au moment de Noël, et Laura Bush avait décoré la Maison Blanche en orange flashy d'un goût épouvantable. À un moment du dîner, le Président s'approche de moi et dit : « Vous êtes français ? » Je réponds que oui, et du coup sa femme s'approche et me demande : « Donc, vous avez du goût ? » Ce à quoi je réponds affirmativement. Elle me demande alors : « Que pensez vous de la déco ? » Je lui dis : « C'est tellement beau que ça me donne des idées pour chez moi ! » À ce moment-là, le Président me regarde, lève les yeux au ciel, gonfle ses joues puis les dégonfle lentement, totalement dépité par le « bon goût français ».

UNE HISTOIRE DRÔLE

Un monsieur plus tout jeune – 85, peut-être 90 ans – entre chez le médecin et demande :

– Docteur, j'ai besoin d'un fortifiant, ça ne va plus du tout. Vous comprenez, je suis fiancé à une jeune fille et chaque fois que je vais chez elle, j'ai des difficultés.

– Mais vous savez, c'est tout à fait normal à votre âge.

– Pas du tout, docteur. Au premier, pas de problème, mais au deuxième, ça devient difficile et au troisième, c'est fini, je peux plus.

– Alors, arrêtez-vous au premier, c'est déjà très bien comme ça, répond le docteur, un peu admiratif.

– Mais docteur, la jeune fille habite au quatrième !

Citation

Qui a dit : « Le vrai con est con. Celui qui n'est pas un vrai con n'est pas plus con qu'un autre. » ?

Question du jour

Dans le jargon policier, qu'appelle-t-on de la « tricoche » ?

Bouvardise

Ce qui me désespère et me rassure à la fois, dans toutes les manifestations du racisme, c'est que la victime n'attend que le moment de devenir à son tour un bourreau.

C'est le fait, pour un fonctionnaire de police, de travailler au noir et en sous-main pour une société de gardiennage ou d'intelligence économique.

Frédéric Dard.

Citation

Qui a dit : « Le nombre de publicités vantant les produits pour faire grossir les seins est plus important que le nombre de publicités invitant les dames à se cultiver. » ?

Jean Yanne.

Question du jour

Autrefois, qu'est-ce que l'Église surnommait la « semence maudite » ?

Un enfant de prêtre.

Présentation des panélistes

Quand il sera devenu un ancien combattant de l'amour, c'est la grande Lulu qui ranimera sa flamme.

Jacques Mailhot

La vie des seins

– Philippe Bouvard : Il va bientôt y avoir une journée internationale de l'Allaitement, mais je crois, Chantal, que vous n'êtes pas concernée.
– Chantal Ladesou : Mais c'est très bien, l'allaitement.
– Philippe Bouvard : Vous avez le matériel, ça on le sait ! Mais est-ce que ça fonctionne encore ?
– Macha Méril : Philippe, soyez délicat. Nous sommes là à cause de notre expérience, de notre sagesse. On peut pas avoir les deux, on ne peut pas être des petites jeunettes en même temps.
– Philippe Bouvard : Est-ce que vous avez allaité dans votre vie ?
– Amanda Lear : Pas moi, non…
– Macha Méril : Moi non plus.
– Chantal Ladesou : Moi, oui.
– Macha Méril : Tu dis ça avec une tête…
– Chantal Ladesou : Ah ! non ! Mais attends, c'est génial ! Tu étais Jane Birkin et tu deviens Mae West d'un seul coup ! Ça te fait des seins énormes.
– Amanda Lear : Il faut voir le résultat, après…
– Chantal Ladesou : Après, d'un seul coup, ce sont des gants de toilette !

UNE HISTOIRE DRÔLE

Une mère a trois filles vierges qui se marient en même temps. Comme elle est inquiète de leur manque d'expérience sexuelle, elle leur fait promettre d'envoyer une carte postale de leur lune de miel. La première envoie une carte de Tahiti deux jours après le mariage. Il y a seulement écrit « Nescafé ». La mère reste perplexe, mais va à la cuisine, sort un pot de Nescafé et lit : « Bon jusqu'à la dernière goutte. » Elle est heureuse pour sa fille.
La deuxième envoie une carte de la Côte d'Azur une semaine après le mariage, et la carte dit : « Rothmans ». La mère prend le paquet de cigarettes et lit : « Extra Long. King Size. » Elle est contente pour sa fille.
La troisième part à Paris. La mère attend une semaine, puis deux, puis trois. Enfin, une carte finalement arrive. Elle porte juste ces mots : « South African Airways ». La mère attrape un magazine et trouve une pub, qui dit : « Dix fois par jour, sept jours par semaine, dans les deux sens. » Et la maman s'évanouit !

Attention au prénom !

par Philippe Chevallier

Ah, mes chers amis ! Y en a-t-il de la misère, sur cette Terre. Je ne parle pas des cataclysmes, séismes et inondations en tous genres, des épidémies et de la famine, non ! Je parle de ce qui se passe chez nous en ce moment. Pas des grèves et de la pénurie d'essence, non, mais de quelque chose de beaucoup plus grave. De braves parents français, d'honnêtes citoyens qui ont appelé leur fille Zoé, apprennent que la firme Renault va baptiser sa prochaine voiture de ce même prénom. Zoé, pour une voiture ! Un collectif de pères et mères de famille dont les enfants s'appellent Zoé est donc en train d'attaquer la marque automobile afin qu'elle change le nom de la nouvelle auto pour, je cite, « ne pas traumatiser les petites Zoé qui ne manqueront pas de faire l'objet de la risée de leurs camarades de classe ». Surtout celles dont le nom de famille est Renault.

Un père de famille concerné par ce drame a déclaré : « Je ne veux pas qu'on dise à ma fille : alors Zoé Renault, ça roule ? » Cet homme responsable, qui reste digne malgré le drame qui le frappe, nous a épargné les blagues salaces qui ne manqueraient pas de pleuvoir sans sa vigilance. « Tu as un beau châssis, Zoé ! » « Tes airbags sont en option ? » Il a raison, ce monsieur, car les enfants sont cruels.

Combien d'enfants ont été humiliés quand ils étaient petits, alors que leur personnalité encore fragile était en construction ? Les petites Clio, par exemple, dont les parents épris d'humanité gréco-latine voulaient qu'elles fussent poétesses, ont passé leur adolescence à se faire appeler « Clito » par leurs camarades de classe boutonneux avant d'être assimilées, elles aussi, à une automobile.

Ils ont raison, ces parents : ne prêtons plus le flanc à la blague de mauvais goût. Moi qui vous parle, chers amis, je me prénomme Philippe ; nous en connaissons un autre dans cette enceinte. Combien de fois ai-je entendu, quand j'étais moutard : « Eh ! Philippe, tu n'as pas de slip ? » Ça marque ! C'est pour ça que j'ai souvent la main à cet endroit-là : c'est pour vérifier.

Pareil pour Bernard, Mabille me l'a confirmé. « Eh ! Bernard, tu n'as pas de bénard ? » Ce n'est pas fini ! On pourrait quand même signaler à notre collectif de parents furieux que de grandes marques automobiles ont utilisé des prénoms pour se faire un nom : Mercedes ou Morgan. Il y a même des prénoms plus populaires comme Paulo, et ne dit-on pas : « En voiture, Simone ! » Est-ce que les Ariane se sont senties affectées qu'une voiture porte leur nom ? Et le boum des Véronique, en 1960, est-il étranger au succès de la fusée du même nom ?

Vous me direz, on connaît peu de gars qui s'appellent Spoutnik ou Soyouz.

Chers parents de Zoé, si vous voulez que votre progéniture échappe à la raillerie populaire, je vous suggère d'appeler vos enfants par des numéros. Par exemple, 306, 207 ou 404, qui me paraissent assez neutre ; surtout si vous vous appelez Renault. En revanche, si vous vous appelez Peugeot, c'est différent. Prenez 22 ou 7, parce que 207 Peugeot, vous allez encore faire rigoler !

Citation

Qui a dit : « Il y a en tout deux catégories de femmes : celles que l'on paie avant et celles que l'on paie après. » ?

Jacques Brel.

Question du jour

Que fit pour la première fois le révérend père Pichard, le 9 octobre 1949 ?

C'est lui qui célébra la première messe diffusée à la télévision française.

Bouvardise

Je m'accepte comme je suis, à condition de pouvoir être encore, de temps à autre, ce que j'étais.

UNE HISTOIRE DRÔLE

Deux femmes, collègues de travail, vont à La Poste acheter des timbres pour le bureau. Elles prennent place dans la file d'attente, lorsque deux individus masqués font brusquement irruption avec chacun une arme à la main.
– C'est un hold-up ! hurlent-ils. Tout le monde à plat ventre !
L'une des femmes se met à plat ventre et tourne légèrement la tête. Elle aperçoit sa collègue couchée sur le dos. Elle lui souffle :
– Hé, Josiane, retourne-toi ! C'est un hold-up, pas une fête d'entreprise !

On surfe sur Google

– **Philippe Bouvard :** On parlait de Google – l'autre –, eh bien la Commission générale de terminologie s'en est préoccupée. Vous savez, c'est une commission créée il y a des années, qui est chargée, en principe, de substituer des équivalences françaises à des expressions étrangères.
– **Jean-Jacques Peroni :** Ça ne marche jamais, de toute façon !
– **Bernard Mabille :** Johnny l'avait chanté. « Quoi, Google, qu'est-ce qu'il a, Google ? »
– **Philippe Bouvard :** Le mot qu'ils suggèrent – et ça n'aura pas plus de succès que les précédentes tentatives, j'en suis sûr – pour remplacer Google, est le mot « ardoise ».
– **Philippe Chevallier :** Ça fait un peu bistro, je trouve !
– **Bernard Mabille :** Mais quel rapport ?
– **Jean-Jacques Peroni :** Google, c'est une marque déposée, en plus. Alors, dans ce cas, si on veut acheter une Ford, on va acheter un radis, parce que Ford, on peut le traduire aussi…
– **Chantal Ladesou :** C'est un radis, la Ford ?
– **Jean-Jacques Peroni :** Non, mais Google, ce n'est pas une ardoise non plus !
– **Philippe Chevallier :** Peut-être, mais il faudrait parler parfaitement l'anglais, comme Philippe Bouvard, pour savoir…
– **Philippe Bouvard :** Qu'est-ce qu'il a, mon anglais ?
– **Jean-Jacques Peroni :** C'est pour ça qu'on n'est pas invités aux mariages royaux, c'est à cause de vous !
– **Bernard Mabille :** Philippe a appris l'anglais à l'os en gelée !

Citation

Qui a dit : « Un bon film, c'est celui qui vaut le prix du ticket, du restaurant et de la baby-sitter. » ?

Question du jour

Qu'est-ce qu'une cicatrice anatolienne ?

Présentation des panélistes

Levé chaque matin avec les poules, pour nous faire entendre l'après-midi son chant du coq.

Bernard Mabille

Orson Welles.

Un réseau de failles provenant des tremblements de terre.

Marre du principe de précaution !

par Bernard Mabille

Un coup de sang contre les chercheurs en médecine dont le métier consiste à nous arroser chaque jour de nouvelles mises en garde, nous privant toujours un peu plus des petits plaisirs de la vie. Déjà que je ne fume plus, ne mange plus, ne bois plus, ne baise plus par peur de choper, la fièvre aphteuse, la tuberculose, le palu, la jaunisse et la tremblante du mouton, voilà qu'une certaine Mme Wurtz de la faculté médicale d'Utrecht nous balance les facteurs susceptibles de provoquer la rupture d'anévrisme ou « comment devenir un légume sans passer par la case potagère ».

Comme si je n'étais déjà pas assez emmerdé par tout un tas de facteurs : Bébert d'abord, le préposé de mon quartier, qui refuse obstinément de me monter les recommandés à l'étage, m'obligeant à prendre mes journées de RTT pour aller les chercher à la Poste où, après trois heures de queue, je découvre que la Matmut me réclame une facture que j'ai déjà réglée, en s'excusant par avance : « Si nos courriers se sont croisés, ne tenez pas compte de cette lettre ».

Donc, selon Mme Wurtz, voilà les risques de ruptures d'anévrisme. Je lis : « Consommer du café. Se moucher. Éternuer… » Là, madame, je me marre. Il est quand même très rare, au petit matin dans un troquet de voir un mec un espresso d'une main, se moucher de l'autre avant d'expulser morve et arabica sur le miroir du bistrot suite à un éternuement digne d'une explosion nucléaire.

Je lis toujours : « Consommer du café, se moucher, éternuer, faire l'amour… » Là, je rigole. Il n'est tout de même pas courant, madame Wurtz de voir un mec demander à sa femme de bien vouloir se déshabiller, de se retourner puis de s'arc-bouter à la cafetière afin de disposer sur son dos – comme il le ferait sur une table basse – sa tasse de café, son sucre, sa petite cuillère, sa boîte de mouchoirs jetables puis de commencer le simulacre de la reproduction tout en coinçant un formidable éternuement en hurlant à tue-tête : « Attention chérie, je sens que ça vient ! Mais pas par le bas, par le haut ! » Je continue ma lecture : « Consommer du café, se moucher, éternuer, faire l'amour, se mettre en colère et boire du cola. » Je pouffe, madame Wurtz. Il est inimaginable de demander à sa femme de bien vouloir se déshabiller, de se retourner puis de s'arc-bouter à la cafetière afin de disposer sur son dos – comme vous le feriez sur une table basse – votre tasse de café, votre sucre, votre petite cuillère, votre boîte de mouchoirs jetables puis de commencer le simulacre de la reproduction tout en coinçant un formidable éternuement et de piquer en même temps entre deux va-et-vient supersoniques une énorme colère contre les copains de vos gosses qui, dans la pièce d'à côté sont en train de siffler votre bouteille de 100 cl de Coca, celle que vous avez mise au frais pour reprendre des forces après l'amour.

Je poursuis ma lecture et je finis enfin : « Consommer du café, se moucher, éternuer, faire l'amour, se mettre en colère, boire du cola et – je cite le rapport – déféquer avec lenteur et difficulté. » En un mot, souffrir d'une constipation permanente et douloureuse. Je me tape sur les cuisses. Je ne vous refais pas le film. Si jusque-là, je vous avais prise au sérieux, madame, votre histoire de constipation, c'est la goutte d'eau qui fait déborder la chasse ! Je vous le dis tout net, madame Wurtz : « Là, c'est vous qui poussez ! »

Citation

Qui a dit : « Les avions sont des jouets intéressants, mais n'ont aucune utilité militaire. » ?

Le maréchal Ferdinand Foch.

Question du jour

Quelle célèbre scène du cinéma français nécessita près de 250 boulons ?

La scène de l'accident entre la Rolls-Royce de De Funès et la 2CV de Bourvil, dans Le Corniaud, de Gérard Oury.

Présentation des panélistes

Toujours blonde comme le blé mais parfois aussi fauchée.

Évelyne Leclercq

UNE HISTOIRE DRÔLE

Une femme dit à son mari :

– J'en ai assez ! Tu ne t'intéresses pas à moi, il n'y a que le football qui compte. Le samedi soir, tu ne me sors jamais, tu vas au match. Le dimanche, tu en regardes un autre à la télé, le mardi tu remets ça. Tu ne parles que de foot, j'ai l'impression de ne pas exister. Je suis sûre que tu ne te souviens même pas de la date de notre mariage !

– Alors là, tu te trompes ! C'est le jour où le Milan AC a battu Barcelone 4 à 0, en finale de la coupe d'Europe !

Sophie Daumier préférait Bedos à Kennedy

– **Guy Bedos :** Sophie et moi avions tourné dans un film à sketches que j'avais écrit, qui s'appelait *Dragées au poivre*, et qui avait eu beaucoup de succès en France, en Italie… partout. Donc, nous avons été invités à des festivals à Venise, à Londres et à New York, entre autres. Nous étions dans l'avion pour New York avec notre producteur, et il s'y trouvait aussi Porfirio Rubirosa et Ted Kennedy, le frère le moins connu. Ted s'amène vers nous, regarde Sophie, et se met à la draguer devant moi. Mais vraiment, il ne me « calculait » pas, comme disent les jeunes. Alors bon, je le laisse faire, c'était quand même le frère du président des États-Unis. Je n'allais pas lui mettre un coup de boule à la Zidane tout de suite. Je voyais bien que Sophie s'amusait à le faire marcher. Ce n'était pas du tout une allumeuse, et je crois qu'elle m'aimait beaucoup. Ils échangent leurs adresses. Elle lui dit, à sa demande, que nous sommes à l'hôtel Plazza, sur la 5e avenue. Et lui, je le revois encore dire en anglais : « Me, White House ! » J'ai failli demander quel était le métro ! Un soir, nous étions dans notre chambre au Plazza, et on s'emmerdait entre deux projections. On nous appelle pour nous dire que Ted Kennedy est dans le hall avec sa sœur, la femme de Peter Lawford, un acteur que j'aimais bien, qui appartenait à la bande de Sinatra. On nous demande de nous habiller, je mets donc mon smoking et elle une robe de soirée, puis nous descendons. On arrive dans le hall où Ted Kennedy – grâce à un langage franco-américain – dit qu'il n'y aura pas assez de couverts, et que Sophie est la bienvenue, mais que pour moi ce sera pour une autre fois. Sophie lui répond alors : « Nous, on est comme des domestiques espagnols, c'est les deux ou c'est rien ! »

Citation

Qui a dit : « Le tennis et le ping-pong, c'est pareil. Sauf qu'au tennis, les joueurs sont debout sur la table. » ?

Question du jour

Au théâtre, que sont des « trappillons » ?

Présentation des panélistes

Les hommes qu'elle a connus bibliquement ne figurent pas dans l'Ancien Testament.

Évelyne Leclercq

Des ouvertures dans le plancher de la scène donnant passage aux décors qui montent des sous-sols.

Coluche.

Samedi **13** SAINT-GÉRAUD | Dimanche **14** SAINT-JUSTE | **Octobre**

Comment faire partie des *Grosses Têtes* ?

– **Philippe Bouvard :** *Les Grosses Têtes* constituent une petite académie, et dans cette académie se produisent, hélas, des disparitions. Tout à l'heure nous avons rendu hommage à celui qui fut la bonne conscience culturelle de l'émission pendant trente ans. Mais il y a aussi, de temps à autre, pour remplacer ceux qui ont disparu, des arrivées et des candidatures. Mais des candidatures que nous regardons à la loupe, parce que nous ne voulons pas admettre n'importe qui ! Il se trouve qu'aujourd'hui nous enregistrons la candidature d'un monsieur Laspalès, Régis, ici présent. Et je prends quelqu'un au hasard, Philippe Chevallier, pour vérifier les qualités de l'impétrant.

– **Philippe Chevallier :** C'est moi le parrain putatif, alors ?

– **Frédéric Mitterrand :** On avait Mat, et maintenant on a Mut !

– **Philippe Chevallier :** Monsieur le ministre, ça me fait plaisir de savoir que vous lisez les bons auteurs !

– **Frédéric Mitterrand :** Et que je suis bien assuré ! Avant de venir, j'ai relu mes polices.

– **Philippe Chevallier :** Mais ici, il y a une confiance mutuelle qui règne.

– **Régis Laspalès :** Nous sommes très touchés.

– **Philippe Chevallier :** Alors, Laspalès, qu'est-ce qui t'arrive ?

– **Régis Laspalès :** J'aimerais bien participer aux *Grosses Têtes* régulièrement, en tant que panéliste. Est-ce que tu crois que ce serait possible ?

– **Philippe Chevallier :** Mais oui ! Il y a seulement quelques règles de base à respecter, quelques écueils à éviter. Le tout, c'est d'être drôle, rien de très compliqué ! Mais comme c'est principalement radiophonique, il ne faut pas privilégier le visuel.

– **Régis Laspalès :** Non, mais moi, des blagues, j'en connais ! Mon tonton Roger, il nous en racontait quand j'étais en vacances.

– **Philippe Chevallier :** Alors, vas-y !

– **Régis Laspalès :** C'est l'histoire de deux gars qui vont acheter de la vaseline…

– **Philippe Chevallier :** Pas devant le ministre ! Prends plutôt un classique qui ne gênera personne. Par exemple, l'histoire du manchot qui demande à une bonne sœur de l'aider à faire pipi

– **Régis Laspalès :** Ah oui ! C'est quoi ?

À suivre

Citation

Qui a dit : « Nous nous acheminons lentement, mais sûrement, vers le jour où le nombre de fonctionnaires du ministère de l'Agriculture dépassera celui des agriculteurs. » ?

Jean Amadou.

Question du jour

Quelle étoile est aussi appelée l'« œil du Taureau » ?

Aldébaran.

Bouvardise

Bizarrerie anatomique : on ne trouve plus l'oreille de ses contemporains sans flatter d'abord leur encolure.

Lundi

15 Octobre

SAINTE-THÉRÈSE-D'ÁVILA

Citation

Qui a dit : « Les deux plus belles conquêtes que l'homme ait faites sur lui-même, c'est le saut périlleux et la philosophie. » ?

Les frères Goncourt.

Question du jour

Lorsqu'il était président du Conseil pendant la Grande Guerre, le surnom de George Clemenceau était « le Tigre ». Mais quel était son surnom lorsqu'il était député, puis sénateur ?

Le « tombeur de ministères ».

Bouvardise

Sur la corde raide de la vie, les remords font office de balanciers.

Comment faire partie des *Grosses Têtes* ? (SUITE)

– **Philippe Chevallier :** Ah bah… ça y est, c'est fait, je l'ai racontée ! Court et efficace !

– **Régis Laspalès :** Comme moi avec ma femme !

– **Philippe Chevallier :** Exactement ! Parfait ! Une petite gauloiserie de temps en temps, ni vu ni connu, je t'embrouille.

– **Régis Laspalès :** Oui, mais il y a la culture, aussi… L'habillage indispensable. Moi, j'ai pas dépassé le certif'.

– **Philippe Chevallier :** Te fais pas de souci avec ça, la culture, c'est l'alibi. Si tu crois que Peroni est agrégé de l'université…

– **Frédéric Mitterrand :** Pourquoi il parle de la Lybie, là ? C'est une émission politique, je me suis trompé de plateau !

– **Philippe Chevallier :** Non, c'est parce que je suis Tripoli. Et quant à Mabille et Mailhot, le seul diplôme qu'ils aient est celui de secouriste pour filles à gros nichons.

– **Régis Laspalès :** Peroni, il lit beaucoup, quand même.

– **Philippe Chevallier :** Ah oui ! Mais ça, c'est parce qu'il est toujours fourré aux cabinets.

– **Frédéric Mitterrand :** Pas le mien, en tout cas !

– **Philippe Chevallier :** Il a de gros besoins, alors il en profite pour lire. Ça, je le sais de source sûre. De toute façon, ne t'inquiète pas, Régis, les citations, c'est toujours Sacha Guitry ou Jules Renard.

– **Régis Laspalès :** Ah oui, d'accord. Alors vas-y, pose-moi une question.

– **Philippe Chevallier :** Qui a écrit *Les Misérables* ?

– **Régis Laspalès :** Sacha Guitry !

– **Philippe Chevallier :** Mais non, mais non !

– **Régis Laspalès :** Ah, mais oui ! Je suis bête, Jules Renard !

– **Philippe Chevallier :** Toujours pas. Pour une fois, ce n'est pas eux, c'est Balzac !

– **Régis Laspalès :** Mais il faut être drôlement au courant de l'actualité.

– **Philippe Chevallier :** Penses-tu ! Mais non ! Tiens, en général, c'est un truc comme ça : « Une étude de l'université de Boston, dans le Massachussetts… » Alors je te préviens juste, Philippe prononce : « masse-moi les chaussettes ».

– **Régis Laspalès :** Ah ? Il ne parle pas bien anglais ?

– **Philippe Chevallier :** Non, et l'allemand, c'est pire ! « Une étude, donc, a porté sur le comportement des écrevisses en milieu marin, et a conclu que les écrevisses mâles perdaient leurs moyens sexuels quand l'eau était trop salée. »

À suivre

Mardi **16** **Octobre**

SAINTE-EDWIGE

Comment faire partie des *Grosses Têtes* ? (SUITE ET FIN)

– **Régis Laspalès :** Et là, je réponds : « comme ma femme ! »
– **Philippe Chevallier :** Voilà ! Tu vois, tu prends le coup de main.
– **Frédéric Mitterrand :** Bon, eh ben moi, en tout cas, je m'en vais !
– **Philippe Chevallier :** Restez, monsieur le ministre, c'est bientôt terminé !
– **Frédéric Mitterrand :** Non, il y a un truc bizarre que j'ai entendu : « fourré au cabinet » ?
– **Philippe Chevallier :** Oui, il est toujours fourré au cabinet, Peroni.
– **Jean-Jacques Peroni :** Oui, eh bien, s'il te plaît, n'insiste pas !
– **Régis Laspalès :** Ça allonge bien le sketch, tout ça.
– **Philippe Chevallier :** Tu seras aussi amené à être l'arbitre de la partie de tennis. Alors attention, il faut être diplomate : c'est l'invité qui doit gagner, mais il ne faut pas que Philippe soit humilié.
– **Régis Laspalès :** Oui, même perdant, il doit sortir grandi du match.
– **Philippe Chevallier :** Ah non ! S'il te plaît, pas d'allusion à la taille de Philippe Bouvard. C'est ridicule ! Philippe Bouvard n'est pas du tout petit : 1,80 mètre, ça n'a rien de petit !
– **Régis Laspalès :** Mais il ne fait pas 1,80 mètre…
– **Philippe Chevallier :** Ta gueule ! Tu veux rentrer aux *Grosses Têtes* ?
– **Régis Laspalès :** Ah oui, oui ! Suis-je bête !
– **Frédéric Mitterrand :** Il ferait n'importe quoi !
– **Régis Laspalès :** Et quand je fais l'arbitre, je donne des balles neuves à Philippe ?
– **Philippe Chevallier :** Je ne sais pas, pourquoi ?
– **Régis Laspalès :** Parce que j'imagine que les siennes ont déjà beaucoup servi.
– **Philippe Chevallier :** Et bah, tu vois ! C'est pas mal, mon petit Régis ! Allez ! Dernière question !
– **Régis Laspalès :** Ah oui ! Je fais des progrès, là.
– **Philippe Chevallier :** Qu'est ce que tu dirais si l'invité surprise s'appelait Simone Lalune, qu'elle était directrice de l'observatoire de Meudon, et qu'elle venait nous parler d'une nouvelle planète ?
– **Régis Laspalès :** Si elle est jolie, je lui dirais que j'aimerais bien lui montrer mon Spoutnik…
– **Philippe Chevallier :** Allez, c'est bon ! Je crois que tu es mûr pour les *Grosses Têtes.*

Citation

Qui a dit : « Les films sont plus harmonieux que la vie. Il n'y a pas d'embouteillage dans les films, il n'y a pas de temps mort. » ?

François Truffaut.

Question du jour

À qui est dédié le film *Papy fait de la résistance* ?

À Louis de Funès, car à l'origine il devait interpréter le rôle-titre.

Présentation des panélistes

Le gendre idéal de toutes les mamans qui ne veulent pas marier leur grande fille.

Vincent Perrot

UNE HISTOIRE DRÔLE

Après une longue nuit d'amour intense et torride, un gars se retourne sur le dos et regarde un peu partout dans la chambre de sa partenaire. Il voit la photo encadrée d'un homme sur la table de chevet, près du lit. Naturellement, il commence à paniquer.

– C'est ton mari ? demande-t-il nerveusement.

– Ben non, idiot ! répond-elle en se blottissant contre lui.

– Ton ami alors ?

– Pas du tout ! dit-elle en lui grignotant une oreille.

– C'est ton père ou ton frère ? dit-il pour se faire rassurer.

– Bien sûr que non ! dit-elle en riant.

– Mais, c'est qui alors ? demande le gars perplexe.

Calmement, la fille le ramène sur elle, l'enlace fermement dans ses bras et lui murmure à l'oreille :

– C'est moi, avant mon opération.

Citation

Qui a dit : « Les fonctionnaires sont les meilleurs maris : quand ils rentrent le soir à la maison, ils ne sont pas fatigués, et ils ont déjà lu le journal. » ?

Question du jour

Quel est l'auteur de la chanson patriotique « Le Rhin allemand » ?

Bouvardise

L'avantage du jeune fou sur le vieux sage réside dans le fait que la qualification du premier ne saurait être mise en doute.

George Clemenceau.

Alfred de Musset.

Jeudi **18** **Octobre**

SAINT-LUC

Ben mon colon !

par Bernard Mabille

C'est un coup de sang contre le ministère de la Santé, qui vient de m'envoyer un dernier rappel vindicatif, une lettre que j'ai décachetée négligemment ce matin en prenant mon petit déjeuner accompagné de mon ami Ricoré.
Je lis : « Monsieur, nous vous avons déjà écrit à deux reprises sans réponse pour vous inviter à participer au dépistage du cancer colorectal. » À 7 heures du matin, j'ai du mal à avaler mon petit pain au chocolat ! Je lis toujours : « Réalisez ce test au plus vite, avant de nous obliger à prendre des dispositions plus autoritaires. » En un mot, le ministère a les moyens de me faire chier ! Suit alors le mode d'emploi du test avec dessins à l'appui : « Vous avez reçu des étiquettes, des code-barres, une enveloppe, un test, une pochette de protection, trois plaquettes, six bâtonnets... », au cas où tu serais trop con pour t'en apercevoir toi-même. « Collez l'étiquette code-barres sur chaque plaquette », et là, si j'en crois la suite, « faites très attention à ce que vous aller lécher ». Un véritable piège à myope ! « Recueillez vos selles, qui ne doivent pas être en contact avec l'eau et l'urine. » C'est à ce moment que je propose à ma femme de reprendre du café. « Utilisez un récipient propre et sec, comme un pot de chambre. » J'ai bien celui de mon arrière-petite-fille qui est jaune et en forme de canard, mais vu la taille, pour viser juste, j'ai intérêt à m'équiper d'un rétroviseur panoramique ! « À défaut de pot de chambre, utilisez du papier journal. » Vous me voyez au milieu du salon, accroupi, le pantalon sur les chevilles, à me soulager sur la une de *Libération* ? Même le chien va se foutre de ma gueule ! « Évitez toute surface adhérente : paillasson, couverture... » Ils nous prennent vraiment pour des footballeurs. « Avec le bâtonnet, prélevez un échantillon de vos selles, l'échantillon ne doit pas être plus gros qu'une lentille ou un grain de riz. » C'est pour celui qui glisserait un étron de 1,5 kg dans l'enveloppe. « Déposez l'échantillon sur le cadre A de la plaquette, prélevez un autre échantillon que vous disposerez sur le cadre B. Laissez sécher dans un endroit propre et sec. » Si t'as pas fait bac+15 option vidangeur, t'es baisé ! « Réalisez cette opération sur trois selles successives, sur trois jours distincts. » Il vaut mieux prendre huit jours de vacances avant de s'y mettre... « Glissez le tout dans l'enveloppe et postez-le rapidement ! » Des fois que t'aurais envie de commencer une collection. Tout ça, ça sent la patte d'un chef de cabinet.
Donc, en attendant le test de la tuberculose ou celui des molards, je soutiens la grève des facteurs. Par esprit d'à-propos, le ministère m'envoie ça aujourd'hui, au premier jour de la semaine du goût... Bon appétit quand même !

Citation

Qui a dit : « Contre le camp de la majorité silencieuse, j'ai choisi la minorité bavarde. » ?

Guy Bedos.

Question du jour

Que font 70 % des femmes lors de leur premier rapport sexuel ?

Elles simulent le plaisir.

Bouvardise

J'ai peu d'idées, et pas énormément de convictions. La nécessité professionnelle d'en étaler dix fois plus que je n'en possède me place en état de faillite intellectuelle.

Citation

Qui a dit : « Les rois sont avec leurs ministres comme les cocus avec leurs femmes : ils ne savent jamais ce qui se passe. » ?

Voltaire.

Question du jour

À quel détail peut-on savoir que la Garde républicaine s'apprête à accompagner le président de la République ?

Au port du pantalon blanc. En temps normal, ils en portent un bleu.

Présentation des panélistes

Pas très écolo, elle allume les hommes, puis s'en va en oubliant de les éteindre.

Amanda Lear

Macha ne mâche pas ses mots

– **Macha Méril** : Je m'insurge contre la mondialisation de la mode. Quand nous étions jeunes, mon cher Philippe il y avait les pro et les anti blue jeans. On disait que c'était la mainmise de l'Amérique, que c'était indécent, toutes les parties intimes moulées, que c'était une offense à la culture française… bref, qu'on se dépersonnalisait. Puis, il y a eu les parkas cubaines, les ponchos chiliens, les casquettes soviétiques, les foulards palestiniens, et les Ray-Ban des mafieux siciliens. Celui qui portait un costume-cravate était déjà ridicule. Cette année, on s'est tapé les tongs. Ah, les tongs ! Elles étaient des tatanes de plage et sont devenues des chaussures du soir ! On en a vu de toutes les couleurs, de toutes les matières, avec des pierreries, des petits grelots et des petits baigneurs en plastique accrochés sur le pied. L'Asie nous a envahis par les pieds. Heureusement que nous vous avons, mon cher Philippe ! Irréductiblement français. Heureusement que vous n'étreignez pas vos poignets avec des bracelets de cuir ou de perles javanaises multicolores, ou que vous ne percez pas vos oreilles et vos sourcils pour y planter des anneaux africains ou des gris-gris mexicains. Vous êtes notre grand chef, notre espoir. Vous représentez des siècles de culture, de lumière, de raffinement et de sobriété…

– **Jean-Jacques Peroni** : Là, elle cherche une augmentation !

– **Macha Méril** : Vous êtes un exemple de fidélité et de rigueur. Vous incarnez l'homme idéal fier de ses valeurs. Vous n'êtes peut-être pas très suggestif côté sexe, mais…

– **Tous** : Là, ça se gâte !

– **Macha Méril** : … mais vous demeurez Français, et bien dans votre peau et votre siècle. Bravo ! Je vous approuve. Mais le soir, chez vous, j'espère que vous mettez un kimono japonais avec des chaussons inuit. Vous devez être très mignon ! Je vous embrasse « à la russe ».

– **Philippe Bouvard** : Ah ! La dernière phrase fait passer les autres. Cela dit, je vais voir pour le sac à dos, parce que je trouve ça assez pratique, et seyant.

– **Jacques Mailhot** : Je vous verrais bien arriver le matin : « Bonchour ! C'est Philippe Bouvard. On va faire les Grosses Têtes. Je pose mon sac à dos et je range mes baskets, et puis je descends la cravate… Une question de la mère Razoubit, de Saint-Denis…

– **Macha Méril** : Je suis sincère, Philippe ! Vraiment, vous êtes un exemple ! Tenez bon !

– **Philippe Bouvard** : Je me suis mis sur mon trente et un parce que je savais que vous veniez et que je n'avais pas d'autre attrait sexuel pour vous que le nœud… de ma cravate. Est-ce que je dois fermer le col, ou je peux le laisser ouvert ?

Connaissez-vous la confituromancie ?

– **Philippe Bouvard :** Pour les besoins d'une émission télévisée, utilisant une caméra dissimulée, puisqu'à l'époque je faisais financer mes canulars par le service public, j'avais loué une roulotte que j'avais installée à la Foire du Trône. Dans cette roulotte, j'avais installé une jeune comédienne qui s'appelait Roselyne Youn, que j'avais travestie en gitane. Et on avait inventé un nouveau support de voyance, une nouvelle méthode qu'on avait baptisée « confituromancie » ! C'était gratuit. Donc, les braves gens se précipitaient autour de la roulotte, ils montaient les quatre marches et à l'entrée, avant d'accéder à la voyante, il y avait une grande assiette à soupe dans laquelle j'avais déposé de la confiture. Ils plongeaient la main dans la confiture, mettaient la main sur un papier blanc, et puis après, grâce aux taches, elle leur disait leur avenir. Je les voyais redescendre dégoulinants de confiture, s'en mettre partout… J'étais honteux, je le suis encore.

UNE HISTOIRE DRÔLE

C'est un gars de 42 ans, qui rencontre une dame de 62 ans dans un bar. Elle est superbe et ne paraît vraiment pas son âge. La dame boit allègrement, tout en soutenant les conversations du jeune homme. À un certain point, elle lui demande sans détours s'il a déjà vécu une expérience à trois… avec une mère et sa fille. Un peu embarrassé, il lui avoue que non, mais qu'elle pourrait peut-être tenter de le convaincre d'essayer. D'un seul trait, la dame finit son verre, s'essuie les lèvres et, en le regardant droit dans les yeux, lui dit :

– C'est votre jour de chance, jeune homme !

Il est vraiment fébrile, tout au long du trajet qui les mène chez elle. En pénétrant dans la maison, la dame allume la lumière et crie à tue-tête, en direction de l'escalier :

– Maman… Tu ne dors pas encore ? J'ai trouvé quelqu'un pour passer la nuit avec nous.

Citation

Qui a dit : « Les spectateurs sont jaloux des comédiens, parce qu'ils s'imaginent que les comédiens couchent avec les comédiennes, ce qui est rigoureusement exact. » ?

Question du jour

En rhétorique, en quoi consiste la figure appelée « prosopopée » ?

Bouvardise

Qui dira la tristesse des secrétaires de rédaction obligés de faire composer en très gros caractères des noms de confrères au talent très mince ?

Sacha Guitry.

C'est le fait de faire parler un mort.

UNE HISTOIRE DRÔLE

Une naine va consulter un gynécologue.
– Docteur, c'est terrible ! Chaque fois qu'il pleut, j'ai l'entrecuisse brûlant, le sexe en feu !
– Je ne vois rien de particulier, aucune inflammation. Revenez me voir quand il pleuvra.
Huit jours plus tard, alors qu'il pleut des cordes, la naine revient chez le gynécologue.
– Docteur, c'est épouvantable, ça me brûle, je suis encore en feu !
– Allongez-vous.
Après l'avoir examiné, il dit :
– Ne bougez pas. Je vois ce que c'est ! Il va chercher un instrument et crac, crac, crac. Elle l'entend opérer.
Deux minutes plus tard, il lui dit :
– C'est terminé. Levez-vous et marchez.
La naine se lève, fait quelques pas, et s'écrie :
– Je n'ai plus mal, plus du tout ! Docteur, vous êtes extraordinaire !
– N'exagérons rien ! J'ai simplement raccourci vos bottes en caoutchouc !

Les statistiques de Peroni

– Avec la crise du concombre, 80 % des femmes célibataires se sont rabattues sur la banane…
– Par solidarité avec les agriculteurs victimes de la sécheresse, 60 % des pochtrons ne mettent plus d'eau dans le Pernod.
– 30 % des enfants de chœur s'équipent de rétroviseurs, pour savoir d'où vient M. le curé !
– Pour économiser l'eau, 20 % des femmes font la vaisselle en prenant leur bain.

– Depuis l'affaire Luc Ferry, 60 % des ministres n'osent plus se vanter de posséder un maroquin…
– 40 % des hommes qui se sont faits à la force du poignet sont sourds…
– Au musée du Louvre, 80 % des visiteurs demandent où est *La Joconde*… Les 20 % qui restent demandent : « Où sont les toilettes ? »
– Et enfin, 20 % des Thérèse ne rient pas quand on les… 50 % des Monique n'ont pas besoin que deux les tiennent quand on les… Et je ne vous parle pas des 90 % des Ursule qui n'aiment pas du tout qu'on les…

Citation

Qui a dit : « Nous autres, hommes, nous sommes toujours comme les Cro-Magnon de l'Histoire : toujours à chasser et à courir la gueuse. Mais à la fin, il nous faut retourner dans la grotte. » ?

Question du jour

Au casino, quel est la particularité de la roulette américaine ?

Bouvardise

Et si l'orgueil de ceux qui prétendent se passer de décorations était plus grand que la vanité de ceux qui font tout pour les obtenir ?

Jacques Chirac.

Elle possède un numéro supplémentaire par rapport aux autres : le double zéro.

L'interview d'une pétasse

par Philippe Chevalier

De temps en temps, chers amis, je lis un périodique… Jusque-là, rien d'anormal. Je le choisis féminin et sur papier glacé, à cause des photos qui sont plus belles à regarder que sur papier journal. Ainsi donc, le week-end dernier, je tombe en feuilletant sur la photo d'une belle pépée, bouche entrouverte, œil lascif, visage penché, qui avait l'air de me dire : « Tu montes, Marcel ? » Vous me connaissez, je suis un vif. C'est LA nouvelle actrice américaine dont tout le monde parle. Comme je veux bien être stupide de mon vivant, mais ne pas mourir idiot, je me précipite sur l'article taillé en forme de portrait Ah, mais là, attention ! Je ne suis plus au parfum, moi…

Faut que je m'inscrive à des cours intensifs de lecture d'interviews de pétasses ! Parce qu'entre les commentaires de la journaliste et les réponses de la diva, la *Critique de la raison pure*, à côté, c'est *Oui-Oui va aux champignons* ! Je vous en dis le début : « Intériorisée, réfléchie, se refusant aux plans marketing et au branding de luxe, elle tente de se soustraire à la médiatisation trash, et opte pour un cinéma indépendant façon égérie *sundance.* » Circulez, y a rien à comprendre ! Et après, on dit que la nouvelle génération de journalistes est inculte. Déjà rien que le mot *branding…* Ne cherchez pas dans le dico, il n'y est pas. Si ça avait été « branling », j'aurais eu une vague idée… mais là, je suis sec. La journaliste continue. Elle n'est pas bégueule, elle, au moins. On en a pour son argent. « Michelle Williams – donc l'actrice – dont le jeu *less is more* «est proche du minimalisme, inspiré par une invisibilité totale. » Alors là, on touche au sublime. Dire d'une actrice de cinéma qu'elle n'a qu'un but dans sa vie professionnelle, c'est d'être invisible… je ne regrette vraiment pas le prix de mon périodique ! Je poursuis. Pendant les travaux, les affaires continuent. La journaliste, subjuguée, nous dit que Michelle affectionne les formules poétiques. « Ainsi, dit-elle, pour préparer une scène, j'aime contempler l'eau. Elle peut couler entre les doigts, mais aussi porter un navire… » On en apprend des choses, sur les trucs des comédiens pour se concentrer ! Y en a qui ont besoin d'un coup de jaja pour se mettre en forme, mais à la starlette, il lui faut de l'eau entre les doigts de pied. C'est intéressant, tout ça. Et ça donne rudement envie d'aller voir le film. Mais elle a plus d'un tour dans son sac, la mignonne. Ce n'est pas uniquement une gagneuse. La journaliste nous dit, pour finir : « Elle cite Flaubert à la moindre occasion. » Alors là aussi, chapeau bas ! Citer Flaubert, je veux bien, mais à la moindre occasion… D'ailleurs, quand on voit la tête de la pin-up sur la page du magazine, on sent bien qu'elle va nous citer du Flaubert à la moindre occasion. On sent bien ses affinités avec Marguerite Duras et Bernard-Henri Lévy. On voit bien que sa bouche est plus gourmande des joies de l'esprit que de celles de la pipe. Eh bien, mes amis, c'est pour toutes ces leçons de vie que nous donnent régulièrement les vedettes du moment, par l'entremise éclairée de jeunes et talentueuses chroniqueuses que je continuerai coûte que coûte à lire des gazettes.

Citation

Qui a dit : « L'exactitude est la politesse des montres. » ?

Jean Dutourd.

Question du jour

Comment les dignitaires chinois devaient-ils rendre hommage à l'impératrice Wu Hu ?

En lui faisant un cunnilingus.

Bouvardise

Il est mort inconnu, parce qu'il avait refusé qu'on sache comment il vivait.

Mercredi **24**
Octobre
SAINT-FLORENTIN

UNE HISTOIRE DRÔLE

C'est une dame qui vient de perdre son mari. Elle entre dans une animalerie pour chercher un animal de compagnie :

– Bonjour, je viens de perdre mon mari, je cherche un animal.*

– Je vous conseille la grenouille qui fait l'amour !

– La grenouille qui fait l'amour ?

La femme accepte de prendre la grenouille et retourne chez elle. Elle se déshabille et met la grenouille sur son ventre. Mais la grenouille ne fait rien. Elle revient au magasin et dit au monsieur que la grenouille n'a rien fait. Le monsieur lui demande de le suivre dans l'arrière boutique et demande à la femme de se déshabiller. Il prend la grenouille et lui dit :

– C'est la dernière fois que je te montre comment on fait !

Citation

Qui a dit : « L'homme veut être le premier amour de la femme, alors que la femme veut être le dernier amour de l'homme. » ?

Question du jour

Pourquoi les pendules, horloges et montres fabriquées en France indiquent-elles toutes, lors de l'achat, 10 h 10 ?

Présentation des panélistes

Il est à l'âge où l'on tombe plus facilement la veste qu'une fille.

Pierre Bellemare

En mémoire de Louis XVI, elles indiquent l'heure de sa mort, car il était passionné d'horlogerie.

Oscar Wilde.

Jeudi **25** **Octobre**

SAINT-CRÉPIN

Conversation de femme

– **Philippe Bouvard** : Un sondage américain montre que beaucoup de femmes veulent épouser leur mari par amour, SAUF que… elles ne veulent pas épouser un chômeur… C'est de l'amour, mais il faut quand même un peu de pognon autour.

– **Amanda Lear** : Qu'il paie le loyer, oui.

– **Chantal Ladesou** : Toutes des salopes !

– **Amanda Lear** : Surtout la femme américaine ! On sait que la femme américaine est quand même très attirée par l'argent.

– **Macha Méril** : Non, mais ça dépend si c'est un chômeur passager ou un chômeur définitif !

– **Leslie Caron** : Non, mais il y aussi les chômeurs qui sont rentiers, ça c'est le bonheur !

– **Macha Méril** : Ah, t'appelles ça « chômeurs » ?

– **Amanda Lear** : Oui, ce sont de riches héritiers.

– **Chantal Ladesou** : Mais ce sont des femmes intéressées, car il y a des chômeurs qui ont beaucoup de charme…

– **Philippe Bouvard** : Ne négligeons pas les p'tits vieux avec une bonne retraite, hein !

– **Macha Méril** : Mais oui, mon phi-phi, on vous oublie…

– **Amanda Lear** : Les p'tits vieux, c'est comme les pruneaux : c'est tout ridé et ça fait chier !

UNE HISTOIRE DRÔLE

Deux copains discutent sur les différentes façons de faire l'amour :

– Et le sexe à la rodéo, t'as essayé ?

– Sexe à la rodéo ? Non… C'est comment ?

– Tu te mets sur ta femme, tu la caresses, et puis tu lui dis à l'oreille : « Ton parfum est le même que celui de ma secrétaire ! »

– Et après ?

– Après, tu essayes de rester cinq secondes dessus…

Citation

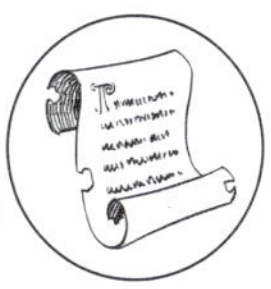

Qui a dit : « L'orgue de Barbarie est à la figue du même nom ce que la trompette bouchée est au cidre. » ?

Question du jour

Où se trouve la plus petite frontière du monde ?

Bouvardise

Il n'y a que ceux qui n'ont jamais tenté de pactiser avec le hasard pour s'imaginer que l'on s'amuse en jouant.

Pierre Dac.

Entre l'Espagne et Gibraltar : 1,2 kilomètre.

Citation

Qui a dit : « L'univers est plein de tordus qui se prennent pour Beethoven sans être capables de différencier une note de musique d'une note de restaurant. » ?

Frédéric Dard.

Question du jour

Quelle est la composition d'un quintette à vent ?

Flûte, hautbois, clarinette, basson et cor.

Bouvardise

Il y a d'autant d'immodestie à écrire pour les autres que d'illogisme à n'écrire que pour soi.

Incidents de vol

– **Philippe Bouvard :** Est-ce que l'un de vous a déjà subi, en avion, un orage magnétique ?

– **Chantal Ladesou :** Oui. Sur un Paris-Nice, j'ai eu un violent orage. Y a une dame qui était assise à côté de moi, qui commence à faire ses prières et me dit : « Je suis contente de mourir avec vous ! »

– **Philippe Bouvard :** Quand la foudre sillonne le ciel et que vous avez l'impression qu'elle tombe sur l'avion…

– **Philippe Chevallier :** Moi, j'ai eu comme ça un éclair sur un paris-brest… C'était terrible !

– **Jacques Balutin :** Moi, je n'ai pas peur en avion, c'est juste que je suis malade.

– **Vincent Perrot :** Mais pas dans un avion de ligne, Jacques ?

– **Jacques Balutin :** Dans n'importe quel avion ! Systématiquement, je vomis !

– **Vincent Perrot :** Tu me feras penser à ne pas voyager à côté de toi, la prochaine fois !

– **Jacques Balutin :** Mais moi, j'adore ça ! Je voulais même être pilote.

– **Philippe Bouvard :** Attendez, dès que l'avion décolle, vous vomissez ?

– **Jacques Balutin :** Non, je ne vomis qu'à l'atterrissage. Dans un ascenseur, s'il va un peu vite, à l'arrivée, je vomis !

– **Philippe Chevallier :** Ah, c'est uniquement quand t'es rendu !

– **Bernard Mabille :** Je n'ai jamais vu quelqu'un vomir en avion, moi…

– **Jacques Balutin :** Parce que t'as jamais pris l'avion avec moi !

– **Bernard Mabille :** Et tu ne peux pas trouver un avion qui n'atterrit pas ?

– **Jacques Balutin :** Ce n'est pas bête !

– **Vincent Perrot :** Fais-toi parachuter !

– **Jacques Balutin :** Non, je serais malade aussi en parachute, donc ça change pas le problème.

– **Philippe Bouvard :** Mais heureusement qu'il y a des sacs qui sont préposés, quand même…

– **Jacques Balutin :** Moi, quand j'arrive dans l'avion, je vérifie ça en premier ! La ceinture, je m'en fous… Hop ! Le sac !

– **Bernard Mabille :** C'est peut-être pour ça, tu te focalises, donc tu te pousses à vomir !

– **Jacques Balutin :** Non, parce que j'essaie. Je redresse bien mon siège, j'ouvre l'air qui est au-dessus pour m'aérer… mais j'y peux rien ! Je me souviens d'un retour Miami-Paris, où on a eu des trous d'air pendant cinq heures… Et là, il fallait que j'aille aux toilettes. Et on me disait qu'il fallait que je reste attaché. J'ai insisté, et on m'a dit que non. Et bien c'est une situation très difficile ! On est vraiment dans la merde, là, croyez-moi !

– **Vincent Perrot :** Tu serres les fesses !

– **Philippe Bouvard :** Non, il était en classe économique… Il a fait sur son siège, et il a eu l'impression d'être en première !

L'interview ratée du prince Charles

– Jean des Cars : En 1981, j'étais reporter au *Figaro Magazine* et j'obtins une interview auprès du prince de Galles, Charles, tout simplement en ayant téléphoné à Londres et en ayant pris l'annuaire téléphonique du palais. Il n'y avait pas l'Eurostars, et nous partons la veille, le photographe et moi-même, et passons la soirée à vérifier notre matériel. Lui, ses appareils photo, moi, mon magnétophone. À 10 heures du matin, nous sommes donc devant une petite grille de Buckingham Palace. Nous sommes évidemment passés au scanner, fouillés… Et finalement, on arrive dans les appartements privés du prince de Galles. Refouille par un inspecteur de Scotland Yard, entrevues avec l'aide de camp, le chambellan, etc. Et puis on s'assoit. Je me rappelle qu'il y avait un ours en peluche sur un des canapés. Le prince de Galles fait son entrée, suivi de son aide de camp. Nous nous levons, il nous accueille en français très gentiment. Il voit que j'ai vu l'ours en peluche, et me dit : « Vous ne pouvez pas écrire que je dors avec un ours en peluche, personne ne vous croira ! » L'interview commence, et on parle de choses très intéressantes, quand je vois mon photographe qui sue à grosses gouttes et qui me fait signe que rien ne marche dans ses appareils. Et le prince de Galles, qui voit nos appareils lamentables, dit en anglais : « Est-ce que c'est du matériel français ? » Je lui réponds : « Non, Votre Altesse, c'est japonais. » Il me répond : « Ah, tant mieux ! » Sur les 50 photos prises, il y en a eu 13 de bonnes. Sur 13, il y en avait 12 où le prince de Galles n'était pas bien, le regard blanc, la main bizarre, etc. Et sur la dernière, j'avais l'air complètement abruti avec ma cravate, mais son Altesse royale était bien. Donc le journal a choisi celle-ci.

UNE HISTOIRE DRÔLE

Un patron teste les connaissances arithmétiques de sa blonde secrétaire :

– Si je vous donne 500 000 euros moins 10 %, que retirez-vous ?

– Absolument TOUT, monsieur. La robe, le soutien-gorge, le string…

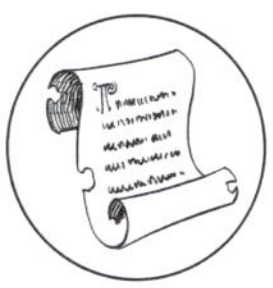

Citation

Qui a dit : « Je serai vraiment célèbre le jour où, dans un asile, quelqu'un se prendra pour moi. » ?

Question du jour

Pour quelle raison Tristan Bernard, de son vrai nom Paul Bernard, choisit-il le prénom de Tristan ?

Bouvardise

J'aime ou je n'aime pas. J'épargne ainsi à mes contemporains les moins sympathiques l'odieuse et outrageante indifférence.

Il était gros parieur aux courses ; il avait gagné une forte somme grâce à un cheval nommé Tristan.

Michel Galabru.

Citation

Qui a dit : « Le jour de la mort de Georges Brassens, j'ai pleuré, alors que le jour de la mort de Tino Rossi, j'ai repris deux fois des moules ! » ?

Pierre Desproges.

Question du jour

Quel est le travail d'un rudologue ?

Il étudie les ordures, et peut ainsi analyser les comportements et le train de vie des Français.

Présentation des panélistes

Il s'est découvert la bosse du comique en même temps que celle de son pantalon.

Philippe Chevallier

La morale

par Philippe Chevallier

Ce n'est pas trop tôt, il est question de redonner des cours de morale aux moutards de l'école primaire. Eh bien moi, je dis bravo ! Évidemment, il faudrait, tant qu'à faire, que ces leçons profitassent (imparfait du subjonctif) aussi à nos hommes politiques, qui en ont bien besoin. Si on s'en tient, par exemple, à un seul des dix commandements de la loi de Moïse : tu ne convoiteras pas la femme d'autrui… Il est évident qu'une bonne partie de notre personnel politique aurait intérêt à suivre des cours intensifs dans cette matière ! Mais il est vrai qu'il y a 2 700 ans, les hôtels Sofitel n'existaient pas, et la réflexologie plantaire non plus ! J'espère qu'en tout cas, avec les mioches, les dirigeants ne vont pas être mous du genou ! J'espère bien qu'à l'école on va revenir à une bonne morale « à l'ancienne » ! Non, je veux un truc comme je l'ai appris, moi ! Et qui a fait de celui qui vous parle un des plus beaux fleurons de la culture française et de l'éducation médiévale. Et, j'ajouterais, de la modestie ! Je veux des phrases écrites au tableau, qu'on lit et qu'on apprend par cœur, et qu'on récite devant tout le monde, même si on les comprend pas ! Avec une bonne maîtresse qui vous fout des coups de règle si l'on s'est trompé ! Même qu'on lui dit : « Oui, maîtresse » ! Parce qu'on n'est pas à l'école pour entamer des débats/dialogues/discussions, mais qu'on est là pour fermer sa gueule et apprendre ! Et que plus tard, quand on ira aux putes, si on est maso, ça servira toujours de dire : « Oui, maîtresse » !

Je souhaite le retour parmi les instituteurs du bon gars à moustache et à béret ! Qui vous récite une fable de La Fontaine et vous oblige à vous lever quand il arrive, et à vous rasseoir quand il vous le demande. Qui vous apprend à dire merci, et qu'on appelle « Monsieur ». On parle des fondamentaux eh bien, qu'on y aille ! La bonne vieille taloche pour le mioche, c'est comme le coup de pied au cul pour l'apprenti, c'est le métier qui rentre. C'est autre chose que la méthode qui consiste, comme le dit une sommité de l'enseignement scolaire, « à traiter une thématique liée à la vie de l'école, afin d'aider l'enfant à acquérir les repères de la citoyenneté ».

« Qu'est-ce que tu fais, mon p'tit Raoul, t'apprends tes tables de multiplication ? » Mais non, connard, je suis sur Internet et je fous un virus dans l'ordinateur du dirlo !

Alors, oui ! Vive la morale ! Mais attention, pour tout le monde ! Si vous laissez votre place dans le bus à une personne âgée, il ne faut pas qu'elle considère ça comme un dû. Elle doit vous remercier. Sinon, vous êtes en droit de lui faire remarquer son manque de savoir-vivre en gueulant tout fort : « Dis donc, la vioque, tu pourrais dire merci, quand même, et le respect ? Merde alors ! » C'est vrai, quoi ! Ce n'est pas parce qu'on a suivi des cours de morale qu'on doit se laisser marcher sur les pieds !

Conseils pour réussir une partouze

par Jean-Jacques Peroni

D'abord, une bonne partouze est réussie dès qu'on est plus de quatre, sans compter les animaux domestiques. C'est une règle de bienséance non-écrite, mais établie depuis le Moyen Âge : si un archevêque participe, il lui revient le droit d'honorer en premier la maîtresse de maison. Si d'aventure il ne trouve pas celle-ci à son goût, il bénéficiera d'une préséance pour se taper la fille ou le fils, au choix. Si la partouze à laquelle vous êtes invité se déroule loin de chez vous, ne vous rendez pas ridicule en demandant à vos hôtes si vous pouvez coucher ! Une bonne partouze exige classe et distinction, il est donc fortement déconseillé d'employer des formules triviales du genre : « Là-bas, au fond, il y a un vieux "travelo" qui prend du rond comme une serviette » ou encore : « T'as beau me prendre en levrette, je sais bien que tu es Bernard, je la reconnaîtrais entre mille ! » Si un repas vous est servi avant les ébats, abstenez-vous de plaisanteries faciles, telles que « Eh ! Les tournedos, ça sera pour tout à l'heure ! » ou « Les asperges, j'en connais des cochonnes qui aiment les cueillir elles-mêmes ! », ou encore « Allez-y, belle hôtesse ! Faites glisser l'andouillette, on est là pour ça ! », ou enfin « Le vin ? Deux doigts, pas plus, comme ailleurs du reste… » Si c'est la première fois que vous partouzez chez des inconnus, n'embêtez pas la société avec vos caprices. Évitez de demander sans arrêt des choses comme : « Comment ça, il n'y a pas de naine ? Vous ne savez vraiment pas recevoir ! C'est pas comme chez les Mabille, où il y a toujours des naines à disposition », « un bidet pour trente-six ? Ah, bravo, ça va être la fête aux gonos », « et votre vieille maman, qui est partie se coucher tôt, elle ne pourrait pas revenir ? ». Et puis surtout, évitez d'ennuyer les gens avec vos fanfaronnades, ne dites pas : « Quand je partouze, les gonzesses, moi, c'est comme les escargots, il me faut ma douzaine ! » Quand vous sortez votre sexe, ne vous exclamez pas : « Et maintenant, la pièce du boucher ! » Et surtout, restez discret, toujours discret. Ne posez pas des questions du genre : « Tiens, il n'est pas là aujourd'hui, le ministre ? Il est malade ? » ou « Ah dis donc ! Il en met un coup, le pharmacien ! On voit qu'il est veuf ! Méfiez-vous de la vieille, là-bas, elle a un râtelier qui vous fout des rougeurs au gland pendant huit jours, une vraie râpe à fromage ! Oh ! Excusez-moi, mon père, je vous avais pris pour ma sœur ! » Voilà ! Vous voici fin prêts à partir dans le grand monde. Alors, bonne bourre !

Citation

Qui a dit : « Le champignon le plus vénéneux, c'est celui qu'on trouve dans les voitures. » ?

Coluche.

Question du jour

Qu'avait l'habitude de lire Charlie Chaplin pendant les pauses, qu'il passait aux toilettes, au cours des tournages ?

Le dictionnaire, pour parfaire sa culture.

Présentation des panélistes

Avec son théâtre de digestion, il a fait beaucoup plus que l'Alka-Seltzer pour la bourgeoisie repue.

Jacques Balutin

Mercredi

31 Octobre

SAINT-QUENTIN

Citation

Qui a dit : « Ne meurent que ceux qui ont vécu. » ?

Jean d'Ormesson.

Question du jour

Pourquoi Edmond Rostand avait-il prévu pour sa pièce *La Gloire* que l'héroïne serait constamment assise ?

Il l'avait écrite pour Sarah Bernhardt, qui venait d'être amputée.

Bouvardise

En politique, l'avenir appartient à ceux qui ne se soucient pas du présent.

Avec Kevin Costner, un matin au p'tit déj'

– **Philippe Bouvard :** Comment s'est passée votre rencontre avec Kevin Costner, ce grand séducteur ?

– **Tasha de Vasconcelos :** C'est le Gary Cooper moderne ! Quand il est sur un cheval…

– **Philippe Chevallier :** C'est *Danse avec les loups.*

– **Tasha de Vasconcelos :** Ah oui ! Mais il faut quand même dire que c'est lui qui m'a ouvert la porte. Je suis invitée à dormir chez lui…

– **Chantal Ladesou :** On appelle ça comme ça, oui, d'accord !

– **Tasha de Vasconcelos :** C'était Thanksgiving aux États-Unis, une fête comparable à Noël.

– **Philippe Chevallier :** Il n'y avait pas d'hôtel dans le coin ?

– **Jean-Jacques Peroni :** C'est le jour où on fourre la dinde !

– **Philippe Bouvard :** Un peu de tenue, Peroni !

– **Bernard Mabille :** Mais laissez-la parler !

– **Philippe Chevallier :** C'est d'une inconvenance !

– **Bernard Mabille :** Laissez parler ma fiancée !

– **Tasha de Vasconcelos :** Il a invité un groupe d'amis chez lui, à Santa Barbara.

– **Philippe Chevallier :** Il a un grand appartement ?

– **Tasha de Vasconcelos :** Non, c'est une maison faite comme un bateau… en Californie.

– **Philippe Bouvard :** Ça se prononce « péniche » en portugais ?

– **Jean-Jacques Peroni :** Elle ne va pas en finir ! C'était un yacht ?

– **Philippe Chevallier :** Laissez-moi reprendre les opérations, car sinon tout va à vau-l'eau.

– **Philippe Bouvard :** Que fait Costner, le lendemain matin ?

– **Jean-Jacques Peroni :** Il va se laver la quéquette ?

– **Tasha de Vasconcelos :** Chacun avait une chambre, évidemment ; sa fiancée était même dans la maison. Il vient m'apporter le petit déjeuner… lui-même, en personne !

– **Philippe Chevallier :** Au lit !

– **Tasha de Vasconcelos :** Oui. Il arrive dans ma chambre.

– **Philippe Chevallier :** Il était en peignoir et il y avait…

– **Bernard Mabille :** Il ne tenait pas le plateau avec les mains… Ah ! Le Costner !

– **Jean-Jacques Peroni :** Et puis, il aurait bien trempé l'croissant !

– **Tasha de Vasconcelos :** Ensuite, nous avons fait beaucoup de magnifiques balades à cheval.

– **Jacques Mailhot :** À cru.

– **Évelyne Leclercq :** Comment s'est terminé ce petit déjeuner ?

– **Tasha de Vasconcelos :** De façon très embarrassante, parce que j'ai compris que j'étais son petit déjeuner !

Jeudi **1er Novembre**

Toussaint

La morue de Ramadier

– **Jean-Jacques Peroni :** Est-ce qu'il n'y avait pas un président du Conseil qui faisait dessaler sa morue dans la chasse d'eau, par économie ?
– **Philippe Bouvard :** Oui, c'était Ramadier.
– **José Bové :** C'était un Aveyronnais.
– **Philippe Chevallier :** Il faisait dessaler sa morue dans la chasse d'eau ? C'est une blague ?
– **José Bové :** C'est véridique.
– **Bernard Mabille :** Pas sa femme… sa morue !
– **Pierre Bellemare :** Je vous rappelle qu'il avait aussi inventé la vignette automobile, qui a disparu ! Pour les vieux, soi-disant.
– **Jean-Jacques Peroni :** Ce n'était pas bête.
– **Philippe Bouvard :** Chaque fois qu'il voulait manger du poisson, il faisait l'ouverture de la chasse !

UNE HISTOIRE DRÔLE

Un dimanche, à 6 heures du matin, un homme se lève sans faire de bruit pour ne pas réveiller son épouse. Il charge son VTT dans la voiture et s'en va. Alors qu'il arrive sur le parcours, il se met à tomber des trombes d'eau. La matinée étant fichue, il décide de rentrer chez lui. Il se déshabille sans faire de bruit, se recouche doucement tout près de son épouse, et lui chuchote à l'oreille :
– Il pleut comme vache qui pisse.
Et elle lui répond :
– Quand je pense que l'autre con est en train de pédaler !

Citation

Qui a dit : « Quand j'étais petit, je pensais que les morts nous regardaient du haut du ciel, je croyais que les étoiles étaient leurs cigarettes allumées, et quand je voyais filer une étoile, je me disais : "Tiens, il y a un mort qui vient de jeter son mégot." » ?

Question du jour

Qui fut sanctionné pour avoir traité une contractuelle de « chenille », en précisant qu'il avait utilisé ce nom parce qu'elle n'était capable que de pondre des papillons ?

Bouvardise

La presse recèle l'actualité avant d'envelopper le poisson.

Alphonse Allais.

Jean Carmet.

Citation

Qui a dit : « Les villes livrées aux touristes sont comme les secrétaires Louis XV transformés en meubles télé. » ?

Jean Dutourd.

Question du jour

Qui avait été plusieurs fois candidat malheureux à l'Académie française, et confia à un journaliste américain, en 1893 : « Le grand regret de ma vie est que je n'ai jamais compté dans la littérature française. » ?

Jules Verne.

Présentation des panélistes

À Pigalle, où il tient à bar à ouvreuses, il est le seul à n'avoir de crocodile que sur ses chemisettes.

Jacques Mailhot

Ben Laden m'a déçu

par Jacques Mailhot

Pourquoi vous le cacherais-je, je suis extrêmement déçu par Oussama Ben Laden, je dois l'avouer. Malgré le fanatisme poilo-barbu de cet ancien agent de la CIA, l'homme des cavernes m'impressionnait. Ce bonhomme qui défiait la première puissance mondiale depuis ses montagnes afghanes, et nous avec, ça dénotait tout de même une certaine crânerie. Pour moi, le Oussama était un fêlé de la gandoura, certes, mais qui en avait dedans. Un homme qui vivait dans des grottes obscures en mangeant le produit de sa chasse, qui devait désinfecter ses blessures avec sa propre urine, malgré un diabète galopant provoqué par les loukoums de son enfance, et les cicatriser ensuite avec des toiles d'araignées. Bref, un dur, un vrai, un balafré, un Chéri-Bibi devenu Chéri-City. Ben bernique ! Parce que, en guise de grotte, le Oussama vivait en réalité dans une résidence Hespérides pakistanaise, une villa de bourge occidental, qu'il s'était fait construire avec son assurance-vie et son plan épargne-logement. Une résidence qui avait ni téléphone ni Internet, mais qui avait, je vous le rappelle, une parabole pour capter Vivolta et toutes les chaînes télé destinées au troisième âge. En réalité, la terreur des montagnes vivait comme un petit bourge à la retraite avec, dans sa bibliothèque, tous les bouquins du docteur Mességué. Au diable, le thé à la menthe qui vous la remonte comme une pendule normande ! Le Oussama buvait tous les soirs son tilleul-verveine. Quelle déception, vraiment ! Moi qui l'imaginais bourlinguant au milieu des chauves-souris, des stalactites et des stalagmites. Le Oussama, en réalité, était dans son fauteuil électrique réglable devant sa fausse cheminée à l'éthanol, les deux pieds dans ses charentaises à pompons, en train de respirer de l'eucalyptus pour dégager ses bronches vieillissantes. On dit même qu'il avait avec lui un chienchien à son papa, qu'il allait faire pisser tous les soirs sur le gazon de sa résidence.

Oh ! La honte ! Le Oussama était un terroriste d'opérette. On connaissait la gauche caviar, on vient de découvrir le terrorisme à la DHEA. Bref, je ne suis pas passéiste, mais avouez que c'est quand même râlant, tous ces mythes qui s'effondrent les uns après les autres. Déjà, on avait eu Saddam Hussein, qui, dans ses caves, n'avait pas plus d'armes de destruction massive qu'Arlette Laguiller d'expérience sexuelle dans sa boîte à ouvrage. Et maintenant, on découvre que le terroriste le plus redouté de la planète vivait dans une villa avec chauffage par le sol, gardien d'immeuble et télésurveillance intégrée. Vous verrez que bientôt on va découvrir qu'à Téhéran, la centrifugeuse d'Ahmadinejad lui sert uniquement à se faire du jus de carotte pour lui donner bonne mine. Alors, quand on découvre de pareilles impostures, on se dit que plutôt que de vouloir jouer les terreurs planétaires dans un pavillon ploukard de la banlieue pakistanaise, le Oussama aurait mieux fait d'épouser la fille de la Mère Denis, et de reprendre la fabrique de machines à laver de ses parents, les fameuses Ben Laden, qui faisaient la fierté des ménagères de moins de 50 ans ! Aujourd'hui, le Oussama serait peut-être devenu le fournisseur officiel des buanderies de la Maison-Blanche, et il casserait littéralement la baraque d'Obama en lui blanchissant ses cols de chemise. Ce serait tout de même plus gratifiant que de croupir au fond de la mer d'Oman ! Franchement, lorsqu'on a été le chef tout-puissant d'al-Qaida, finir sa vie bouffé par les homards, c'est un comble !

UNE HISTOIRE DRÔLE

Une femme est avec son amant quand elle entend son marie rentrer l'improviste.

– Ne bouge pas jusqu'à ce que je te le dise. Tu es une statue ! J'ai vu la même chez les Durand.

Sur ce, le mari entre :

– Qu'est-ce que c'est que ça ?

– Ça, c'est une statue. Les Durand en ont mis une dans leur chambre, et ça m'a tellement plu que j'ai acheté la même.

Et il n'est plus question de la statue. À 2 heures du matin, elle dort et son mari regarde encore la télé. Soudain, il se lève, va à la cuisine, prépare un sandwich, prend une boîte de bière et retourne dans la chambre. Là, il se dirige vers la statue et lui dit :

– Tiens, mange et bois quelque chose ! Moi, je suis resté bloqué deux jours comme un con dans la chambre des Durand. Même pas un verre d'eau ! Les fumiers !

Citation

Qui a dit : « L'humour drôle naïf, c'est quand on se fait passer pour un con et que ça fait rire, tellement on est con. Généralement, ça ne marche que quand on est vraiment con. » ?

Question du jour

Autrefois, qu'était un digesteur ?

Bouvardise

Il en est du comique comme du vin : il y a les bonnes années et les autres…

Michel Boujenah.

L'ancêtre de la Cocotte-Minute, mis au point par Denis Papin.

UNE HISTOIRE DRÔLE

Quelle différence y a-t-il entre une prostituée, une maîtresse et une épouse ?

Quand ils font l'amour, la prostituée regarde le plafond et se dit : « Quand va-t-il finir ? »

La maîtresse regarde le plafond et se dit : « Quand va-t-il revenir ? »

L'épouse regarde le plafond et se dit : « Quand va-t-il le repeindre ? »

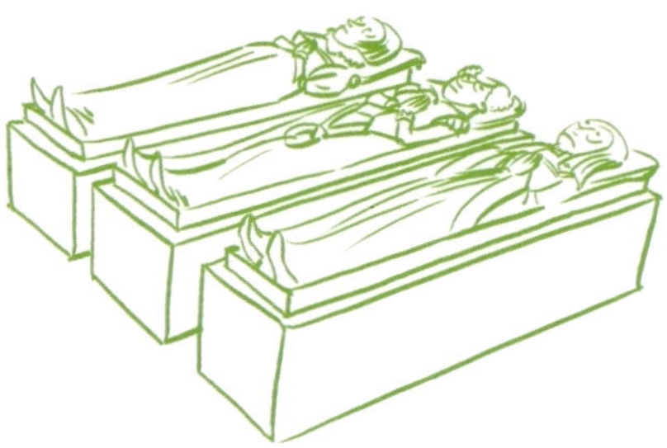

La honte de Frédéric Diefenthal

Quand je suis avec quelqu'un et qu'on parle dans la rue ou dans un magasin, j'ai tendance à continuer à parler alors que la personne est à deux ou trois mètres plus loin, sans m'apercevoir que je parle à quelqu'un d'autre.

Un jour, dans une boutique que je ne citerai pas, tant vantée par Georges Clooney, j'étais avec Gwendo et nous nous parlions. À un moment donné, je lui balance des petites cochonneries à l'oreille – plutôt des choses intimes – et je lui pince les fesses sans regarder vraiment. Soudain, la personne se retourne… et c'était une autre femme. Pendant une fraction de seconde, je ne sais quoi dire, et je crains de m'en prendre une. Comme ça ne vient pas, je lui dis : « Je suis désolé ! » et j'ai un fou rire qui part. Je repère Gwendo à côté, et je répète : « Désolé, mais je parlais à ma femme ! » Et là, je l'ai sentie carrément vexée, déçue. J'en étais même gêné.

Citation

Qui a dit : « Michel Rocard raisonne en milliards d'années lumières. En réalité, il y a plus d'années que de lumière. » ?

Question du jour

En Chine, qui sont Fu-Tu et Tu-Tu ?

Bouvardise

La légitimité du journalisme dit d'investigation est mince quand elle ne procède que de la curiosité malsaine du public.

Valéry Giscard d'Estaing.

Laurel et Hardy.

Mardi **6** **Novembre**

SAINTE-BERTILLE

Dis-moi ce que dit ton répondeur et je dirai qui tu es

– **Philippe Bouvard :** Qu'est-ce que vous avez comme message sur votre répondeur ?

– **Évelyne Leclercq :** Je l'ai fait il y a plusieurs années : « Bonjour, vous êtes bien chez Évelyne Leclercq et Alain Delon. » Alain Delon, c'est récurrent chez moi…

– **Philippe Chevallier :** Ah ! C'est lui qui nettoie ?

– **Évelyne Leclercq :** J'aimerais bien qu'il vienne nettoyer, chez moi ! Il y a un peu de poussière !

– **Jacques Mailhot :** Mon message est : « Vous êtes bien chez Jacques Mailhot et Rachida Dati. On est en train de parler d'inflation ! »

– **Philippe Bouvard :** Et vous, monsieur Peroni ?

– **Jean-Jacques Peroni :** Sur mon fixe, j'ai : « Vous êtes bien à la maison Peroni, gros, demi-gros, pas de détail ! »

– **Philippe Bouvard :** Et vous, Philippe ?

– **Philippe Chevallier :** J'ai un message pas du tout drôle : « Vous avez fait le bon numéro. Laissez-moi le message. » Je n'ai pas trouvé de choses extraordinaires.

– **Jacques Mailhot :** « Je suis en train de raser le barbu », non ?

– **Philippe Chevallier :** « Je suis en train de lui faire un shampooing ! »

– **Évelyne Leclercq :** Quand on appelle les gens sur leur portable, je trouve la musique assommante, et puis c'est long…

– **Philippe Bouvard :** Moi, j'ai enregistré une formule très simple : « Vous avez dû vous tromper, car je n'ai pas le téléphone ! »

Citation

Qui a dit : « Moi, je trouve qu'on doit avoir les mêmes égards pour sa maîtresse que pour sa légitime. Par conséquent, je trompe ma maîtresse ! » ?

Georges Feydeau.

Question du jour

Que tire-t-on de la noix d'arec ?

Le cachou.

Présentation des panélistes

Elle a connu la belle époque où l'on pouvait compter les chaînes de télévision sur les doigts d'une seule main.

Évelyne Leclercq

Mercredi
7 Novembre
SAINTE-CARINE

UNE HISTOIRE DRÔLE

Un homme consulte son médecin, car il ressent des picotements lorsqu'il urine.
Le médecin lui demande d'uriner. Il examine le liquide. Intrigué, il le goûte et déclare au patient :
– Je ne sais à quoi c'est dû, mais vous pissez du champagne ! En plus, il est délicieux ; on dirait un cru classé de la côte des blancs !
L'homme rentre chez lui et dit à son épouse :
– C'est formidable, chérie, je pisse du champagne !
La femme dit :
– Profitons-en tout de suite. Je vais chercher deux coupes.
Le mari :
– Une coupe seulement, ça suffira.
La femme :
– Tu ne bois pas ?
– Si, répond le mari, mais toi, tu bois à la bouteille !

Le manuscrit de Didier Decoin a fini dans les égouts

– **Didier Decoin :** C'était mon second roman, et je l'avais écrit sur un petit cahier. J'étais tellement content que je me suis dit : « Je vais faire un petit cadeau à ma voiture ! » J'avais une petite Coccinelle à l'époque. Donc je suis allé avenue de la Grande-Armée, où il y a des vendeurs d'accessoires. J'avais posé le manuscrit sur le siège à côté de moi et je suis rentré pour acheter une nouvelle housse, que je reverrai toute ma vie ! Une housse à carreaux, à damiers noirs et blancs ! Et j'ai voulu mettre tout de suite cette nouvelle housse, et pour ce faire, j'ai retiré l'ancienne. Le manuscrit a glissé, il est tombé du siège de la voiture, et juste au-dessous, il y avait un caniveau, et je l'ai vu partir à la dérive… Une sorte de Titanic. Je l'ai vu s'engouffrer…
– **Philippe Bouvard :** Mais vous avez été voir les égoutiers, non ?
– **Didier Decoin :** Non. J'ai foncé chez mon éditeur, en larmes, et je lui ai dit : « C'est terminé, c'est un signe : il faut que j'arrête d'écrire… » Alors, il m'a dit : « Ce n'est pas grave, t'en as jamais écrit qu'un seul, recommence le second. » Je l'ai recommencé. J'ai eu tort d'ailleurs, car je crois qu'on en a vendu 300 ou 350 exemplaires…
– **Bernard Mabille :** Mais mettre une housse, quand on ne sait pas le faire…
– **Didier Decoin :** Mais non, mais c'est simple, Bernard !
– **Bernard Mabille :** Il faut demander à Mozart ! Mozart a m'a des housses !

Citation

Qui a dit : « La Révolution russe, c'est la Révolution française qui arrive en retard, à cause du froid. » ?

Salvador Dalí.

Question du jour

Qu'est-ce qu'une épectase ?

Un décès pendant l'orgasme.

Bouvardise

À Paris, il faut compter une bonne semaine pour qu'une calomnie-boomerang vous revienne dépouillée de tout conditionnel et assortie de détails auxquels on est un peu honteux de n'avoir pas songé.

L'amour de jeunesse de Nathalie Rheims était un vieux comédien

– **Philippe Bouvard :** Votre premier baiser ?
– **Nathalie Rheims :** C'est compliqué de raconter ça, car j'avais 14 ans, et le monsieur en avait 47, alors… À l'époque, il était à la Comédie-Française et j'en étais amoureuse. C'était un bon ami de mes parents, et cela faisait deux étés qu'il venait en Corse. Je dormais avec sa photo sous mon oreiller… Le jour de mes 14 ans, ma mère me demande ce que je voudrais faire, et je lui dis que j'aimerais aller à la Comédie-Française… Il jouait en matinée et c'était le jeudi. Et donc je monte, je frappe à la porte de sa loge, et il me dit : « Ah, t'es là, bonjour, etc. », et je lui dis qu'aujourd'hui, j'ai 14 ans. Il me demande ce qui me ferait plaisir, et je lui dis : « Que vous m'embrassiez. » Et il l'a fait… Et ça a duré deux ans !
– **Philippe Chevallier :** Le baiser ?
– **Nathalie Rheims :** Il venait me chercher à l'école. Je disais que c'était mon oncle. L'appartement était fait de telle façon que ma chambre était à côté de la porte de service. Or à l'époque, la Comédie-Française était en travaux et elle avait installé son chapiteau dans les Tuileries. Et toutes les nuits, je faisais le mur et j'allais le retrouver. C'était super dangereux, il aurait pu aller en taule !
– **Philippe Chevallier :** Bah non, vous étiez consentante !
– **Nathalie Rheims :** Enfin, quand même ! Et quand je l'ai raconté à mes parents des années plus tard, ils étaient un peu scotchés. Ça aurait pu être terrible, mais non, c'était extraordinaire !
– **Philippe Chevallier :** Moi, il m'est arrivé la même histoire avec Pauline Carton, j'avais 45 ans et personne n'en a jamais rien su !

UNE HISTOIRE DRÔLE

On estime que l'homme dit en moyenne 5 000 mots par jour, et la femme 7 000… Le problème, c'est que quand je rentre du travail, j'ai fini mes 5 000 mots, alors que ma femme n'a pas encore commencé ses 7 000 !

Citation

Qui a dit : « On accorde à l'écrivain un crédit d'intelligence et de sagesse dont seul le grand médecin peut se prévaloir. » ?

Question du jour

Quelle œuvre littéraire est sous-titrée « Pour bien conduire sa raison, et chercher la vérité dans les sciences. » ?

Bouvardise

Du plus loin que je me souvienne, j'ai toujours vu se remplir les placards lorsque se vidaient les canons.

Bernard Pivot.

Le Discours de la méthode, de Descartes.

UNE HISTOIRE DRÔLE

Une petite fille est en train de feuilleter l'album de famille. Tout à coup, elle demande à sa mère :

– Maman ! Qui c'est le beau brun en maillot de bain avec des pectoraux terribles qui est à côté de toi sur la plage ?

– C'est ton papa quand je l'ai connu, répond la mère d'un ton mélancolique.

– Ah bon ! C'est mon papa ? Ben alors, qui c'est le gros type chauve qui vit à la maison ?

De Gaulle et la télé

– **Philippe Reinhard :** La première prestation du Général fut catastrophique ! Il était complètement bigleux, et il avait besoin de lunettes avec des verres énormes pour lire ses textes. Problème : cela lui donnait un air inquiétant à l'écran !

– **Philippe Bouvard :** Après, il apprendra tout par cœur.

– **Philippe Reinhard :** Exactement ! Et c'est Marcel Bleustein-Blanchet qui le conseillait.

– **Bernard Mabille :** Il n'y avait pas de prompteur à l'époque.

– **Philippe Chevallier :** Ah non !

– **Philippe Bouvard :** Non, non ! Il fallait mémoriser complètement un texte souvent long !

– **Philippe Reinhard :** Et pas forcément en français. Il y a une séquence de TV extraordinaire où il fait un discours sans notes de huit minutes en polonais, à la télévision polonaise. Alors là, c'est incroyable !

– **Chantal Ladesou :** C'était vraiment du polonais ?

– **Philippe Reinhard :** Oui, oui. D'autant plus qu'il avait passé, au lendemain de la Première Guerre mondiale, quelques mois, voire quelques années en Pologne. On lui prêtait même une maîtresse polonaise.

– **Philippe Bouvard :** Une Polonaise qui n'était pas un Chopin !

Citation

Qui a dit : « Délibérer est le fait de plusieurs, agir est le fait d'un seul. » ?

Charles de Gaulle.

Question du jour

Quel accessoire porte Sean Connery dans tous les *James Bond* ?

Un postiche, car il a commencé à perdre ses cheveux à l'âge de 21 ans.

Bouvardise

Finalement, la vie m'aura apporté beaucoup de privilèges dont j'imaginais qu'ils étaient réservés aux autres, et m'aura refusé quelques avantages dont je pensais qu'ils me revenaient de droit.

Retraite des vieux

par Philippe Chevallier

« On n'est pas sérieux quand on a 17 ans », écrivait Rimbaud. C'était déjà il y a un certain temps, parce que maintenant, mon pauvre Arthur, tu la verrais, notre jeunesse… ça te foutrait un sacré coup ! Elle ne pense qu'à sa retraite…

On connaissait la retraite des vieux, la retraite des cadres, la retraite des blanches, maintenant on a la retraite des jeunes. À 15 ans, ils défilent dans la rue pour défendre leurs droits à une vieillesse heureuse, nos mioches.

On voit nos lycéens de plus en plus concernés par le problème des retraites. Une moustache qui pousse, un poil dans la culotte, trois boutons sur la gueule, et les voilà préoccupés par leur statut de grabataire en puissance.

Bientôt, ça commencera à la maternelle. Le biberon à la bouche et la crotte au cul, ils défileront, les moutards, et ils gueuleront de tous leurs petits poumons des slogans aussi intelligents que : « Sarkozy pipi, DSK caca !… »

C'est une France qui promet, que la nôtre ! Il va y en avoir des bâtisseurs d'empires à ce train-là, dans notre beau pays. Moi, quand j'avais de l'acné, je pensais plutôt à rouler un patin à ma voisine de palier qu'à prendre ma retraite ! Surtout qu'on m'avait dit que les choses de la vie, c'était bon pour ce que j'avais. Qu'il fallait dégorger pour avoir une peau saine. Nos préoccupations d'adolescents, à mon époque, étaient plus intérieures que sociales. D'ailleurs, si Cohn-Bendit a foutu le bordel en 1968 à la Sorbonne, ce n'était pas pour une affaire de retraite, mais parce qu'il voulait aller dans le dortoir des filles ; ça avait quand même une autre tenue.

Est-ce que Napoléon, à 15 ans, pensait à sa retraite ? Cela dit, il en a eu une belle… en Russie.

Qu'est-ce qu'il peut bien y avoir dans leurs têtes, à ces petits gars et petites filles, pour être déjà obsédés par leurs charentaises et leurs futures prothèses auditives ? Je sais bien que Che Guevara portait un béret, mais il n'avait quand même pas une baguette sous le bras. Ils ont une sacré conception de l'Eldorado ; leur Amérique à eux, c'est l'épargne-logement.

Vous imaginez Christophe Colomb dire à Isabelle la Catholique, avant de partir pour l'inconnu : « Excusez-moi, madame, mais il y a un point que l'on n'a pas soulevé : c'est bien gentil tout ça… et ma retraite ? » Il serait resté à quai avec ses rafiots sur les bras, le pépère.

Citation

Qui a dit : « Les châteaux en Espagne qui ne coûtent rien à construire sont ruineux à démolir. » ?

François Mauriac.

Question du jour

Arletty gardait précieusement un fétiche provenant d'un de ses films les plus célèbres. Quel était ce fétiche ?

Une des jarretelles noires qu'elle portait dans Hôtel du Nord.

Bouvardise

S'il n'en reste qu'un pour croire encore que je fais plus jeune que mon âge, je serai celui-là.

Citation

Qui a dit : « Nous vivons une époque beaucoup trop permissive. Jamais encore la pornographie ne s'était étalée avec une telle impudeur. Et en plus, les films sont flous. » ?

Woody Allen.

Question du jour

La France doit deux choses à Dumont d'Urville. Lesquelles ?

La Terre Adélie et *la* Vénus de Milo.

Bouvardise

La photographie d'un homme politique important, en frac un jour de cérémonie, sous le titre « La France perd un grand commis ». Je ne peux pourtant pas m'empêcher d'imaginer l'illustre défunt en train d'empiler les assiettes au beurre au fond d'une cuisine.

La vie sentimentale de Macha Méril

– **Philippe Bouvard :** Ça fait un moment qu'on n'a pas pris de nouvelles de votre vie sentimentale ! Comment ça se passe ?

– **Macha Méril :** Écoutez, il y a des hauts et des bas…

– **Jean-Jacques Peroni :** Des bas résilles !

– **Macha Méril :** Mais c'est intéressant, c'est toujours passionnant !

– **Bernard Mabille :** T'es toujours amoureuse de lui ?

– **Philippe Bouvard :** C'est toujours le même, celui que nous évoquions il y a deux mois ?

– **Bernard Mabille :** Ton cultivateur ?

– **Jacques Mailhot :** Ton terrien…

– **Macha Méril :** C'est un terrien…

– **Vincent Perrot :** Donc, ça veut dire que c'est une affaire sérieuse…

– **Jacques Mailhot :** Il laboure, hein !

– **Jean-Jacques Peroni :** Il la bourre.

– **Macha Méril :** Il n'est pas seul dans ma vie, il y a d'autres…

– **Vincent Perrot :** Je croyais que c'était le contraire…

– **Macha Méril :** Il y a d'autres horizons…

– **Vincent Perrot :** Mais il le sait, ou il vient de l'apprendre à la radio, là ?

– **Macha Méril :** Il n'écoute pas la radio.

– **Jacques Mailhot :** Elle drague aussi le céréalier, l'éleveur, le viticulteur…

– **Macha Méril :** Je pense que c'est la solution.

– **Philippe Bouvard :** Mais ce n'est pas un lit que vous avez, c'est un centre d'accueil !

– **Bernard Mabille :** Y en a un, donc, qui la bourre, et l'autre qui la bine !

– **Vincent Perrot :** En attendant, vous n'avez pas relevé ce que vient de dire Macha : « Je pense que c'est la solution », autrement dit la polygamie…

– **Philippe Bouvard :** C'est de la polyandrie, là !

– **Macha Méril :** L'idéal, c'est de ne pas reprocher à un homme ce qu'il n'a pas, et d'aller le chercher ailleurs…

À suivre

Mardi 13 Novembre

SAINT-BRICE

La vie sentimentale de Macha Méril (SUITE ET FIN)

– **Bernard Mabille :** Mais t'en as combien alors, deux ?

– **Macha Méril :** Bah, j'en ai un platonique, et un pas platonique !

– **Jean-Jacques Peroni :** Le platonique ta mère !

– **Philippe Bouvard :** On peut s'inscrire dans le premier bataillon ?

– **Macha Méril :** Vous y êtes d'office, mon cher Philippe, vous êtes, comment dire… le parrain de cette affaire-là.

– **Philippe Bouvard :** Quand je pense que nous on s'était arrêtés, il y a trois ou quatre ans, au dix-neuvième, vous vous souvenez ? Et on avait dit que quand on ne pourrait plus les compter sur les doigts des mains et des pieds, on s'arrêterait.

– **Macha Méril :** Bah voilà, nous y sommes.

– **Vincent Perrot :** Ah non mais il faut prendre un carnet à souche, là !

– **Philippe Bouvard :** Ce qui est bien, c'est de ne pas avoir fermé le portillon !

– **Macha Méril :** Ah, mais il n'en est pas question ! Ça c'est notre avantage, aux femmes, ça ne finit pas physiquement, et l'espoir ne se termine pas non plus…

– **Bernard Mabille :** Mais il y a un moment où la portière grince quand même un peu…

– **Jean-Jacques Peroni :** Il faut l'attaquer au démonte-pneu, à partir d'un certain âge…

– **Bernard Mabille :** Ah, elle en a connu, des burettes !

UNE HISTOIRE DRÔLE

Il y a deux semaines qu'ils sont mariés. Le mari a très envie d'aller retrouver ses copains. Il dit à sa femme :

– Chérie, je vais faire un tour en ville !

– Où vas-tu, chéri ?

– Je vais au Café des Sports, boire une bière.

– Tu veux une bière, mon amour ? Tiens, pour te faire plaisir, j'en ai acheté six sortes différentes ; elles sont au frigo.

– Mais, ma chérie, au bistro, ils la servent dans des verres rafraîchis !

– Tu veux un verre rafraîchi, mon chéri ?

Elle sort aussitôt du congélateur une énorme chope. Très embarrassé, son mari la regarde et dit :

– Mais chérie, au bar, avec les potes, on dit des gros mots, on déconne entre hommes !

– Ah, tu veux entendre des gros mots ? Alors tu vas être servi, parce que tu commences à me faire chier à vouloir aller te saouler la gueule avec tes enfoirés de copains de merde. Je te préviens que si tu t'en vas, tu pourras te la mettre sous le bras pendant une semaine ! T'as compris, connard ?

Citation

Qui a dit : « Oh ! Que la Providence est grande ! Elle donne à chacun son jouet : la poupée à l'enfant, l'enfant à l'homme, l'homme à la femme, et la femme au diable ! » ?

Question du jour

Qui écrivit en prison un ouvrage intitulé *Comment vaincre le hasard et comment gagner au jeu* ?

Bouvardise

L'extrême fragilité des hommes politiques : ils s'ennuient à mourir dès qu'ils ne peuvent plus s'écouter parler.

Victor Hugo.

Landru en prison, avant son procès.

UNE HISTOIRE DRÔLE

Une femme se présente à la porte du paradis :

– Je cherche mon mari, dit-elle à saint Pierre. Il est petit, gras, avec une moustache noire, et il m'avait dit que si jamais je couchais avec un autre homme, il se retournerait dans sa tombe.

– Ah ! Je vois qui c'est, dit saint Pierre. Ici, nous l'appelons la Toupie...

À la maison, qui fait quoi ?

– **Philippe Bouvard :** Le partage des tâches ménagères est toujours inégal, inéquitable…

– **Jean-Jacques Peroni :** C'est normal, je ne vais pas aider ma femme pour donner le mauvais exemple à mon fils…

– **Philippe Bouvard :** Y a une proportion de 80 % des tâches ménagères qui est effectuée par la femme.

– **Bernard Mabille :** Et ça vous choque, ça ?

– **Philippe Bouvard :** Ça me choque, parce que ça pourrait être… 100 % !

– **Mireille Dumas :** Et qui fait la cuisine ?

– **Philippe Bouvard :** Ceux qui peuvent la faire, ce n'est pas moi. Alors, qu'est-ce que vous faites, Mireille, chez vous ?

– **Mireille Dumas :** Moi, pas grand-chose ! J'ai un mari formidable qui fait la cuisine. Je ne peux le satisfaire, à part deux œufs sur le plat…

– **Chantal Ladesou :** On désapprend, à force de ne plus faire la cuisine. Moi aussi, je me suis habituée, c'est mon mari qui prépare tout…

– **Mireille Dumas :** C'est ça, les femmes modernes !

– **Jean-Jacques Peroni :** On est bien parti pour l'élection de Miss Feignasse, là !

– **Mireille Dumas :** Je vois que vous nous regardez avec un certain mépris !

– **Bernard Mabille :** Si j'ai bien compris, il faut que je me trouve un mari alors…

Citation

Qui a dit : « Le vin, ça remet l'homme sur la femme. » ?

Question du jour

Pour quelle raison Frank Sinatra refusa-t-il de jouer dans le film *Certains l'aiment chaud,* avec Marilyn Monroe ?

Présentation des panélistes

Pour lui, la pire sanction professionnelle est le licenciement sec.

Jean-Jacques Peroni

Arletty.

Il ne voulait pas se travestir en femme pour le rôle.

Citation

Qui a dit : « Ma taxe de télévision, je ne la paie qu'à la toute dernière extrémité, parce que j'estime que la télévision me doit moralement beaucoup, depuis qu'elle diffuse mes films sans me donner un sou. » ?

Jean Gabin.

Question du jour

Comment Cyrano s'envole-t-il vers la lune ?

Il s'attache autour de la taille des petites bouteilles de rosées du matin, lorsque le soleil les réchauffe, il s'envole.

Bouvardise

Les gens connus qui expriment sans complexe le souci qu'ils ont de « leur image » la détériorent déjà en l'évoquant.

UNE HISTOIRE DRÔLE

Le jour de la confession :

Voilà, mon père. Hier, j'ai fait l'amour dix-neuf fois avec ma femme !

– Mais, mon fils, avec votre femme, ce n'est pas un péché !

– Oui, mon père, mais dix-neuf fois, merde ! Fallait bien que je le dise à quelqu'un !

Vendredi
16 Novembre

SAINTE-MARGUERITE

UNE HISTOIRE DRÔLE

**Deux Corses arrivent sur le continent pour la première fois.
Le premier voit un panneau de la DDE : « Danger, travaux ! »
Il se retourne vers le second et dit : « Au moins, ici, ils préviennent. »**

Question du jour

Quelles sont les quatre raisons pour lesquelles le mariage de Napoléon avec Joséphine ne devait pas être valable ?

Il s'était vieilli de 18 mois, Joséphine s'était rajeunie de 4 ans, le quatrième témoin – l'aide de camp le Marois – n'était pas majeur, et le directoire remplaçant le maire n'avait pas qualité pour les unir.

Présentation des panélistes

Elle perd la raison dès qu'elle a rendu un homme fou.

Chantal Ladesou

Ma vie sexuelle
par Chantal Ladesou

Je vais vous donner des nouvelles de ma vie sexuelle, Philippe… Et Dieu sait que je reste pudique sur ce sujet, bien qu'il y ait beaucoup de choses à dire… Mais là, c'en est trop. Oui, je sais, vous m'imaginez constamment entourée d'éphèbes musclés qui grouillent autour de moi comme une Lady Gaga perdue dans les galeries Lafayette un samedi après-midi, en période de soldes. Eh bien, vous avez raison ! Mais il y a un souci ! Car ils sont bien mignons, les fans hystériques qui seraient prêts à se faire tatouer mon nom sur leur pénis – oui, certains ne peuvent écrire que le prénom, mais ce n'est pas là la question. Il y a un petit problème. Ils sont tous pour messieurs ! Et moi, j'aime bien le lèche-vitrine, mais à un moment, il faut quand même que je touche la marchandise, que je tâte le terrain ! Donc, faute de mieux, je me suis retournée vers mon petit mari chéri. Pas le choix. Faute de grives, on mange des merles ! Alors, avec mon mari, on est très inventifs. Car après quelques années de mariage, il faut faire travailler son imagination pour faire bouger la bête…

Seulement voilà, mon mari est traumatisé, en ce moment. Oui, traumatisé car, chaque fois qu'on essaie de réaliser un fantasme, il prend peur…

Hier soir encore, j'avais enfilé mon déguisement de femme de chambre, et voilà qu'il me demande de signer un papier de déclaration de consentement. On croit rêver ! Il ne voulait pas que je lui touche le plumeau tant que je n'avais pas signé ce papier ! Traumatisé, je vous dis. Plus moyen de passer l'aspirateur ou de se faire attacher au radiateur sans décharge ! Il y a deux jours, mon mari a failli s'évanouir… Non pas à cause du choc de la vue de mon corps nu allongé sur le lit, faisant penser à un tableau des plus grands maîtres italiens… Non, quand je lui ai demandé de me masser les pieds ! Lui, qui était capable de brandir son engin tel un arbre massif au milieu de ma forêt, il n'est même plus capable de lever le Tron. Je ne sais plus quoi faire, je suis obligée de signer des papiers tous les soirs, c'est infernal !

Alors, dernièrement, j'ai eu une idée qui marche. J'ai acheté une robe de juge, un petit marteau et je lui fais son procès tous les soirs ! Il adore ça, il n'arrête pas de faire appel ! Et comptez sur moi, il va prendre perpète !

Samedi **17** SAINTE-ÉLISABETH

Dimanche **18** SAINTE-AUDE

Novembre

Marchand de confiture

– **Yves Coppens** : Un jour, j'étais très pressé : je revenais de mission et je repartais en mission. Mais j'ouvre le courrier, et il y avait la déclaration d'impôts à faire. Et pour ma profession – j'étais maître de conférence –, j'écris « M. de conf. ». J'envoie. Je reviens de ma mission, et le papier m'était revenu, me disant : « Écrivez votre profession en toutes lettres. » Donc ça m'agace, et je mets : « marchand de confitures ». J'ai eu des ennuis, vous ne pouvez pas vous imaginer ! On m'a demandé mon stock et ma consommation de sucre !

UNE HISTOIRE DRÔLE

Une vieille petite dame marche sur le trottoir, tirant deux sacs poubelle. Soudain, l'un des sacs se déchire et laisse s'échapper des billets de 5 euros. Remarquant cela, un policier l'arrête et lui dit :
– Madame, il y a des billets de 5 euros qui sortent de votre sac.
– Ho, vraiment ? Je dois retourner en arrière et voir si je peux trouver les autres que j'ai perdus. Merci de me l'avoir dit !
– Un instant, madame, pas si vite ! D'où vient cet argent... Vous ne l'avez pas volé ?
– Ho, non ! répond la petite vieille. Ma cour arrière est près d'un stade de football et durant les parties, quelques supporter viennent faire pipi à travers la clôture de mon jardin de fleurs. Alors ce que je fais, je me tiens près de la clôture avec un sécateur et à chaque fois qu'un gars sort son attirail pour faire pipi, je lui dis : « Cinq euros ou je coupe ça ! »
Le policier ajoute en riant :
– C'est bien normal. Bonne chance alors !
Puis il demande :
– Qu'est-ce qu'il y a dans l'autre sac ?
– Vous savez, dit la petite vieille, tout le monde ne paie pas...

Citation

Qui a dit : « Si tes amants t'ennuient, marie-toi, cela leur donnera du piquant ! » ?

Jean Anouilh.

Question du jour

Qu'est-ce qui met vingt minutes à se durcir chez l'homme ?

Le sang qui coagule.

Bouvardise

Les vilaines manières des dictatures promues démocraties consistent à bourrer les urnes quand elles n'ont pas suffisamment bourré les crânes.

Lundi 19 Novembre

SAINT-TANGUY

UNE HISTOIRE DRÔLE

Un voisin en appelle un autre au téléphone :

– Allô ? dit une voix douce.

– Allô, c'est Michel qui est là ?

– C'est Maxime, dit la voix douce.

– Je peux parler à ton papa ?

– Mon papa, il est sous le tracteur.

– Ah, et ta maman ?

– Ma maman, elle est sous le tracteur.

– Bon, et ton grand frère, il est là ?

– Il est sous le tracteur.

– Alors, ta grande sœur ?

– Elle est sous le tracteur.

Le voisin, interloqué demande au petit :

– Et toi, tu es où, ça va ?

– Oui, moi ça va. J'étais sur le tracteur !

La honte de Luc Ferry

C'était quand François Fillon a été nommé Premier ministre. Des amis communs – qui savaient qu'on était très proches et qu'on s'aimait bien – nous invitent à dîner, un très joli dîner parisien. Ils nous mettent à côté l'un de l'autre et ils nous séparent, comme il convient dans un dîner, par une jeune femme brune absolument sublime, ravissante, qui avait un mélange d'accent italien, anglais, espagnol, on ne savait pas trop, mais sublimissime. Fillon et moi commençons à faire les intéressants et à montrer comment on est beaux, forts et intelligents ! On essaie de draguer la dame en question. Comme on adore tous les deux les voitures de courses, Fillon raconte qu'il a fait Le Mans sur une Ferrari 250GT. Moi, je dis qu'on me propose de faire Le Mans classique sur une Chevrolet qui a huit cents chevaux… mon pauvre ami, ta bagnole n'avance pas à côté de la mienne ! Enfin, du genre : « J'ai un kiki plus gros que le tien… »

Je vous fais l'histoire courte : la dame, à un moment, pose sa main sur nos bras, et nous dit :

« Messieurs, vous êtes passionnants, mais mon mari était Ayrton Senna ! »

Je pense que François doit s'en souvenir comme moi, mais c'était vraiment très drôle.

Citation

Qui a dit : « On ne crache pas à la figure d'un homme – sauf si, bien entendu, sa moustache a pris feu. » ?

Question du jour

Dans quelle île de l'océan Indien se situe l'histoire de *Paul et Virginie* ?

Bouvardise

Si l'amour est parfois dangereux et souvent décevant, c'est parce qu'il refuse, par définition, de se fier aux apparences, pas toujours trompeuses.

Philippe Labro.

L'île de France, future île Maurice.

UNE HISTOIRE DRÔLE

Un culturiste emmène une fille dans sa chambre et commence à se déshabiller. À chaque fois qu'il enlève un vêtement, il montre un de ses muscles en disant :

– Tu vois, ça, c'est de la dynamite ! Ces pectoraux, de la dynamite; ces biceps, de la dynamite ; ces dorsaux, de la dynamite ; ces cuisses...

À ce moment là la fille l'interrompt et lui dit :

– Dis donc, demande la fille, c'est pas dangereux ! Toute cette dynamite avec une aussi petite mèche ?

Citation

Qui a dit : « J'ai pris un cours de lecture rapide et j'ai pu lire Guerre et Paix *en vingt minutes. Ça parle de la Russie. » ?*

Question du jour

Quel impôt a été supprimé définitivement en 1948 ?

Présentation des panélistes

C'est souvent après la fin de sa pièce qu'elle passe à l'acte.

Amanda Lear

Woody Allen.

L'octroi.

Citation

Qui a dit : « Pour parler correctement le russe, apprenez d'abord l'anglais ; ça vous permettra de vous rendre compte que ces deux langues n'ont absolument aucun rapport entre elles. » ?

Pierre Dac.

Question du jour

Qui était surnommée « la Pucelle du Languedoc » ?

La citadelle de Carcassonne, parce qu'elle était réputée inviolable.

Bouvardise

Admirons l'aura dont, dans une société de simulacres, ceux qui ne lisent pas gratifient ceux qui écrivent.

Conseils pour la « télé senior »

par Jean-Jacques Peroni

Alors que je lis un quotidien, un titre m'interpelle : « France 3 ne va pas très bien ». Pas besoin de lire l'article, je connais déjà les causes du mal, et je vais donner les remèdes pour les guérir. France 3 est avant tout une chaîne de vieux qui n'ose pas se l'avouer. Alors, assez d'avoir le cul entre deux chaises, et misez tout sur les vieux ! Faites de la création spécifique pour vieux ! La télé-réalité s'adresse aux jeunes, faites de la télé-réalité qui s'adresse aux vieux ! Par exemple, un jeu intitulé « Où j'ai mis mes dents ? » Le principe est simple : dans un hospice, douze candidats édentés et un seul dentier. Le dentier est habilement dissimulé dans l'établissement Le premier qui le trouve a le droit de manger ! Une heure de poilade garantie, dans les maisons de retraite ! Autre jeu possible : « On rase gratis. Douze parkinsoniens doivent se raser avec un rasoir coupe-chou. Le premier qui s'est vidé de son sang est éliminé ! Les autres, à la cantine, auront droit à une double-ration de boudin noir ! » On peut aussi créer le tiercé des impotents. Douze candidats, toujours avec un dossard numéroté, doivent parcourir 100 mètres, les jambes dans un sac et les mains qui tiennent le déambulateur… Les pensionnaires parient sur l'éventuel gagnant, et le vainqueur a droit à un col du fémur tout neuf ! En fin de soirée, vers 19 heures, après la soupe et la compote, on peut proposer une émission coquine pour faire de beaux rêves… Concours de tee-shirts mouillés avec toutes les vieilles de l'hospice ! Que du torride ! Et puis, il ne faut pas oublier que France 3 est la chaîne des régions. Alors, allez-y à fond dans les faits divers locaux, les vieilles personnes adorent ça ! Exemples : « À Bourmois, dans le Bas-Rhin, Aurélien Basdufion s'est fait castrer par son pitbull, qu'il l'avait, à cause de sa cataracte, confondu avec Lucie, sa petite chèvre naine, qui lui donnait bien du plaisir ! » « À La Motte-qui-Sent, dans les Deux-Sèvres, Adrien Dutouffe fabrique des coucous suisses, dont l'oiseau est remplacé par un phallus qui sort toutes les heures et qui, au lieu de faire "Coucou, coucou", fait "Quéquette, quéquette !" » À midi, tout le monde est mort de rire ! Pas compliqué de faire des bons programmes, alors, allez ! Bon courage, France 3 !

Coppens et le vol au-dessus de Djibouti

– **Yves Coppens :** Je pars pour l'Afrique. Pour une fois, j'ai eu l'occasion de m'arrêter à Djibouti. C'était en avril 1970. Je le dis de manière précise, car j'espère bien que je vais retrouver les gens dont je vais parler… On me dit ici, à Paris : « Si tu vas à Djibouti, va voir Astro. » Astro a fondé une petite compagnie à Djibouti, il a acheté des Dakota, des DC-3 à la fin de la guerre française d'Indochine. Donc j'arrive à Djibouti, je vais directement à l'agence. Je suis reçu par une charmante jeune fille ; j'ai su de suite que c'était la fille d'Astro. Elle me dit : « T'as pas de pot, Astro est à Paris. » Je me dis : « Ah ouais, pas de pot. » Elle me dit « T'as l'air sympa, qu'est-ce que tu veux ? » Je lui dis que c'est la première fois que je viens à Djibouti, j'aurais été content de visiter le territoire. Elle prend son téléphone et parle à quelqu'un au bout du fil : « Tu débarques ton copilote, j'ai un ami parisien, il est pilote et il part avec toi. » Parisien, ça marche ; pilote, ce n'est pas vrai ! Elle me fait choisir un costume, j'étais superbe, j'avais une casquette, etc. Elle me dit : « Je vais déjeuner, je te laisserai au terrain. Il y a un type qui a le même costume que toi, tu verras, c'est le pilote. » J'arrive au terrain, et, en effet, arrive un type de très mauvaise humeur. Forcément, débarquer le copilote, ça se fait pas… On se présente et il vaque à ses occupations. Je reste en retrait pour ne pas compliquer les choses. Et puis il va vers un avion. Je le suis. C'est donc un DC-3 et on passe devant les passagers, c'était un avion régulier, il y avait une vingtaine de passagers à bord… et on arrive dans le cockpit. Il s'assoit, je m'assois. Il tire sa casquette, je tire la mienne. Il se sangle, je me sangle aussi. Il met son casque et moi aussi. Bon, il y avait sur le casque un petit truc qui me gênait, sorte de micro pour parler devant la bouche. Et puis, il fait ses appels à la tour. Premier moteur en route, deuxième en route. Ça ne marchait pas très bien, mais on a fini par décoller. Alors c'était très beau, je voyais bien Djibouti, la mer. Et puis, plus ça allait, moins je voyais Djibouti et plus je voyais de l'eau. Et là, très rapidement, je le vois enlever son casque et se désangler, et il me dit : « Tu continues, je vais me fumer une cigarette derrière ! » Alors, je me dis qu'il y avait sûrement un pilote automatique. Je sais depuis que sur ces avions-là, il n'y en a pas. Ensuite, je me dis que le type plaisante, qu'il voit que je n'y connais rien. Mais il ferme la porte et je suis tout seul dans mon p'tit truc. Je vois la boussole à bain d'huile avec une espèce d'orientation que j'essaye de maintenir. Alors, j'ai le petit manche, là, quand je tirais, je ne voyais plus que le ciel, quand je poussais, plus que la mer (ou le contraire, d'ailleurs) donc pendant un moment, ça… (Coppens mime des vagues avec sa main).

– **Bernard Mabille :** Vous êtes le seul rescapé ?

– **Yves Coppens :** Non non, j'ai tenu. Mais une cigarette, c'est très long ! et il y a plein de gens qui me parlaient ! Que voulez-vous que je fasse ? Moi, je toussais dans mon micro ! Et d'autre part, il y a des écrans devant vous et des écrans au-dessus, et je me suis dit : « S'il y en a un qui bouge de trop, j'irai le prévenir quand même… » Il y en a un qui ne bougeait pas vite, mais qui ne revenait pas en arrière… C'était l'altitude, mais ça, je ne l'ai su qu'après. Donc, on descendait doucement… Il est revenu et n'a rien dit ! Il a repris son manche et on a fait le reste du trajet tranquillement. Mais au retour, il a recommencé. Et moi, la crainte que j'avais, c'était qu'il me dise : « Pose-toi » !

Citation

Qui a dit : « Pour un artiste, il est aussi fatal d'épouser son modèle que pour un gourmet d'épouser sa cuisinière : le premier est privé des séances de pose et le second de dîner. » ?

Oscar Wilde.

Question du jour

D'après le code pénal belge, quel genre de grivèlerie ne peut être poursuivi ?

La grivèlerie d'alcool dans un débit de boisson. Si une personne boit et ne paie pas ses consommations, elle ne peut faire l'objet de poursuites.

Bouvardise

Ah ! Les inconscients qu'on avertit que le Soleil se rapproche dangereusement de la Terre, et qui prennent le risque supplémentaire de hâter la rencontre en allant dans les pays où il rayonne un peu plus fort !

Citation

Qui a dit : « Chez nous, dans les toilettes, tout le monde chante, faut dire qu'y a pas de verrou ! » ?

Pierre Doris.

Question du jour

Le 31 mars 2007, lors d'un concert au Grand Rex à Paris, Michel Delpech a dédié sa chanson *Marianne* « à la jolie dame assise au quatrième rang. ». De qui s'agit-il ?

De Ségolène Royal.

Présentation des panélistes

Elle aura séduit les hommes moitié avec ses jolies rondeurs, moitié avec ses petits plats.

Macha Méril

Photomania !

par Macha Méril

S'il y a une chose qui m'exaspère, c'est l'usage abusif que l'on fait aujourd'hui des appareils photos ! On ne peut plus se dire bonjour, ni se présenter, ni trinquer, ni manger un plat exceptionnel, ni offrir un bouquet, ni souhaiter « bon anniversaire ! », ni raconter une bonne blague, sans que quelqu'un brandisse un appareil photo ou un téléphone portable pour immortaliser l'instant, ou plutôt le galvauder en images déformées, mal cadrées, qu'on vous ressert ensuite sur les ordinateurs comme des crevettes prises dans un filet de pêche. C'est insupportable ! Les événements les plus émouvants s'écrabouillent dans ce défilé visuel où nous sommes tous moches. Autrefois, à la fin d'un spectacle, on nous demandait des autographes, on nous offrait des petits cadeaux ! Maintenant, on nous apporte de vilains tirages des photos prises la dernière fois que l'on est passé dans ce théâtre, ou dans un Salon du Livre… : de tristes portraits flous où l'on a les yeux fermés, la bouche ouverte et le col du manteau retourné. Mais ce n'est pas fini, le type remet ça ! Re-photo avec lui et avec son compère ; souvent, ils naviguent en tandem, chacun photographie l'autre avec nos pommes, quand ce n'est pas aussi avec leurs femmes, leurs fistons, la grand-mère moustachue qui s'accroche à votre bras parce qu'elle ne tient pas debout sans ses béquilles. Une fois, une maman m'a collé une paire de bébés dans les bras, un de chaque côté, des jumeaux. J'ai pensé : « Si cette photo circule, on va croire que j'ai des enfants cachés ! » Les appareils défilent ; en général, ils ne savent pas les faire fonctionner. On attend des plombes qu'ils trouvent le flash, ou bien la batterie est à plat. On vous engueule presque ! S'il n'y a pas de photos, ils sont venus pour rien – car souvent, ils n'ont même pas vu le spectacle. Plus personne n'est naturel, on pose pour les photos. On rentre le ventre, on offre son bon profil, on a l'air d'un poisson hors de l'eau, déjà un peu crevé vu le temps que met le photographe à appuyer sur le déclencheur.

Ces instants ont remplacé la photo de famille chez le photographe : le mari bien raide, la main sur l'épaule de la femme assise sur une chaise capitonnée, un palmier nain derrière eux sur une colonne en stuc. Les bébés potelés, mollement allongés sur des peaux de mouton, les jeunes filles émergeant d'un bouquet de roses à la main ; elles envoyaient ces photos découpées en ovale à leur fiancé à l'armée. Cela avait quand même plus de gueule que les bébés flashés le jour de leur naissance, la gueule de travers ou barbotant dans leur baignoire de plastique jaune avec un rire stupide ; les mariées sautant sur un trampoline, jupe relevée…

Le mythe de la spontanéité ! La facilité d'emploi des nouveaux appareils produit des clichés abominables qui abîment les souvenirs et dégradent la trace de notre passage sur cette Terre. La photo, c'est sérieux. Laissons les professionnels nous tirer le portrait en nous montrant sous notre meilleur jour. Nos enfants pourront dignement en décorer leur cheminée et les placer en médaillons sur nos tombes.

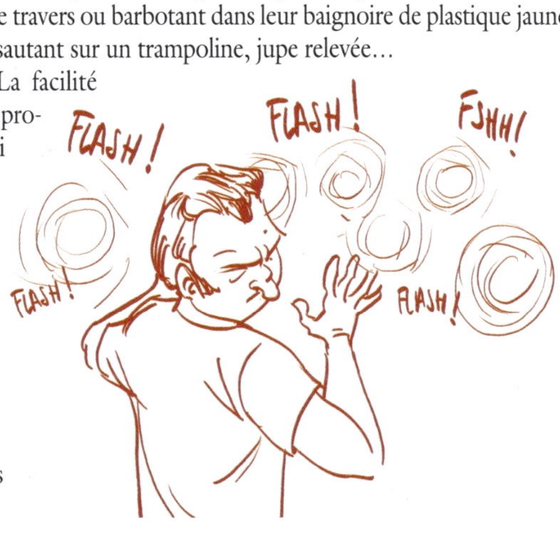

Dans la nuit des temps

L'anniversaire de Gros Léon

– **Philippe Bouvard :** Vous ne vous souvenez pas de ce cocktail d'anniversaire que notre ami et regretté Léon Zitrone avait fait organiser – il avait trouvé un sponsor – au Café de la Paix. Il avait invité cinquante copains. Et il s'est présenté cinq cents personnes. C'était notre ami Jacques Pessis qui avait fait dupliquer des invitations et les avait distribuées à toutes les vendeuses de Loterie nationale de Paris. Elles venaient toutes voir Léon en disant : « M. Léon ! Comme c'est gentil de vous être souvenu qu'il y a cinq ans je vous ai vendu un dixième ! »

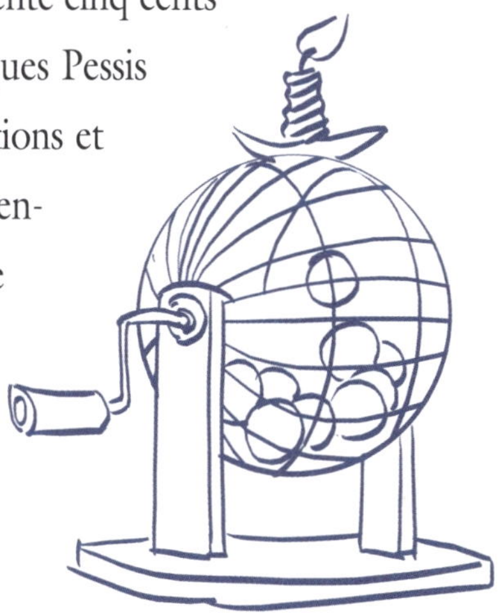

UNE HISTOIRE DRÔLE

Philippe n'est pas très vaillant du point de vue du « devoir conjugal ». Véronique décide de passer à l'offensive. Un soir, elle se blottit dans ses bras en disant :
– Oh ! Philippe, j'ai froid !
Bon prince, Philippe se lève et remonte le thermostat de plusieurs degrés. Deuxième tentative : elle se blottit à nouveau contre lui en disant :
– Philippe, j'ai encore froid !
Notre benêt se lève à nouveau et prend dans une armoire une belle couverture « Pure laine vierge » dont il couvre Véronique. À la troisième tentative, Véronique se veut plus explicite :
– J'ai encore froid et je vais te dire un truc : quand maman avait froid, mon père se couchait sur elle !
Et Philippe de répondre :
– On ne va quand même pas réveiller ton père à cette heure-ci !

Citation

Qui a dit : « Premier hautbois dans un orchestre, ça c'est bien. Bah oui, quitte à aller au bois, autant être le premier. » ?

Question du jour

Quel nom donna-t-on à la guerre esthétique qui opposa à Paris, au milieu du XVIIIe siècle, les partisans de la musique française à ceux de la musique italienne ?

Bouvardise

Je n'ai une vocation de piéton que pour aller de mon domicile au garage…

Coluche.

La querelle des Bouffons.

Citation

Qui a dit : « Si j'avais à choisir entre une dernière femme et une dernière cigarette, je choisirais la cigarette, on la jette plus facilement ! » ?

Serge Gainsbourg.

Question du jour

En 1847, quel a été le premier pays indépendant d'Afrique ?

Le Libéria.

Bouvardise

L'aventure est au coin de soi-même. À condition de s'attendre au tournant…

Les statistiques de Peroni

– Pour 90 % des patrons du C.A.C. 40, le meilleur candidat de l'UMP serait Dominique Strauss-Kahn !
– 10 % des muets ne sont pas des gens de parole !
– 30 % des lunettes qui n'ont pas de monture sont des cabinets sans occupants !
– 100 % des parasols protègent du soleil, 100 % des parapluies protègent de la pluie, 100 % des paratonnerres protègent du tonnerre, 100 % des parapets protègent… du vide, bande de cochons !
– 30 % des mélancoliques n'ont pas la diarrhée !
– 40 % des fumeurs ont des traces de nicotine au fond du caleçon !
– 20 % des femmes battues le sont à la belote, 30 % sont battues au poker, les autres sont battues devant l'évier, quand la vaisselle s'entasse !
– 30 % des femmes ont leurs jambes mises en valeur par les bas résilles ; les 70 % qui restent, ça leur fait des jambes semblables à des salamis dans leur ficelle !
– 20 % des personnes qui ont les ongles noirs utilisent du papier hygiénique trop fin !
– 90 % des téléspectateurs ont l'impression de n'avoir qu'une seule chaîne de télévision, car à chaque fois qu'ils zappent, ils tombent sur Pierre Moscovici !
– 40 % des familles qui s'appellent Ladigue ne souhaitent pas que leur enfant épouse quelqu'un d'une famille Ducul !
– Enfin, 80 % des agriculteurs s'inquiètent de la sécheresse de la terre, alors que 100 % des obsédés sexuels s'inquiètent de la sécheresse vaginale !

UNE HISTOIRE DRÔLE

Un couple discute avant de faire l'amour :
– Ma douce, j'ai envie de mettre mon sexe dans ton oreille…
– D'accord, mais bon, fais gaffe quand même, que je ne devienne pas sourde !
– T'inquiète pas ! Ca fait dix ans que je te la mets dans la bouche, et tu ne sais toujours pas la fermer !

Les arbres de Marcel Jullian

– **Philippe Bouvard :** Vous pouvez offrir un arbre, il paraît que ça se fait beaucoup !

– **Pierre Bellemare :** J'ai visité un jardin au bord de la Dordogne, il n'y a pas très longtemps, qui appartient à un ami belge. Je vois des arbres avec Drucker, Pivot, etc. Je me dis : « Pourquoi y a-t-il des plaques avec les noms des présentateurs de télévision ? » En fait, c'était Marcel Jullian qui habitait dans cette maison autrefois, et, à son époque, les animateurs de l'antenne lui avaient donné des arbres avec leur plaque, et c'est devenu la propriété de ce Belge qui n'en a rien à secouer.

– **Philippe Bouvard :** J'en avais parlé avec lui, et je lui avais demandé : « Pourquoi il n'y a pas de Bellemare ? » « Il n'y a pas assez de branches ! »

– **Jean-Jacques Peroni :** On lui a demandé : « Pourquoi il n'y a pas Bouvard ? » et il a répondu « Je ne prends pas les bonzaïs ! »

UNE HISTOIRE DRÔLE

Un jeune Corse se rend à confesse :
– Mon père, j'ai péché avec une fille.
– Est-ce toi, mon petit Toni Parisi ?
– Oui, mon père, c'est bien moi.
– Et qui est cette femme avec qui tu étais ?
– Je ne puis pas vous le dire, mon père, de peur de ruiner sa réputation.
– Mon petit Toni, comme je finirai bien par savoir son nom un jour ou l'autre, tu peux bien me le dire maintenant... Était-ce Tina Minetti ?
– Je ne peux pas vous le dire.
– Était-ce Teresa Volpe ?
– Je ne dirai rien.
– Était-ce Nina Capelli ?
– Désolé, mais je ne dirai pas son nom.
– Rosa Di Angelo, alors ?
– S'il vous plaît, mon père, comprenez que je dois me taire.
– J'admire ta discrétion, mais tu as péché et tu dois racheter ta faute. Pendant trois mois, tu ne pourras plus être enfant de chœur. Va, et comporte-toi bien !
À la sortie de l'église, Nino, le copain de Toni, lui demande comment ça s'est passé.
– J'ai obtenu trois mois de vacances... et quatre nouveaux noms de salopes !

Citation

Qui a dit : « Si le clown est triste, c'est tout simplement parce qu'il est mal payé. » ?

Question du jour

Quelle est la prédiction la plus juste que fit Jules Verne dans son livre *De la Terre à la Lune* ?

Présentation des panélistes

Il a la voix d'un ténor, l'assurance d'un ministre et le cœur d'un artichaut.

Pierre Bellemarre

Le lieu du lancement de sa fusée à Tampa Town, qui est l'emplacement quasi exact de l'actuel Cap Kennedy.

W.C. Fields.

Mercredi

28 Novembre

SAINT-JACQUES-DE-LA-MARCHE

Bouvardise

Depuis quarante ans, le vocabulaire sert de pommade à nos plaies de société.

Citation

Qui a dit : « Si les Français savaient le rôle de l'intelligence et de la volonté, la part de l'esprit et du caractère dans la plupart des sports, avec quel entrain ils y pousseraient leurs enfants ! » ?

Pierre de Coubertin.

Question du jour

Quel record établi par John Fitzgerald Kennedy n'a jamais été battu ?

Le record des mots à la minute (327 mots).

La honte de Frédéric Mitterrand

C'était il n'y a pas très longtemps. J'étais dans la rue avec mon chien, et il y avait beaucoup de monde. Je vois un type qui arrive en bicyclette, un type qui avait l'air vraiment sympathique. Et je vois qu'il me reconnaît. Comme il avait l'air très sympathique, je prends un air avenant, me disant : « Ce type va me faire un sourire, va me dire un truc gentil, poli… » Il passe à côté de moi et il se met à hurler : « Mitterrand ! Minable ! » Du coup, je deviens tout rouge, je ne mesure plus qu'un mètre dix, et j'essaie de sortir de la rue avec tous les gens qui me regardent. Ça, c'était une vraie honte, mais ça a été aussi une bonne leçon.

UNE HISTOIRE DRÔLE

Un jour, une femme décide d'acheter un perroquet à ses filles.
Elle se rend donc au magasin d'animaux le plus proche. Arrivée là, elle déniche une aubaine pas croyable : un magnifique perroquet parlant, pour 200 euros. Étonnée, elle va voir le vendeur.
– Monsieur, pourquoi un perroquet d'une aussi grande valeur est-il si peu cher ?
– Et bien, ma petite madame, c'est qu'il vient d'un bordel, et son langage n'est pas correct du tout.
– Mais mon bon monsieur, ce n'est pas grave, cela se corrige. Je vous le prends.
Le vendeur lui offre une cage et lui vend le perroquet. Lorsque la dame arrive chez elle, elle installe la cage dans le salon. Le perroquet dit alors :
– Nouvelle maison, nouveau bordel !
La femme se dit que ce n'est pas grave et qu'il va se corriger. Les deux petites filles arrivent donc au salon, et le perroquet de dire :
– Deux nouvelles p'tites putes, deux nouvelles p'tites putes !
La mère, toute confuse, explique à ses filles que le perroquet vient d'un bordel et que son langage va se corriger au jour le jour.
Sur ce, Robert – le mari, l'homme de la maison – arrive, et le perroquet commence à dire :
– Nouveau bordel, nouvelles p'tites putes, mais toujours ce bon vieux Robert !

Jeudi

29 Novembre

SAINT-SATURNIN

L'orgasme à distance

– **Philippe Bouvard :** Le vibromasseur. Ce qui est nouveau, c'est…

– **Éric Laugérias :** Le vibromafemme !

– **Philippe Bouvard :** Le vibro est doté d'une commande à distance. C'est à dire que le mari emporte la télécommande et, depuis son bureau, met en marche l'appareil !

– **Bernard Mabille :** Mais qu'est-ce que vous croyez que je fais, avec ma main dans la poche ? Ça doit être bizarre, tu vois la bonne femme qui se secoue…

– **Jean-Jacques Peroni :** Mais moi, chaque dimanche matin où ma femme part à la messe, je garde le truc, et au moment de l'Élévation…

– **Jacques Mailhot :** Moi, l'autre jour, j'ai été visiter le couvent des carmélites. J'étais avec un bon curé, qui commence à demander : « Et le vibro, ma sœur ? »

– **Bernard Mabille :** Ça marche à combien de mètres ?

– **Philippe Bouvard :** Alors, il paraît que maintenant y a pas de distance, y a pas de limite…

– **Philippe Chevallier :** Ça veut dire qu'il faut qu'elle l'ait tout le temps sur elle ?

– **Jean-Jacques Peroni :** Hé, y a de la gourmande, hein !

– **Philippe Bouvard :** C'est la providence du mari qui ne peut pas rentrer chez lui le soir, car il a du travail à faire. Un petit coup de télécommande, et hop !

– **Jean-Jacques Peroni :** Vous attendez qu'une dame achète un hot-dog, et dès qu'elle l'a dans la bouche, paf ! Vous actionnez ! Mémère a des sensations !

UNE HISTOIRE DRÔLE

Un célèbre comédien a remarqué, dans la rue, une jeune femme plutôt jolie qui fait la manche. Il l'aborde et la décide à l'accompagner chez lui. Là, ils font l'amour à cinq reprises. Au petit matin, avant qu'elle ne s'en aille, il lui dit :

– Tu mérites une récompense. Tiens, voici deux places d'orchestre pour me voir dans une pièce qui fait courir le Tout-Paris.

– Excusez-moi, dit la jeune femme, mais je suis à bout de ressources et affamée. Si je me résigne à ce genre de chose, c'est pour avoir un peu de pain pour mes enfants.

– Du pain ! grommelle le comédien, mais si tu voulais du pain, il fallait coucher avec un boulanger !

Citation

Qui a dit : « Mon rêve : tourner une histoire de frères siamois. L'un serait flic et l'autre voleur. » ?

Question du jour

Dans sa pièce *Œdipe,* qu'il fit jouer le 18 novembre 1718, à quelle rumeur Voltaire faisait-il de nombreuses allusions ?

Bouvardise

Étrange et discutable institution que celle des impôts, dont une bonne partie s'égare entre tirelire privée et Trésor public, lorsqu'ils ne coûtent pas plus à recouvrer qu'ils ne rapportent.

La rumeur de l'inceste du Régent, Philippe d'Orléans, avec sa fille Marie Louise Élisabeth, la duchesse de Berry.

Jean Yanne.

Vendredi

30 Novembre

AVENT

Citation

Qui a dit : « Au théâtre, il faut courir 5 000 mètres chaque soir. Au cinéma, c'est 50 000 fois un mètre, et pas forcément dans l'ordre. » ?

Pierre Arditi.

Question du jour

Qui, dans le cadre de sa profession, dit : « Laissez-moi seul ! » ?

Le toréro, avant d'entrer dans l'arène.

Bouvardise

La lune et Mars sont comme les palais nationaux : il n'y a pas grand-chose à voir, mais il faut s'y rendre de temps en temps pour vérifier qu'il ne s'y passe rien.

Mabille consulte par Internet

Mme Bachelot n'arrête pas le progrès, puisqu'elle a inventé, pour dépister le cancer colorectal, le pot-pot à poster soi-même par Chronoprout, ce que j'ai fait d'ailleurs. J'ai reçu hier mes résultats : « Pas de cancer, me dit-on, mais une mise en garde. Surveillez vos ovaires et stoppez les croquettes. » Faut dire que pour les tester, j'avais envoyé les selles de Chouquette, ma chienne labrador.

Voici donc que Roselyne invente la consultation médicale par Internet. Plus de prise de rendez-vous, plus d'attente dans une antichambre bondée où tu choppais tous les maux des patients amassés. Victime d'une simple migraine, tu te présentais devant le médecin avec les oreillons, la varicelle, la tuberculose et la vérole. Plus besoin de laver et de te laver pour tendre au stéthoscope du praticien un torse propre. Plus besoin de changer de calebard pour te faite tâter l'appendice. Plus, non plus, l'obligation de lire les magazines posés en vrac sur les tables de salles d'attente où tu lisais les dernières infos : élection de Mitterrand et mariage de Sheila et Ringo.

La consultation par Internet va nous changer la vie, simplicité, rapidité, efficacité. Exemple : une petite laryngite. Tu cours, ton ordinateur sous le bras, chez le premier pharmacien ; un clic dans la file d'attente, une consultation. Attention ! Tu ne dis plus « trente-trois », tu tapes « trente-trois ». Un diagnostic, une médication, et hop ! tu ravages le rayon « suppositoires » que tu t'enfiles sur place, accroupi entre les deux caisses. Trois minutes plus tard, tu es guéri. Autant d'économies pour la Sécu, qui gagne un arrêt de huit semaines de congés maladie si tu es fonctionnaire titularisé.

Mais attention aux plaisantins, car avec Internet et Photoshop, tous les trucages seront possibles. Rien ne vous empêchera de montrer au spécialiste via la Webcam n'importe quoi ! Imaginez un proctologue face à un écran sur lequel le patient balance, pour déconner, une photo d'un trou de mine chilien : « Ah ! mon pauvre monsieur, mauvaise nouvelle, pour la coloscopie, vous allez souffrir ; ce n'est pas une canule qu'il faut prévoir, mais une navette ! » Imaginez un gynécologue découvrant un cliché du gouffre de Padirac : « Dans ma carrière, ma petite dame, j'en ai vu des clitoris, des petits, des gros, en forme de coquillette ou de cornichon. Mais en forme de stalactite millénaire surplombant une rivière souterraine, sur laquelle se balade une barque chargée de quinze clampins flashant à tout-va, faut-il que je reprenne mes études ! »

La tétée d'Ornella Muti

– **Philippe Bouvard :** Vous souvenez-vous d'une rencontre que nous avons faite il y a des années ?

– **Ornella Muti :** Peu.

– **Philippe Bouvard :** Moi, très bien !

– **Bernard Mabille :** Là, vous venez de prendre une claque, Philippe !

– **Philippe Bouvard :** Je vais essayer de rafraîchir votre mémoire. Je devais faire votre portrait pour *Match*, par écrit bien sûr, car je ne suis pas photographe. Vous êtes venue dans ma bibliothèque à Paris, vous vous êtes assise en face de moi. Vous veniez d'avoir un bébé qui était avec vous. L'entretien a commencé vers 11 h 30 du matin, à midi vous m'avez dit : « C'est l'heure de la tétée. » Vous avez ouvert votre corsage et vous avez donné le sein au bébé ; à partir de ce moment-là, j'ai eu beaucoup de peine à poser mes questions !

– **Ornella Muti :** Vous voyez comme les choses très naturelles peuvent être mal vues !

– **Philippe Chevallier :** Oh ! Ça a été très bien vu, je crois !

– **Philippe Bouvard :** Vous ne vous souvenez pas de cela ?

– **Ornella Muti :** C'était une petite fille Caroline ?

– **Marianne James :** Il ne se souvient plus du sexe du bébé, il ne se souvient que de votre sein généreux… Il nous en a parlé souvent, Ornella !

– **Jacques Mailhot :** Depuis, il milite activement pour l'allaitement maternel !

UNE HISTOIRE DRÔLE

Le fils :
– Papa, tu peux me prêter ta lampe de poche ?
Le père :
– Pour quoi faire ?
Le fils :
– On veut aller peloter les filles dans le parc cette nuit…
Le père :
– De mon temps, on n'avait pas besoin de lampe de poche !
Le fils :
– C'est bien pour ça qu'elle a cette tronche, maman !

Citation

Qui a dit : « Le meilleur moyen de tenir sa parole est de ne jamais la donner. » ?

Question du jour

Qui interprétait la chanson « Les Chemins de l'amour », lors de la création de la pièce *Léocadia* au théâtre de la Michodière, le 1er décembre 1940 ?

Présentation des panélistes

On aimerait avoir chez soi un fauteuil assez solide pour la prendre sur ses genoux.

Marianne James

Napoléon Bonaparte.

Yvonne Printemps.

Citation

Qui a dit : « Pourquoi philosopher, alors qu'on peut chanter ? » ?

Georges Brassens.

Question du jour

Qui possédait quelque 350 paires de ballerines, qu'elle portait lorsqu'elle était avec son mari pour ne pas le dépasser en taille ?

La princesse Diana.

Présentation des panélistes

Elle vérifie chaque semaine que l'amour est dans le pré.

Macha Méril

Macha raffole des hommes féminins

– **Macha Méril :** Les filles, je pense que vous allez être d'accord avec moi. Les meilleurs amants… ce sont les hommes féminins. C'est quoi, un homme féminin ? C'est un homme qui ne se croit pas obligé de tout savoir. Un homme qui sait faire la cuisine, qui a des sentiments, qui est à l'heure aux rendez-vous, mais qui prend le temps de vous dire au revoir sur le pas de la porte. Qui vous accompagne même jusqu'à la voiture ! Qui vous laisse ensuite un SMS sur le portable.

– **Philippe Bouvard :** « N'oublie pas le pain ! »

– **Macha Méril :** Pour dire qu'il a passé une soirée merveilleuse. Pas obligatoirement sexuelle ! Parce que nous, l'amitié, nous apprécions aussi ! Un homme féminin n'a pas honte d'être féminin. Il aime la compagnie des femmes… Ce n'est pas pour ça qu'il est homo ! Il a des conversations approfondies… C'est l'homme idéal, parce qu'il n'a pas à prouver à tout moment qu'il est un homme. C'est l'homme de toutes les situations. Rien à voir avec la musculature, les attributs strictement masculins. Y a des joueurs de rugby féminins… Le rêve, hein, Amanda ?

– **Amanda Lear :** Ouais, m'enfin, faut pas que ce soit une lavette non plus…

– **Macha Méril :** Qui ont des bras qui vous serrent fortement, mais un cœur d'or et des manières de prince. Il y a des petits mannequins filiformes qui sont des brutes égoïstes et qui ne pensent qu'à eux. Alors, c'est quoi, la féminité ? Et bien, c'est justement de se donner généreusement. Penser aux autres, être compréhensif, tolérant, accepter les faiblesses et les défauts de nos proches, voire ne pas les remarquer. Les hommes ont découvert tous ces petits plaisirs féminins, s'en sont emparé comme nous avons investi le secteur masculin par exemple, le commandement, la responsabilité, la solvabilité, la solidité financière. Cette nouvelle race des hommes féminins se développe et nous enchante. Pour vous, mon petit Philippe… je crains que ce ne soit râpé ! Vous avez pris trop de mauvaises habitudes. Mais si vous voulez faire une expérience, essayez un jour cette recette. Vous verrez, vous obtiendrez satisfaction : une pincée de modestie, un kilo d'abandon, une giclée de fragilité, une once de sensibilité, une volée de curiosité et beaucoup, beaucoup de temps libre ! Je suis sûre que vous pouvez y arriver. La prochaine fois, je vous parlerai des femmes masculines !

Je suis le roi du tri

par Philippe Chevallier

Vous le savez, sur le plan écolo, je peux dire que je suis à la pointe depuis un certain temps ! Les poubelles de ma cour d'immeuble n'ont plus de secret pour moi : la verte, la jaune, celle qui a un trou pour recevoir les culs de bouteille, les containers petits ou gros qui sont dans ma périphérie, à moins de quinze bornes, ou au supermarché d'à côté pour les piles électriques et le sèche-cheveux obsolète, tout ça, je gère ! Le plastoc à droite, les nouilles froides dans un pochon à gauche… Je suis le roi du tri. Jamais une fausse note, jamais pris en défaut, je passe assez de temps à retirer le bitoniau en plastique sur le goulot de la bouteille d'huile afin de ne pas le mélanger avec le verre pour mériter la considération de ma gardienne d'immeuble. J'étais donc bien endormi dans ma bonne conscience écologique, quand deux nouvelles stupéfiantes sont venues me réveiller. D'abord, j'ai appris qu'il fallait absolument aérer son appartement ou sa maison, même en hiver, sous peine d'être intoxiqué par la multitude de produits chimiques que l'on stocke chez soi. Les produits d'entretien en tout genre, liquides vaisselle, anticalcaires, déboucheurs d'éviers et de cabinets… Tous ces machins-là, même conditionnés dans leurs emballages, même planqués sous l'évier, attaqueraient nos pauvres cellules de manière sournoise et lancinante. La solution pour se défendre : ouvrir la fenêtre ! Je veux bien ! Mais alors, mon chauffage économique qui n'est économique que parce que j'ai fait des travaux d'isolation qui m'ont coûté la peau des miches, la laine de verre que j'ai fait mettre partout, sur le toit, à la cave, dans la salle de bains – j'ai condamné la fenêtre pour installer une ventilation mécanique coincée dans un faux plafond – parce que, me disait le vendeur qui avait une tête de cadre au bas du tableau d'avancement : « Si vous ouvrez votre fenêtre pour faire partir la buée, vous augmentez vos frais de chauffage et vous polluez l'air du dehors ! » Je fais bien tout ce qu'on me dit de faire, je calfeutre, j'isole pour moins dépenser et moins dégager de carbone, et voilà qu'on me dit tout d'un coup qu'il faut ouvrir les vannes ! Ils sont quand même gonflés, ces écolos ! Un peu plus, il faudrait se retenir de péter pour qu'ils ne nous beurrent plus la raie ! La deuxième bonne nouvelle, c'est pour les ampoules basse consommation ! Le pompon ! Alors là, merci, je ne vais pas me priver maintenant. Il faut non seulement ouvrir la fenêtre à cause des émanations de mercure, mais il faut carrément sortir de chez soi et revenir au bout de cinq jours, sinon c'est l'hôpital direct ! Pour économiser l'énergie, vous agrandissez le trou de la Sécu ! Mais depuis peu, on a appris que ces merveilles écologiques, quand elles étaient trop près du visage, pouvaient rendre idiot ! C'est un moindre désagrément, me direz-vous, compte tenu de ce que, pour beaucoup de nos contemporains, le mal est déjà fait. Au lecteur nocturne de choisir entre s'abîmer les yeux en éloignant la lampe ou voir clair avec une lumière de proximité qui va lui transformer les neurones en hachis parmentier !

Alors, les écolos, si c'est comme ça, je vous le dis tout net, j'arrête tout ! Je ne me sens pas encore une âme de martyr, je préfère ma peau à celle de la planète !

Citation

Qui a dit : « Dieu lui-même croit à la publicité : il a mis des cloches dans les églises. » ?

Sacha Guitry.

Question du jour

Quel est le seul président de la République française à avoir gagné le gros lot de la loterie nationale ?

Gaston Doumergue. Il avait terminé son mandat de président et il gagna à la loterie, ce qui lui garantit une retraite à l'abri du besoin.

Présentation des panélistes

Il y aura bientôt trente ans que nous nous supportons mutuellement.

Amanda Lear

Citation

Qui a dit : « Un acteur, c'est quelqu'un qui vomit. C'est quelqu'un qui bouffe la vie et qui la dégueule en jouant. » ?

Francis Huster.

Question du jour

Qui est-ce qui bénéficie du droit de glandage ?

Les cochons, pour manger les glands en forêt.

Présentation des panélistes

Sa culture, comme celle du riz, exige une humidité constante.

Jean-Jacques Peroni

Conseils pour faire pousser les marronniers

par Jean-Jacques Peroni

En fait, vous aurez remarqué que, toutes chaînes confondues, les rédacteurs en chef ne se cassaient pas trop la nénette quant à l'originalité des sujets traités. Pour la rentrée des classes, on voit toujours des gosses qui chialent. Pour l'ouverture des soldes, on voit toujours des pétasses qui s'entassent et qui se piétinent dès l'ouverture des boutiques. On appelle ces sujets des « marronniers ». Et bien, je vais donner aux chaînes des marronniers à ma façon.

Ça commence toujours par les grands départs, et le pauvre reporter qu'on envoie au péage. Alors, voilà ce que cela pourrait donner :

– Gilbert, vous êtes au péage de Saint-Arnoult, comment ça se passe ?

– Bah… Y a des voitures !

– Oui, Gilbert, à part ça ?

– Bah… Y a des camions, aussi !

– Merci pour cette précision, Gilbert.

Tous les étés, nous avons droit aux reportages sur les services d'hygiène qui contrôlent la propreté dans les snacks et les restaurants.

– Bonjour, monsieur le gargotier, ça ne va pas du tout ! On vient de mettre un thermomètre dans le cul des poulets qui sont dans le congélo, ils ont tous 39,8 ! Les asticots faisaient un galop d'entraînement sur les quiches lorraines… Que comptez-vous faire ?

– Bah, euh, je vais les vendre aux campeurs…

– Ah bah, dans ce cas, si c'est pour une œuvre…

Vous aurez droit à l'inévitable reportage sur les gendarmes, au bord de la route, munis d'un radar.

– Chef, chef !

– Qu'est-ce qu'il y a, Lucien ?

– Chef, dans le radar, je vois deux Twingo, et j'ai les jambes toutes drôlettes… Qu'est-ce que je fais, chef ?

– Tu flashes, et tu vas te coucher ! Je t'ai déjà dit, Lucien, 15 à 20 pastis, ça va ! Mais des ventrées comme tu t'en mets, non, Lucien !

Voilà ce qui vous attend pour cet été, alors, bonnes vacances devant la télé !

Jeudi **6** **Décembre**

SAINT-NICOLAS

Bernadette, elle est très chouette

– **Philippe Bouvard :** Bernadette Chirac, c'est une femme qui a son franc-parler !

– **Patrick de Carolis :** Ah oui ! Je me souviendrai toujours de la question que je lui ai posée sur le succès de son mari. Je me demandais comment la lui poser, j'ai fini par lui dire : « Madame, est-ce qu'un jour vous avez été jalouse du succès de votre mari ? » Je me suis dit qu'elle allait opter soit pour le succès public, soit pour le succès personnel. Et elle répond tout de go : « Écoutez, monsieur de Carolis, quand on a choisi de construire une maison, on ne s'arrête pas au premier étage ! »

– **Bernard Mabille :** Ah ouais ! Bernadette, elle est très chouette !

UNE HISTOIRE DRÔLE

Un agriculteur, marié depuis cinq ans avec une charmante jeune femme, n'arrive pas à avoir d'enfants. Il prend alors la décision de rendre visite à son voisin du dessus qui est docteur et qui, lui, a trois magnifiques enfants.
– Bonjour docteur, j'ai besoin de vos conseils.
– Que puis-je faire pour vous ?
– Voilà, ça fait cinq ans qu'on essaye d'avoir des enfants sans résultats, et… j'aimerais savoir comment vous faites !
– Et bien, je fais comme tout le monde…
– Oui, mais moi, cela ne fonctionne pas ! S'il vous plaît, donnez-moi un truc ! C'est votre boulot en temps que docteur, non ?
– Bon, je vais vous aider. Il faut d'abord que vous achetiez trois choses : un savon, une bouteille de parfum et un balai.
L'agriculteur prend note et demande :
– D'accord, mais le savon, c'est pour quoi faire ?
– Avant toute tentative pour faire une enfant, vous donnez un bon bain à votre épouse avec le savon !
– OK… Et avec le parfum ?
– Quand elle a pris un bon bain, vous la séchez, vous la portez sur votre lit et vous la parfumez…
– Ahhhh, d'accord… Et le balai ? Je fais quoi, avec le balai ?
– Bon… Quand elle est bien lavée, parfumée et prête sur le lit, vous tapez très fort deux fois au plafond avec le balai, et j'arrive de suite !

Citation

Qui a dit : « Un metteur en scène, c'est un monsieur qui a une grosse montre pour surveiller si les acteurs ne se débinent pas avant 7 heures. » ?

Michel Audiard.

Question du jour

Qu'appelle-t-on un courrier et un jardinier ?

Les machinistes travaillant côté cour et au jardin.

Bouvardise

Idiot, ce contentement éprouvé à la fin d'une semaine comme si l'on avait triomphé de tous les pièges de l'existence, alors qu'on a seulement une semaine de moins à vivre.

UNE HISTOIRE DRÔLE

Dans une brasserie, une très jolie femme s'approche du bar. Elle fait signe au barman de s'approcher plus près. Lorsqu'il arrive, elle lui fait signe de façon assez séduisante de se rapprocher encore. Il se penche et elle commence à lui caresser la barbe.

– Êtes-vous le gérant ? dit-elle en lui caressant sensuellement le visage.

– Euh... En fait non, répond le barman.

– Pouvez-vous aller le chercher ? demande la femme en glissant sa main dans les cheveux du barman.

– Malheureusement non, souffle le barman prenant visiblement plaisir à la situation.

– Pouvez-vous faire quelque chose pour moi ? demande la femme en passant ses doigts sur les lèvres du barman.

– Bien sûr, répond l'homme.

– Je voudrais lui laisser un message, dit-elle en glissant un doigt puis l'autre dans la bouche du barman qui les suce légèrement.

– Quel est le message ? demande le barman.

– Dites-lui qu'il n'y a ni papier ni savon dans les toilettes des dames.

Citation

Qui a dit : « Un pétomane est mort. Pet à son âme. » ?

Question du jour

Comment se nomme l'archipel formé par l'île de la Réunion, l'île Maurice et l'île Rodrigues ?

Bouvardise

La cruelle rançon de la longévité : on voit mourir des gens qu'on avait vus naître.

Frédéric Dard.

Les Mascareignes.

Blancs et noirs

de Jacques Mailhot

Quel dommage que Georges Frêche ne soit plus de ce monde ! Il saurait enfin pourquoi il y a un certain nombre de joueurs de couleur dans notre glorieuse équipe de France de football. Contrairement à ce que cet agrégé de droit romain, un peu provocateur sur les bords, pensait, ce n'est pas du tout parce que les Blancs sont trop paresseux pour taper dans un ballon c'est simplement parce qu'il existerait de façon occulte des quotas obligatoires de joueurs noirs ou arabes qui seraient imposés par la Fédération française de football. Sans doute aussi pour contrebalancer le fait que notre nouvel entraîneur s'appelle Blanc. Ainsi, pour faire joli sur la pelouse, on obligerait ce dernier à embaucher des joueurs issus de la diversité, un peu comme on tente de le faire avec les femmes en politique. Cette révélation, qui voudrait être un scandale, n'en est pas une en réalité : si on suit les péripéties du football français, on sait que la Fédération pratique une politique de quotas depuis longtemps, dans bien d'autres domaines que celui de la couleur de peau, avec une grande réussite. Ainsi, en plus des Noirs, il existerait dans l'équipe de France un quota d'illettrés priapiques qui aurait permis à Frank Ribéry de revêtir le célèbre maillot tricolore. Il existerait aussi un important quota de joueurs sourds et muets qui permet à certains d'entre eux de ne pas entendre et chanter *La Marseillaise*. Il y aurait aussi un quota de généalogistes dont Nicolas Anelka est le chef de file, Anelka qui nous a ainsi permis de savoir, par exemple, l'année dernière, que la maman de Raymond Domenech avait travaillé à Pigalle durant un certain nombre d'années. On notera aussi l'existence d'éducateurs spécialisés comme Karim Benzema, qui permettent de trouver un travail bien rémunéré à de jeunes adolescents post-pubères. Et puis n'oublions pas non plus que depuis Bernard Tapie – qui a beaucoup fait, je vous le rappelle, pour moraliser ce sport –, il existe aussi dans le football des quotas de jardiniers, comme Jacques Glasmann et Christophe Robert, qui ont été les premiers à cultiver des enveloppes de papier kraft en pleine terre au fond de leur jardin de Valenciennes, sous l'œil complice du plus grand pilote automobile de tous les temps, Jacques Mélic, celui qui battait le TGV entre Paris et Béthune. Il y a également, depuis la dernière Coupe du monde, un quota de grévistes qui sont là pour réclamer des hausses de salaire et sortir leurs compagnons de jeu de la précarité financière. Et puis, n'oublions pas non plus qu'il existe aussi chez les supporters des quotas de gros connards tendance neuneu. Et ne perdons pas de vue également que pour assurer la probité financière de cette discipline sportive admirable, il existe parmi ses dirigeants un quota de commissaires aux comptes exemplaires comme Rolland Courbis, un intégriste de la transparence. Il pousse sa conscience professionnelle jusqu'à aller lui-même en prison, pour tenter de resocialiser certains détenus par le biais du football. C'est pour ça que les quotas, c'est quand même chapeau bas !

Citation

Qui a dit : « Sur le plan financier, Bernadette Soubirous a fait plus pour Lourdes que Bernard Tapie pour Marseille. » ?

Monseigneur Jacques Gaillot.

Question du jour

Au théâtre, qu'appelle-t-on les « pendrillons » ?

Les rideaux de faible largeur qui servent à cacher les coulisses, et qui sont en général en velours noir.

Bouvardise

Ah ! Le drame des beaux esprits qui vitupèrent la pensée unique, mais qui n'exploitent, durant toute leur vie, que quelques idées fixes.

Lundi 10 **Décembre**

SAINT-ROMARIC

UNE HISTOIRE DRÔLE

Un touriste en visite en Israël veut faire un tour de bateau sur le lac de Tibériade.
Le responsable lui annonce le prix :
– 500 shekalim !
Le touriste est indigné :
– Quoi ! 500 shekalim pour ça ?
– Mais monsieur, c'est le lac que Jésus a traversé à pied !
– Ça vous étonne, à ce prix-là ?

Chevallier est fragile du bas

– **Philippe Bouvard :** Derrière votre humour, je sens certaines complications de mise en scène sexuelle ?
– **Chantal Ladesou :** Quand je suis venue te voir dans ta loge, un hiver, tu avais mis un collant en laine sous ton pantalon !
– **Philippe Chevallier :** J'avais froid, alors j'avais mis ce collant en laine. Tu avais été impressionnée ?
– **Jean-Jacques Peroni :** Il ne moulait pas les boules…
– **Philippe Chevallier :** De confidences en confidences… Pourquoi j'avais ce collant en laine ? Maintenant je suis trop vieux, mais à cette époque, après le spectacle, j'allais au restaurant avec mon petit camarade Lespinasse – je l'appelle Robert Lespinasse, c'est son vrai nom ; Régis Laspalès est un pseudonyme – et à Paris, dans les restaurants, il fait toujours froid. Soit il y a la clim, soit il y a des vents coulis, et moi j'attrape la crève par le bas. Il me faut ou des grosses chaussettes, ou carrément un caleçon. Mais c'est fini maintenant.
– **Jean-Jacques Peroni :** Il attrape froid par le bas, et ensuite il a la goutte au nœud !
– **Philippe Bouvard :** Vous avez froid dans le bas, c'est-à-dire dans la zone pubienne ?
– **Philippe Chevallier :** Non, dans les mollets… Entre les deux gros orteils.
– **Chantal Ladesou :** Il le remonte jusque sous la poitrine.
– **Bernard Mabille :** Est-ce que tu mets une coquille sous le collant, sinon ça n'a aucun intérêt. Il faut que ça fasse un peu épais.
– **Philippe Chevallier :** Pour que ça fasse un effet, comme pour les danseurs ? Je n'ai pas besoin de coquille, j'ai une petite coquillette, ça me suffit.
– **Jean-Jacques Peroni :** Cela fait un peu nid d'écureuil.
– **Jacques Mailhot :** À force de vivre avec un barbu, tu finiras par porter la burka !

Citation

Qui a dit : « La cuisine est le plus ancien des arts, parce qu'Adam naquit à jeun. » ?

Question du jour

Comment appelle-t-on l'entente illicite entre un joueur et un croupier au casino ?

Présentation des panélistes

De son court passage au notariat, il a gardé l'habitude du passage à l'acte.

Jacques Mailhot

Anthelme Brillat-Savarin.

Le baronnage.

Mardi 11 **Décembre**

SAINT-DANIEL

Une fabrique de pipes clandestine

– **Philippe Normand** : Vous savez, dans la police, quand on interviewe quelqu'un, il y a le gentil et le méchant. Le « confesseur », c'est le gentil !
– **Éric Laugérias** : Le « confesseur », c'est celui qui prend la déposition à la fin ?
– **Philippe Normand** : Disons que c'est celui qui obtient les aveux.
– **Philippe Bouvard** : Qu'est-ce qu'il fait ? Il offre une cigarette, un café ?
– **Philippe Normand** : C'est arrivé. J'ai eu un gros budget cigarettes dans ma carrière. Un café… Parfois, ça suffit.
– **Philippe Bouvard** : On a le droit de fumer, à ce moment-là ?
– **Philippe Normand** : On n'a plus le droit.
– **Bernard Mabille** : La pipe, c'est quand la flic est une femme !
– **Philippe Normand** : Puisqu'on est là-dedans, j'ai une petite anecdote, une histoire de pipe, si vous voulez ! Un jour, à l'audition d'une prostituée, on lui demande ses revenus et elle nous déclare : « Je fais des pipes dans le bois de Boulogne. » Jusque-là, rien de surprenant. Et on adresse le dossier sans autre explication à un jeune magistrat boutonneux qui débarquait. Il nous a envoyé une commission rogatoire nous demandant de poursuivre l'enquête, et notamment de retrouver la fabrique de pipes.
– **Éric Laugérias** : Clandestine, bien sûr !

UNE HISTOIRE DRÔLE

Deux blondes tombent en panne sur une route de campagne. Elles sortent de la voiture et se mettent à la pousser. Survient un paysan avec son tracteur, qui plein de bonnes intentions, leur demande :
– Dites, mes p'tites dames, voulez-vous que je vous tire avec mon engin ?
– Non merci, répond l'une des deux, ce serait autrement avec plaisir mais nous sommes pressées et déjà en retard !

Citation

Qui a dit : « Quand un acteur est mauvais, l'applaudissement le rend pire. » ?

Question du jour

À la Renaissance, pourquoi les femmes de la noblesse ne pouvaient-elles sortir qu'accompagnées d'au moins deux servantes ?

Bouvardise

Cotation en Bourse : possibilité de vendre à des gens qu'on ne connaît pas un produit qu'ils ignorent.

Les talons à la mode de l'époque étaient tellement hauts qu'il fallait les soutenir pour qu'elles arrivent à marcher.

Jules Renard.

Mercredi

12 Décembre

SAINTE-JEANNE-FRANÇOISE-DE-CHANTAL

Citation

Qui a dit : « Que l'on meure gros ou maigre, la différence, c'est pour les porteurs. » ?

Francis Blanche.

Question du jour

En plus d'un complet civil et d'un pécule, quel autre cadeau les Poilus rescapés de la guerre de 1914-1918 reçurent-ils du gouvernement ?

Leur propre casque.

Bouvardise

Il m'a fallu plus de temps qu'à ceux qui m'enviaient pour m'habituer aux signes extérieurs d'une certaine aisance. J'en ai eu honte jusqu'à ce que l'âge les justifie davantage que la réussite.

Patrick Bruel, expert en prénoms

– **Philippe Bouvard** : Patrick Bruel, en quoi un prénom peut-il modifier une personnalité, je dirais même influer sur le déroulement d'une vie ?

– **Patrick Bruel** : Un prénom a une incidence, et ce quel que soit le prénom. Il y a les prénoms dits « classiques », banals, et il y a ceux qui ne le sont pas, qui sont lourds à porter. Et un prénom qui, dans la cour d'école, vous fait trop différent peut déclencher une forme de violence que vous pouvez mal ressentir. Dans la pièce que je joue, il y a tout un laïus sur le choix des prénoms.

– **Philippe Bouvard** : Le désavantage, c'est qu'on vous a donné à votre naissance un prénom qui était à la mode, et puis quelques décennies plus tard il fait un peu vieillot. Quelles conditions faut-il pour qu'un prénom devienne à la mode ? Y a-t-il des artistes, par exemple, qui peuvent mettre des prénoms à la mode ?

– **Patrick Bruel** : Dans l'album des années 1930 que j'ai fait, il y a eu, paraît-il, une résurgence de ces prénoms. J'ai appelé mes enfants Oscar et Léon…

– **Jacques Mailhot** : Brigitte Bardot a généré beaucoup de Brigitte !

– **Philippe Bouvard** : Oscar et Léon sont de vieux prénoms, pas tellement faciles à porter !

– **Patrick Bruel** : Au moment où on a choisi Oscar, ça pouvait faire grincer dans l'entourage, mais quand on l'a vu, on a dit : « Il ne peut s'appeler que comme ça ! » Léon encore plus. J'avais un cahier des charges absolu avec mon ex-femme : des prénoms qui ne suscitent pas de diminutifs !

– **Philippe Bouvard** : Pourquoi ?

– **Patrick Bruel** : Parce que je déteste les diminutifs… Phiphi !

– **Bernard Mabille** : Oscar…

– **Philippe Bouvard** : Attendez, vos enfants vous appellent « papa » !

– **Patrick Bruel** : Cela fait des années qu'ils m'appellent « Bichon » ! Philippe aussi m'appelle « Bichon » !

– **Philippe Bouvard** : On s'appelle tous les deux « Bichon » !

– **Bernard Mabille** : Cela fait chien de coiffeur !

– **Patrick Bruel** : Quand on joue au poker et qu'on s'envoie le tapis, il vaut mieux… « Allez Bichon, tu payes ou tu ne payes pas ? »

– **Philippe Bouvard** : Parce que le diminutif, finalement, n'est pas valorisant.

– **Patrick Bruel** : Je trouve que c'est dommage, parce qu'un prénom a une histoire, une entité…

– **Jean-Jacques Peroni** : Notre fils, on l'a prénommé Jules parce qu'il voulait être maquereau.

– **Philippe Bouvard** : Est-ce qu'Oscar et Léon savent déjà ce qu'ils feront plus tard ?

– **Patrick Bruel** : Cela varie toutes les semaines, comme tous les enfants de leur âge, heureusement.

– **Philippe Bouvard** : Il y en a un qui chante déjà ?

– **Patrick Bruel** : Les deux sont très portés sur le spectacle, et leur présence au théâtre était assez extraordinaire (5 et 7 ans). Comme ils ont entendu parler de cette pièce tout l'été parce qu'ils ont assisté à des lectures que je faisais à la maison, ils sont venus un peu aux répétitions, et j'avoue que leurs réactions – aux répétitions, et ensuite ils sont venus voir la pièce un samedi après-midi – ont été extraordinaires. Une manière ensuite de raconter la pièce à leur mère… Ils ont tout pigé, ils se sont marrés aux bons endroits.

– **Bernard Mabille** : Oscar fera du cinéma, avec un prénom comme ça !

– **Jean-Jacques Peroni** : Et Léon commentera le tiercé !

– **Bernard Mabille** : À moins que Léon ne vende des moules à Bruxelles !

Jeudi 13 Décembre

SAINTE-LUCIE

Touche pas à ma pute !

– **Philippe Bouvard** : Vous roulez à bord d'une voiture récente et une auto-stoppeuse vous fait signe. Vous êtes, par exemple, dans un bois, près de Paris, il faut désormais lui faire signer une décharge comme quoi si vous flirtez avec elle, ça sera purement désintéressé.

– **Philippe Chevallier** : Cela m'est arrivé. Je venais d'avoir mon permis de conduire, j'avais 18 ans et une petite 4L que je m'étais payée avec mes économies. J'étais sur la route entre Nîmes et Montpellier ; je vois une jeune fille qui fait du stop. Je la fais monter. Elle était mignonne, on commence à discuter. Je lui dis : « Vous allez vers où ? » « Par là ! » Donc je vais tout droit. Au bout d'un moment, elle me dit : « Je fais le métier. » « Ah bon ! Quel métier ? »

– **Bernard Mabille** : Tu as cru qu'elle était comédienne ! Ça s'est conclu comment ?

– **Philippe Chevallier** : J'étais naïf et ça ne s'est pas conclu ! J'ai fait demi-tour et je l'ai remise là où je l'avais prise, si je peux dire…

UNE HISTOIRE DRÔLE

C'est un p'tit jeune qui fait son baptême de l'air :
– Dites monsieur, c'est quoi, là, en bas ?
– Ça, c'est la route…
– Et les trucs verts qui bougent ?
– Ça ce sont des feuilles d'arbres…
– Et les trucs jaunes ?
– Alors là, ça dépend si ça bouge, c'est des tournesols et si ça ne bouge pas, c'est la DDE.

Citation

Qui a dit : « Réussir au théâtre sans la presse, sans les amis ni les ennemis, sans première ni répétition générale, voilà le rêve. » ?

Jules Renard.

Question du jour

Dans quel cas la présence de deux médecins est-elle obligatoire lors d'un décès ?

Lorsqu'il y a don d'organe.

Bouvardise

Je crois illustrer jusqu'à la caricature les qualités et les défauts du Français moyen. D'où un profil très français. Et très moyen.

UNE HISTOIRE DRÔLE

Deux amis discutent ensemble et l'un dit à l'autre :

– Tu connais le nom de la femme idéale ?

– Non, pourquoi, tu le connais toi ?

– Ben oui, c'est IKEA.

– IKEA, mais pourquoi ?

– C'est très simple, elle est suédoise, bon marché, tu peux la ramener chez toi tout de suite et tu peux la monter en 10 minutes !

Citation

Qui a dit : « Si j'ai une voiture, j'ai intérêt à ce que personne n'en ait, pour éviter les embouteillages. Mais si j'ai un téléphone et que personne d'autre n'en possède, alors ce téléphone ne me sert à rien. » ?

Question du jour

Sous la monarchie, les nobles n'avaient pas le droit d'exercer des métiers manuels, exception faite pour deux professions, lesquelles ?

Bouvardise

Je suis un ancien jeune et un ancien maigre. C'est dire si je ne comprends rien aux adolescents anorexiques.

Jacques Attali.

Maître verrier et maître de forge.

La reine d'Angleterre marche à la baguette

– **Roland Dumas :** La visite officielle de la souveraine britannique se termine donc, on repart avec tout le cortège officiel et dans la voiture, la reine – qui parlait très bien français – me dit : « Ah ! J'étais très contente d'avoir inauguré ce marché, il y avait tellement de beaux pains, de beaux gâteaux… » Je lui répond alors : « Mais, Majesté, vous avez aussi des Français à Londres, qui font nos pains. » Elle m'explique alors que ce n'est pas la même chose qu'au marché, car ils étaient encore chauds… Alors là, j'ai compris, et je me suis dit qu'il fallait faire quelque chose. J'ai interpellé le chef de la police, et je lui ai dit d'arrêter le cortège. Abasourdi, il me demande pourquoi. Je lui répète alors : « Arrêtez le cortège, et trouvez-moi un boulanger ! » On continue encore un peu notre route, et d'un seul coup, on s'arrête sur les quais. La reine ne comprenait pas qui se passait, et le chef de la police encore moins ! Enfin bref, zélé comme il l'était, il court acheter du pain. Tout le cortège était arrêté, personne ne savait pourquoi, et donc personne ne comprenait. Certains parlaient même d'attentat ! Le chef de la police revint finalement avec deux baguettes. Je dis alors à sa majesté : « Si vous me le permettez, je vous offre ces deux baguettes. » Elle était ravie comme tout, et nous finîmes par repartir. La reine, qui a toujours son sac avec elle, avait placé les deux baguettes entre les anses du sac. Le cérémonial prévoyait qu'à l'arrivée à l'aéroport 0,on passe les troupes en revue, elle à droite et moi à gauche là, je m'aperçois qu'elle avait le sac avec les pains qui dépassaient. Du coup, je fais signe à l'un de mes collaborateurs et lui demande de m'appeler le ministre anglais des Affaires étrangères. Il arrive, et je lui dis discrètement : « Merci de prendre les deux baguettes et de les mettre dans son avion ! » Il est donc parti en douce avec les deux baguettes, et nous avons pu passer les troupes en revue. Trois jours plus tard, je reçois un coup de téléphone de Londres, du Premier ministre, qui me dit : « Mais qu'avez-vous fait à la reine ? Elle ne parle plus que de son séjour à Bordeaux, et du pain que vous lui avez offert ! »

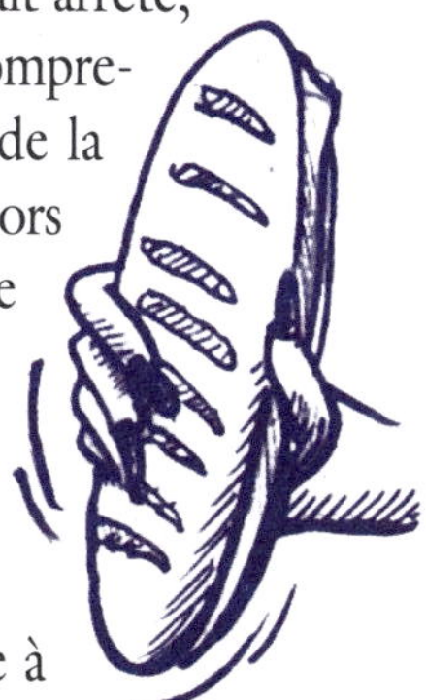

Citation

Qui a dit : « Si tous les hommes étaient gynécologues, il y aurait beaucoup moins de crimes passionnels. » ?

Jean Anouilh.

Question du jour

Pour quelle raison le maire d'Atlanta décida-t-il que la journée du 15 décembre 1939 serait fériée ?

Ce jour-là fut projeté en première mondiale le film Autant en emporte le vent. L'histoire se passait en partie à Atlanta.

Bouvardise

Les groupes et les sociétés se regardent, s'estiment, se plaisent, se déclarent leur amour, s'agressent, fusionnent, explosent en une gigantesque partouze industrielle.

Citation

Qui a dit : « Si vous voulez plaire à une femme, dites-lui des choses que vous n'aimeriez pas qu'un homme dise à votre épouse. » ?

Anatole France.

Question du jour

Dans la chanson *Vesoul*, que chante Jacques Brel, il dit « Chauffe, Marcel ». À qui s'adresse-t-il ?

À Marcel Azzola, célèbre accordéoniste.

UNE HISTOIRE DRÔLE

C'est un grand orchestre qui joue la *Symphonie inachevée* de Schubert. Ils sont tous occupés à répéter, et le chef d'orchestre est dans une colère noire. Il est en train de s'engueuler avec le contrebassiste, un gros bonhomme qui fait dans les 120 kilos. Il lui hurle aux oreilles :

– Pourquoi est-ce que vous continuez à jouer quand c'est fini ? Vous n'êtes pas un peu dingue, non ? Quand c'est fini, c'est fini ! Vous n'entendez pas que tous les autres musiciens s'arrêtent ?

Et le gars, il se bute :

– Les autres, je m'en moque ! Moi, je joue ce qui est marqué sur ma partition !

– Quoi ? Qu'est-ce qui est marqué sur votre partition ?

– Il y a marqué : Allegro !

Bouvardise

Rien de tel que les faiblesses des grands hommes pour rassurer les petits.

DSK honoré à Saint-Claude

– **Philippe Bouvard** : Est-ce que vous l'avez déjà approché, DSK, vous ?

– **Bernard Mabille** : Oui.

– **Philippe Chevallier** : Et alors, il t'a rien fait ? T'avais pas mis ta perruque, c'est pour ça…

– **Bernard Mabille** : Je vous jure que c'est vrai. Je me suis retrouvé à côté de lui à la Closerie des Lilas, sur une banquette à l'ancienne où on était cul à cul ; il était avec Anne Sinclair, et à l'époque, on pouvait fumer. On était donc côte à côte, et à la fin du repas, DSK se retourne et me dit : « J'espère, monsieur Mabille, que vous n'avez rien contre la pipe ! » Je vous jure que c'est vrai ! Et il a sorti la pipe, qu'il a bourrée. Je me suis dit, le type, c'est un marrant, quand même…

– **Philippe Chevallier** : Et il l'a bourrée dans le restaurant ?

– **Philippe Bouvard** : Il aurait pu demander le paravent chinois, quand même…

– **Jacques Mailhot** : Mais vous savez que dans sa biographie, il a été décoré « Meilleur fumeur de pipe » à Saint-Claude. On ne décerne pas ça à n'importe qui !

UNE HISTOIRE DRÔLE

C'est une dame qui rend visite à sa fille.
Celle-ci la reçoit totalement nue.
La mère, étonnée :
– Mais enfin, ma chérie, qu'est-ce que c'est que cette tenue ?
– Voyons maman, c'est le pyjama du XXIe siècle !
– Ah bon ?
Le gendre sort de la salle de bains pour dire un petit bonjour à sa belle-mère. Lui aussi est nu. La belle mère, outrée :
– Mais enfin, mon gendre, que faites-vous dans cette tenue ?
– Voyons, belle-maman, il faut sortir de temps en temps, c'est le pyjama du XXIe siècle.
La dame rentre chez elle. Elle se dit qu'après tout il ne fallait pas lutter contre le modernisme. Donc, elle adopte ledit pyjama. Elle sort de la salle de bains totalement nue et va voir son mari. Celui-ci ne sait même pas qu'il existe un pyjama du XXIe siècle :
– Mais enfin, chérie, qu'est-ce que tu fais dans cette tenue ?
– C'est la mode, mon chéri, c'est le pyjama du XXIe siècle.
– Oui, mais t'aurais quand-même pu le repasser !

Citation

Qui a dit : « Sylvie Vartan déclare que ses chansons s'adressent avant tout au cœur des gens. Le seul problème, c'est que pour arriver là, elles doivent d'abord passer par les oreilles. » ?

Coluche.

Question du jour

Dans la trilogie marseillaise de Marcel Pagnol, quel est le nom de famille de César et de Marius ?

Olivier.

Bouvardise

Rien de plus paradoxal, à une époque où la liberté est unanimement reconnue comme le plus précieux des biens, que l'enfermement soit devenue le principal moteur du divertissement télévisé.

Citation

Qui a dit : « Le caramel réjouit le palais et menace la couronne. » ?

Tristan Bernard.

Question du jour

À quelle occasion les comédiens finlandais se mettent-ils un grand coup de pied aux fesses ?

Pour se souhaiter bonne chance avant de rentrer sur scène.

Bouvardise

Je suis un véritable égoïste. C'est dire si je me soucie peu de l'égoïsme des autres !

Le pire réveillon de Ladesou

– **Chantal Ladesou :** Il y a deux ans, à Noël, je ne faisais rien, puisque j'étais sur scène, je me fais donc inviter chez mes cousins. Ils avaient de tout petits enfants, et j'ai eu l'idée de me déguiser en Père Noël avec une fausse barbe noire, pour arriver après le théâtre. C'était donc convenu avec les parents, et les enfants devaient venir m'ouvrir. Et alors là, le drame ! Lorsqu'ils m'ont ouvert, ils ont eu la peur de leur vie ! C'était horrible, ils ont pleuré toute la soirée ! Avec mes cousins, on s'est même fâchés, c'était l'horreur ! Bref, c'était le pire réveillon de ma vie.

UNE HISTOIRE DRÔLE

C'est une sage-femme qui est un peu empotée.
On l'appelle pour un accouchement. Elle arrive avec sa petite trousse, elle entre dans la chambre et s'enferme avec la future maman. Au bout de dix minutes, elle passe la tête par la porte, et elle dit :
– Vous n'avez pas des tenailles ?
– Hein ? fait le père, très inquiet.
– Des tenailles, dépêchez-vous. Je connais mon métier !
Le gars va lui chercher des tenailles, et au bout d'un quart d'heure, elle réapparaît à la porte.
– Vous n'avez pas une grosse clef anglaise ?
– Mon Dieu, qu'est-ce qui se passe ?
– Rien ! Ne vous inquiétez pas ! Mais j'ai besoin d'une clef anglaise...
Il lui apporte une clef anglaise. Elle referme la porte. On entend des bruits métalliques affreux...
Le père se fait un sang d'encre. Un autre quart d'heure passe et la tête de la sage-femme apparaît à la porte, toute transpirante :
– Écoutez, appelez une de mes collègues ! Je n'arrive pas à ouvrir ma trousse !

Réforme de l'Éducation nationale

par Philippe Chevallier

Je vous le dis, mes amis, je n'aimerais pas être à la place de notre ministre de l'Éducation nationale ! Le voilà encore à plancher sur un nouveau chantier, celui de l'évaluation des professeurs. De mon temps – c'est-à-dire hier – on jugeait la qualité d'un maître au savoir de ses élèves, et les enseignants subissaient au cours de leur carrière deux ou trois visites d'inspecteurs de l'Éducation nationale, chargés de les noter sur leurs qualités pédagogiques. Ça permettait à l'administration de repérer le père Fouettard épris de châtiments corporels ; le libidineux, partisan d'un étroit contact avec ses élèves ou la nymphomane en mini-jupe, plus prompte à exciter les émotions juvéniles que la curiosité intellectuelle.

Aujourd'hui, c'est une autre chanson. Terminées la plume Sergent-Major, la blouse grise et les odeurs d'urine sous le préau de l'école ! La paire de baffes, le chewing-gum dans les cheveux et le « je vais le dire à ton père » sont, dans notre monde moderne, remplacés par les conseils avisés d'une tripotée de sociologues payés à pondre des rapports sur la « méthodologie relative aux évolutions de carrière dans le corps enseignant ». Savez-vous par exemple, chers amis, qu'il existe un Observatoire sociologique du changement ? Vous ne le saviez pas ? Eh bien, je vous le dis, ça existe. En plus, c'est nous qu'on paye ! Un des chercheurs de cet observatoire, un gars qui voit les choses de haut – forcément, puisqu'il observe – vient de publier un bouquin qui s'intitule Évaluer l'action éducative. Il en dit, des choses intéressantes, ce gars-là ! Et je suis sûr que notre ministre en tiendra compte. Il écrit, par exemple : « Pour un professeur, être évalué sur les seuls résultats de ses élèves comporte beaucoup trop d'incertitudes. » Très bien ! Un peu plus loin : « On ne peut attendre d'un même outil d'évaluation qu'il soit à la fois un outil d'accompagnement des pratiques enseignantes et un outil de mesure d'une performance du système. » Voilà, c'est terminé !

Alors, si j'avais un conseil à donner à M. le ministre, plutôt que de donner dans le compliqué, ce serait de confier la promotion de carrière des professeurs aux élèves eux-mêmes. En effet, ne sont-ils pas les premiers concernés ? Ne sont-ils pas (les moutards), par un juste retour des choses, les premiers habilités à juger et noter leur professeur ? Ainsi, un petit fainéant qui se serait pris une mauvaise note en français parce qu'il aurait fait sept fautes d'orthographe dans le mot « travail », pourrait-il ralentir la carrière de son professeur en le jugeant sévèrement auprès de son administration ? Et l'élève n'a-t il pas, par l'étendue de son non-savoir, plus de choses encore à apprendre à son professeur, dont le savoir est, lui, limité ?

Alors, réfléchissez à ma proposition, M. Le ministre. Elle devrait plaire, elle est idiote !

Citation

Qui a dit : « Vivre seul, c'est prendre plaisir à manger du céleri rémoulade dans son papier d'emballage. » ?

Jean Yanne.

Question du jour

Pourquoi les acteurs français chargés du doublage de Laurel et Hardy se croient-ils obligés d'avoir un accent anglais à couper au couteau ?

Parce qu'au début du cinéma parlant, Laurel et Hardy ont doublé eux-mêmes leur voix en français, avec l'accent que l'on sait, ce qui contribua à leur énorme succès.

Bouvardise

Comment se fait-il qu'aucun énarque statisticien n'ait encore calculé les gains de productivité déterminés par l'élimination galopante des articles définis, et par l'usage croissant des sigles ? C.Q.F.D., S.G.D.G.

Vendredi

21 Décembre

HIVER

Citation

Qui a dit : « Voyageurs : ceux qui ont fait le tour du monde peuvent faire durer leur conversation un quart d'heure de plus. » ?

Jules Renard.

Question du jour

En 1974, pourquoi la petite fille nommée Frédérique Barkoff devint-elle soudainement célèbre en France ?

Parce qu'elle chanta en duo avec Claude François « Le téléphone pleure ».

Bouvardise

Quelle que soit la couleur de notre peau, nous possédons le même nombre d'orifices naturels, grâce auxquels nous remplissons et nous vidons nos corps de la même façon.

La fin du monde approche ! (1)

– **Philippe Bouvard :** Une bonne et une mauvaise nouvelle : la bonne nouvelle – et c'est le révérend Parking qui vient de nous la communiquer – c'est que même si la fin du monde n'a pas eu lieu voilà trois jours, elle est quand même prévue incessamment sous peu.

– **Amanda Lear :** Ah, bah oui, l'an prochain, forcément.

– **Jean-Jacques Peroni :** Ça y est, ils vont nous gâcher les vacances !

– **Philippe Bouvard :** Ça attendra sans doute le mois d'octobre. On n'est pas pressés, après tout.

– **Philippe Chevallier :** Aaaah ! Mais ce sera le moment de la rentrée, les vacances seront passées.

– **Jean-Jacques Peroni :** Oui, c'est mieux.

– **Bernard Mabille :** Je n'y avais même pas pensé, à la fin du monde.

– **Jean-Jacques Peroni :** On mourra bronzés, c'est plus agréable.

– **Philippe Bouvard :** Si, ça pose des problèmes, parce qu'il y a un tas de gens qui appartiennent à sa secte – ce révérend est aussi l'animateur d'une secte – qui avaient quitté leur entreprise pour être plus disponibles le jour du Jugement dernier. Et là, ils se retrouvent le bec dans l'eau parce que jusqu'au Jugement dernier, il faudra bien faire deux repas par jour.

– **Philippe Chevallier :** Ils sont un peu couillons, quand même.

– **Philippe Bouvard :** Le révérend Parking dit que comme ça aura lieu plus tard que prévu – mais il s'était déjà planté plusieurs fois –, ça aura lieu d'un seul coup, alors qu'avant il avait dit qu'il y aurait une semaine de catastrophes échelonnées. Là, ça va être un énorme tremblement de terre, et en dix minutes il ne restera plus rien.

– **Bernard Mabille :** Au moins, on ne souffrira pas.

– **Jean-Jacques Peroni :** Si cela avait été un tsunami, ça aurait été un vendredi, parce que c'est le jour du poisson.

– **Amanda Lear :** C'est possible, attendez, peut-être qu'il ne se trompe pas ! Tous les volcans sont en train de se réveiller, là.

– **Jean-Jacques Peroni :** Même le tien ?

– **Amanda Lear :** Oui !

– **Bernard Mabille :** On la surnomme Vulcania !

– **Philippe Bouvard :** Le lendemain, en octobre, on fera une émission spéciale ici.

– **Tous :** Évidemment !

– **Philippe Bouvard :** Il dit que le grand problème des Terriens qui attendent cette fin du monde, c'est de se présenter sous leur meilleur jour…

À suivre

La fin du monde approche ! (2)

– **Jean-Jacques Peroni :** Devant le Très-Haut !
– **Philippe Chevallier :** Avec le plus joli costume ! Parce que pour le Jugement dernier, on sera à quel âge de notre vie ? Au moment où on décède, ou avant ?
– **Philippe Bouvard :** Au moment où on décède.
– **Philippe Chevallier :** Il vaut mieux mourir jeune, alors.
– **Philippe Bouvard :** Il y a ceux qui seront acquittés, et ceux qui seront condamnés, et il vaut mieux être dans le premier camp.
– **Bernard Mabille :** Et lui, le prophète de malheur, va partir en navette, en fusée ? Il ne va pas attendre ça bêtement !
– **Philippe Bouvard :** Il mourra avec tous les autres, mais il sera un élu de Dieu !

– **Philippe Chevallier :** Ah ! oui ! Pas de jugement pour lui !
– **Philippe Bouvard :** Admettez que la fin du monde ait lieu ce soir, vers minuit. Qu'est-ce que vous feriez avant ?
– **Amanda Lear :** Je me repens.
– **Jean-Jacques Peroni :** Il faut que je remette ma culotte, moi !
– **Amanda Lear :** Le repentir, ça efface tout.
– **Philippe Chevallier :** Il faut bien en profiter ! Je prendrai un bon plat chaud avec une bonne andouillette. Un bon verre de vin, un bon verre de bourgogne, tiens !
– **Bernard Mabille :** Moi, c'est ma femme qui prendra l'andouillette !
– **Philippe Bouvard :** Chantal ?
– **Chantal Ladesou :** Une bonne bière, avec un bon plat aussi.
– **Philippe Chevallier :** La bière, tu l'auras forcément à l'enterrement.
– **Jean-Jacques Peroni :** Mais nan ! Il n'y aura plus personne !
– **Philippe Chevallier :** Ah bon ? On va directement au… ?
– **Jean-Jacques Peroni :** Oui !
– **Philippe Chevallier :** *In excelsis !*
– **Bernard Mabille :** Vous ne parlez quand même pas beaucoup d'amour…
– **Philippe Chevallier :** Tu veux dire un dernier petit coup pour la route ?
– **Philippe Bouvard :** Bof. À quoi sert de… hein ? Quoique… un petit plaisir pour finir…
– **Amanda Lear :** En tout cas, je ne veux pas mourir démaquillée !

Citation

Qui a dit : « Il n'existe que deux choses infinies, l'Univers et la bêtise humaine… mais pour l'Univers, je n'ai pas de certitude absolue. » ?

Albert Einstein.

Question du jour

Pourquoi Karl Marx dut-il s'exiler ?

Parce qu'il avait publié un journal incitant les gens à ne plus payer d'impôts.

Bouvardise

La nature fait bien les choses, qui loge sous un large front les cerveaux supérieurs à la moyenne, alors qu'elle réduit à la portion congrue, entre cheveux et sourcils, l'espace dévolu à d'autres.

Citation

Qui a dit : « La Méditerranée est une sorte de Gange, où les nombrils vont en pèlerinage. »

Frédéric Dard.

Question du jour

Qui a rendu obligatoire la vaccination contre la variole ?

Antoine Parmentier.

Bouvardise

Le danger de mourir trop longtemps après avoir arrêté ses activités professionnelles : on rate sa sortie.

Lettre au Père Noël

par Jean-Jacques Peroni

Nous entrons déjà dans les fêtes de Noël ! On nous fait vieillir à grands pas. Les illuminations sont déjà prêtes, des sapins clignotent dès maintenant dans des échoppes pouilleuses, alors je me suis dit : « Si j'étais le premier de la liste à écrire ma lettre au Père Noël, ce ne serait pas plus mal ! » Voici ma lettre :

Cher Père Noël,

Je t'écris de la part des Grosses Têtes. Ici, tu sais, on t'aime beaucoup, surtout Philippe Bouvard, qui a été très sage cette année, mais il a trop suçoté son nounours qui n'est plus qu'une loque baveuse et qui pue. Pourrais-tu, cher Père Noël, lui en apporter un neuf ?

Pour Jacques Mailhot, je souhaiterais une carte d'abonné à la RATP, pour qu'il puisse prendre le métro sans voir les affiches de son spectacle du théâtre des Deux-Ânes.

Pour Bernard Mabille, petit Papa Noël, je voudrais que tu lui déposes dans sa cheminée, qui est grande, une panoplie de princesse. Comme ça, il pourra monter sur sa chaise d'arbitre en nous excitant sexuellement !

Pour Philippe Chevallier, le plus distingué d'entre nous, je souhaiterais, cher Père Noël, à la vue des culs qu'il photographie, que tu lui donnes un plus gros appareil, et aussi une femme aimante qui tiendrait bien son foyer, car depuis qu'il a emménagé dans le XVIe, il n'a jamais voulu qu'on vienne. Sûrement que ça doit être le bordel et qu'il a honte. Alors apporte-lui donc une bonne petite pas farouche, bien soumise, qui sait astiquer les cuivres !

Pour notre ami Pierre Bellemare, cher Père Noël, je voudrais bien que tu lui livre un bouc dans ses terres périgourdines, parce que vu son grand âge, il ne peut plus payer de sa personne pour donner un peu de plaisir à ses chèvres !

Quant à moi, beau Papa Noël, ce sera comme d'habitude, une caisse de Saint-Émilion et une créature lascive fortement nichonnée, de façon qu'en cette sainte nuit, je puisse bien mettre le petit Jésus dans la crèche !

Merci, Père Noël, et à l'année prochaine !

UNE HISTOIRE DRÔLE

Trois cigognes se rencontrent dans le ciel et se demandent les unes aux autres :
– Tu vas où ?
– Hooo, je vais chez un couple qui essaye d'avoir un enfant depuis dix ans... Je leur apporte une petite fille.
– C'est cool !
– Et toi ?
– Je vais chez une dame qui n'a jamais eu d'enfant. Je lui apporte un petit garçon !
– C'est bien, je suis sûre qu'elle va être très heureuse.
– Et toi ? demandent les deux cigognes à la troisième.
– Moi ? Je vais juste là, à côté, au couvent. Je ne leur apporte jamais rien, mais j'adore leur foutre la trouille !

Mardi
25 **Décembre**
NOËL

Lendemain de réveillon

– **Philippe Bouvard :** Qu'avez-vous fait pour le réveillon ? Vous, M. Chevallier, j'imagine que vous avez fait un réveillon de con ?

– **Philippe Chevallier :** Exactement, avec mon alter ego, mon petit barbu. On a dîné ensemble tous les deux avec quelques camarades de la troupe, et puis quelques jeunes filles qu'on avait conviées. Des pauvresses, à qui on a offert le couvert.

– **Bernard Mabille :** Un soir de Noël, c'étaient des boudins blancs ?

– **Philippe Bouvard :** Mais quand vous dites que vous avez invité des jeunes filles, elles sont arrivées jeunes filles, mais bon…

– **Philippe Chevallier :** Ah bah, elles sont reparties avec le petit nain suceur dans la bûche !

– **Philippe Bouvard :** Est-ce que le barbu leur a montré son serpentin ?

– **Bernard Mabille :** T'aurais pu inviter ta grosse copine de la banque !

– **Philippe Chevallier :** Je vous signale que c'est une pure invention de votre part, ça ! Elle est seulement un peu enveloppée. Quoique… Elle bouffe pour quatre, pour un réveillon, ça coûte cher !

– **Philippe Bouvard :** Si elle est enveloppée, elle devrait bosser à la banque postale.

– **Bernard Mabille :** Moi, c'est mon premier Noël depuis quinze ans où je ne suis pas sur scène. Du coup, je l'ai passé avec Mme Nounours.

– **Philippe Chevallier :** C'est ton épouse ?

– **Bernard Mabille :** Je t'en pose des questions, moi ?

– **Philippe Bouvard :** Aviez-vous mis vos chaussures dans la cheminée ?

– **Philippe Chevallier :** La pauvre cheminée ! Avoir les chaussures de Mabille en-dessous, ça l'a ramonée ! Ce n'est pas la peine de faire venir le petit Savoyard.

– **Philippe Bouvard :** Cela dit, le Père Noël a eu beaucoup de difficultés, parce que nombre de maisons sont chauffées par le sol, aujourd'hui. Et ce n'est pas pratique pour entrer !

– **Jacques Mailhot :** Moi, j'ai fêté Noël en Auvergne, et j'avais acheté un chapon et une dinde, mais comme le chapon n'avait pas été castré, il a sauté la dinde ! Je pense qu'on va avoir une Miss France prochainement, dans la famille.

Citation

Qui a dit : « Une maison sans femme est aussi vide qu'un écrin sans bijoux. » ?

Charlie Chaplin.

Question du jour

Lors de la guerre du Golfe, en 1991, pourquoi le grand rabbin d'Israël autorisa-t-il les juifs pieux à se raser la barbe ?

Pour pouvoir mettre les masques à gaz.

Bouvardise

Le journaliste idéal sous tous les gouvernements : le rédacteur anonyme et respectueux du *Journal officiel*.

Mercredi

26 Décembre

SAINT-ÉTIENNE

Citation

Qui a dit : « Une chanson, c'est comme un soutien-gorge, c'est joli et ça tient chaud. » ?

Alain Souchon.

Question du jour

Que fait-on lorsqu'on se touche le tragus ?

On se gratte l'orifice extérieur de l'oreille.

Bouvardise

Et s'il existait autant de sortes de silences qu'il y a d'espèces de conversations ?

La honte de Robert Dumas

Ça s'est passé quand j'étais avocat. J'ai plaidé aux assises pour une affaire assez grave, qui concernait un jeune homme, à propos de violences et de coups… Un jeune homme assez beau, un peu maghrébin. Et j'avais remarqué que le président qui conduisait l'enquête était plutôt indulgent. Évidemment, c'était tout bon pour moi, et à la fin de la journée, le jeune homme a été acquitté. Je me suis dit que c'était formidable et j'étais très fier de moi. Nous plions donc bagages pour retourner à l'hôtel. Il faut savoir qu'il n'y en avait qu'un seul, car c'était une petite cour d'assises. Dans la nuit, réveil en fanfare par les sirènes de la police. Je sors donc de ma chambre pour demander ce qu'il se passe, et on me dit : « Il y a un monsieur qui court derrière un garçon tout nu. » Alors, je cherche, et je retrouve mon président de la cour d'assises courant derrière un type à poil – mon client, qui essayait de se sauver. Ce que j'avais pris pour le résultat de ma plaidoirie n'était en fait qu'une inclinaison du président pour l'accusé. Et ce soir-là il voulait la suite, il voulait être payé en nature, en quelque sorte.

Leslie et Warren

– **Philippe Bouvard** : Mais alors, dis donc, Warren Beaty était un don juan frénétique !

– **Leslie Carron** : Ah ça, oui ! Je dirais presque professionnel.

– **Bernard Mabille** : C'est pour ça qu'il s'appelait Beaty !

– **Jean-Jacques Peroni** : C'est d'une finesse, ça, mon pauvre Bernard !

– **Philippe Bouvard** : Avez-vous l'impression qu'il vous a trompée tout de suite ?

– **Leslie Carron** : Non, pas du tout ! C'était un merveilleux compagnon, un merveilleux amant, très tendre, très assidu, très concerné… Il s'occupait de moi jour et nuit. Jour et nuit !

– **Bernard Mabille** : Ça fait beaucoup, quand même !

– **Philippe Bouvard** : Mais attendez ! Jour et nuit, certes, mais il ne vous faisait pas un reproche, la nuit.

– **Leslie Carron** : Oui ! Un matin, vers 5 heures, il me réveille. Ma première réaction fut de crier : « Quoi ? quoi ? quoi ? Qu'est-ce qui se passe ? », et lui de me répondre : « Tu dors. Tu ne penses pas à moi ! »

– **Tous** : Aaaaaah ! C'est merveilleux, magnifique !

– **Jacques Balutin** : La première qui me fait ça, elle a ma main dans la gueule !

Problème de communication

– **Chantal Ladesou** : Je me souviens, je me suis présentée à Margot Capelier, à ce qui était un gros casting, quand j'étais jeune comédienne – il n'y a pas trop longtemps – … je t'en prie, Mabille !
– **Bernard Mabille** : Je n'ai rien dit !
– **Philippe Chevallier** : C'est le seul qui n'ait pas ri !
– **Chantal Ladesou** : … J'avais mis une robe qui me portait chance.
– **Bernard Mabille** : Ce n'est pas parce que tu pourrais être ma mère que je vais me moquer !
– **Chantal Ladesou** : Je t'aurais eu très jeune ! Margot Capelier me dit : « C'est très bien, mais il faut que tu viennes me revoir habillée en court. »
– **Philippe Chevallier** : C'était une robe longue ?
– **Chantal Ladesou** : Je suis revenue habillée en court, et elle me dit : « Mais qu'est-ce que tu fais ? Je t'ai vue avant-hier ! » « Oui, mais vous m'avez dit de venir habillée en court ! » « Non, de venir me voir à Billancourt ! »
– **Philippe Bouvard** : Ça c'est formidable ! À Billancourt ! C'est génial !
– **Vincent Perrot** : Faut dire qu'elle prononçait moins bien sur la fin.
– **Philippe Bouvard** : Alors, elle vous a donné un rôle mais de demeurée…

UNE BONNE BLAGUE
de Vincent Perrot

C'est l'histoire du mec qui dit : « Ça aurait pu être pire ! » C'est une manie, sans arrêt, sur tout et rien il dit : « Ça aurait pu être bien pire ! » Ses copains n'en peuvent plus, et un jour ils décident de lui inventer une situation qui lui clouera le bec.
– Hier, catastrophe ! Notre pote Gérard, tu sais ce qui s'est passé ? Hier soir, il est rentré un peu plus tôt chez lui et il a trouvé sa femme au lit avec un mec ! On ne sait pas ce qui lui a pris : il a pris un flingue et boum sur lui, boum sur elle, il a retourné l'arme contre lui, il s'est flingué !
Le gars regarde ses copains et dit :
– Ben dites-donc, ça aurait pu être pire !
– Arrête avec ton « Ça aurait pu être pire ! », il n'y a pas plus dramatique, ils sont tous morts !
– Si, ça aurait pu être pire ! Si ça avait été avant-hier, c'est moi qui serais mort !

Citation

Qui a dit : « Y a rien de plus chiant qu'être acteur. » ?

Gérard Depardieu.

Question du jour

Que doit avoir le poulet pour bénéficier du label Rouge ?

Il doit avoir disposé, durant sa vie, d'un espace de deux mètres carrés pour vivre.

Bouvardise

Pourquoi, sur les long-courriers, s'obstine-t-on à distribuer des gilets de sauvetage plutôt que des parachutes ?

Citation

Qui a dit : « Le sexe est la chose la plus drôle que je puisse faire sans rire. » ?

Woody Allen.

Question du jour

Lors de la première de *Cyrano de Bergerac*, le 28 décembre 1897 au Théâtre de la Porte Saint-Martin, quel événement a eu lieu pendant l'entracte précédant l'acte V ?

Le ministre des Finances dégrafa sa Légion d'honneur et l'accrocha sur la poitrine d'Edmond Rostand, le faisant ainsi chevalier de la Légion d'honneur.

Bouvardise

Bonne idée que celle de supprimer quelques dates d'un calendrier festif surchargé. Et pas seulement pour réactiver la productivité nationale. Mais aussi parce qu'il est cruel de célébrer, deux fois par an, la déroute de gens qui sont devenus nos alliés.

L'âge du capitaine

– **Philippe Bouvard** : Il m'est arrivé de me vieillir, je me donnais dix ans de plus, et on disait : « Ah ben oui ! C'est ce que je pensais. »
– **Jean-Jacques Peroni** : C'est très, très rude.
– **Chantal Ladesou** : Je dis que j'ai 70 ans, par exemple ; les gens disent « Tu ne les fais pas ! » Je dis que j'ai mon âge : 42 ans, les gens disent : « Elle est tapée, quand même ! »
– **Jacques Mailhot** : C'est comme dans le train ! Quelquefois, vous sortez votre carte Senior, et le contrôleur vous dit : « Je n'en ai pas besoin, je vois bien que… »
– **Philippe Bouvard** : Ça en fout un coup !
– **Bernard Mabille** : Ah ! Le tact des contrôleurs !

UNE HISTOIRE DRÔLE

Farid se fait arrêter par la police municipale de Vitrolles, il roulait sur sa Mobylette sans lumière.
– T'as une amende, mais je te donne une chance. Si tu réponds à ma devinette, je ferme les yeux. Qu'est ce qui a un volant et quatre roues ?
– Une voiture !
– Perdu. Il fallait être plus précis : Renault, Peugeot, Citroën… Je te donne une deuxième chance. Qu'est-ce qui a un guidon et deux roues ?
– Une moto !
– Perdu. Il fallait être plus précis : Voxan, Honda, Suzuki… T'as 30 euros d'amende.
Le gamin dit alors au flic :
– Et moi, je peux te poser une devinette ? Qui est-ce qui porte une minijupe, des bas résilles et qui marche sur le trottoir ?
– Une pute !
– Perdu. Il fallait être plus précis : ta mère, ta sœur, ta femme… !

Le baiser qui tue

– **Jean Balutin** : J'ai eu à faire un baiser de cinéma, il n'y a pas très longtemps. Ça ne m'était jamais arrivé, je me suis posé des questions.
– **Éric Laugérias** : En général, on demande à la partenaire : tu veux que je mette la langue ?
– **Jean Balutin** : Ça ne m'était jamais arrivé, je n'allais pas le lui demander ! C'était qui, la fille ?
– **Bernard Mabille** : Je ne sais plus.
– **Philippe Chevallier** : Dis-donc, elle t'a marqué ! La pauvre actrice, elle doit être contente…
– **Philippe Bouvard** : Elle vit toujours ? Elle est morte d'autre chose ?
– **Bernard Mabille** : C'était une pub pour Stéradent. Elle était blonde…
– **Philippe Bouvard** : Vous n'avez donné qu'un baiser au cinéma, et vous ne vous souvenez plus du nom de l'actrice !
– **Philippe Chevallier** : Ludmilla Mickael ? Comme blonde, Ludmilla se pose là ! Non, Geneviève Casile ?

– **Jean Balutin** : Plus jeune que ça ! Elle joue encore.
– **Philippe Bouvard** : Pauline Carton ?
– **Jean Balutin** : J'ai dit qu'elle vivait encore !
– **Bernard Mabille** : Tu veux dire qu'elle a survécu au baiser, quand même ?
– **Jean Balutin** : Oui, mais j'étais un peu ennuyé, parce que ça ne m'était jamais arrivé.
– **Philippe Chevallier** : Elle non plus, je peux le dire, que ça ne lui était jamais arrivé ! Elle était à la Comédie-Française ?
– **Jean Balutin** : Elle n'est pas à la Comédie-Française, mais elle joue encore, là ! Denise Grey ? La femme de Marcel Bluwal !
– **Éric Laugérias** : Ah oui ! Danièle Lebrun !
– **Jean Balutin** : Excuse-moi, Danièle.
– **Bernard Mabille** : Tu nous aurais dit son nom tout de suite, on aurait trouvé. Tu nous avais dit qu'elle n'était pas brune !
– **Jean Balutin** : Elle est blonde !
– **Philippe Chevallier** : Non, elle est châtain !
– **Éric Laugérias** : Non, elle est chauve maintenant.
– **Jean Balutin** : Déjà que je ne me rappelle pas son nom, tu veux me fâcher avec elle ? Arrête !
– **Philippe Bouvard** : N'est-ce pas le metteur en scène qui vous dit comment embrasser ?
– **Jean Balutin** : Non ! Il vous dit : « Là, tu l'embrasses. On la refait un coup. », pour la caméra, pour le micro, pour les machins… « Là, Jacquot, tu l'embrasses. », et à un moment donné : « Moteur ! »
– **Philippe Chevallier** : Il faut y mettre tout ton cœur, et puis c'est tout.
– **Bernard Mabille** : Tu as dû en baver !
– **Philippe Bouvard** : C'est Clouzot qui disait toujours : « Je veux voir couler la salive » !
– **Jean Balutin** : Là, ce n'était pas le cas. C'est une comédie, pas un film érotique. Elle était adorable, une merveilleuse comédienne, un amour de fille. Courageuse en tout cas.
– **Éric Laugérias** : Non, très bien payée !
– **Bernard Mabille** : Au départ, elle avait demandé à se faire doubler, mais il n'y avait pas le budget. C'était une fiction.

Citation

Qui a dit du sexe masculin : « C'est un membre désobéissant et tyrannique fourni par les dieux, et qui, comme un animal furieux, entreprend par la violence de son appétit de soumettre tout à soi. » ?

Platon.

Question du jour

Au XVIIIe siècle, qu'était une « dugazon » ?

Une actrice qui tenait le rôle d'amoureuse dans les opéras comiques.

Bouvardise

L'augmentation de l'espérance de vie : davantage de temps pour répéter qu'on est vieux et pour se voir mourir.

Lundi

31 Décembre

SAINT-SYLVESTRE

Citation

Qui a dit : « Le sexe est le polo du pauvre. » ?

Le prince Charles d'Angleterre.

Question du jour

Quel fut le sujet du premier reportage télévisé en couleur, en 1967 ?

Un largage de parachutiste, commenté par Pierre Tchernia.

Bouvardise

Comment notre époque et ceux qui la vivent ne seraient-ils pas frappés d'égoïsme, alors que les trois quarts du commerce de détail et la totalité des activités de survie les encouragent à s'occuper davantage de leur petite personne ?

Tous nos vœux

Les Grosses Têtes et moi-même vous présentons trois vœux :

- Que l'année qui commence vous apporte tout le bonheur que les millésimes précédents vous ont refusé.
- Que vous continuiez à écouter RTL en général et *Les Grosses Têtes* en particulier.
- Que la réforme fiscale et la cure d'austérité vous laissent assez d'argent pour acheter l'Almanach de 2013.

UNE HISTOIRE DRÔLE

C'est un Belge qui vient de gagner au loto et décide de s'acheter une voiture de sport.
Il arrive chez le concessionnaire Ferrari et demande s'il peut faire un essai.
Une heure plus tard, notre Flamand de revenir, la Ferrari sur une remorque, le moteur explosé.
– C'est quand même pas possible, j'étais à 150 sur l'autoroute, et voilà le moteur qui explose !
Le concessionnaire :
– Nous sommes désolés, monsieur, voici une nouvelle voiture pour faire un essai.
Une heure plus tard, notre Flamand de revenir, la Ferrari sur une remorque, le moteur explosé.
– J'ai eu exactement le même problème. À 150, boum !
Le concessionnaire dit :
– Écoutez monsieur, voici une nouvelle voiture, et si vous le permettez, je vais vous accompagner.
Tout se passe parfaitement bien, jusqu'au moment où ils vont sur l'autoroute.
Le Belge :
– Vous voyez hein, ici, je pousse à fond, troisième, quatrième, cinquième, et toujours à fond, ici, je mets le petit « R » de « Rallye » !

REMERCIEMENTS
de l'éditeur

Merci à toute l'équipe de RTL
pour son efficacité et son sourire,
et tout particulièrement à
Julien CARDON
Virginie DA SILVA
Maxime DESMICHELLE
Grégoire HUEBER
Éric LAVERDIN

Direction d'ouvrage
Elsa Lafon, Dorothy Aubert, Marie Trébaol, Maëlle Alan

Direction artistique
Isabelle Dupont

Cet ouvrage a été réalisé par les soins de la société
Nord Compo à Villeneuve d'Ascq (59)

Achevé d'imprimer en Espagne
Dépôt légal : octobre 2011
N° d'impression : 01
ISBN : 978-2-7499-1473-2
LAF 1558